KB003012

우리의 아픔엔
서사가 있다

The
Illness
Narratives

우리의 아픔엔
서사가 있다

하버드 의과대학 교수가 들려주는
온몸으로 삶의 무게를 견뎌내는
우리의 질병과 그 의미에 대하여

아서 클라인먼

이애리 옮김

사이

| 일러두기 |

1. 이 책의 한국어판은 저자와의 협의하에 환자 사례부터 소개하고 있습니다. 따라서 영문 원서와는 목차 순서가 차이 날 수 있습니다.
2. 이 책에 담긴 정보는 의사이자 학자로서 저자의 연구 정신을 정확하게 전달하고 있으나 환자 사례에서 볼 수 있는 모든 이름과 특징 및 관련 세부 사항은 환자의 신원 보호를 위해 변경되었습니다.
3. 본문 속의 각주는 출처를 밝힌 것을 제외하면 모두 저자가 직접 첨가한 것입니다.

만성질환으로 고통받는 사람들,
그 가족과 사회의 일원으로서 장애의 경험을 공유하는 사람들,
그리고 그들을 돌보는 의료진들에게
이 책을 바칩니다.

영원히 변치 않는 삶의 본질은 평범한 개인들의 분투와 함께,
특별함과 관계없이 새롭게 등장한 이상과 신의, 용기, 인내의 결합을 의미한다.

– 윌리엄 제임스, 『교사와의 대화 *Talks to Teachers*』

실존의 핵심은 죽음을 피할 수 없다는 데 있다.
죽음이야말로 삶의 중심이다.

– 마이클 오크쇼트, 『경험과 그 양식 *Experience and Its Modes*』

당신의 말을 대중과 청중이 이해하지 못한다면
당신은 본질을 놓치고 있는 걸지도 모른다.

– 히포크라테스, 『고대의 의술 *Ancient Medicine*』

삶이라는 텍스트에 담긴 질병

의과대학 2, 3학년에 재학 중이던 1960년대 초반, 나는 삶과 죽음의 갈림길에서 질병과 치열하게 싸우는 여러 환자들을 만났다. 그들의 모습을 지켜보면서 질병이 우리 삶에 영향을 미치는 다양한 방식에 대해 관심을 갖게 되었다.

가장 처음 만난 환자는 안타깝게도 온몸에 심각한 화상을 입은 7살 아이였다. 아이는 미처 아물지 않아 벌어진 화상 부위의 살갗을 벗겨내는 끔찍한 와류욕(기계적으로 욕조 안의 물에 소용돌이를 일으켜서 하는 치료법)을 매일 견뎌야 했다. 7살 아이에게 이것은 너무나 가혹했다. 아이는 치료를 받지 않으려 몸부림쳤다. 비명을 지르고 고통스러운 신음을 내뱉으며 의료진에게 제발 더는 자신을 아프게 하지 말아 달라고 애원했다. 당시 풋내기 의대생이었던 나의 역할은 외과 레지던트가 세균에 감염된 괴사 조직을 재빨리 떼어낼 수 있도록 아이의 화상 입지 않은 손을 잡은 채 안심시키고 달래는 일이었다. 욕조 물은 금세 붉은 빛을 띠더니 곧 새빨갛게 물들었다. 치료 절차에 익숙지 않은 초보 의사의 서투른 손길로 나는 트라우마로 남을 만큼 고통스러운 치료를 매일 견뎌내야 하는 현실로부터 이 어린 환자의 주의를 돌리려 애썼다. 온 정신이 고통에만 쏠려 있는 아이를 그 상황에서 조금이라도 벗어나게 해줄 만한 이야깃거리라면 집, 가족, 학교를 비롯하여 거의 가리지 않고 대화를 시도했다. 아이의 비명, 피로 얼룩진 물 위에 떠다니는 괴사 조직, 살갗 벗겨내기, 진물이 흐르는 상처, 전쟁과도 같은 소독과 붕대 감기 등 매일 반복되는 참상을 나는 가까스로 버티고 있었다. 이러지도 저러지도 못하는 나 자신의 무지와 무능함에 화가 났고, 아이의 작은 손을 잡아주는 것 외에 무엇을 해야 하는지도 몰랐으며, 끊임없이 극심한 고통에 시달리는 아이의 모습에 참담한 절망감을 느꼈다. 그러던 어느 날, 나는 아이에게 물었다. 어떻게 이 상황을 견디는지, 심각한 화상을 입었을 때의 느낌과 매일 하나의 의식과도 같이 이 끔찍한 치료를 겪어야 하는 느낌이 어떤지 이야기해줄 수 있는지 물었다. 아이는 놀란 듯 비명을 멈췄고 표정을 읽기가 어려울 만큼 흉하게 뭉개진 얼굴로 나를 쳐다보았다. 그러곤 직접적이고도 간단명료하게 나에게 말하기 시작했다. 아이는 이야기하는 동안 내 손을 더 세게 잡았고, 비명을 지르지도 의사나 간호사와 싸우지도 않았다. 이때부터 나에 대한 아이의 신뢰가 쌓였다. 아이는 자신이 지금 겪고 있는 일에 대한 심정을 내게 털어놓으려 했다. 내가 재활 병동에서의 수련이 끝나갈 때가 되자 이 어린 화상 환자는 전보다 괴사 조직을 제거하는 이 치료를 상당히 잘 견디는 듯 보였다. 하지만 내가 아이에게 어떠한 영향을 미쳤든 간에 아이가 내게 미친 영향이 훨씬 컸다. 아이는 나에게 환자를 돌보는 것에 대한 큰 교훈을 주었다. 매우 극심한 고통을 겪고 있는 환자라도 얼마든지 실제 자신이 겪고 있는 질병 경험에 관해 의사와 대화를 나눌 수 있으며, 환자의 곁을 지키고 그 경험을 정리할 수 있게 돕는 일 역시 치료적 가치가 있다는 것이다.

의대생 시절 기억에 남는 또 다른 환자는 제1차 세계대전 참전 군인에게서 얻은 매독으로 만성 심혈관질환을 앓고 있던 한 나이든 부인이었다. 나는 그녀를 외래 환자로 만났다. 그녀와 몇 달 동안 대화하면서 매독이란 낙인을 안고 사는 게 어떤 것인지를 뼈저리게 느낄 수 있었다. 그 여인은 자신의 가족과 자신이 만난 남자들과의 관계에 매독이 어떤 영향을 끼쳤는지, 어떻게 자신이 외면당하고 고립되었는지 들려주었다. 매독 진단과 그로 인한 합병증에서 비롯된 비극적인 경험을 부인은 매주 내게 자세히 설명해 주곤 했다. 시간이 흐를수록 나는 이 경우에는 장기적으로 두 가지 문제가 있다는 걸 깨달았다. 바로 그녀가 만성적으로 매독을 앓는 과정에서 서서히 퍼져나간 합병증과, 그녀의 질병이 가차없이 할퀴고 간 '삶의 궤적'이었다. 게다가 의학 교육이 합병증에 관해서는 체계적으로 가르쳐 주지만, 환자의 삶의 궤적에 관해서는 무시하고 심지어 어떻게 보면 이 문제를 아예 덮어 버리려는 경향이 있다는 것도 알게 되었다. 앞에서 언급한 7살 어린아이와 마찬가지로, 이 부인 역시 '환자의 질병 경험'과 '의사의 질환에 대한 관심' 사이에는 차이가 있다는 걸 내게 가르쳐주었다. 이 책에서 나는 이 중요한 차이에 관해 상세히 다루고자 한다.

　지난 20년간 내 관심은 만성질환이 지속되는 과정과 실제 사람들이 이에 대처하는 방식에 쏠려 있었고, 이는 중국과 북미 환자들의 질병 경험에 관한 임상 연구와 민족지학 연구로 이어졌다. 연구 결과는 논문과 함께 학계 전공자들을 대상으로 하는 학술 도서 형태로 발표되었다. 다시 말해, 만성질환의 '심리적 및 사회적 측면'에 중점을 둔 나의 임상 연구는 전문가라는 상당히 좁은 독자층을 위해 쓰인 셈이었다. 하지만 이 책의 목적은 완전 다르다. 환자와 그 가족들은 물론 의사들에게도 그동안 내가 열정을 바쳐 이 분야를 연구하며 깨달은 것들을 알려주고자 이 책을 썼다. 만성질환을 평생 떠안고 살아가야 하는 환자들, 그런 환자들을 돌봐야 하는 가족들, 그리고 만성질환을 이해해야 하는 의사들에게 실질적으로 큰 도움이 될 수 있는 전문 서적을 대중화하고 싶어 이 책을 쓴 것이다. 뒤에서 이야기하겠지만, 실제로 나는 환자의 질병 경험에 관한 연구가 일반적으로 잘 알려진 고통과 죽음뿐 아니라 '인간다운 삶의 근본 요소'를 우리에게 가르쳐 준다고 생각한다.

　환자의 경험에 집중하고 심각한 질병을 떠안은 채 살아가야 하는 삶의 실상을 명확하게 설명한 책은 없다. 각 개인이 앓는 질병에서 그만의 의미가 형성되는 과정에 관한 연구는 고통과 장애, 극복하기 힘든 상실, 죽음의 위협으로 빚어진 가혹한 삶을 감당해야 하는, 우리 자신과 다를 바 없는 그들의 일상으로 우리를 끌어들인다. 그렇다. 만성질환은 우리에게 죽음을 가르쳐 준다. 상실을 애도하는 과정은 치유만큼 나이 들어감에 있어 중요하다. 질병 서사illness narratives는 우리에게 삶의 문제들이 어떻게 만들어지고 통제되며 의미를 갖게 되는지 가르쳐 준다. 또한 질병 서사는 문화적 가치와 사회적 관계가 우리 몸을 인식하고 관찰하는 방식과 신체 증상에 이름을 붙이고 이를 분류하는 방식, 삶의 특정한 맥락에서 신체 통증을 해석하는 방식을 어떻게 구체화하는지 등을 말해 준다. 즉 우리는 독특한 문화적 세계의 특징을 담고 있으며 공통적인 인간의 조건에 제약을 받는 신체 관용어로 괴로움을 표현한다.

우리는 만성질환과 그 치료법에서 신체와 자아, 사회의 연결을 상징하는 다리를 떠올릴 수 있다. 이 네트워크가 생리적 과정과 삶의 의미, 인간관계를 이어주면서 우리의 사회적 세계는 각자의 내적 경험과 다시 연결된다. 이 책을 통해 독자 여러분은 고통과 장애를 악화시킬 수도, 증상을 완화해 치료에 도움이 될 수도 있는 내면의 힘을 발견하는 기회를 얻게 될 것이다.

이 책은 만성질환자를 돌보는 의사들과 전문가들을 위한 것이기도 하다. 환자와 그 가족들이 질병을 어떻게 생각하는지 이해하면 임상학적으로도 유용하다. 뒤에서 말하겠지만, 실제 환자의 질병 경험에 대한 서사를 해석하는 것이 의사의 핵심 업무 중 하나인데도 생물의학biomedical 교육은 이 역량을 간과한다. 이 메시지는 내가 사람들에게 전하고 싶은 주제이기도 하다. 우리가 겪는 질병에는 각각의 의미가 있다. 그 질병이 어떻게 의미를 얻게 되었는지 이해하는 것은 질병과 돌봄, 그리고 우리의 삶 전반에 관한 핵심을 이해하는 것과 같다. 게다가 우리의 질병에 대한 해석은 환자와 그 가족, 의사가 함께 수행해야 한다. 왜냐하면 치유의 중심에는 의료진을 불확실하고 두려운 통증과 장애의 세계로 인도하고 환자와 그 가족도 똑같이 불확실한 치료의 세계로 이끄는 변증법이 존재하기 때문이다. 이 변증법은 치료의 효과를 높여줄 뿐 아니라 치료와 질병을 도덕적 교육을 위한 절호의 기회로 삼는다. 의료 시스템의 현대적 변화가 초래한 의도치 않은 결과 중 하나는 바로 의료 시스템의 모든 면이 의사의 관심을 환자의 질병 경험에서 멀어지게 한다는 것이다. 즉, 바뀐 의료 시스템은 전문 의료진에게서 만성질환자를 소외시키고, 가장 오래되고 가장 강력하며 가장 큰 실존적 보람을 느끼게 해주는 치유자healer의 기술art을 역설적으로 의사가 스스로 포기하도록 하는 데 결정적인 역할을 한다.

이 책은 앞서 언급한 목적을 더욱 강조하도록 구성되어 있다. 도입부의 두 장은 질병의 의미를 평가할 분석 기준을 제시한다. 이어지는 열한 개의 장에서는 내가 임상 연구를 진행했거나 치료한 만성질환자들의 특별한 질병 경험 사례를 자세하게 설명하고 있으며, 각 장은 각각 질병 의미의 다양한 측면을 강조한다. 마지막 세 장은 환자와 그 가족에서 치유자로 해석의 중심을 전환한다. 이 장들에서는 만성질환자를 돌보는 법을 안내하고 의대생과 대학원생들이 받는 교육에 변화를 줘 만성질환자 돌봄을 개선할 수 있는 프로그램을 제시한다. 현대 의술에는 감탄하고 장려할 부분이 많지만 만성질환 치료는 현대 의학의 위대한 성공담에 포함되지 않는다. 14장의 제목은 환자의 질병 경험의 의미를 시작점으로 삼을 때 의학에 관한 우리의 이해가 도전을 받게 된다는 걸 암시하기 위해 지은 것이다.

이 책에 인용된 환자 및 의사와의 인터뷰 기록은 적법한 절차를 거쳤다. 나는 이 면담 기록을 1장에서 12장까지 광범위하게 인용하고 있다. 이 책에 소개된 사례의 약 절반은 내가 임상 및 연구를 위해 환자들과 인터뷰할 때 녹음했던 내용을 직접 글로 옮겨 적은 것이다. 나머지 절반은 인터뷰 중 내가 속기로 적은 것이다. 내가 적은 글들은 말과 말 사이의 끊김이나 목소리 톤과 높이의 변화, 그리고 "아……", "음……"을 비롯한 언어음을 담고 있진 않다. 그리고 한 사람이 다른 사람의 이야기를 방해하는 순간도 들려주지 않는다. 나의 주요 관심사는 녹취록이 쉽게 잘 읽히는 것이기 때문에 환자가 겪는 질병에 대한 의미를 파악하는 데 중요한 요소로 보이는 경우를 제외하곤 오디오 테이프 녹취록에서도 거슬리는 언어적 요소들은 대부분 삭제했다. 이 책은 소규모 전문가 집단이 아닌 폭넓은 독자층을 위해 쓰였다. 따라서 이 책에 인용된 대화는 수정을 거쳤지만(더 정확히 말하면 짜임새 있고 간결하게 바꿨다) 그 외에는 손대지 않았다. 환자와 의사의 익명성을 보호할 수 있도록 그들의 신원을 파악할 수 있는 특정 정보 역시 삭제하거나 변경했다. 이런 식의 변화를 줬을 땐 환자 그룹 전체의 경험에 비추어 바뀐 부분에 설득력을 부여하고자 유사한 증상을 가진 환자의 정보를 참고했다.

1986-87년 겨울

매사추세츠 케임브리지에서

의학박사 아서 클라인먼

내가 겪을 수도,
우리가 사랑하는 사람들이
겪을 수도 있는 이야기

이번 개정판은 초판이 출간된 지 30년이 지나서야 나오게 되었다. 1980년대 후반에 이 책을 썼을 당시 학자로서 나의 경력은 이제 막 시작하는 단계에 불과했다. 기나긴 세월이 흐른 지금, 나의 경력은 이제 마지막 단계에 와 있으며 이 책에는 그동안의 모든 삶이 담겨 있다.

초판 출간 당시 몇몇 편집자들에게서 진짜 대중에게 호소하는 책을 쓰고 싶다면 환자들의 이야기로 시작해야 하며, 내 이론을 소개하는 개념적인 내용이 담긴 처음 두 장은 책의 맨 마지막에 배치해야 한다는 이야기를 들었다. 그때 내가 그 제안을 거절한 이유는 많은 사람들에게 이 책이 읽히길 원하긴 했지만 내 연구에 드러난 개념적인 틀부터 제시해야 할 필요가 있다고 확신했기 때문이다. 어쨌든 나는 임상에서 직접 환자를 상대하는 의사일 뿐 아니라 인류학과 정신의학을 모두 연구하는 학자였고, 인류학(우리가 살고 있는 사회적 및 개인적 세계와 문화적으로 형성된 신념과 이해에 관한 학문)이 의료 서비스와 의학의 발전에 크게 공헌을 할 수 있다는 것을 이 책이 밝혀주길 바랐다. 하지만 결국 편집자들의 말이 옳았다.[1]

이 책은 많은 이들에게 널리 읽혔지만 초기 독자층은 의사나 보건 전문가, 그리고 동료 사회학자와 인문학자를 비롯한 교수들로 한정된 것처럼 보였다. 이는 놀랄 일도 아니었다. 1980년대 후반은 고통과 돌봄에 관한 경험을 환자와 그 가족들이 직접 이야기하는 경우가 급증했던 반면, 과거 유행했던 방식인 의사가 환자의 경험을 설명하는 경우는 올라가는 시소의 맞은편에 있는 것처럼 줄어들던 시대였다.

그런데 이후 수십 년 동안 이 책은 평범한 의사와 환자 그리고 환자 가족이면서 동시에 간병인 역할을 하는 사람들을 점점 독자층으로 끌어들였다. 나는 매우 개인적인 경험들이 담긴 엄청난 분량의 감동적인 편지를 수없이 받으면서 이러한 사실을 알게 되었다.

그뿐 아니라 이 책은 임상 실습을 강화하고 인간화하려는 의학 교육 개혁의 일환으로 의대생과 레지던트들에게도 널리 읽히고 있었다. 또한 나는 의과대학과 병원에서 강의와 임상 회진, 특강을 해달라는 요청을 많이 받았다. 그 과정에서 의료 서비스의 최

---

1 한국어판에서는 저자와의 협의하에 원서의 1, 2장을 맨 뒤쪽으로 배치하고 구체적인 환자 사례를 본격적으로 다룬 3장부터 소개한다. (편집자 주)

전선에서 근무하는 간호사와 물리치료사, 작업치료사occupational therapist[2], 보건 전문가들의 이야기도 들을 수 있었는데 그들 모두 이 책을 읽고 있었다. 놀랍게도 이 책은 다른 시대의 독자들에게 계속 말을 건네는 것처럼 세월이 흘러도 꾸준히 인기를 유지했다.

나 역시 하버드 대학에서 의료인류학medical anthropology을 공부하는 학부생, 의대생, 대학원생들을 대상으로 강의할 때 이 책을 활용해 왔다. 17년 동안 이 책은 케임브리지 병원Cambridge Hospital의 내과 레지던트와 매주 회진을 할 때 내가 의지했던 읽기 자료 중 하나였다. 이 모든 것을 통해 나는 보여주는 것이 말보다 낫다는 걸 분명히 알게 되었다. 우리 자신이 될 수도 있고 우리가 사랑하는 사람이 될 수도 있는 환자들의 이야기는 내가 열심히 연구해 개발한 이론적 틀보다 훨씬 강력하고 지속적인 효과를 나타냈다. 질병 경험과 질환 병리학의 차이를 이해했는지, 내가 제시한 설명 모델과 관련된 8가지 질문 및 인터뷰 가이드를 활용했는지, 혹은 증상symptoms과 증후군(syndromes, 일련의 증상), 치료가 개인적 및 문화적 의미를 지닌다는 사실을 설명하려 한 다양한 방법을 적용해 봤는지와 상관없이 독자들은 환자들의 이야기를 기억하고 있었다. 환자들의 이야기는 독자들에게 그들 자신의 경험의 힘과 그 타당성을 되돌아보게 해주었고, 병력과 개인의 인생사만큼 그것

---

2 임상병리사, 방사선사, 물리치료사, 치과기공사 등과 같이 의료 기사의 일종으로 의사의 지도와 감독하에 신체적, 정신적, 사회적 장애를 가진 모든 연령대의 사람들에게 일상생활 동작, 일, 여가 활동 등 일상적인 생활을 수행할 수 있고, 기능 및 발달 수준을 유지 및 발전시킬 수 있도록 의미 있고 목적 있는 활동을 통하여 치료 프로그램을 계획하고 수행하는 일을 한다. (출처: 한국직업사전)

의 맥락과 의미가 진정으로 인간적인 돌봄을 실천하는 데 효과적이며 매우 중요하다는 인식을 심어준 것 같았다.

그런데 21세기 들어 몇몇 사건들이 큰 주목을 받게 되면서 이책을 읽는 것은 전혀 다른 경험을 의미하게 되었다. 오늘날 관료주의와 상업주의 그리고 정부의 강력한 영향력으로 미국의 의료 서비스가 심각하게 불안정해졌다는 사실을 의심하는 사람은 아무도 없다. 게다가 생물의학 문화와 경제적 언어의 패권 장악, 기술을 향한 맹목적 숭배가 돌봄의 목적과 목표를 왜곡한다는 비판적 인식이 부족한 것도 아니다. 이러한 요소들이 합쳐져 돌봄의 질이라는 직접적인 척도를 효율성이라는 간접적인 척도로 대체한다. 또한 그것들은 열악한 진료, 환자와 그 가족들의 좌절과 불신, 의사의 번아웃을 초래하는 주요 원인이 되기도 한다. 그리고 유해한 경험과 더불어 새롭게 발을 들인 젊은 의사들의 냉소주의를 유발하기도 하는데 이는 우울증, 환멸 혹은 더 심각한 결과로 이어질 수 있다. 이번에 다시 신게 된 환자와 그 가족들의 이야기는 질병과 돌봄의 진정한 의미가 무엇인지, 우리 시대에 돌봄이 왜 이렇게 위협받고 있는지에 관해 완전히 새로운 관점을 제시하고 있다. 이 책에는 통증과 고통이라는 개인의 심층적 경험, 돌봄의 기본 및 의미의 중요성이 담겨 있다. 따라서 마지막 장들은 30년 전보다 오히려 현시대에 더 적합한 교육과 의료 관행 개혁에 대한 접근법을 제시하고 있는 셈이다.

돌봄 개혁을 위한 도덕적 움직임이 여러 장애물의 방해를 받고 있긴 하나 이 같은 대중적 움직임이 절실한 건 분명하다. 우리의 의료 시스템은 혼란스러운 상태에 놓여 있다. 전문의들은 대형 기관에서 근무하는 노동자로 프롤레타리아화가 되었다. 환자와 그 가족들은 거대 기업과 정부가 지배하는 의료 서비스를 마주할 때 무력감을 느낀다. 나는 그때나 지금이나 이 책이 공감과 연대를 기반으로 의학과 의료 서비스를 더는 단순화할 수 없는 인간 활동으로 보는 근본적인 시각을 제시하고, 가장 인간적인(다시 말해 정서적, 도덕적, 윤리적) 해결책을 촉구하는 데 기여하길 바란다. 수십 년간 파괴적인 변화의 시대를 거치면서 나는 이 책이 일종의 저항 의식에 기여했다고 생각하고 싶다. 돌봄의 상실이 두려운 사람들, 우리가 알고 있는 인간을 연구하는 학문으로서의 의학이 해체되는 것이 두려운 사람들, 결과적으로 우리 모두의 삶이 더 힘겨워질까 두려운 사람들의 저항 의식 말이다.

개정판 서문을 쓰기 전 나는 오랜만에 이 책을 처음부터 다시 읽었고, 각각의 이야기가 여전히 통일된 하나의 서사로 이어지는 것을 확인하곤 안심했다. 하지만 개별 이야기는 고통의 경험을 독특한 방식으로 반영하고 있다. 현재 오피오이드(마약성 진통제)의 유행이라는 위기 상황에서 만성통증을 관리해야 할 때 느끼는 좌절감이 다시 주목을 받게 되었다. 하지만 즉각 고통을 완화해 주는 마약성 진통제보다 내가 언급한 환자와 그 가족이 겪은 고통의 경험을 인정하고 지지해 주는, 의미 중심의 '느린 의학slow medicine' 접근 방식이 오히려 더 확실한 도움이 된다. 마약성 진통제는 2000년대 들어 통증 관리 분야를 지배하게 되었지만 중독과 죽음이라는 현재 우리 사회의 비극을 대표한다.

건강염려증이란 개념은 의료비와 더 밀접하게 관련된 의료 서비스 남용이란 개념으로 대체되었다고 볼 수 있지만 이 책에서 다룬 다른 만성질환은 여전히 중요하고 흔하게 나타난다. 책 속의 많은 사례는 1차 진료 의사와 상담하거나 종합 통증 센터에서 근무하거나 내과 환자들과 외과 전문의를 만난 나의 경험에서 비롯되었다. 개인적으로 1970년대와 1980년대는 의학과 수술에 정신의학과 인류학의 임상적 적용이 이루어진 특별한 시기였다. 나는 임상 실무와 연구 과정에서 환자와 그 가족들과 많은 시간을 보낼 수 있는 엄청난 특권을 누렸다고 생각한다. 그때 그 시간은 다 지나갔을지라도 이 책에서 전하려 한 '치유의 기술'에 관한 지혜는 여전히 유의미하고 중요하다고 믿는다.

또한 나는 의사와 환자 사이의 의미 있는 치료 관계를 통해 두 당사자가 인간의 조건에 대해 더 깊이 인지할 수 있으며, 그 자체로 치유가 된다는 믿음을 잃지 않고 있다. 이 관계는 세상살이의 지혜를 배우고 적용할 수 있는 하나의 본보기가 된다. 삶의 지혜는 의사, 환자, 그리고 간병인의 역할을 하는 환자 가족의 삶에 목적의식을 더해주며, 돌봄 행위로 인한 각종 부담에도 불구하고 그들을 계속 앞으로 나아가게 한다. 즉 인내하고 견뎌내며 극복해 나가는 것이다. 이 책에 나온 사례들은 질병과 돌봄을 인간의 본질적인 경험으로 만드는 관계, 실존, 인내, 성찰, 추억과 더불어 돌봄의 신체적 행위(들어 올리기, 목욕시키기, 먹이기, 걷기)와 도덕적 행위(함께 지켜보기, 인정하기, 지지하기) 등의 중요성을 입증하고 있다.

의료 행위는 지금보다 더 고도의 기술력을 갖추게 되겠지만 그

것의 본질은 내가 이 책에서 강조하는 '고통, 치유, 인간의 조건'
이다. 가족 돌봄과 자기 돌봄 역시 마찬가지다. 이 책의 사례에는
허리 통증, 관절염, 천식, 당뇨, 심장병, 암, HIV/AIDS, 만성통
증, 만성피로, 우울증 등 만성적인 질환을 힘겹게 겪고 있는 환자
들의 이야기가 담겨 있다. 아주 오랫동안 삶과 밀접하게 얽혀 있
는 장애를 앓고 있는 사람들에게 그들이 살아온 삶과 그 의미를
돌봄의 중심에 두지 않고 높은 수준의 돌봄 서비스를 제공한다는
건 불가능하다. 나는 이번 개정판이 전문가와 대중을 포함한 더
많은 독자들에게 이 책의 사례와 개념을 활용해 돌봄에 새로운 생
명을 부여하고 돌봄의 정서적 및 도덕적 의의를 높일 수 있는 기
회를 제공하길 바란다.

　나는 스스로에게 다음과 같은 질문을 던지곤 했다. 21세기의
3번째 10년이 시작되는 이 시기에 내가 이 책을 다시 쓴다면 완
전히 새로운 사례들을 포함할 것인가? 틀림없이 그럴 것이다. 다
양성은 오늘날 모두가 가장 우선시하는 가치 아니겠는가. 이 책은
초판에서 이미 환자와 그 가족, 심지어 의사들 사이에서 문화적
다양성의 중요성을 매우 강조하고 있다. 하지만 나는 지금 이 책
을 쓴다면 우리 사회에 만연한 빈곤과 인종 차별 문제를 훨씬 더
강조할 것이며, 실제로 최근 연구에서는 이 문제들을 다루고 있
다. 또한 나는 근무지로 있었던 중국과 다른 나라의 질병 사례는
그 수를 제한하기도 했는데, 지금이라면 세계 여러 나라의 환자와
치유자의 이야기를 더 많이 다룸으로써 미국의 사례와 균형을 맞
출 것이다. 하지만 이렇게 되면 단지 내용이 추가되어 살짝 바뀐

책이 아니라 완전히 새로운 책이 될 것이다. 그 새로운 책에는 가족 서사, 즉 부모와 자녀, 배우자, 형제자매, 가까운 친구들의 관점에서 들려주는 질병 이야기에 관한 설명이 추가로 필요할 것이다. 그렇게 되면 이는 완전히 새로운 시도나 다름없다. 나는 지금 이 책이 내가 처음 썼을 때 원하던 모습 그대로 남아 있다고 생각한다. 바로 환자들이 직접 겪은 질병 경험에서 가장 중요한 것은 무엇이며, 의사뿐 아니라 환자와 그 가족이 생각하는 돌봄의 의미에 관한 이야기를 담은 책 말이다.

하버드 대학교

아서 클라인먼

우리의 삶엔,
우리의 질병엔 서사가 있다

이 책은 1988년에 처음 출간되었습니다. 그리고 2020년에 새로운 서문을 담은 개정판이 나왔습니다. 미국에서 이 책은 의대생과 수련의, 의료계 종사자들에게 널리 읽히고 있습니다. 다른 주요 독자층으로는 의료인문학자를 비롯한 의료인류학자, 보건과 의학을 연구하는 사회과학자들이 있습니다.

하지만 저는 가족 간병인과 당뇨, 천식, 심장질환, 암, 만성통증, 우울증과 같은 만성질환으로 고생하는 사람들에게 이 책이 널리 읽히길 바랐고 지금도 바라고 있습니다. 게다가 조발성 알츠하이머병(65세 이하의 사람들에게서 나타나는 알츠하이머병)을 앓다 2011년에 세상을 떠난 아내 조앤 클라인먼을 10년간 돌본 제 경험이 주로 담긴 책 『케어 *The Soul of Care*』가 2019년에 대중에게 널리 읽히면서 이러한 제 바람은 더욱 커졌습니다. 조앤을 돌보는 건 감당하기 어려운 경험이기도 했지만, 제게 가족 간병인의 관점에서 책을 쓸 수 있는 용기와 이해심을 심어준 결정적인 경험이기도 했습니다.

이 책을 쓰게 된 동기는 조금 달랐습니다. 이 책을 썼을 당시, 저는 이제 막 경력 10년을 넘긴 아직은 젊은 의사이자 학자였습니다. 1960년대 의과대학 재학 시절부터 저는 심각한 질병 경험을 개인적으로도 중요하고 사회적 맥락과도 관련 있게 만드는 여러 의미에 의학이 체계적으로 관여하지 못하고 있다고 확신했습니다. 질병을 앓는 환자를 치료하려면 의사는 환자가 어떤 사람인지, 환자를 둘러싼 사회적 네트워크와 지역 사회는 어떤지, 그리고 의사와 그 자신의 임상 세계관이 환자의 진단, 예후, 치료에 어떤 영향을 미치는지 반드시 알아야 했습니다.

심지어 저는 의사가 환자와 그 가족들에게 질병을 경험하는 것이 어떤 의미인지, 반대로 질환 과정이 의사에게 전하는 의미는 무엇인지를 설명하는 임상 방법(설명 모델)을 제안하기도 했습니다. 질병illness과 질환disease[3]의 의미를 고찰하면 더 효과적이고 인도적인 돌봄이 가능할 것으로 생각했습니다. 이 책에서 저는 주요 질병 의미뿐 아니라 질병 의미를 통해 알 수 있는 여러 가지 문제

---

3 이 책에서 저자는 질병과 질환을 구분하여 사용한다. 질환은 환자의 신체 기능 장애나 생물학적 변화만을 일컫는다. 즉 우리의 신체를 생물의학이라는 특정한 이론적 관점에서만 관찰한다. 반면 질병은 질환과 함께 살아가는 경험이자 환자와 그 가족, 더 넓게는 사회가 환자의 증상과 장애를 어떻게 인지하며, 어떻게 이에 대응하며 살아가는지를 나타낸다. 따라서 질병 경험은 병리학적이고 생리학적인 과정에서 발생하는 정신적 고통의 형태를 사회 집단 내 모든 사람이 이해할 수 있는 상식적인 표현으로 설명하고 분류하는 과정까지 포함한다. 하지만 의사는 환자와 그 가족들이 겪는 질병의 문제를 '좁은 범위의 기술적 문제', 즉 질환의 문제로 치환한다. (15장 참조)

와 해결책을 다루었습니다. 저는 환자들이 자신들의 가족과 의사, 간호사 그리고 저와 나눈 이야기들을 통해 이러한 내용을 전달하려 했습니다.

이 책에서 저는 병원과 가정에서 양질의 돌봄 서비스를 제공하는 데 도움이 될 수 있는, 질병에 대한 의미를 해석하는 방법을 제시했습니다. 평범한 사례를 주로 다뤘지만, 일부 사례에는 특별한 이야기와 경험담이 담겨 있고, 의미 있는 성과를 보여준 환자와 그 가족들을 진단하고 치료한 제 경험이 녹아 있습니다. 그 중에는 몇 년 동안 쌓아온 장기적인 관계에서 비롯된 이야기도 있고, 단 한 번의 진료로 제 머릿속에 아주 선명하게 각인된 이야기도 있습니다. 생명이 다하면서 죽음에 가까워지는 경험부터 만성통증과 피로, 호흡 곤란, 두려움과 불안이 일상인 경우까지 꽤 다양한 범위의 이야기를 이 책에 담으려 했습니다. 저는 각 사례를 통해 환자의 상황이라는 맥락에서 환자를 이해하도록 도와주는 특정 의미를 비판적이면서도 공감과 치유 지향적으로 해석하는 것이 임상에서 얼마나 중요한지 보여주려 했습니다. 또한 더 장기적인 관점에서 사회적 요인까지 고찰할 수 있는 의미를 도출하고 해석하려 했습니다. 그 결과 역사, 민족지학, 사회 조사, 정치적 분석을 통해 감염과 퇴행 과정의 소위 '선행' 원인을 다루는 데 집중할 수 있었습니다.

현재 코로나바이러스 위기로 모든 것이 뒤로 밀려나 있습니다. 따라서 오늘날 우리는 역사적으로 뿌리 깊은 부당함과 불평등이 어떻게 장애를 더욱더 악화시키고 치료를 어렵게 만드는 악순환을 초래하는지 아주 잘 알고 있습니다.

하지만 저는 이 책을 훨씬 더 넓게 해석할 수 있다고 생각합니다. 저는 아픔sickness과 관련된 이야기가 우리에게 삶 그 자체에 관한 중요한 것들을 말해줄 수 있다고 믿었고, 지금도 그렇게 믿고 있습니다. 따라서 만성통증에 관한 이야기는 누군가의 통증을 다룬 이야기인 동시에 '고통스러운 삶'이라는 아픔과 인간이 처한 '괴로운 상황'에 관한 이야기이기도 합니다. 마찬가지로 양질의 돌봄과 좋은 치료treatment의 결과는 치유healing가 어떻게 변화와 초월을 수반하는지를 보여줍니다. 제가 알고 싶었던 이면의 경험은 바로 편협한 직업적 및 제도적 역할 때문에 정신의학과 의료 윤리가 종종 놓치는 환자 개인의 인생에 대한 깊은 수준의 정서적 및 도덕적 '공감'에 관한 것이었습니다.

이런 의미에서 볼 때 환자와 그 가족에게서 끌어낼 수 있는 서사는 일종의 지혜가 되어 우리에게 어떻게 사람들이 고난을 이겨내는지, 질병과 관련된 간호의 개념을 뛰어넘는 형태의 돌봄으로 어떻게 사람들이 바뀌는지 가르쳐 줍니다. 이렇듯 경험에서 우러나온 지혜는 때로 환자와 그 가족들이 개인 및 집단으로 탐구에 나서게 된 원인이 되기도 했습니다. 심각한 건강 문제와 사회적으로 그들이 처한 문제가 겹쳐서 나타날 때 환자와 그 가족들은 고통의 근본적인 원인에 관한 이야기를 털어놓았습니다. 이러한 임상적 지혜는 오늘날 첨단 기술로 '증거'를 찾는 환경에 놓인 의사들에게 외면받고 있습니다. 하지만 임상적 지혜는 오래전부터 삶에 관한 변하지 않는 매우 중요한 통찰 중 하나로 인식되었습니다. 우리는 이를 이해하고 삶에 적용하고자 무던히 애를 써야 합니다.

이 책은 문화적, 민족적, 인종적, 사회경제적 차이와 이 차이가 질병 경험과 치료에 대한 반응을 형성하는 방식에 중점을 두고 있습니다. 의료계 종사자들이 가진 문화적 고정관념은 진료소와 병원에서 이뤄진 잘못된 의사소통이 의도치 않게 초래한 악영향이라 볼 수 있습니다. 저는 치료의 목적을 잘 알고 있는 의대생과 의사, 간호사들조차 피상적이고 오해의 소지가 다분한 고정관념에 의존해 다양한 사람들을 기존의 관료적 범주에 끼워 맞추는 모습을 보고선 깜짝 놀랐습니다. 이러한 고정관념은 정신의학계의 DSM-5(미국정신의학협회에서 발행한 정신질환 분류 및 진단 절차) 같은 임상 가이드가 되어 환자에 대한 불확실한 설명을 편협한 기준에 억지로 끼워 넣느라 환자의 진짜 모습과 건강 문제가 그의 삶에 미친 영향을 제대로 파악하지 못하게 방해합니다. 유감스럽게도 이러한 접근법은 환자에게 낙인으로 이어질 수 있으며, 개인적인 문제를 깊게 이야기할 기회를 차단해 버리기도 합니다. 따라서 임상 실무에서 나타나는 이러한 경향은 환자에게 증상과 치료의 의미를 묻는 진료 목적에 정면으로 반하게 됩니다. 진료의 목적은 환자가 의사에게 정말 중요한 문제에 관해 물어볼 권리를 지지하고 그렇게 함으로써 임상에서의 관계의 가치를 재확인할 수 있는 대화의 물꼬를 트는 것이어야 합니다.

이 모든 이야기는 제가 이 책을 쓰면서 세운 다른 목표들을 떠올리게 합니다. 저는 환자들의 서사만큼 사회적 맥락을 띠는 질환

병리학과 치료 결과를 어떻게 해석해야 하는지 의사들이 이해하길 바랐습니다. 세심한 돌봄을 제공하는 통찰력 있는 의사는 환자들의 질병 서사가 사회적 맥락에서 구성되는 것처럼, 진단, 예후, 치료의 구성이 자신의 인식 범위 밖에서 형성되는 과정을 알아야 한다고 생각합니다. 환자의 질병 서사와 마찬가지로 전문가의 설명을 체계화하는 과정도 맥락과 우발적 상황, 사회적 선행 요인의 영향을 받는데, 이 세 가지는 환자의 설명에 편견을 심어주는 만큼 전문가의 설명에도 편견을 심어줍니다. 하지만 일단 이 과정을 이해하고 나면 환자는 물론 의사들도 더는 관료주의라는 기계에 고정된 톱니바퀴 같은 존재가 아니게 됩니다. 오히려 이 과정을 이해한 의사는 자신의 진료 기록을 정기적으로 조사하여 전문가의 설명이 의료 기관 및 개인의 임상 결정과 윤리적 실천에 어떠한 영향을 미치는지 평가할 수 있습니다. 저는 임상 실무를 분석할 때 특정 기술의 원형을 이끌어내는 생물학자들의 실험 구성 방식에 따라 연구 범위를 의료 전문가 집단으로 확대할 생각이었습니다. 이때 기술의 원형은 향후 임상의들이 사용하는 치료 약과 기술 장비가 되는 동시에 여러 가지 선입관을 내포합니다. 이 관점에서 보면 적절히 훈련받은 의사는 양질의 돌봄 서비스 제공과 관련된 편견에 의문을 제기할 목적으로 자신의 진료 방법과 목표를 검토할 수 있는 비판적 실용주의를 도입합니다.

저는 병원에서 수십 년간 정신의학 자문의로 근무한 뒤 이 책을 썼습니다. 자문의로 근무하면서 1차 진료 의사와 내과 전문의, 외과 의사와 긴밀하게 협의할 수 있었습니다. 정신과 의사로서 저는 환자들의 이야기에 사회적 맥락이 담겨 있다는 사실을 의식적으로 깨달았을 뿐 아니라 환자의 질병 경험이 대부분 그들의 의식 밖에 있다는 것을 인지하게 되었습니다. 어떤 질병 경험은 정신건강 전문가들이 말하는 '무의식' 때문에 정말 말로 표현할 수 없거나 심지어 개인이 인지할 수도 없습니다. 지금 보니 이 책에서는 무의식적인 사고와 감정을 분석하는 데 충분한 시간을 쏟지 못했다는 생각도 듭니다. 이 책을 지금 다시 쓴다면 이 문제에 더 많은 지면을 할애하고 전환 증상과 저의 실존적 심리치료에 대한 분석을 넘어 평상시 임상 진료에서 쉽게 볼 수 있는 무의식의 방해도 고찰해 보고 싶습니다. 그러면 비판적 실용주의를 따르는 비정신의학과 의사들도 비이성적인 감정과 욕망, 환상으로 구성된 무의식의 세계가 질병/질환과 치료/치유에 미치는 영향에 관해 이해할 수 있겠지요. 사실, 이 내용을 알고 있으면 만성질환을 앓는 환자와 가족 간병인에게도 도움이 됩니다. 거듭 이야기하지만, 이 책에서 제가 소개하는 환자들의 사례는 중요한 의미를 내포하고 있습니다. 바로 불확실성과 위험, 제한적 통제라는 한계를 지닌 인간이 어떻게 삶을 살아야 하는지 이해하는 것입니다.

저는 동아시아, 특히 중국에서 연구 활동을 하며 많은 시간을 보냈습니다. 이러한 환경에서 저는 반세기 이상 지속된 유교적 패러다임과 관행의 의미를 두 눈으로 관찰할 수 있었습니다. 가족과 사회적 연대의 영향력, 효, 도덕적 감정을 불러일으키는 의식에 기반을 둔 사회화 과정, 그리고 고난을 인내하는 행위에 주어진 가치를 더욱 깊이 존중하게 되었지요. 또한 세대가 바뀌면서 이러한 가치들이 변하고 개인주의에 중점을 두는 방식으로 균형을 이루게 되는 과정, 심리학적 깊이에 대한 평가, 신자유주의 경제에 부합하는 초물질적 가치, 세계 문화의 원형과 물신숭배의 영향력도 지켜볼 수 있었습니다. 이 책의 한국 독자들을 위해서는 현재 의료 현장에 나타나는 이 같은 변화를 한국의 감수성에 맞게 옮길 필요가 있을 것입니다.

저의 소박한 바람은 한때 젊은 의사이자 인류학자가 실용적인 지식뿐 아니라 의사이자 학자, 교수로서, 그리고 직접 만성질환을 경험하고 가족 간병인이 되어본 사람으로서 연구를 통해 얻은 경험적 지혜까지 담고자 한 이 책을 독자들이 읽으면서 스스로 필요한 변화를 만들어 내는 것입니다. 살면서 저는 항상 인간으로 존재한다는 것이 무엇을 의미하는지 이해하려 했습니다. 이제 아흔 살에 접어든 저는 스스로 이루고자 하는 것의 한계를 너무도 잘 알고 있습니다. 이 책을 어떻게 받아들이느냐는 독자 여러분들의 몫입니다.

하버드 대학교 의학박사

아서 클라인먼

1

통증에서 비롯된 나약함,
나약함에서 비롯된 통증

통증을 겪고 있는 사람에게 통증은 논박할 수 없는 절대적으로 현존하는 것이어서
'통증이 있다는 것'은 '확신하기'의 가장 생생한 예로 여겨질 수 있을 정도다.
반면 타인에게 통증은 도무지 잡히지 않는 것이어서
'통증에 관해 듣기'는 '의심하기'의 가장 좋은 예가 될 수도 있다.
이렇듯 통증은 부인될 수도 없고 확증될 수도 없는,
공유하기 불가능한 무언가로서 우리에게 나타난다.
– 일레인 스캐리

나는 불타는 바퀴에 결박당해 있어
내 눈물은 납처럼 녹아 흘러 내 얼굴을 데게 한다오.
– 윌리엄 셰익스피어, 『리어왕』 중에서

만성통증은 북미 사회에서 중요한 공중보건 문제다. 참을 수 없
는 만성 허리 통증이나 심각한 편두통으로 나타나든, 목이나 얼
굴, 가슴, 복부, 팔다리 혹은 전신 통증과 같이 비교적 드문 형태
로 나타나든, 만성통증증후군chronic pain syndromes은 현대 사회의
흔한 장애 요소가 되어가고 있다. 하지만 역설적으로 의사는 만성

통증 환자에게 위험한 존재다. 병원에서 하는 치료는 마약성 진통제 중독, 부작용이 심각한 약을 다량으로 사용하는 약물 과잉 투약, 검증되지 않은 고가의 검사 남발, 심각한 손상을 초래할 수 있는 불필요한 수술 권유, 장애 극복 방해 등의 문제를 키울 수 있다. 의료 시스템 또한 재활 치료를 받아 업무에 복귀하려는 환자의 의욕을 크게 떨어트린다. 양쪽 모두 환자와 그 가족들에게 분노와 좌절을 안겨준다.

만성통증을 앓는 거의 모든 환자가 공통으로 경험하는 한 가지는 바로 어느 시점에 이르면 주변인들(주로 의사를 말하지만 때로는 가족들도 포함된다)이 환자의 통증 경험이 진짜인지 의문을 품게 된다는 것이다. 이런 반응 때문에 환자는 전문 의료 시스템에 엄청난 실망감을 느껴 열심히 대체 요법을 찾게 된다. 만성통증의 이면을 살펴보면 의료계의 교육과 방법론이 의사가 만성질환자를 효과적으로 돌보지 못하게 방해하는 것처럼 보인다. 마찬가지로 만성통증 환자는 의사들에게 아주 까다롭고 적대적이며 치료에 비협조적인 '골치 아픈 사람'으로 여겨진다. 서로를 향한 적대감이 커지는 만큼 서로 피해를 보는 것이다.

만성통증은 전 세계를 막론하고 인간의 질병 경험에서 가장 흔하게 발생하는 과정을 포함하는데, 나는 이를 우아하진 않지만 흥미로운 이름인 '신체화somatization'로 부를 것이다. 신체화는 생물의학적 원인이 없는데도 개인적이고 인간관계에 관련된 '심리적 문제'가 신체적 고통이나 내과 치료를 받아야 하는 증상으로 나타나는 현상을 말한다. 신체화는 한 마디로 환자의 경험이 생리학적 측면으로 연장되는 현상이다. 병리적으로 문제가 되는 신체적 과정이 전혀 없는데도 환자가 의식적 행위(일례로 꾀병이 있는데, 이런 경우는 드물긴 하지만 쉽게 가려낼 수 있다) 또는 삶의 문제에 대한 무의식적 표현(일반적으로 전환conversion이라고 부른다)의 일환으로 신체 증상을 호소하는 것이다. 한편 내과 질환 또는 정신질환으로 생리학적 장애를 겪는 환자들이 자신의 증상과 그로 인한 신체 기능상의 장애를 설명 가능한 수준 이상으로 부풀리기도 하는데, 보통은 자신이 과장하고 있다는 사실도 알지 못한다. 이런 유형의 환자들이 단연코 가장 많은데, 다음의 세 가지 요소가 이들의 질병 경험을 악화시키고 의료 서비스의 남용을 부추긴다. 첫 번째는 (특히 가정과 직장에서) 정신적 고통을 표현하도록 장려하는 사회적 환경, 두 번째는 신체 증상을 호소할 때 쓰는 언어를 개인적 혹은 인간관계 문제에서 비롯된 고통을 표현할 때 쓰는 언어로 사용하는 행위, 세 번째는 흔히 불안, 우울 혹은 성격 장애personality disorder로 나타나는 개인의 심리적 특성이다.

신체화는 일상에서 드물지 않게 볼 수 있는 증상이다. 우리가 스트레스에 시달리게 되면 자율 신경계와 신경 내분비 축, 대뇌의 변연계가 활성화된다. 그 결과 우리 몸의 생리작용에 변화가 생기는데, 맥박이 빨라지고 호흡이 가빠지거나 수면 장애, 어지럼증, 손발 저림, 이명, 두통, 복부 불편감, 변비 혹은 설사, 잦은 소변, 소화 불량 등 다양한 종류의 증상이 나타난다. 또한 입 안과 목이 건조해지고 무언가를 삼키기가 어려우며 가슴이 답답해지거나 생리 주기가 바뀌기도 한다. 이러한 증상을 모든 사람이 전부 다 겪는 건 아니다. 가장 문제가 되는 증상 한두 가지를 겪는 사람도 있고 증상의 범위가 더 넓은 사람도 있다. 더군다나 스트레스를 받을 때 우리는 자신의 신체 변화에 더 많은 관심을 기울이며 더 자주 신체적 과정을 살펴본다. 또한 걱정하는 마음에 이러한 신체 변화를 잠재적으로 심각한 건강상의 문제를 유발하는 징후로 보고 계속 신경 쓰게 된다. 가슴에서 느껴지는 압박감이 혹시 심장질환의 징후일까? 아랫배에서 경련이 느껴지는데 심각한 문제가 있는 건 아닐까? 두통을 멈출 약이라도 먹어야 하는 걸까? 화장지에 피가 묻어 나왔는데 치질 때문일까? 이러한 문제로 병원에 가봐야 할까?

우리가 매일 신체적 감각을 경험하는 건 당연하다. 보통은 찌릿한 통증이나 경련에 크게 신경 쓰지 않는다. 하지만 생활 속에서 스트레스를 받을 때나 그로 인해 균형이 깨지고 불안이나 공포를 느끼게 될 때, 대변에 묻은 혈액은 대장암의 초기 징후일 수 있다는 말처럼 증상이 잠재적으로 중요한 문화적 의미를 지닐 때, 천식 환자에게 울혈이 생기거나 퇴행성 척추디스크 질환을 앓고 있는 환자에게 등 근육 경련이 일어나는 것과 같이 개인에게 증상이 특별한 의미를 지닐 때, 이때 우리는 증상을 고치려 하기보단 그것에 바짝 주의를 기울인다. 우리는 증상의 의미를 걱정하는 과정에서 증상의 경험을 확대해석하고 일정 정도의 조치를 취한다. 학교나 직장을 가지 않고 집에 머문다든지 데이트 약속을 미루거나 여행을 취소하는 등 특정 상황을 피할 수도 있고, 평소 식단이나 운동 패턴을 바꾸거나 약을 복용하거나 병원에 찾아가기도 한다. 그 과정에서 의식하든 의식하지 않든 사회적 활동과 개인적 문제들이 신체적인 증상 혹은 경험으로 변형된다. 스트레스의 의미를 과장하거나 신체 과정에 대해 지나치게 걱정하는 성격이라면 물리적 증상을 확대해석하는 경향은 더욱더 커진다. 결국 개인의 인지 스타일과 정서 상태, 언어적 및 비언어적 의사소통의 형태가 결과에 영향을 미치는 것이다.

장기간 스트레스에 시달리거나 만성적인 내과 혹은 정신질환을 앓는 경우, 현재 증상은 주변 환경이나 관계의 의미에 따라 혹은 보험금 청구와 같은 제도적 제약으로 인해 그 의미가 부풀려질 수 있다. 하지만 신체화는 이전의 경험과 더불어 증상이 악화될지도 모른다는 두려움, 이를 막아야 한다는 압박감에서 비롯되기도 한다. 다시 말해 신체화는 천식, 심장병, 관절염, 당뇨병, 만성통증증후군 등을 앓는 환자들에겐 일상이나 마찬가지며, 이들은 앞에서와는 반대로 증상의 의미를 축소하고 부정한다. 따라서 만성질환을 경험하는 것은 우리에게 증상에 반응하는 두 가지 방식을 모두 가르쳐 주는 셈이다. 한편 몇 가지 측면에서 의사들도 환자의 신체화의 원인이 된다. 그들은 증상이 걱정할 만한 일이라는 환자의 생각에 확신을 심어줄 수도 있으며, 통증과 고통 자체만 주목하고 그것의 원인이 되는 스트레스는 간과한 채 치료할 수도 있다. 가족들 역시 환자의 특정 형태의 통증에 무심하게 반응하여 의도치 않게 해당 통증을 부추김으로써 종종 신체화의 원인이 되곤 한다.

곧 알게 되겠지만, 만성통증의 경우에는 문제가 확대된다. 만성통증증후군은 환자가 인지하는 통증의 강도와 통증으로 유발되는 신체 기능의 한계를 증상이 제대로 설명하지 못할 때 발생한다.

이런 환경에서 통증 환자는 자신의 통증이 진짜라는 사실을 자기 자신과 타인에게 증명해야 한다는 압박감을 느낀다. 따라서 많은 통증 환자들이 자신의 통증은 '실제' 신체적 경험에서 비롯되었기에 신체상의 치료와 합법적인 병원 치료를 받을 자격이 있다는 사실을 부인하는 듯한 심리사회적 설명을 받아들이려 하지 않는다.

이 같은 상황을 먼저 알고 있어야 만성통증의 다양한 의미를 설명하는 예로써 통증 환자들의 삶을 살펴볼 수 있으며, 문화적·개인적·상황적 의미와 통증이 서로에게 미치는 상호 영향력을 고려할 수 있다. 지난 15년간 나는 2천 명이 넘는 만성통증증후군 환자들의 사례를 추적하고 연구했다. 그 가운데 지금까지 우리가 논의한 질병 의미와 신체화 경험을 구체적으로 보여줄 수 있는 환자 세 명의 사례(1, 2, 3장의 사례)를 선별했다. 물론 세 사람의 유사성도 강조하겠지만, 더 중요한 건 이들의 삶에 어떤 차이점이 있느냐다. 만성질환은 환자들이 공통으로 겪는 문제 때문에 누구도 부정할 수 없는 유사성을 만들어 내며, 인간의 조건은 어느 정도 비슷하다는 인식을 강화하지만, 동시에 개인의 인생 경험만큼이나 각양각색으로 나타날 수 있다는 게 내 주장이다. 만성질환도 결국엔 서로 다른 개개인의 '인생 경험'이 되기 때문이다. 첫 번째 사례를 대변하는 다음 글은 '삶의 일부가 된 통증'을 묘사하고 있다. 통증 환자이기도 했던 시인 에밀리 디킨슨은 다음과 같은 시를 썼다.

통증은 공백의 요소를 지니니
떠올릴 수조차 없다

그것이 언제 시작되었는지, 하루라도

그것이 존재하지 않은 적이 있었는지

통증엔 미래가 없고 그저 통증만이 존재할 뿐

이 무한한 통증의 세계에 담긴 것은

과거의 통증, 느낄 수 있는 건

새로운 통증의 시간뿐.

독자 여러분은 통증 환자들의 사례에서 내가 환자들의 이야기를 듣고 해석해서 밝혀낸 그들의 경험을 강조하고 있음을 잊지 말아 주었으면 한다. 나는 환자들의 치료법에 많은 시간을 할애하지 않을뿐더러, 같은 맥락에서 특정한 치료법을 추천하지도 않을 것이다. 1-3장의 목적은 특정한 치료 패러다임을 제시하려는 게 아니다. 그 내용은 정확히 13장에서 다루고 있는데, 거기서 이 책의 사례 중 몇 가지를 다시 살펴봄으로써 환자들의 고통을 덜고 장애로 인한 불편을 줄이는 방법에는 무엇이 있는지 알아볼 것이다.

나약한 파출소 부소장

내가 느낀 하워드 해리스[4]의 첫인상은 나약함이었다. 자그마치

---

4 이 책에 소개된 모든 사례에서는 환자의 신원을 보호하기 위해 가명을 사용하고 있다. 또한 익명성과 비밀을 보장하고자 장소 이름과 지리적 위치, 추가적인 세부 사항들을 변경했다. 그 외의 사례들은 임상 인터뷰 혹은 병원과 환자의 집에서 연구를 목적으로 한 만남에서 발췌한 것이다.

2미터나 되는 키에 어깨는 떡 벌어지고 우락부락한 얼굴을 한 이 50대 중반의 남성은 경직된 자세로 머뭇거리며 부자연스러운 걸음걸이를 들키지 않으려 애썼다. 델라웨어 주 작은 도시의 파출소 부소장인 하워드는 말 한 마디 하지 않고 거의 팬터마임으로 자신이 겪고 있는 장애를 보여주었다. 그의 한 손은 아래쪽 척추에 꼭 들어맞는 하얀색 쿠션을 항상 들고 다녔으며, 다른 손은 허리가 부러져 갑자기 쓰러질 때를 대비해 어떤 가구가 자신을 지탱해줄 수 있을지 확인하려는 듯 단단한 가구의 한쪽 면을 하나하나 짚고 다녔다. 앉아 있을 땐 같은 손으로 근처에 있는 의자의 등받이를 어루만지는 경향이 있는데, 주변 사람이 보면 그가 의자 등받이와 자신의 척추 중 어느 쪽이 더 튼튼한지 비교하는 것으로 오해할 수도 있다.

하워드는 꼿꼿하게 앉아 있었다. 바닥에 내려놓은 두 발은 약 30센티미터 간격을 두고 떨어져 있었고 허리와 상체는 경직돼 있었다. 그는 몇 분 간격으로 얼굴을 찡그렸으며, 방금 전에 아주 튼튼하다고 판단한 의자 등받이를 꽉 잡은 채 20-30분마다 뻣뻣한 자세로 일어나 조심스럽게 척추를 좌우로 움직였다. 하지만 중간중간 그가 얼굴을 찡그릴 때마다 주름은 깊어졌고, 입은 거의 완벽한 타원 모양으로 벌어졌으며, 통증의 고통을 견디느라 눈에는 눈물이 차올랐다. 여러분이 직접 하워드의 모습을 보고 그의 속마음도 알게 된다면, 그가 소리 지르지 않고 말 그대로 무너져 내리지 않으려고 안간힘을 쓰고 있다는 게 느껴질 것이다. 몇 초가 지나자 하워드는 손으로 조심스럽게 허리를 만진 후 허리 근육과 척추를 살살 문지르기 시작했다. 그의 눈빛에는 항상 극도의 경계심이 서려 있는데, 이는 마치 허리에 관해서라면 그 어떤 것도 허투루 넘길 수 없으며, 통증이 재발하기 전에 통증과 그 영향력을 최대한 줄이는 방어 전략이 가장 효과적이라는 그의 생각을 나타내는 듯했다. 하워드는 금방이라도 척추가 부러질 것처럼 행동했다. 이는 자신의 연약한 허리를 제대로 보호하지 못하면 진짜 허리가 '부러질지도' 모른다는 엄청난 두려움에서 비롯된 몸짓이었다.

"정말 척추가 부러질 것 같습니다. 그럼 전 끔찍한 고통을 느끼며 바닥으로 쓰러지겠죠. 결국 제 허리는 산산조각이 나서 다신 원래대로 돌아오지 못할 겁니다. 견딜 수 없는 수준의 통증도 겪을 테고요."

하워드는 만성통증에 관한 연구 프로젝트의 일환으로 나와 처음 만난 자리에서 이렇게 말했다.

하워드 해리스는 그의 표현을 빌리자면 만성 허리 통증이 그의 "삶을 망쳐버린" 20년 동안 통증을 극복하기 위해 할 수 있는 거의 모든 정통 치료와 대체 치료를 받았다. 그는 정형외과 의사, 신경외과 의사, 신경과 전문의, 마취과 겸 통증 전문의, 내과 전문의, 가정의학 전문의, 재활 전문의 등 거의 모든 분야에서 의사 수십 명을 만나왔다. 그뿐 아니라 임상 간호사(병을 진단하고 치료하는 방법에 대해 추가 교육과 훈련을 받은 미국의 등록 간호사), 물리치료사, 침술사, 최면술사를 비롯하여 바이오피드백(biofeedback, 몸에 부착된 감지기를 통해 몸의 생리적 기능 변화를 알려줘 신체 기능을 의식적으로 조절하도록 유도하는 기법), 명상, 행동의학, 마사지, 수치료(물을 이용하여 질병을 치료하거나 예방하는 대체 치료법) 등의 전문가를 비롯하여 통증을 전문적으로 다루는 수많은 기타 건강 전문가들을 찾기도 했다. 그는 통증 클리닉, 통증 관리 수업, 통증 그룹에 참여했으며, 허리에 관련된 건강서뿐 아니라 전문적인 의학 서적까지 탐독했다. 하워드는 지금까지 큰 척추 수술을 네 번이나 받았는데, 수술 후 매번 통증의 정도가 훨씬 더 심해졌음에도 두려움에 떨며 다섯 번째 수술을 고려하고 있었다.

"선생님께서도 아시다시피, 척추가 제대로 붙지 않았습니다. 제 허리는 약해질 대로 약해졌죠. 머릿속으로 척추가 두 동강 나는 상상을 하곤 합니다. 제게 필요한 건 부러진 척추뼈를 이어 붙일 수 있는 접착제 같은 겁니다."

하워드는 본인 판단에 따라 강력한 마약성 진통제를 포함한 통증 완화제를 50여 개나 복용하고 있었고 그 중 몇 개엔 이미 중독된 상태였다. 그가 복용하는 약에는 심각한 부작용이 있는데 그 중 빈혈과 알레르기성 발진이 가장 두드러졌다. 현재 하워드는 매주 신경 차단 요법을 받고 있으며 그 전에는 척수로 통증이 전이되지 못하도록 전기 자극기를 사용했다. 그뿐 아니라 각종 버팀대와 정형외과용 코르셋도 착용했다. 또 특별 제작된 침대에서 잠을 자고 특수 의자에 앉았으며 매일 30~40분을 투자해 자세 강화 운동과 명상을 했다. 생물의학 전문가 외에도 척추지압사, 건강식품 코치, 극성요법(polarity therapy, 몸 에너지의 균형 잡힌 배분을 중요시하는 대체 치료법) 전문가, 카리스마 있는 영적 치료를 할 수 있는 기독교 근본주의 목사, 한국 무술 전문가 등 여러 사람에게 상담을 받왔다. 나와의 인터뷰가 진행되는 2년 동안에도 하워드는 다수의 심리학자와 정신과 의사, 중국 전통 의학 의사에게까지도 상담을 받았다. 그리고 온찜질과 냉찜질, 통증 완화용 외용제, 겨자 연고, 한방 찜질, 강장제, 특별 식품, 정형외과용 신발, 휴식, 신체 활동 등 가족과 친구, 동료 등에게서 추천받은 다양한 자가 요법과 치료법을 실천해 왔다.

일정한 강도의 허리 통증이 매일 지속되었지만, 때로는 침대에 엎드려 누워 베개에 얼굴을 파묻고 소리를 지를 만큼 통증의 세기가 커지기도 했다. 하워드는 자신의 통증을 표현할 때 "통증이 퍼진다", "타는 듯하다", "허리 한가운데가 뻣뻣하다", "통증이 신경과 근육을 찢는 듯하다"와 같은 말을 가장 많이 사용했다. 그는 통증의 특징, 정도, 양상을 평가하는 데 사용되는 표준 체크리스트인 맥길통증질문지McGill Pain Questionnaire의 목록을 쭉 살피며 '욱신거리는, 찌릿찌릿한, 칼로 찌르는 듯한, 쑤시는, 에는 듯한, 타는 듯한, 뜨거운, 얼얼한, 따가운, 뼈가 빠지는 듯한, 끔찍한, 살인적인, 짜증 나는, 쥐어뜯는, 끊이질 않는' 등의 형용사에 동그라미를 쳐 그가 겪고 있는 통증의 특징과 느낌을 표현했다. 가장 최악의 허리 통증은 살면서 지금까지 그가 경험한 가장 아팠던 치통, 두통 혹은 복통보다도 훨씬 더 고통스럽고 무시무시했다. 몸을 갑자기 움직일 때나 무언가를 들어올릴 때 혹은 걸을 때 통증이 악화될 수도 있었다. 그가 지금껏 받은 모든 치료법 중 냉찜질과 휴식, 명상만이 통증의 강도를 줄여주었다. 하지만 어떤 치료법도 통증을 완전히 없애진 못했다. 그는 항상 일정 정도의 허리 통증(10을 기준으로 3-4에 해당)에 시달렸다. 더 극심한 통증이 며칠 혹은 몇 주에 걸쳐 몰려오기도 했다. 이런 유형의 통증은 많게는 매달 서너 번, 적게는 몇 달에 한 번씩 찾아왔다. 하워드가 잔뜩 얼굴을 찌푸린 채 눈물이 맺힌 두 눈을 부릅뜨며 공포에 질린 듯한 표정으로 어떻게 해서든 눈앞의 상황에 집중하며 언급한 "극도의 통증"은 한두 시간밖에 지속되지 않았고 아주 드물게 발생했다. 하지만 하워드는 너무 고통스러운 나머지 한 번은 내게 그와 같은 통증을 다시 겪어야 할 바에야 차라리 죽는 게 낫다고 털어놓았다. 비록 "그런데 전 이제 기독교인으로 거듭났으니 자살은 절대 생각하지 않을 겁니다."라고 덧붙이긴 했지만 말이다. 그의 허리 통증은 하워드를 위축되고 겁에 질린 상태에서 극도의 무력감과 절망감을 느끼며 간신히 삶을 버티는 사람으로 전락시켰다.

통증은 몸을 움직이는 동안 혹은 움직인 이후에 찾아왔다. 부엌에서 물건에 손을 뻗을 때, 허리를 굽혀 작은 쓰레기 봉투를 집어 올릴 때, 수화기를 들려고 몸을 비틀 때, 운전 시 몸을 잘못된 방향으로 기울일 때, 아내를 도와 장바구니를 들어올릴 때, 샤워하면서 척추를 쭉 펼 때, 파출소의 울퉁불퉁한 바닥에 걸려 넘어질 때, 과속 단속 순찰차에서 몸이 이리저리 흔들릴 때, 책상 위에 있는 파일을 집으려다 허리를 잘못 굽힐 때, 심지어 치료를 위한 운동을 할 때 등 모든 순간이 허리의 작은 부분에서 아래위로 점점 퍼져나가는 찌릿찌릿한 통증의 원인이 될 수 있었다. 이와 같은 일상 속 충격 중 실제로 무엇이 다발성 통증으로 발전하는지 알지 못했기에 하워드는 그와 같은 충격이 또 다른 강렬한 통증의 순환을 알리는 초기 징후라도 되는 양 생활 속의 작은 충격 하나하나에도 신경을 썼다. 하지만 사실 하워드는 자신이 기대한 수준만큼 대응하진 못했다. 어쨌든 그는 통증이 시작되길 기다려 초기 징후를 찾으려 했다. 초기 징후를 빠르게 인지해 통증이 점점 퍼지고 악화되는 것을 예방하려 노력했다.

"허리도 안 좋은 저를 누가 쓰겠습니까?"

하워드 해리스는 한때 지역 고등학교 미식축구 팀에서 가차없는 플레이를 선보였던 라인맨이었다. 또한 45킬로그램에 달하는 무거운 짐을 짊어지고 현장의 긴 경사로를 걸어가는 게 일상이었던 건설업자였으며, 동네 술집에서는 팔씨름 챔피언이었고, 훈장까지 받은 한국전쟁 참전 군인이자 스스로 냉정하고 강인하다고 자부하는 경찰이었다. 그런 그가 만성질환으로 완전히 다른 사람이 된 것이다.

"허리 통증이 저를 완전히 바꿔놓았습니다. 허리 부상 걱정에 노심초사하는 사람이 돼버렸으니까요. 전 제가 다칠 거라곤 생각도 안 해봤고 그런 걱정조차 해본 적이 없습니다. 하지만 지금 제 머릿속은 온통 빌어먹을 통증에 관한 생각뿐입니다. 통증이 더 심해지지 않았으면 좋겠거든요. 더는 못 참겠습니다. 두려워요. 천하의 하워드 해리스가 허리 통증을 무서워하다니! 누구에게도 이런 말을 한 적이 없는데, 선생님껜 솔직하게 털어놓겠습니다. 통증 때문에 전 완전히 겁쟁이가 된 기분입니다."

하워드는 종종 무엇이 통증을 악화시켰는지 모르겠다고 했지만 기억을 더듬어 과거의 퍼즐을 맞추어 나갔다. 그의 생각에 통증은 직장에서 스트레스를 많이 받을 때, 평소보다 집안일을 많이할 때, 아들들과 함께 공놀이하고 싶은 마음을 이기지 못할 때, 주의를 계속 기울이지 않아 약해진 척추를 제대로 보호하지 못할 때 나타나기 쉬웠다. 그의 통증은 하워드가 집에 있을 때, 즉 가족과 함께 있을 때나 외출하기 전과 후, 퇴근할 때, 또는 내일 출근해서 어떻게 보낼지 생각하는 동안 그를 괴롭힐 확률이 높았다.

통증은 사람을 위축되게 하고 고립시킨다. 하워드는 퇴근 후 방으로 들어가 문을 잠근 다음 커튼을 치고 불을 끈 후 침대에 눕는다. 그는 "타는 듯이 뜨거운 신경을 가라앉히려" 허리에 얼음 찜질팩을 갖다 댄 채 근육의 긴장을 이완시킬 수 있는 자세를 찾아 휴식을 취한다. 이때 다른 사람과의 대화는 불가능하며 그렇게 하면 통증이 더 심해진다. 하워드는 소음도, 빛도, 압박감도 견딜 수 없었다. 심지어 본인 머릿속에 떠오르는 생각조차 용납할 수 없었다.

"어두운 방 안에 아무 생각 없이 머리를 비운 상태로 있고 싶을 뿐입니다. 그렇게 천천히 여유를 되찾기 시작하면 긴장이 풀리거든요. 근육이 이완되고 통증이 점점 줄어드는 게 느껴지고, 언젠가는 나아질 거란 생각마저 듭니다. 아마 이때가 제 마음이 가장 편해지는 순간 아닐까 싶어요. 저도 이렇게 느긋하게 쉴 수 있어요. 몸이 좋아지는 게 느껴집니다. 그런데 처음엔 미미해도 점점 통증이 줄어들기 시작하는 바로 그 순간, 그 지점에 이르기까지 몇 시간 혹은 며칠이 걸릴 때도 있습니다."

하워드의 통증은 그가 고향에서 경찰로 근무하기 전부터, 그러니까 고향에서 멀리 떨어진 도시에서 교회 건설 현장 일을 할 때부터 시작됐다. 건물 완성이 예정일보다 늦어지자 하워드는 작업 속도가 처지면 안 된다는 압박에 시달렸다. 그러던 어느 날 중장비를 동원해야 하는 문제가 발생했다. 도움을 기다리다 작업이 더 지연되는 일이 발생하지 않도록 하워드는 장비 없이 직접 자재를 옮기려 했다.

"자재를 들어올렸는데 뭔가 툭 부러지는 느낌이 들었습니다. 곧바로 전 고통에 몸부림치며 바닥에 쓰러졌죠. 엑스레이 촬영과 검사를 있는 대로 받았지만 근육 경련을 제외하곤 아무 이상이 없었습니다. 그런데 그때 허리가 뭔가 잘못됐다는 걸 전 알고 있었어요. 금방 나을 것처럼 보였지만, 실은 아주 잘 알고 있었죠. 과거의 전 지금과는 완전 다른 사람이었습니다. 덩치도 크고 힘도 세고 웬만한 일은 거의 다 할 수 있다고 생각했으니까요. 하지만 그 사고 이후로 전 어딘가가 고장났다는 사실을 알게 되었습니다. 전 정말 다친 것이었죠. 허리를 더 신경 쓰고 보호해야 했습니다. 그 전까진 한 번도 스스로를 약하다고 생각한 적이 없습니다. 술집에서도, 군대에서도, 직장에서도 말이죠. 몇 주 뒤 어린 아들에게 공을 던져주고 뒤돌아서는데, 제가 너무 빨리 돌아섰을 수도 있지만, 세상에, 허리의 여기 이 작은 부분이 찌릿찌릿하게 아프더군요. 그때 전 앞으로는 지금까지와 똑같은 생활을 할 순 없다는 걸 깨달았습니다. 그러니 할 수 있는 일과 할 수 없는 일을 파악해야 했습니다. 이젠 할 수 있는 일이 거의 없어요."

허리를 다시 다칠 수 있다는 두려움과 산재 휴가가 없다는 이유 때문에 아예 건설 현장을 떠난 하워드는 파출소에서 근무할 기회를 잡게 됐다. 급여는 적었지만, 그는 그 일을 하면 허리를 다칠 확률도 낮아질뿐더러 앞으로의 안전도 보장받을 수 있겠다고 생각했다. 맨 처음 허리를 다쳤을 때 하워드는 가정생활에서도 어떤 압박감을 느꼈다. 막 쌍둥이를 출산한 아내는 두 아기뿐 아니라 큰아들, 노쇠한 고모(그녀는 뇌졸중을 겪은 후 하워드네 가족과 함께 살게 되었다)까지 돌봐야 하는 상황을 감당하기 힘들어했다. 아내의 바람과는 달리 당시 하워드는 집에서 멀리 떨어진 곳에서 건설 현장을 관리하는 일을 해왔다. 그는 아내를 그런 어려운 처지에 놓이도록 했다는 죄책감에 시달렸으며 작업이 지연될수록 죄책감은 더욱 커졌다.

"저희 부부는 항상 의사소통에 문제가 있었습니다. 전 평소에 말을 많이 해본 적이 없습니다. 그리고 일과 관련해서는 아내와 상의하지도 않았어요. 그냥 했습니다. 돈을 많이 준다, 그러면 가서 그냥 하는 거죠."

지난 몇 년간 허리 통증이 심해졌음에도 하워드는 작은 파출소의 두 번째 책임자인 부소장의 자리까지 올랐다. 그는 통증과 수술로 인해 근속 일수가 너무 줄어들지만 않았다면 소장까지 승진했을지도 모른다고 생각했다. 하지만 놀랍게도 하워드는 직업상의 경력 측면에선 좌절감을 느끼지 않았다.

"아시다시피, 전 고등학교도 졸업 못했습니다. 부소장이 되기엔 한참 부족하죠. 제겐 과분한 자리라는 걸 잘 알고 있습니다. 서류 작업도 겨우 따라가고 있어요. 전 그런 책임을 별로 지고 싶지 않습니다. 더는 부담을 느끼고 싶지 않기 때문이죠. 지금과 같은 허리 상태론 최선을 다해야 하루 업무를 겨우 마칠 수 있습니다. 여기서 일을 더 못하게 될까봐 걱정입니다. 허리 부상 때문에 업무에 차질을 빚으니까요. 조직에선 저를 조기 퇴직시키려 할 겁니다. 하지만 대학원에 다니는 아이와 대학에 다니는 쌍둥이가 있으면 연금으로만 먹고사는 게 쉽지 않죠."

퇴직연금보다 액수가 많으며 파출소 내 다수의 경관이 받은 장애연금조차 하워드네 가족의 경제적 부담을 덜어주긴 힘들 것이다. 파출소 일 역시 하워드에게 심각한 스트레스를 안겨주는데, 이는 허리 때문만이 아니라 난폭하고 비효율적인 소장을 비롯해 전체적으로는 훌륭하지만 몇몇 무능력한 사람들이 포함된 조직에서 그가 오도 가도 못하고 있다고 생각하기 때문이다.

"모든 게 다 정치예요. 소장은 완전 자격 미달인 사람입니다. 그는 사람들의 일을 방해하고, 고함치고, 일을 엉망으로 처리하는 것밖에 할 줄 몰라요. 지금 자리도 인맥으로 얻었고요……. 또 일을 너무 자주 그르치고, 거의 도움도 안 되고, 게다가 성격도 구제불능입니다. 철저한 이기주의자에 언제나 자기 방식만을 고집하며 거절할 줄도 모릅니다. 소장은 저를 하찮은 사람 취급합니다. 모든 사람을 그렇게 대하죠. 하지만 어떤 날은 정말 인내심이 한계에 다다릅니다. 그 사람 때문에 아주 미치고 환장하겠습니다. 게다가 전 허리까지 신경 써야 합니다. 여기서 열 내봐야 무슨 소용이 있겠습니까?"

지난 몇 년간 일을 바라보는 하워드의 관점은 바뀌어왔다. 막 파출소에서 근무하기 시작했을 무렵의 그는 유능한 경찰관이 되고 싶었다. 하지만 지금은 자기 자신을 근무 시간을 너무 많이 빼먹지 않고 심각한 실수를 저지르지 않으면서 최대한 버티려 애쓰는 사람으로 여긴다. '나약하다'는 단어는 그의 허리뿐 아니라 그의 직업에도 적용되는 단어다. 경제적 압박과 인력 제약이 해를 거듭할수록 심해지는 상황에서 하워드는 연금을 받고 조기 퇴직을 할 수도 있었다. 그는 아주 솔직하게 자기 생각을 털어놓았다.

"할 수 있는 데까지 버텨야죠. 하루하루가 저한테는 버텨내고 있는 성공의 상황입니다. 하지만 자식들이 학교를 마치기 전에 직장을 잃는다면 지금까지의 성공은 물거품이 될 겁니다. 아이들이 학교를 마친 후에도 문젭니다. 이 일 말고 제가 뭘 할 수 있겠습니까? 이 나이에 허리도 안 좋은 저를 누가 쓰겠습니까?"

다행히 근무 환경은 그를 간신히 버틸 수 있게 해주는 요소였다. "그럭저럭 생활하고 있습니다. 동료들은 제 허리 상태에 대해 알고 있어서 정말 상황이 안 좋으면 많이 배려해 줍니다. 사무직을 해선 안 됐는데 그게 제 일이 되고 만 거죠. 그리고 훌륭한 경찰들이 많습니다. 제가 잘 생활할 수 있도록 그 친구들이 힘이 되어줍니다." 하워드는 최대한 허리에 무리가 가지 않도록 근무 시간을 조정했다. 늦은 오후가 되면 통증이 심해지기 때문에 남들보다 일찍 출근하고 일찍 퇴근했다. 신체 조건상 수행하기 어려운 업무는 부하 직원에게 일임했다. 서류 작업은 번거로웠고, 그는 자신이 받은 교육의 한계를 체감했다. 하지만 최선을 다해 일한다고 생각했다. 집에서도 통증에 시달리지 않을 땐 항상 일에 몰두했다. 그는 자신이 감당할 수 없는 신체적인 문제에 대해 생각한다. 즉 다음날 출근에 대한 부담을 견뎌내려 노력했고, 상관을 향한 분노가 점점 커지는 것을 억누르려 안간힘을 썼으며, 자신의 한계를 어떻게 하면 감출 수 있을지 혹은 마침내 모두가, 특히 상관이 자신의 문제를 알게 되면 무슨 일이 벌어질지 걱정했다.

하워드의 아내는 이 문제에 대해 냉정하게 이야기했다.

"집에 하워드가 두 명 있어요. 허리 통증을 걱정하는 하워드, 일을 걱정하는 하워드, 이렇게 두 명이요. 남편은 이 두 가지 문제에 완전히 갇혀 버렸습니다. 그이에겐 가족도, 그냥 즐겁게 웃으면서 시간을 보낼 여유도 없습니다. 남편과 함께 웃어본 지가 한참 된 것 같아요. 지금도 보세요. 저 표정과 눈빛을 좀 보세요. 제 말이 뭔지 선생님도 아실 거예요."

"제 통증이 심각하다는 걸 사람들이 믿질 않아요."

그녀의 말은 아주 고통스러웠던 결혼생활을 함축하고 있었다. 하워드와 30년째 부부관계를 이어오고 있는 엘런은 금발로 염색한 머리에 키도 크고 매력적인 데다 자기주장이 강한 여성이었다. 그녀는 하워드와 있을 때 항상 대화를 장악했고, 날카로운 말을 내뱉었으며, 자기감정을 바로 표현하는 경향이 있었다. 결혼 후 첫

10년 동안 전업 주부였던 엘런은 직업상 자주 집을 비워야 했던 남편과 손길이 많이 가는 어린아이들, 의존적인 고모님과 함께 겨우겨우 한집에서 지냈다. 지쳐가던 그녀는 우울해졌고 두 사람은 이혼할 위기에 처했다. 하지만 엘런이 다시 마음을 가다듬었다.

"하워드가 형편없이 행동할수록 전 더 나은 사람이 되었어요. 학교로 돌아가 학위를 마쳤고 직장을, 그것도 좋은 직장을 구했죠. 전 남편은 포기했습니다. 더는 그이가 먼저 외출하자고 말하는 걸 기다리지 않기로 했죠. 그러다간 평생 집 밖에는 나가지 못할 테니까요. 전 친구들과 다니기 시작했어요."

엘런은 남편의 질병에 대해서도 냉담한 태도를 보였다.

"비참하죠. 그 병 때문에 우리 가족의 생활이 엉망이 되었으니까요. 남편은 아이들을 위해 시간을 내려 하지 않아요. 시끄러운 걸 못 견뎌 했거든요. 아이들이랑 운동을 할 수도 없었고, 가족끼리 피크닉이나 휴가도 가지 못했어요. 지금은 그나마 예전보다 소통이 잘 되지만 저와의 관계도 별로 좋지 않았거든요. 남편은 항상 혼자 있어요. 그이가 허리 때문에 힘들다는 건 저도 알아요. 그렇다고 매일 그런 건 아니잖아요? 통증이 항상 그렇게 심할 수 있나요? 전 남편에게도 문제가 있다고 봅니다. 다소 지나칠 정도로 건강에 신경 쓰거든요. 한 번 통증에 대해 걱정하기 시작하면 떨쳐내질 못합니다. 저희는 부부생활이라는 게 아예 없어요. 그이의 허리 때문에 부부관계를 하지 않은 지도 꽤 됐어요. 결국 저도 흥미를 잃었고요. 한편으론 남편이 안타깝기도 해요. 젊었을 때와 지금 모습이 완전 다르거든요. 하지만 저 자신도 안됐어요. 아이들도 마찬가지고요. 이런 말을 하고 싶진 않지만, 그이도 인정할 겁니다. 아이들의 삶에 아빠가 있었던 적이 없어요. 알아요, 제 말이 냉정하게 들린다는 거. 하지만 선생님이 제 입장이라도 같은 말을 했을 거예요."

엘런은 하워드가 직장을 잃을까 우려했지만 그녀의 걱정은 하워드와는 다른 이유에서 비롯된 것 같았다. 엘런은 온종일 집에 머무는 걸 하워드가 감당하지 못할 거라고 생각했다. 그나마 일 덕분에 하워드는 기분 전환을 할 수 있었고 외출도 할 수 있었으며, 허리 통증 이외의 일들을 관리하고 이야기할 수 있었기 때문이다. 하워드도 이 사실을 인지하고 있었다.

"제가 뭘 할 수 있겠습니까? 통증은 계속 심해지겠죠. 온종일 집에만 있게 된다면 하루 종일 허리만 생각하게 될 겁니다. 지금도 집에 있을 땐 그러거든요. 지금 일이 재미도 있고 마음에 들기도 하지만 무엇보다 잠깐이라도 몸에 신경 쓰지 않게 해줍니다."

하워드의 세 자녀는 아버지에게 분개했다. 최근 들어 자녀들은 자신들의 절망과 분노를 아버지에게 표출하는 일이 늘었다. 큰아들이 말했다.

"아버진 유령이나 마찬가지였습니다. 저흰 아버지를 본 적이 없어요. 방에 계셨다가 출근하셨다가 다시 방으로 들어가셨죠. 저희와 함께 시간을 보내려 하신 적도 없습니다. 마치 타인인 것처럼 말이죠."

"아버지가 허리 통증에 대해 말씀하시는 것을 더는 참을 수가 없습니다." 쌍둥이 중 하나가 볼멘소리를 했다. "아버지 말처럼 그게 그렇게 심각한지 저희가 어떻게 아나요? 제 말은, 아버지 말을 믿긴 하지만 눈으로 확인할 순 없잖아요. 그렇다고 아버지가 당장 돌아가시거나 뭐 그런 건 아니니까요."

하워드는 매일 가족과 직장 동료, 의사 등 다른 사람들의 미심쩍어하는 태도, 즉 그의 말처럼 통증이 그렇게 심각하진 않을 거란 의심과 마주해야 했다.

"이게 가장 힘들었습니다. 사람들은 제 통증을 볼 수 없으니까요. 직접 고통을 겪어보지 않는 이상, 신의 은총으로 그런 일은 일어나지 않길 바라지만, 그게 어떤 느낌인지 알 수 없어요. 가끔은 사람들이 제 말을 안 믿는 것 같은 기분이 들기도 하는데 이게 저를 정말 미치게 합니다. 도대체 사람들은 저를 뭐로 보는 걸까요? 제가 꾀병을 부린다고 생각하는 걸까요?"

하워드는 지금껏 받은 수술이 명확하게 한 가지 긍정적인 효과를 가져왔다고 생각한다. 수술 덕분에 고통의 흔적, 즉 사람들에게 보여줄 수 있을 뿐 아니라 실제로 허리에 "문제가 있다"는 사실을 스스로 확인하고 싶을 때 만질 수 있는 흉터가 생긴 것이다. 하워드는 매번 수술이 끝난 직후 가족과 동료 경찰관, 의사들이 자신에게 더 호의적인 태도를 보였다고 여겼다. 그가 지금까지의 수술이 오히려 전반적으로 통증을 더 악화시켰다고 판단하고 있음에도 또 다른 큰 수술을 고려하는 이유는 수술의 이 같은 '보이지 않는 사회적 기능'이 그의 의사결정에 큰 부분을 차지하기 때문이다.

하워드는 대단히 비관적이다. 그 무엇도 자신의 병을 치료할 수 없으며, 심지어 절대 예전으로 돌아갈 수 없다고 믿는다. 그의 통증은 그 속도가 느릴지라도 악화될 수밖에 없다. 통증이 심해질수록 회복이 더뎌지고 일상에서 느끼는 통증의 기준점이 높아지기 때문이다. 지난 몇 년 동안 그는 해마다 한 달 이상 결근했다. 올해는 결근일이 훨씬 더 많았다. 하워드에겐 점점 나빠지는 상황을 막을 방법이 없었다. 그는 주 1회 이상 병원에 다니며 신경 차단 요법을 받거나, 마약성 진통제를 맞거나, 가장 최근에 나온 진통제를 처방받거나, 신경과와 정형외과 검사를 또 받았다.

인터뷰가 진행되는 동안 하워드는 더는 신께 기도 드리지 않는다고 털어놓았다. 아무런 효과가 없다고 느꼈기 때문이다. 그는 자신의 장애가 하늘이 내린 벌이나 시험이라고 생각하지는 않았다. 10시간 넘게 인터뷰를 진행하는 동안 몇 번의 휴식 시간이 주어졌는데, 하워드는 그때 자신의 질병에 대한 신의 역할을 묻는 내 질문에 보일 듯 말 듯한 미소를 지으며 이렇게 대답했다.

"신께서는 더 중요한 문제를 생각하셔야죠. 그렇지 않다면 그렇게 하셔야 하고요."

만성통증증후군을 앓고 있는 환자의 절반, 그리고 보통 만성질환으로 고생하는 사람들 대다수가 그러하듯 하워드 해리스도 주요 우울장애를 진단하는 공식 기준에 부합했다. 하지만 그의 우울감은 다른 무엇보다 통증으로 인한 사기 저하로 나타났다. 게다가 수면 부족, 식욕 부진, 에너지 결핍에 이어 죄책감, 낮은 자존감, 죽음에 관한 생각(모두 우울장애 공식 진단 기준에 해당한다)까지 전부 심각한 허리 통증 경험과 직접적으로 관련이 있었다. 따라서 그가 진짜로 별개의 정신질환을 앓고 있는 것인지, 아니면 만성질환으로 인해 너무 괴로워하는 것인지(이럴 가능성이 더 크다) 판단하기가 어려웠다. 하지만 그가 허리 통증에 미칠 영향이나 사기 저하라는 부작용을 전혀 고려하지 않은 채 치료용 항우울제를 처방받으며 통증 전문가들에게 치료를 받았다는 사실에서 두 번째 가능성이 더 타당하다는 것을 알 수 있다. 그런데 아버지와 할아버지의 우울증과 알코올 중독을 포함한 그의 가족력은 그가 정신질환을 앓을 위험이 크다는 사실 또한 말해준다. 하지만 대부분의 통증 환자와 마찬가지로 하워드의 질병 서사 역시 우울증은 통증의 원인이 아닌 '결과'라는 사실을 강하게 암시했다.

자신감과 성격까지 바꿔놓은 질병

하워드는 네덜란드 이민 가정 출신이었다. 배관공이던 그의 아버지는 술에 찌들어 있었으며 아내를 폭행했고 하워드가 다섯 살이 되던 해에 아내와 이혼했다. 하워드는 그 후로 아버지와 한 번도 연락하지 않았다.

"아버지에 대해선 정말 아는 게 없습니다. 가족들에게서 안 좋은 말을 듣긴 했는데 아버지와 함께 지낸 기억이 거의 없습니다. 전 아버지가 없다고 생각하며 자랐죠."

하워드의 어머니는 그가 아홉 살이 되던 해에 재혼했다. 그는 어머니가 재혼 초기부터 자신을 멀리하며 점점 거리를 두고 냉담하게 대하는 것을 느꼈다. 그의 어머니는 재혼한 남편 사이에서 두 명의 아이를 낳았다. 하워드는 12살의 나이에 먼 친척집에 들어가게 되었고 20살에 입대하기 전까지 그곳에서 살았다. 현재 하워드와 그의 어머니가 사는 곳은 4-5킬로미터 정도밖에 떨어져 있지 않은데도 지난 1년간 서로의 얼굴을 딱 한 번 봤을 정도로 그들의 유대관계는 갈수록 약해졌다. 그는 양아버지와는 한 번도 친밀한 관계를 맺어본 적이 없었다.

하워드는, 젊었을 때 자신은 건장하고 독립적인 사람이었으나 만성통증에 시달리면서 조금씩 의존적이고 유약해졌다고 표현했다. 그는 언제나 조용하고 말수가 적었으며 시무룩해 있었다. "가족들과 대화를 많이 해본 적이 없습니다. 아프면 조금 관심을 받을 뿐이죠." 하워드의 어머니 또한 빈번한 허리 통증으로 고생했는데 통증이 심해지면 방으로 들어가 며칠 동안 나오지 않았다. "어머니는 원래 짜증을 잘 내셨지만, 아플 때 자식들이 달라붙어 귀찮게 굴면 소리를 지를 분이란 걸 자식들도 알고 있었습니다. 그때 이미 어머니와 거리 두는 법을 배운 셈이죠." 하지만 하워드는 통증을 호소하는 어머니의 표현에 세심하게 주의를 기울여 어머니의 신체 상태와 정신 상태를 읽어내는 법을 터득했다. 하지만 그의 어머니는 아들이 통증을 겪기 시작했을 때 똑같이 해주지 않았다.

"어머니와 대화하면 항상 당신께서 앓고 계시는 병이나 당뇨, 고혈압에 관해서만 말씀하시지, 제 병에 관해선 한 번도 묻질 않으십니다. 제가 병원에 입원했을 때도 병문안 한 번 오지 않으셨고요. 단 한 번도요! 어머니를 빼도 할 이야기가 없습니다. 전 어머니에게 화가 나기보단 아직도 어머니가 무섭습니다. 아주 냉정한 분이시거든요. 어머니의 관점에서 보면 전 죽은 사람이나 마찬가지일 겁니다." (하워드가 자신의 어머니를 몇 번이나 '계모' 혹은 '이복형제'로 잘못 말한 건 상당히 흥미로웠다.)

하워드의 내성적인 성격은 아내의 성격과 대조되었다. "아내는 정말 말이 많습니다. 정말 쉴 새 없이 떠듭니다. 한때는 아내의 말을 무시했는데 이제는 경청하는 법을 배웠습니다." 큰 문제가 발생했을 때 엘런은 바로 문제 해결에 뛰어드는 편인 반면 하워드는 상황을 지켜보는 편이었다. "아내는 문제를 빨리 해결하는 편이긴 한데 만약 그렇지 못하면 극도로 예민해집니다. 전 느리지만 차분히 문제를 해결합니다. 제가 아내보다 더 판단을 잘합니다. 그런데 시간이 지나면 허리에 무리가 가는 걸 느낍니다. 스트레스가 쌓이면 이후엔 통증이 더 심해지고요." 엘런은 항상 가정에서 중심 역할을 해왔지만 점점 더 가족 관계에서 주도권을 잡아갔다. (일례로 함께 인터뷰를 진행하는 동안 엘런이 하워드에 대해 길게 이야기를 늘어놓을 때 하워드는 굉장히 불편해 보였는데도 내내 엘런의 말을 따랐다.) 하워드는 아내 또한 아들들처럼 자신이 '나약하다'고 생각하며, 바로 그 점 때문에 자신을 싫어한다는 걸 알고 있었다.

허리 통증은 그의 성격까지 변화시켰는데 타인에 대한 신뢰와 더불어 자기 자신과 자신의 신체에 대한 그의 자신감도 바꿔놓았다.

"정말 끔찍한 시간이었습니다. 다시 되돌려놓을 순 없겠지만 저스스로 예민해지고, 남의 시선을 의식하며, 가망 없는 사람이 되었다는 걸 잘 알고 있습니다. 상처도 쉽게 받고 사람들이 절 존중

하지 않는 걸 느낍니다."

하워드는 나와 이야기하면서 절대 '용기가 없다(spineless, 여기서 spine은 척추를 뜻한다: 옮긴이)'는 말을 하지 않았다. 하지만 내가 느끼기에 그는 몇 번 그 단어를 사용하려 했는데, 이는 하워드가 바라보는 자기 자신의 일부를 나타낸다. 예를 들어 엘런이 승진을 위해 대학에서 학위라도 따오라고 다그치면 하워드는 그러고 싶어도 허리 통증 때문에 공부하기가 어렵다고 말한다. 그의 사정을 고려하더라도 이는 뻔한 핑계에 불과한데, 게다가 한 번은 승진에 욕심을 내지 않는 이유가 허리 때문만은 아니라고 인정했다. 앞서 이야기했듯 하워드는 직장에서 자신의 능력 이상으로 힘을 쓰고 있다고 생각했다.

하워드 해리스의 1차 진료를 맡았던 의사 윌버 메이슨은 하워드를 치료하며 깊은 좌절에 빠졌다. 그는 하워드가 증상과 장애를 부풀려 이야기하는 신체화 환자라 생각했으며, 자신의 인내심을 시험하고 때로는 머리끝까지 화를 치솟게 만드는 '문제적 환자'라 여겼다.

"참 불쌍한 사람입니다. 하워드가 앓는 병에 대한 절반의 책임은 하워드에게 있어요. 기본적으로 그는 자포자기한 상태입니다. 그러니 제가 뭘 더 어떻게 하겠습니까? 통증 때문에 절 찾아왔으니 그에게 뭔가 해결책을 주어야 했죠. 그런데 사실 딱히 해줄 수 있는 게 없다는 생각이 듭니다. 병원의 진료 환자 리스트에 그의 이름이 올라와 있는 걸 더는 못 견디겠더라고요. 제 기억에 하워드는 정기적으로 저와 만나 진료를 받는 몇 년간 단 한 번도 나아졌다고 말하거나 웃거나 긍정적이었던 적이 없습니다. 그를 망가 뜨리고 있는 통증이 그의 가족에게까지 영향을 미치는 게 분명히 보였고, 저 또한 그 영향을 받고 있습니다. 그야말로 벽에 부딪힌 느낌이에요. 그에게 전문가란 전문가는 다 소개해 주었고 가장 최근에 나온 약도 모두 다 써봤습니다. 솔직히 더는 우리가 어떤 질환을 다루고 있다는 생각이 들지 않더군요. 통증은 이미 그의 '삶의 방식'이 되었으니까요."

:: 해설

하워드 해리스에게 나타난 통증의 주요 의미는 웬만한 사람이라면 모두 알 수 있을 정도로 명백하다. '극도로 나약한 성격'과 통증 때문에 심각한 사건이나 문제가 발생하지 않도록 스스로 엄격하게 '삶의 한계'를 설정한 것이 가장 두드러진다. 하워드는 찌릿한 통증과 경련을 모두 세심하게 기록했으며 미세한 변화라도 빠짐없이 관찰하는 등 그의 삶은 통증 그 자체였다. 통증이 그를 '지배'하는 것이다.

말 그대로 척추뼈가 산산이 부러지는 상황을 자기도 모르게 상상하는 것이 통증으로 나타나는 증상과 행동을 뒷받침한다고 볼 수 있다. 하워드가 자신이 상상하는 일이 일어날 것이라고 얼마나 철석같이 믿고 있는지를 이해하는 사람이라면 그의 질병 행동을 대부분 설명할 수 있을 것이다. 하지만 부러질지도 모르는 그의 나약한 척추는 하워드의 직업과 결혼생활, 정서적으로 가깝지 않은 어머니 밑에서 아버지 없이 성장한 어린 시절, 자신의 약점과 무능함, 의존성에 대한 걱정 등이 모두 얽혀 있는 그의 두려움의 또 다른 형태의 '은유적 표현'이기도 하다. 하워드의 인생에서 질병은 이러한 의미들을 나타내 왔다. 이 의미들이 실제 통증의 원인이었는지는 모르겠으나 확실히 통증이 진행되는 과정에는 영향을 미쳤다. 부부 간 갈등이 질병 초기 단계에서 어떤 역할을 했든지 간에, 현재 하워드의 질병 행동은 그에 대한 아내의 신랄한 평가처럼 그의 날카로운 불안감을 간접적으로나마 분명하게 표현하고 있다.

통증 자체를 직접 측정할 순 없다. 하지만 하워드와 엘런을 비롯한 다른 사람들의 행동에 통증이 미친 영향력은 측정 가능하다. 하워드와 그 가족이 말하는 통증은 자기 파괴적이고 굉장한 좌절감을 안겨주는 문제가 반복되는 상태를 의미한다. 통증을 없앤다는 건 이러한 '상처받은 경험'과 '절망적인 관계'를 지운다는 의미일 것이다. 만성통증의 흔적은 환자와 그 가족이 느낀 깊은 좌절과 분노, 절망을 자신도 똑같이 느끼게 된 하워드의 이전 1차 진료 의사의 표정과 행동에서도 찾아볼 수 있다. 하워드가 아픈 곳은 어디인가? 그렇다, 바로 허리다. 그런데 하워드의 자존감을 비롯한 어린 시절에 대한 이해, 아내와 어머니와의 관계, 아들들의 반응, 업무 환경, 주치의와의 일화에서도 질병의 존재를 찾을 수 있는 이유는 무엇일까? 하워드의 통증은 '소통과 협상'을 담당하는 회로에 문제가 있음을 나타내는 가장 중요한 표현이다. 어쩌면 이 회로가 통증을 겪는 것이라고도 말할 수 있다.

통증에 관한 책이나 만성통증을 연구하는 전문 학회에서는 정신의학을 일부만 다룰 뿐, 대부분 신경생리학과 생리병리학 연구에 시간을 투자하며 행동에 점점 더 중점을 두고 있다. 하지만 하워드처럼 통증이 삶의 모든 면을 잠식해 버린 사람들 수백 명을 인터뷰하고 나니 다음과 같은 질문을 하는 게 당연하다는 생각이 든다. 기존 책이나 학회에서 만성통증을 삶의 일부로서 다룬 적이 있었던가? 나는 통증의 의미를 이해하고 통증 환자들의 삶에서 신체화의 역학관계를 추적하는 일이 통증을 궁금해 하는 모든 사람들에게 통증 환자 또는 만성질환자의 전형이란 존재하지 않는다는 사실을 알려줄 것이라 확신한다(환자와 가족, 의사들은 이미 너무 많은 일을 겪었기에 대부분 이를 궁금해 하지 않는다). 그뿐 아니라 몇 가지 이례적인 상황을 제외하곤 이상적인 치료법 하나만을 고집하는 게 얼마나 위험한 생각인지도 곧 드러날 것이다. 환자의 상태가 호전되려면 환자가 사는 지역 사회 체계에 깊은 영향을 서로 주고받는 경험과 의미의 악순환에 변화가 일어나야 한다.

우리에겐 현재 일상에서 쉽게 볼 수 있는 형태의 돌봄과는 완전히 다른 형태의 돌봄이 필요하다. 하워드 해리스에겐 행동 장애와 사회적 관계에서 받는 고통, 사기 저하와 자기 파괴적인 성격 유형을 동시에 해결해 줄 수 있는 치료가 여기에 해당한다. 치료는 하워드가 살면서 겪은 여러 심리사회적 위기를 체계적으로 평가하는 것부터 시작해야 한다. 이 과정에서 각 주요 증상에 초점을 맞추고 통증에 대한 임상 접근법이 포괄적으로 반영된 치료적 개입이 이뤄져야 한다. 이러한 접근법은 통증을 억제할 뿐 아니라 특히 통증의 만성화나 장애화를 예방해 주기도 한다. 하워드 해리스를 담당하는 의료진의 사기 저하와 분노는 치료 효과를 떨어트릴 수도 있는데 이 부분까지 포괄적인 틀 안에서 설명되고 다뤄져야 한다.

실제로 나는 통증에 시달리는 삶과 그로 인해 발생하는 문제들이 우리에게 다음과 같은 사실을 가르쳐 주고 있다고 생각하게 되었다. 바로 임상 진료만큼이나 현재 과학이 통증과 그 원인을 제대로 파악하지 못하는 잘못을 반복해서 저지르고 있다는 것이다. 우리는 통증의 의미를 그것의 생물학적 원리만큼 진지하게 받아들이려 하지 않는다. 하워드 해리스의 삶에는 통증의 의미에 대한 냉혹한 현실이 너무나 선명하게 드러나 있기에 우리는 그 의미에 대해 정확하고 확실하게 이야기할 수 있다. 다시 말해 통증에 관한 연구는 생물의학적 설명과 더불어 사회과학적 해석이 뒷받침되어야 하며, 통증의 정치적, 경제적, 심리사회적 측면을 이해하는 데 집중해야 한다.

하지만 사회과학은 위험할 정도로 이상주의적인 주장을 펼치기 위해 질병의 의미를 원래보다 과하게 해석할 수도 있다. 또 정신분석과 해석적 문화분석은 종종 지나친 추측이나 숨겨진 의미에 대한 근거 없는 확신으로 이어지기도 한다. 어쩌면 해석의 한계를 인지하는 것 또한 질병의 다양한 의미를 인지하는 것만큼 중요할지도 모른다. 그런 의미에서 내가 밝혀낸 것보다 훨씬 더 많은 의미를 독자 여러분이 하워드 해리스의 질병 서사에서 찾아낼 수도 있을 것이다. 즉 하워드의 허리 통증은 아버지와 친밀한 관계를 맺지 못해서 생긴 수동적 의존성과 관련이 있을까? 하워드가 어머니의 삶과 자신의 삶을 동일시하려는 강력한 욕구를 유일하게 상징적으로 표현한 부분이 바로 어머니의 통증인데, 그렇다면 하워드의 통증은 어머니의 통증과 관련 있는 것일까? 하워드의 어머니는 그가 어렸을 적 아플 때만 보살폈으며 아들의 허리 통증에 대해선 거의 신경 쓰지 않는데, 이는 하워드의 허리 통증이 사랑을 갈구하는 분노에 찬 절박한 마음 때문에 계속된다는 걸 의미할까? 하워드의 결혼생활은 가족 관계에서 이상한 균형 상태를 만들어 내는 덕분에 지금까지 이어지고 있는데(그렇지 않으면 해체되었을 것이다), 그렇다면 하워드의 통증은 자기 파괴적이고 수동적이며 적대적인 부부간 의사소통 체계의 일부인 것일까?

우리는 앞서 언급한 내용을 포함한 어떠한 해석이든 합당한 근거가 있는지 자문해 봐야 한다. 또한 타당성이 불확실한 지점에서는 기꺼이 멈출 수 있어야 한다. 여기서는 현실과의 관련성, 일관성, 개인의 문제라는 맥락에서의 유용성, 심미적 가치라는 네 가지 타당성을 중요하게 여기며, 무엇에 중점을 두느냐에 따라 우리는 각기 다른 결론을 도출할 수 있다. 의사에겐 세 번째 타당성이 중요할 것이다. 어떤 해석이 환자의 장애와 고통을 줄여주는 치료에 도움이 된다면 그 해석은 논리적으로 타당하다고 할 수 있다. 연구자에겐 네 개의 타당성이 똑같이 중요할 수도 있고 나머지 세 개가 훨씬 더 중요할 수도 있다. 나의 해석은 하워드의 질병 서사에 담긴 의미를 피상적인 수준으로 다룬 것에 지나지 않는다.

2

삶이라는 고통, 그 악순환 속에서

나는 깊은 풀숲으로 떨어진 어린 새를,
고속도로의 먼지 더미 속에서 헐떡거리는 거북이를,
물은 차오르는데 욕조 안에서 쓰러진 마비 환자를 생각한다.
무고하고 불행하며 버림받은 모든 존재를.
- 시어도어 로스케

완전무결한 환경에서는 사회적인 원인과 결과를 관찰할 방법이 없으므로
불확정성이라는 잔류물이 인과관계를 나타내는 모든 귀납적 결론을
흐릿하게 만든다. 이는 인과관계 자체가 불확실해서가 아니라(자연 발생적인 사건
들도 마찬가지다), 그 인과관계에 포함되는 요소들을 식별하는 문제가
본질적으로 불확정성을 띠기 때문이다.
- 로버트 하일브로너

하워드 해리스의 이야기가 '통증이 지배하는 삶'을 말한다면,
루돌프 크리스티바의 이야기는 그 반대, 즉 '삶이 지배하는 통증'
에 가깝다. 루돌프는 38살의 백인 미혼 남성이자 불가리아 출신의
유대인으로 15년간 만성복통을 앓고 있다. 그는 미 서부 해안 지
역에 있는 한 주요 연구 기관의 회계 부서에서 급여 관리 업무를

맡고 있다. 그를 지켜본 3년에 가까운 시간 동안 그는 저강도의 장 통증을 계속 앓아왔는데 주기적으로 통증이 심하게 악화되기도 했다. 게다가 현기증, 체력 저하, 변비뿐 아니라 어깨와 가슴에도 여러 차례 통증이 있었다. 하지만 루돌프는 통증과 관련된 증상들 때문에 자주 결근을 한 적도 없고 직장 생활이나 개인 생활에 큰 지장을 받지도 않았다. 나중에 알게 되겠지만, 통증과 증상은 두려움과 좌절에 빠진 그의 인생에 걱정거리가 조금 더 늘어난 것뿐이었다.

루돌프의 통증은 그가 미 서부 해안 지역에 있는 한 대학에서 프랑스 알자스 지방의 정치와 사회를 전공하는 대학원생이었을 때 심각한 복부 통증과 체력 저하를 겪으면서 시작되었다. 첫 병원 검사에서 그는 음성 판정을 받았는데 이는 정확한 병리학적 원인이 발견되지 않았다는 뜻이다. 루돌프는 관련된 치료를 받았고 3주가 지나자 증상은 사라졌다. 다음 통증은 1년 뒤 그가 프랑스 알자스 지방에서 인류학 현장 연구를 하는 동안 발생했다. 이번에는 통증의 강도가 더 세졌고 한 달 넘게 지속된 후에야 차츰 가라앉았다. 엑스레이와 다른 검사를 몇 차례 진행했으나 이번에도 명확한 원인을 찾지 못했다. 결국 치료는 자극적인 음식을 삼가고 진통제를 처방하는 것으로 이뤄졌다.

루돌프는 인생의 이 시기를 "삶이 복잡했다"고 묘사했다. 프랑스 생활을 만끽하며 친한 친구들과 모임을 만들기도 했지만 현장 연구가 제자리걸음이었기 때문이다. 그는 학술 연구엔 거의 시간을 할애하지 않고 사람들과 어울리는 생활을 즐기는 자기 자신에게 굉장한 죄책감을 느꼈다. 루돌프에게는 좋은 동료들이 있었으며 그는 미국에 있을 때보다 더 좋은 삶을 살고 있었지만, 논문을 쓸 만한 수준으로 연구를 제대로 마칠 수 있을지에 대한 염려로 괴로워했다. "제게 어떤 심리적 장애물이 있었습니다. 연구는 전혀 진척이 없었지만 훌륭한 경험을 할 순 있었죠." 루돌프의 통증은 학문적 성과를 이루지 못할 것이라 스스로 체념하기에 앞서 양가감정이 최고조에 이를 때 나타나는 듯했다.

다음 통증은 6개월 뒤 샌프란시스코에서 발생했다. 이번엔 통증과 함께 체력 저하 증상이 몇 달 동안 지속되었으며 강도는 지난번과 비슷했다. 병원 검사 결과 게실염(결장에 염증이 생겨 장 기능에 장애가 생기는 증상)으로 드러났으며 루돌프는 적절한 약물 치료를 받을 수 있었다. 하지만 치료가 끝난 후 곧바로 낮은 강도의 만성 복부 통증이 다시 찾아왔고 이는 몇 년간 계속되었다.

"저는 인생의 많은 시기를 혼란스럽게 보냈습니다. 직장도 구하지 못하고 아르바이트를 전전하며 혼자 고립된 채 불행하게 살았죠." 그에게 논문 쓰기는 '압박감에 시달릴 수밖에 없는' 일이었다. "매번 사기가 떨어졌습니다. 논문은 마치 절대 완성할 수 없는 일처럼 느껴졌어요. 시시포스(Sisyphus, 그리스 신화에 나오는 코린토스의 왕으로 커다란 바위를 산꼭대기로 밀어 올리는 영원히 되풀이되는 형벌을 받았다)처럼요. 제 논문은 그야말로 형편없었고, 전 돌팔이 학자가 된 기분이었죠."

루돌프는 끝내 논문을 완성하지 못하면서 장기 실업자 신세가 되었다. 그러다 그 그늘에서 벗어나 마침내 직장을 구했는데 처음엔 건물 관리인으로, 나중엔 사무원으로 일했다. 그동안 그는 먼 친척집에서 지냈는데(그의 직계 가족은 동부 해안 지역에 살고 있다), 친척들은 그를 먹여주고 재워줬으며 정서적 지원은 물론 때로는 경제적 지원도 아끼지 않았다. 직장은 루돌프에게 많은 영향을 끼쳤다.

"…… 불행이 수도 없이 반복되다 보니 완전히 체념하게 되더라고요. 논문에 많은 시간을 쏟았지만 마음속으로는 이미 학계와 더불어 중산층 삶에 대한 미련을 버린 뒤였습니다. 결국 제가 할 수 있는 일을 찾기란 불가능했습니다. 비참하고 패배주의에 찌든 삶이 계속되었죠. 그러다 블루칼라 직종에 종사하게 되었습니다. 하지만 무의미한 일이라는 생각과 반감, 게다가 노골적인 반유대주의에 무척 괴로웠습니다. 어릴 때부터 전 엉성하고 자주 깜빡하고 꼼꼼하지 못했던 것 같아요. 친구들과 선생님도 그렇게 말했는데, 한편으론 제가 똑똑하다고 칭찬하기도 했죠. 하지만 전 현실 감각이나 요령이 없었고, 그래서 혼자서 일을 제대로 처리하지 못했다는 생각이 듭니다. 길었던 백수 생활 기간, 제가 하는 일의 종류, 그동안 받았던 바보 취급 등 모든 걸 고려했을 때 저에 관한 부정적인 이야기들이 사실일 수도 있겠다 싶어요. 아니나 다를까, 논문 작업이 이를 여실히 드러내 보였죠."

루돌프가 프랑스 친구들을 만나러 알자스 지방으로 되돌아가 그곳에 장기간 머물렀을 땐 복부 통증과 체력 저하 증상이 '완화'되었다는 사실은 중요한 의미를 지닌다. 마음에 들지 않는 일을 하다가 그만두기를 몇 번 반복한 끝에, 마침내 루돌프는 현재 근무 중인 대형 연구 기관의 급여 관리 부서에서 하급 직원으로 일하게 되었다. 급여도 좋지 않고 업무도 마음에 들지 않았지만, 적어도 그가 보기엔 학계와 환경이 굉장히 비슷했다. 그뿐 아니라 덕분에 아파트를 구해 세 들어 살 수 있게 되었다. 그런데 루돌프가 이 일을 시작한 직후 현재 감독관에게 업무 배치를 받으면서 그의 증상이 재발했다. 감독관은 젊은 남성으로, 루돌프와 사이가 좋지 않았다. "불만은 많았지만 그래도 업무 환경이 예전에 괴로웠던 시기만큼 그렇게 매일 끔찍하진 않았어요." 하지만 시간이 지날수록 사무실에는 루돌프의 사기를 꺾는 괴롭힘의 양상이 점점 심하게 나타났다. "그는 절 해고하고 싶어 했습니다."

루돌프는 자존심에 온갖 보이지 않는 상처를 입은 데다 직업의 미래마저 불확실했지만 그의 가장 큰 걱정거리는 점점 커지는 에이즈에 대한 공포심이었다. 동성애자로 미국과 프랑스에서 성생활을 즐겼던 루돌프는 자신이 에이즈에 걸려 죽을 것이라 믿었다. 그는 낮은 학업 성취도, 더 정확하게는 박사 과정을 마치지 못한 것과 열악한 직업적 지위에 대한 자기혐오가 컸는데 이는 동성애로 인해 더 심해졌다. 공황 상태는 사라졌어도 루돌프는 여전히 에이즈에 걸려 "지금보다 더 밑바닥으로 내려가 사냥당한 동물처럼 죽는" 꿈을 꾼다.

"확실히 통증은 직장에서 스트레스를 많이 받을 때나 에이즈를 걱정할 때 심해지긴 합니다만, 오랫동안 제 통증을 악화시키는 원인이 된 문제들도 있습니다. 동성애, 박사 학위 취득 실패, 수준 낮은 직업, 부족한 인간관계에 대한 자기비하, 자기혐오 등을 생각해 보면 이 모든 요소가 통증을 악화시킵니다. 삶의 이러한 측면들이 제겐 정말로 통증보다 더 큰 문제입니다. 통증은 충분히 감수할 수 있어요. 어려서부터 뭔가 잘못됐다고 느꼈던 기억이 납니다. 항상 재능이 있다는 말을 들었지만 결코 잠재력을 완전히 펼치지는 못했거든요. 제 삶은 실패한 것 같아요. 통증은 그냥 '또 다른 패배'이자 제 성격상의 약점이며, 숨겨야 할 대상입니다. 제 자신이 그리고 싶은 그림에서 멀어지게 하니까요."

루돌프의 통증이 매일 나타나는 건 아니다. 그런데 통증이 시작되면 주로 늦은 오전이나 이른 오후에 심해진다. "뭔가가 끊어질 듯이 잡아당기는 느낌입니다. 기다란 관 모양의 울퉁불퉁한 창자가 경련을 일으키는 모습, 통증이 심할 땐 백열 상태로 뜨거워지는 모습을 상상하곤 합니다." 통증 질문지의 목록에서 루돌프는 '떨리는, 부풀어 오르는, 경련이 일어나는, 확 비트는, 뜨거운, 뻐근한, 따가운, 쥐어뜯는, 끔찍한, 성가신, 메스꺼운' 등의 형용사에 동그라미를 쳐 자신의 통증을 설명했다. 그가 병원에서 받은 치료는 진통제 처방이었다. 루돌프는 통증의 강도가 낮다고 생각하는데도 거의 매주 의사를 만나러 갔다. 그는 대부분의 진료 시간을 직장에서의 스트레스와 삶의 여러 문제를 이야기하는 데 썼다. 직장에서 벗어나 긴장을 풀고 업무 생각을 멈추자 통증은 완화되었고 출근하면 다시 악화되었다. 주말이 되면 통증은 크게 줄어들었다. 루돌프를 지켜본 3년간 그의 통증은 적당히 심해졌다 나아지기를 수차례 반복했는데 이는 업무, 가족 및 기타 생활에서의 스트레스가 심해지거나 나아지는 시기와 거의 정확하게 일치했다. 일례로, 에이즈가 급격하게 확산 중이며 그 규모조차 제대로 파악되지 않았다는 내용의 호들갑스러운 뉴스가 나왔을 때 루돌프는 극심한 통증으로 병원 응급실에 가야만 했다.

루돌프 크리스티바라는 사람

루돌프 크리스티바의 낯빛은 창백했으며 얼굴엔 긴장감이 서려 있었다. 진한 눈썹에 짧고 깔끔하게 다듬어진 붉은 턱수염과 툭 튀어나온 이마를 가진 그는 벗겨진 머리 사이로 깊이 팬 주름살이 보였으며, 눈을 이리저리 굴리고 손을 꼼지락거리면서 한시도 가만히 있질 못했다. 눈과 손을 움직이듯 루돌프는 앉아 있을 때도 몸을 구부리고 비틀고 위아래로 흔들다가 갑자기 똑바로 하는 등 움직임을 멈추지 않았다. 게다가 그는 눈과 손, 몸뿐만 아니라 입까지 쉴 새 없이 움직였다. 미소를 짓거나 입을 삐죽 내밀거나 비웃거나, 하품 또는 트림을 참기도 했지만, 주로 열을 올리며 급하게 말을 했다. 루돌프는 오래 입어 반질반질해진 연회색 슬랙스와 심하게 구겨진 황갈색의 해리스 트위드 스포츠 재킷 차림에 낡았지만 광택이 도는 코도반 가죽 구두를 신고 1960년대에나 유행할 법한 칙칙한 와이드 타이를 매고 있었는데, 이는 마치 나이 든 대학원생과 고상하게 보이려 애쓰는 가난한 회사원 사이의 어딘가 애매한 모습이었다. 하지만 루돌프의 인생에서 볼 수 있는 다른 면면들처럼 이 이미지 역시 일종의 '가면'으로 드러났다. 그 가면 속에는 상상력이 뛰어나고 대화하기를 좋아하며 언어 감각이 탁월한 매우 복잡한 성격의 한 개인이 존재하고 있었다. 루돌프 크리스티바는 신랄하지만 번뜩이는 유머 감각의 소유자였으며 종종 지저분한 농담을 건넬 줄도 알았다. 그는 옆에서도 느껴질 정도로 신념과 대의, 특히 사람에 대한 열정이 대단했다. 또한 사치 부릴 여유가 없어도 삶을 풍족하게 만들어 주는 훌륭한 프랑스산 와인과 알자스 지방 요리, 프로방스산 허브를 구별할 줄 아는 감식가이자 애호가였다. 가장 인상적인 점은 루돌프가 명쾌한 도덕적 통찰부터 잔인할 정도로 자기 객관적인 성격 분석까지 자기 성찰에 아낌없는 열정을 쏟았다는 사실일 것이다. (그의 표현에 따르면 자기 성찰은 "우리 유대인의 집단 무의식 속에서 자기 주도적으로 능숙하게 평생 해야 하는 정신분석 과정의 산물"이다.) 정신과 의사들과 심리학자들마다 어떤 분류 체계가 그의 이 복잡하디 복잡한 성격을 전문적이고 정확하게 설명할 수 있는지에 대한 의견이 다 달랐다. 하지만 루돌프가 몸과 마음을 상하게 하는 성격 장애를 오랜 기간 앓고 있다는 것에는 모두 동의하는 듯했다. 인터뷰가 진행되는 동안 나는 루돌프가 굉장히 강박적이고 의심이 많으며 남다른 기이한 버릇이 있다는 사실을 발견했는데, 바로 이런 부분들이 상사의 화를 돋우고 사람들과 새로 관계를 맺는 데 문제를 일으켰을 것이다. 하지만 나의 설명만으로는 루돌프의 성격을 제대로 보여주지 못한다. 그는 쾌활하게 자기애를 뽐내다가도 냉소적으로 자기 자신을 경멸하는 등 양쪽을 수시로 왔다갔다했다. 루돌프는 종종 반복해서 자신의 목표를 좌절시키는 전형적인 수동적인 공격적 행동을 보였다. 그는 다른 사람이 보기엔 밑도 끝도 없는 불안과 공포 및 엄청난 사기 저하에 시달렸는데, 아무리 판단력이 뛰어난 사람이라도 그의 말을 들으면 극도의 절망감을 느낄 정도였다. 루돌프는 자기 자신을 "예민하고, 나약하고, 외로움을 잘 타며, 쉽게 상처받고, 자의식이 지나치며, 만성적 죄책감에 시달리는 사람"으로 묘사했다. 그는 청소년기에 신경쇠약을 앓았고 다행히 빠르게 회복한 경험이 있지만 심각한 성격 장애 외에 다른 정신질환을 앓고 있다는 증거는 없었다.

루돌프 크리스티바의 성격 장애와 더불어 가장 주목해야 할 부분은 그가 스스로를 '버림받은 존재'로 생각한다는 점이다.

"전 어디에도 속하지 않습니다. 말 그대로 아웃사이더죠. 사람들은 제가 보이지 않는 모양입니다. 아무도 저한테 관심을 보이지 않거든요. 전 한심한 놈이니까요."

이런 식의 감정이 그의 자의식을 지배했다. 루돌프는 (평소엔 그렇지 않지만) 스스로에 대해 충분히 긍정적으로 말할 수 있는데도 (예를 들면, "전 유머 감각이 뛰어납니다. 사람들과 어울리는 것도 좋아하고요. 말도 조리 있게 잘합니다. 전문 지식인만큼은 아니더라도 어휘력도 뛰어나고 생각의 깊이도 남다릅니다. 업무에도 충실한 편이고요. 적어도 중요한 일을 맡았을 땐 말이죠.") 본인을 '성격 나쁜 왕따'로 여겼다. 그의 통증은 이러한 자기 묘사에 딱 들어맞았으며 이는 다른 사람과 구별되는 또 다른 요소였다.

루돌프 크리스티바의 당시 한 해 수입은 1만 3천 달러였다. 그는 시내의 지저분한 동네에 있는 원룸 아파트 다락층에 살고 있었는데 방 크기가 너무 작아 측은하게 느껴질 정도였다. 방에는 침대, 부러진 의자 네 개, 아주 작은 책상, 중고 오디오, 깜짝 놀랄 정도로 많은 책과 함께 콩알만한 크기의 주방과 욕조가 있었다. 아파트는 내부 관리가 허술해 너저분했다. 회반죽을 바른 천장은 눅눅했고 벽지는 벗겨지고 있었다. 창문에는 먼지가 잔뜩 끼어 있었고 더운 날씨에도 문을 열지 않아 방 안은 환기가 거의 되지 않은 상태였다. 하지만 창문을 열면 시끄러운 거리 소음에 그대로 노출되어 지나가는 사람들의 목소리가 바로 들리거나 자동차들이 내는 굉음에 다른 소리는 전부 묻히곤 했다. 루돌프는 마치 길 위에 사는 것 같았다. 루돌프 크리스티바의 세계라 할 수 있는 이 방은 단조로웠고 아무런 매력도 찾을 수 없었다. 그의 집을 방문했을 때 나는 비좁은 방구석에 갇힌 듯한 답답함과 무기력함을 느꼈고 이 느낌이 명백하게 루돌프의 내면세계를 상징한다고 생각했다. 처음에는 답답하고 무기력한 분위기를 풍기는 이 집에서 최대한 빨리 도망치고 싶다는 욕구가 강하게 일어났다. 하지만 긴장을 푼 후 루돌프의 냉소적인 유머를 들으며, 중요한 사람과 소통하고 있다는 사실에 눈에 띄게 안도하는 그의 모습을 보자 우리에게도 있을 법한 자기 파괴적인 절망의 구렁텅이에서 루돌프가 빠져나오기 전까진 몇 시간이 지나도 그를 떠날 수 없겠다는 생각이 들었다. 가끔은 주 1회, 그다음엔 월 1회, 그다음엔 더 적게 진행해온 우리의 연구 인터뷰가 루돌프의 인간미를 보여주는 주된 수단은 아니었다 하더라도 적어도 그가 다른 응답자들보다 훨씬 더 이 인터뷰를 중요하게 여겼을 거란 생각도 들었다. 루돌프는 굉장히 외로운 사람이었다. 가족과도 멀리 떨어져 지냈으며 좋은 친구들도 곁에 없었다. 창피 아니면 겁을 주는 상사에게 시달리며 절박한 심정으로 겨우 버티며 살다 보니 그의 따뜻하고 매력적인 성격이 그의 삶을 지배하는 가혹한 '자기혐오' 안에 갇혀 버리고 말았다. 그렇다고 해서 그의 복부 통증이 가벼이 넘길 만한 주제가 되는 건 아니었다. 통증은 루돌프의 집중력을 방해하거나 그만의 고립된 세계에 침투해 그가 다시 현실을 직시하도록 했다. 게다가 통증을 매개로 그는 도시에서 유일하게 친절을 베푸는 사람들과 연락하며 인간관계를 발전시킬 수 있었다. 그 사람들은 다름 아닌 의사와 간호사이며, 현재는 통증 연구자들이다.

자기비하와 자기연민에 빠진 낙오자

루돌프 크리스티바의 증상은 업무 수행에도 영향을 미쳤다. 그의 감독관은 루돌프보다 나이도 훨씬 어렸고 학력도 낮았다. 게다가 루돌프의 학력과 업무 의욕에 위협을 느꼈다. 그는 주기적으로 루돌프를 비난했는데 그를 '낙오자', '실패한 지식인'으로 취급하는 걸 즐기는 듯 보였다. 감독관은 루돌프의 업무부터 쉬는 시간, 업무 속도, 결과에 대한 피드백까지 통제했다. 그는 루돌프를 해고하기 위한 (과거엔 공공연했으나 지금은 암묵적인) 행동의 일환으로 모든 영역에서 그를 괴롭혔다. 루돌프의 직업은 그의 지적 수준과 포부에 한참 못 미치긴 해도 현재로서는 그가 가진 전부였다. 루돌프는 자신의 일을 지키기 위해 싸웠고 감독관의 상사에게 직접 찾아가 그의 행동에 대해 제대로 항의했다.

"제가 감독관의 마음에 들 일은 결코 없을 것 같았고 제 잘못인가 하는 생각도 들더라고요. 전 나이가 많으니 안정적인 일자리를 원합니다. 고상한 경력은 이미 다 지난 일이에요. 그런데 감독관이 절 모욕하고 있어요. 혹여나 그가 저에 대해 떠들고 다니는 뒷말을 듣게 된다면 화가 머리끝까지 날 것 같아요."

루돌프는 직장에 남아 점점 자기혐오를 키워나갔다. 아니, 그의 직업이 자기혐오라는 끔찍한 감정과 동일시되었다는 말이 더 정확할지도 모르겠다.

하지만 루돌프는 미래에 어떤 일이 닥칠지 모른다. "이도저도 아닌 상태로 갈림길에 서 있는 기분입니다." 그는 만약 일자리를 잃게 된다면 정신적으로 큰 충격을 받을 수 있다고 생각했다. "그런 상황을 감당할 수 없다는 걸 스스로 잘 알고 있습니다." 하지만 직장에 다닐수록 스트레스는 나날이 늘어갔다. "감독관이 일부러 절 불편하게 대하더군요. 절 싫어하니까요. 아주 불쾌한 날들이 계속되었습니다." 이러지도 저러지도 못하는 상황은 끊임없이 긴장감을 유발했고, 일과가 진행될수록 그는 말 그대로 복부에 압력이 가해지는 느낌을 받았다. "집에 있을 때만 이 압박감이 사라져 쉴 수 있습니다." 퇴근 후 화장실에 가는 행동이 그에겐 직장에서 쌓인 복부 긴장을 해소하는 의미를 지니게 되었다. 배설물은 긴장과 죄책감으로 점철된 모든 활동을 의미했다.

집에 있을 땐 루돌프의 증상이 큰 문제를 일으키진 않았지만 집에서의 생활 역시 그에게 고통을 안겨주었다. 그는 친구들이나 가족을 집으로 초대하는 일이 드물었다. 매일 저녁 혼자서 끼니를 해결하기 일쑤였고 이야기를 나눌 사람도 거의 없었다. 루돌프는 책을 보다가 프랑스어 테이프와 포크 음악을 들었고 그 후에야 잠들었다. 하지만 집에서의 생활이 직장 생활보다는 나았다. 루돌프는 중간중간에 논문을 쓰기도 했으나 다음과 같이 털어놓았다.

"저는 왜 쓸데없는 짓을 하는 걸까요? 제가 논문을 완성할 리가, 아니 완성할 수 있을 리가 없는데 말이죠."

"제 인생은 아버지 인생과 닮았습니다. 아버진 제가 당신처럼 실패자로 살게 될까 항상 걱정하셨죠. 아버지는 실패자가 아니에요. 제가 실패자죠. 아버지가 시작하신 조명 설비 사업은 잘 풀리지 않았습니다. 아버지는 호통을 치거나 욕설을 퍼붓는 등 감정의 소용돌이에 휘말리셨어요. 무능하다는 생각에서 벗어날 수 없었기 때문이죠. 아버진 스스로에게 적용하는 책임감과 기준이 과하셨는데 그 기대에 부응하지 못하셨죠. 누구나 그럴 거예요. 아버진 자존감 부족이라는 당신의 문제를 제게 투영하십니다. 아버지에게 전 또 한 명의 실패자에 불과하죠."

루돌프는 그런 아버지를 움직이게 하고 아버지의 변덕스러운 감정을 진정시킬 수 있는 유능하고 근면한 여성으로 어머니를 묘사했다. 그의 어머니 역시 지속해서 통증에 시달려 왔는데 특히 두통이 심했다. 루돌프는 부모님과 다섯 명의 여자 형제들을 모두 사랑했다. "가족은 제 전부예요. 가족들이 너무 속상해 할까봐 제 병에 대해 못 말하겠어요." 동성애 역시 금기시되는 주제다. 루돌프는 아버지가 이미 안다고 믿고 있지만 말이다.

"아버진 제가 동성애자인 게 아버지 본인의 잘못으로, 실패의 또 다른 원인으로 생각하실 겁니다. 전 항상 별난 사람 취급을 받았고, 소외감과 죄책감에 더불어 기대에 부응할 수 없다는 느낌을 받았습니다. 아버진 앓고 계신 관절염과 만성 변비에 대해서도 쉬쉬하시고 숨기려 하십니다. 저도 제 문제에 대해 아버지와 똑같이 행동했죠."

자기 인생 전반을 바라보는 루돌프 크리스티바의 시각과 자신의 질병 경험에 대한 인식에는 지나친 자기연민뿐 아니라 교화적인 모순까지 담겨 있었다. 선택의 여지가 거의 없는 상태로 인생이란 놈에게 흠씬 두들겨 맞은 그의 얼굴에는 지독한 허무함, 분노, 실망, 굴욕, 수치심이라는 그림자가 짙게 드리워져 있는데, 이는 그가 삶에서 여러 일들을 겪으며 느낀 감정들이었고 질병은 그중 한 부분에 불과했다. 하지만 루돌프는 자신이 왜 이런 감정을 느끼는지 잘 알고 있었으므로 쉽게 자기비하의 덫에 걸려 들었다. 게다가 자신과 같은 병을 앓고 있는 환자들의 경험에 대한 통찰력도 있었다.

"전 지금껏 제가 만나온 통증 환자들과 굉장히 비슷합니다. 자기 자신에게 요구하는 건 많은데 성과는 그다지 인상적이지 않죠. 완벽주의자라서 좌절하고 실망하며 스스로를 비하하기도 합니다. 저희 같은 사람들은 걱정도 너무 많고 인생에 너무 쉽게 상처받습니다. 어쩌면 감정을 너무 깊이 느끼기에 쉽게 실망하고 절망하는 걸지도 모릅니다. 아니면 저희 같은 사람들이 인생의 본질을 정확하게 꿰뚫고 있는 것일 수도 있어요. 바로 삶은 우리를 고통스럽고 의기소침하게 만들며 공포에 떨게 한다는 사실 말입니다. 어쨌든 약은 별로 도움이 되지 않습니다. 저흰 왜 계속 제자리걸음일까요? 잘은 모르지만, 통증은 저희를 돌봐줄 수 있는 강하고 큰 존재에게 '보호와 도움을 요청하는' 저희만의 방식일 수도 있어요."

"기분이 안 좋을 때 전 제 삶이 실패했다고 생각합니다. 친한 친구는 없고 끔찍한 직장만 있죠. 경제적으로도 성공하기 힘든데다 가족과도 떨어져 지내고 있습니다. 그런데 같이 지낼 때도 가족들과 잘 어울리지 못해요. 정신적으로도 불만족스럽습니다. 하지만 기분이 나아지면 몇 가지 좋은 점들도 보입니다. 우선 전 여자 형제들과 사이가 좋습니다. 그리고 제겐 살아 있는 것 자체가 일종의 성공입니다. 사람들에게 친절하고 너그럽게 굴기도 하고, 예전 같진 않지만 지적 능력도 뛰어납니다. 제 생각에 제가 이룬 성공은 게실염에 차도가 있다는 것(부정 타지 않기를!), 제 아파트에서 독립적으로 살아가는 것, 무기력하더라도 살아남은 것, 보통은 상황이 그렇게 나쁘진 않다는 사실을 알고 있는 것 등입니다. 하지만 아버지의 문제가 제게도 되풀이되고 있습니다. 전 스스로에 대한 확신이 없는데 이게 지나치게 자신만만한 거짓 과신으로 번갈아 나타나곤 합니다. 전 제 글쓰기와 동성애에 대한 심리적 저지선을 갖고 있습니다. 만약 경제가 안 좋아진다면 전 바로 실업자가 될지도 모릅니다. 제 통증이요? 글쎄요, 통증은 인생, 아니 제 삶의 '한 단면'일 뿐이에요. 통증 때문에 걱정되긴 하

죠. 더 심해질 수도 있고 암에 걸릴 수도 있으니까요. 하지만 이
문제는 직업, 사회생활, 에이즈 등에 대한 제 걱정에 비하면 아무
것도 아닙니다."

:: 해설

질병에서 찾을 수 있는 모든 의미가 이 사례에 나타나 있다. 루돌
프의 통증은 그의 세계로 들어가는 문을 열어주고 그의 성격이나
인간관계와 관련된 다양한 의미를 보여준다. 게다가 복부 통증의
원인에 대한 그의 생각과 직장에서 자유롭게 의견을 표현하지 못
하는 문제 때문에 복부에 압박감이 느껴진다는 그의 주장에서 알
수 있듯이, 증상은 그에게 특별한 의미를 지닌다. 또한 서구 사회
에서 에이즈는 강력한 문화적 의미를 나타내는데, 에이즈가 최근
에 발견된 가장 치명적인 성병이자 현대판 페스트라는 사회적 인
식은 전부 우리가 읽고 본 신문과 잡지, TV를 통해 형성되었다.
이러한 문화적 의미는 루돌프 크리스티바의 마음속에 강한 두려
움으로 자리 잡았고 이는 동성애자 커뮤니티뿐 아니라 사회 전체
로도 점점 퍼져나갔다. 마지막으로 루돌프가 직접 자신의 병을 설
명할 땐 삶에서 통증이 차지하는 위치에 대한 자기반성적인 해석
과 더불어 질병의 원인 혹은 결과로 나타나는 만성통증 환자의 심
리적 특성에 대한 생각까지 덧붙였다. 나는 그의 통찰력이 해당
주제를 연구하는 학생들의 수준만큼 뛰어나다고 생각한다. 만성

통증에 대한 임상 및 연구 보고서를 포함하더라도 루돌프 같은 환자의 통찰력은 찾기 어렵다. 또한 루돌프를 내내 괴롭혀 온 만성적인 성격 장애가 그의 질병 경험에 얼마나 큰 악영향을 미쳤으며, 어떻게 직장 및 기타 사회생활과 관련된 문제와 함께 증상을 악화시켰는지 금방 알 수 있다.

북미 사회에서 만성통증을 유발하는 원인을 보여주는 한 예로 나는 루돌프 크리스티바의 질병에 대한 인류학적 해석이 굉장히 유용하다고 생각한다. 루돌프는 미국 사회에서 실패자로 취급받는 사람이다. 그는 성공한 삶을 살지 못했다. 실제로 그는 직업과 소득의 사다리에서 밑으로 내려왔다. 취약하긴 해도 중산층이었던 부모님의 사회적 지위에서 프롤레타리아의 삶으로 떨어진 것이다. 물론 심리적 문제가 그의 사회적 지위 하락에 영향을 미친 것은 맞지만, 그로 인해 루돌프는 자본주의 체제에서 특히 하층 계급이 마주하게 되는 다양한 착취 세력에 노출되었다. 이를 두고 인간의 불행에 관한 단편소설로 유명한 중국의 위대한 작가 루쉰은 사람을 "잡아먹는다"고 썼다. 사회적 취약 계층은 스스로 통제할 수 없는 스트레스에 시달리고, 동원할 수 있는 사회적 지지가 부족하며, 거의 모든 종류의 질병과 죽음이라는 위협을 마주할 확률이 더 높다. 우리의 사회 경제 시스템은 모든 구성원에게 압박을 주지만, 지역 사회 시스템은 힘없는 사람들을 위해 충격을 막아 주거나 사회적 압박이 그들에게 미치는 영향을 줄여주지 않는다(혹은 못 한다). 실업, 불완전 고용, 사기를 꺾는 업무 환경은 사회적 자원에 가장 접근하기 어려운 사람들이 할 수 있는 게 거의 없는 억압적이고 불공평한 관계와 더불어 경제적 압박에도 훨씬 많이 노출되는 악순환의 원인이 된다. 이 같은 사회적 환경은 무력감을 자아내거나 증폭시키고, 한 사람을 정신적 고통과 사기 저하 및 절망에 빠뜨리며, 이러한 감정이 문제가 되는 특정 상황에서뿐 아니라 삶 전체를 지배하도록 유도한다. 생물학적 부상과 질환에서 시작된 만성통증증후군은 이 같은 '고통의 악순환'으로 더 심해지고 장기화된다. 물론 기존의 심리적 문제와 정신질환이 이 악순환을 영구화하는 것일 수도 있지만, 악순환의 결과로 정신질환이 나타나는 것일지도 모른다. 루돌프 크리스티바의 삶은 이 악순환에 갇혀 있다.

중국에서 연구를 수행할 때도 우리는 사회주의 사회를 살아가는 힘 없는 사람들의 삶에서 같은 현상을 발견했다. 그리고 다문화와 관련된 자료들을 읽으면서 나는 우리가 인간의 곤경에 대해 보편적인 측면을 이야기하고 있다고 믿게 되었다. 우리가 설명한 사례는 정신의학과 공중보건 등의 개입으로 사회적 악순환의 영향력을 감소시킬 수 있으며, 어쩌면 그 고리를 깨뜨려 버릴 수 있다는 사실을 시사한다. 그렇게 하려면 사회적 변화가 따라줘야 하더라도 말이다. 이 관점에서 보면 루돌프 크리스티바의 상황에서 가장 불행한 요소는 그의 병적인 수동성을 비롯해 사회적 상황에 더 효과적으로 대처하려 하기보다 스스로를 비난하려는 성향, 자신에게 고통을 안겨주는 전제 조건들을 또다시 만들어 내는 신경증적 경향일 것이다. 그럼에도 루돌프 크리스티바의 고통은 현대인이 삶의 중심에서 일반적으로 겪는 무언가, 점점 더 많은 사람들이 느끼는 소외감의 원인이자 만성질환을 유발하는 무언가를 가리킨다. 속부터 썩어버린 이 같은 삶의 고통은 그것이 일으키는 문제만큼 의학 및 사회과학의 연구 주제가 될 자격이 충분하다.

루돌프의 사례에 나타난 두 가지 주제에 대해선 더 자세하게 살펴볼 필요가 있다. 그가 자주 언급한 배설물에 대한 은유는 그의 아버지가 정신적 고통을 나타내는 표현으로 자주 사용한 것이기도 하다. 동성애와 복부 통증 역시 같은 의미를 나타낸다. 우리는 이 연결고리를 그의 사회생활과 생리적 작용에 미치는 영향을 상징하는 특이한 사례로 봐야 할 것이다. 만약 그렇다면, 이 복잡한 기호와 대상에 관한 해석이 완전히 부정적인 의미와 다양한 의사소통 경로(언어, 시각, 후각, 청각, 복부에서 느껴지는 감각, 배변 활동 패턴 등)를 모두 뜻한다는 점에서 인상적이라 할 수 있다. 우리가 상징과 자아, 소리와 생리 작용, 감각과 감정의 상관관계를 밝히기 전까진 이 해석의 불행한 방향을 되돌리기는커녕 결코 이 연관성을 이해할 수 없을 것이다.

유대인이라는 루돌프의 민족성도 문제가 된다. 그는 가끔 자신이 유대인의 전형적인 특징을 희화화한 우디 앨런의 영화 속 인물처럼 느껴졌다. 하지만 겉으로 드러난 유대인 기질 아래로 그의 심층적인 면들이 숨어 있었다. 루돌프 크리스티바의 박사 학위 현장 연구는 프랑스 알자스 지방의 나치에 관한 것이었다. 그는 유대인인 자신이 너무 깊이 파고드는 걸 알자스 지방 사람들이 원치 않는다고 생각했을지도 모른다. 알자스 지방은 프랑스와 독일의 지배 아래 유대주의와 반유대주의가 오랫동안 대립해온 역사가 있으며, 드레퓌스의 고향이자 반유대주의와 친유대주의로 분열된 프랑스 역사를 상징하기도 한다. 그런 곳에서 유대인 루돌프는 용감하게 알자스 지방 출신의 나치 당원이 누구인지, 점령당한 프랑스에서 그리고 종전 후 그들의 역할은 무엇이었는지 질문을 던지기 시작했다. 하지만 그가 원하는 기록과 자료를 전부 얻을 순 없었다. 일정이 지체되거나 지연되었고, 자료를 잃어버리거나 인터뷰를 거절하는 등의 문제도 있었다. 게다가 루돌프는 가까스로 되찾은 평화를 깨뜨리지 말라는 그 지역 주민들의 소리를 듣기도 했다. 마침내 그는 항복했다. 결국 그가 프랑스에서 즐겼던 삶은 동포 유대인들을 비롯해 넓게는 그의 가족에 포함되는 사람들을 살해한 범인을 밝히는 데 기울였어야 할 노력을 희생해 얻은 대가였다. 그는 수박 겉핥기식의 연구에 머무르지 말고 더 깊이 파고들었어야 했다. 현재 유대인들의 의식에서 볼 수 있는 특징을 꼽는다면 바로 숨겨진 동기와 의미를 밝혀내려는 욕망과 결합된 것으로 보이는 현실에 대한 깊은 불신이다. 마르크스, 프로이트, 카프카, 레비스트로스 등 현대 지식 사회를 발전시켜 온 수많은 사람들은 두려움과 혐오가 지독하게 혼재된 숨은 영역을 파헤치고 다닌 탐험가였다. 루돌프 크리스티바는 자신의 민족과 인류 전체를 위해 해야 했다고 생각하는 일을 결코 하지 못했다. 그리고 여기서 그는 자신의 개인적 죄의식이 사람들로 가득 찬 가축 운반용 기차가 어둠을 향해 떠나는 동안 수동적으로 방관하며 아무것도 하지 않았던 이들이 느끼는 실존적 죄의식과 합쳐진다고 생각했다.

글은 말하고자 하는 내용을 통해서뿐 아니라 독자가 떠올리는 생각이라는 더 큰 맥락을 통해서도 의미를 지닌다. 독자는 글에 해석의 필요성과 맥락을 불어넣는 사람이다. 우리 인생이라고 뭐가 다를까? 이 글이 의사와 환자의 관계 및 연구 대상과 연구자 간의 관계에 관한 효과적인 비유가 될 수 있을까? 이 사례를 연구하는 나 또한 유대인이다. 게다가 대학 시절, 어수선하고 분주했지만 화창한 날씨를 자랑했던 어느 여름날, 나는 알자스 지방에 갔었고, 루돌프처럼 그곳 생활을 마음껏 즐겼다. 그곳에 머무는 동안 나는 1940년대에 알자스 지방에서 무슨 일이 일어났는지 전혀 관심을 두지 않았다. 어느 날 작은 마을 외곽에 있는 아름다운 운하를 걷다가 갑자기 뇌우를 만나기 전까진 말이다. 비가 쏟아지기 시작하자 나는 풀숲을 향해 달렸다. 폭우를 피하려 정신없이 달리다 그만 녹이 슨 커다란 연철 대문에 부딪혔고 문이 내 무게의 힘을 이기지 못하고 열렸다. 그곳을 지나는데 내 머리 위로 유대교의 상징인 다윗의 별이 보였다. 말 그대로 우연히 대리석 비석과 마주친 것인데 숨도 좀 고를 겸 비석에 몸을 기댔다. 내가 있던 곳은 공동묘지, 즉 유대인 공동묘지였다. 비석은 루빈 가문의 것이었다. 그 비석에 적힌 11명의 이름을 나는 지금도 기억한다. 서로 다른 생년월일로 누가 조부모고, 누가 자녀고, 누가 손주인지 알 수 있었다. 사망일은 루빈 가문의 사람들 모두가 똑같았다. 순간 나는 가슴에서부터 천천히, 그러나 몹시 강렬한 감정의 파도가 일어나는 걸 느꼈다. 거대한 질문과 동시에 끔찍한 대답이 떠올랐다. 나는 반짝거리는 표면을 꿰뚫어 마침내 어두운 내면을 마주하게 되었다. 루돌프 크리스티바가 내게 자기 민족, 즉 우리 민족에게 일어난 홀로코스트라는 거대한 진실의 작은 부분만을 좇은 죄책감에 사로잡혀 도덕적 증인 역할에 실패했다고 이야기하는 동안 나는 내 안에 진정성을 찾아볼 수 없었던 그때 그 순간을 다시 떠올렸다. 역전이(countertransference, 환자의 사고, 감정, 행동 등이 정신과 의사에게 영향을 미치는 것: 옮긴이)라 불러도 좋다. 나는 루돌프의 "도덕적 증인moral witness"이란 표현이 마음에 든다. 가족, 의사, 연구자 등 고통을 직접 목격한 사람들의 이야기는 고통스러운 삶의 필수 요소다.

만성질환을 앓는 환자들은 대부분 우리와 마찬가지로 매일 삶과 분투하며 조용하고 평범하게 살아가고 있다. 기쁨처럼 고통 역시 내면에 일어나는 사소하고 단순한 감정이다. 질병이나 삶 역시 대단할 것 하나 없다. 하지만 다른 형태의 불행과 더불어 질병은 때론 열정과 인간의 조건에 관한 인식을 일깨우며 삶의 의욕을 고취시킨다. 게다가 일부 만성질환자들에게는 통증과 고통이 질환의 과정이라기보다는 삶에 더 가깝다. 인생의 어둡고 끔찍한 면을 부정하고 싶지만 이를 안고 살아가야 하는 사람일수록 더 그렇다. 인류의 고통에 귀기울이는 역사가처럼, 치유자와 환자 가족 역시 환자의 증상과 질병의 이면에 숨어 있는, 특히 우리와 다를 바 없는 평범한 사람들이 호소하는 '고통의 소리'를 들을 수 있어야 한다.

3

욕망의 좌절

통증은 방향을 잃은 불길처럼 내 뼛속 사이사이를 떠돈다.
지금 날 태우는 건 무엇인가?
첫째도 욕망, 둘째도 욕망, 셋째도 욕망이다.
– 시어도어 로스케

지식과 의지는 사회적 세계의 핵심 요소이기 때문에
모든 행동은 자발성을 띠지만, 이는 보통 밖으로 잘 드러나지 않는다.
– 로버트 하일브로너

파제트 부인의 통증에 담긴 은유적 의미

안티고네 파제트는 57살의 화가로, 지난 8년 6개월 동안 목과 등
위쪽에 만성통증을 앓고 있다.[5] 큰 키에 곱고 흰 피부를 가진 그녀

---

5 이번 사례는 여러 만성질환자의 경험과 이야기를 종합한 것이다. 그들의 사례가 너무 비슷
해 하나로 묶어서 제시하는 게 적절하다고 판단했기 때문이다. 이 장에서는 다음 두 가지 이유
로 환자에게 안티고네라는 가명을 붙여주었다. 첫째, 선택의 여지가 없어 자신과 다른 사람의
고통이 더 심해질 수밖에 없는 실제 주인공(파제트 부인)과 마지막에 결정적인 선택으로 자기 자
신뿐 아니라 다른 이들에게도 비극적인 결과를 가져다준 신화 속 주인공(소포클레스의 안티고네)의

는 예민하고 나약해 보였다. 그녀의 몸은 손대면 부러질 것 같았으며 얼굴은 잔뜩 긴장한 표정을 하고 있었다. 게다가 양쪽 눈가에 난 깊은 잔주름 때문에 족히 10살은 더 늙어 보였다. 파제트 부인은 경직된 자세로 걸었으며 뻐근함 혹은 경련을 풀려는 듯 자꾸 목을 좌우로 움직였다. 가끔 그녀는 어떠한 소리나 말도 없이 순간적으로 얼굴을 찡그렸다. 몹시 춥고 축축했던 어느 겨울날, 나는 처음으로 파제트 부인을 면담했다. 감각이 마비될 정도로 추운 날씨였는데도 그녀는 정중하지만 단호한 말투로 내게 히터를 꺼달라고 부탁했다. 따뜻한 공기의 흐름 때문에 그녀의 목이 찬바람에 노출되었을 때 통증이 심해질까 걱정되었기 때문이다.

그녀의 통증은 멈추지 않았고 증상도 함께 악화되었다. 통증에 시달리지 않는 시간은 길어야 한 시간이었다. 파제트 부인은 '욱신거리는, 찌르는 듯한, 쑤시는, 뜨거운, 아리는, 조이는 듯한, 끊이질 않는, 살인적인' 등의 단어로 통증을 묘사했다. 매일 반복되는 근육 경련이 통증을 더 악화시켰다. 근육 경련이 일어나면 몇 분 만에 통증이 극심해지는데 반면 완화되는 속도는 아주 느려서 몇 시간씩 걸렸다. 코데인(codeine, 아편이나 모르핀에서 추출한 약물)을 비롯한 여러 종류의 진통제와 소염제도 거의 효과가 없었다. 그녀의 통증은 찬바람과 팔을 뻗는 동작, 스포츠나 격렬한 운동과 같은 신체 활동에 굉장히 민감하게 반응했다. 오전에는 통증이 약했

아이러니가 서로 닮았기 때문이다. 둘째, 에릭 에릭슨이 마르틴 루터를 연구한 결과에서 알 수 있듯 개인적인 질문에 대한 답이 문화적 딜레마를 표현하는 수단이 될 뿐 아니라 그것을 해결하는 데 도움을 줄 수 있다는 사실을 알리고 싶어서다.

는데 오후 3-4시쯤 되면 강도가 훨씬 심해졌다. 통증 때문에 파제트 부인은 불안해 하고 미래를 두려워했으며 일처리에 어려움을 느끼고 우울감을 호소했다. 사물에 대한 흥미나 관심도 잃어버렸다. 게다가 통증은 그녀의 의사결정 능력에도 오랫동안 악영향을 미쳤다. 통증이 시작되자 갱년기로 인한 열감도 덩달아 심해졌다. 통증은 이제 상시 긴장감을 유발해 하루가 끝나는 순간까지 파제트 부인의 에너지를 갉아먹어 그녀를 녹초가 되게 만들었다.

안티고네 파제트 부인의 통증은 교통사고에서 시작되었다. 크리스마스 이브에 부인은 친구와 함께 크리스마스 선물을 사러 시카고 자택에서 한 시간 정도 떨어진 곳으로 차를 타고 이동한 후 고속도로를 타고 다시 집으로 돌아오는 중이었다.

"제 기억에 전 당시 제 문제에 대해 생각하며 앞으로 어떻게 해야 할지 고민 중이었습니다. 크리스마스를 계기로 그동안의 모든 '가족 문제'가 더욱더 도드라져 보였거든요. 그런데 갑자기 차 한 대가 우리 앞에 바짝 다가섰습니다. 그 차의 뒷바퀴는 펑크가 나 있었습니다. 친구는 충돌을 피하려 급하게 방향을 틀었고, 차는 얼음 바닥에 미끄러져 1차로 가드레일에 부딪힌 다음 빙글빙글 돌며 뒤따라오는 차량 쪽으로 향했습니다. 어떻게 정면 추돌이 일어나지 않았는지 저도 잘 모르겠어요. 친구는 멀쩡했는데 제 몸은 완전히 비틀려 있었습니다. 어깨는 심하게 멍들었고요. 하지만 충격을 받은 나머지 전 제가 다친 줄도 몰랐습니다. 이렇게 쉽게 죽을 수도 있다는 걸 깨닫자 살아 있는 것만으로도 다행이라 여겼던 것 같아요. 그런데 다음날부터 점점 통증이 느껴지더니 한 주 한 주지날수록 심해졌습니다. 처음에는 등에 뭔가 기어다니는 듯한 느낌이 들었는데 시간이 좀 더 지나자 지금 겪는 것 같은 통증이 고스란히 느껴지더라고요. 사고 첫해에는 통증이 훨씬 심했습니다. 아무래도 강력한 힘을 받아 어깨에 멘 안전벨트 밖으로 몸이 튕겨나간 것 같아요. 순간적으로 이곳저곳에 내동댕이쳐진 거죠."

파제트 부인은 통증의 원인을 이렇게 묘사했다.

"시작은 등 윗부분의 근육과 신경, 힘줄 등이 단단히 뭉친 빨갛고 뜨거운 커다란 혹이었습니다. 몸이 이쪽저쪽으로 잡아당겨진 탓에 온갖 군데가 찢어진 것처럼 느껴집니다. 근육도 엄청나게 당겼고요. 몸이 꽉 조이는 듯한 긴장 상태에 놓이면 통증이 시작되는 것 같습니다. 게다가 목 부근까지 통증이 올라오는데, 목이 뻐근하게 느껴질 때도 있고 힘이 빠지거나 약해져서 끊어질 것처럼 느껴질 때도 있습니다.

통증이 점점 나아지길 바라지만 오히려 더 악화되어 심각한 관절염으로 발전할까 두렵습니다. 통증은 이미 저의 신체 활동에 제약이 되고 있으며 제 일에도 영향을 줍니다. 하지만 전 통증이 앞으로도 제가 하는 일에 아주 큰 걸림돌이 될 수 있다고 생각합니다. 통증이 가시질 않으니 도통 의욕이 나질 않아요. 아니, 단어 선택이 잘못됐네요. 굉장히 실망스럽고 답답합니다."

여러 번 받은 병원 검사 결과에는 연조직 부상 및 근육 경련이 통증을 유발할 순 있으나 심각한 골격 손상 혹은 신경계 손상 증거는 없다고 적혀 있었다. 우울증은 교통사고가 난 첫해에 나타났는데, 정신검사 결과에 따르면 파제트 부인은 실제 경미한 만성우울증을 앓고 있었다. 항우울제 복용과 단기 심리치료를 함께 받았지만 주요 우울 증세와 공황장애가 몇 달 동안 계속되면서 그녀의 건강은 나아질 기미가 보이지 않았다. 전반적으로 불안한 상태가 지속되자 우울증과 공황장애 증세는 더 심해졌다. 사고 전 부인은 정신질환을 앓은 적이 없었다. 다만 어린 시절부터 원인 불명의 신체적 불편(그녀를 진찰한 의사들은 이를 '심리적 문제'에서 오는 불편이라 봤다)을 여러 번 겪은 탓에 스스로를 항상 불안감에 시달리는 사람이라 표현했다. 어렸을 때 부인은 류머티스성심질환을 앓았고 이로 인해 심장에 약간의 문제가 생기긴 했지만, 그렇다고 현재 심장병임을 나타내는 증상이나 임상적 증거가 있는 건 아니었다.

"인간관계에서 스트레스를 받으면 목 주변이 굉장히 심하게 조입니다. 당기는 느낌이 들어요. 굉장히 당기는 그 부분은 섬유조직이 공처럼 뭉쳐서 그런 게 아닐까 하는 상상을 하게 할 정돕니다. 기다란 끈 두 개가 끝에서 잡아당기는 것 같아요. 당기는 부분에 무수히 많은 빨갛고 뜨거운 실이 모여 있는 것처럼 느껴져요. 그림 그릴 때 조심하지 않으면 물감이 섞여 얼룩을 만들어 내는데 그러면 그림을 망치게 되잖아요. 그것과 같은 이치라고 봐요."

통증은 그녀가 가장 집중해서 작업해야 할 순간에 악화되었다. 그녀는 작업실에서 두 시간 정도만 일할 수 있었다. 작품을 완성해야 하거나 걸어야 한다는 압박에 시달리며 일하면 목이 뻣뻣해졌고 그러면 그날 작업을 멈춰야 했다.

파제트 부인이 겪고 있는 통증의 주요 의미는 18개월 동안 그녀와 몇 번의 인터뷰를 진행하고 나서야 비로소 알 수 있었다. 마침내 그녀와 나는 그녀가 삶의 다른 문제들과 통증이 어떤 식으로 관련되어 있는지 털어놓을 수 있을 정도로 신뢰하는 사이가 된 것이다.

"통증이 제 삶을 통제합니다. 삶에 한계가 주어지는 셈이죠. 그 한계에서 벗어나려 하면 통증이 또 절 가로막습니다. 진짜 몸을 써야 하는 일을 해야 하거나 스트레스를 받는 상황에 대처해야 할 때마다 통증의 강도도 아주 심해집니다. 결혼생활과 관련해 결단을 내려야 한다는 생각도 멈추고 휴식을 취하며 통증을 조절해야 했죠. 통증이 심할 때는 경제적 사정이나 직업과 관련된 문제에도 제대로 대처하기가 힘들더라고요.

포기하지 않고 '독립적인 삶'을 사는 게 제겐 참 어렵습니다. 제 직업이 경제적으로 안정적이지 않기 때문에 모든 과정이 더 버겁게 느껴집니다. 전 제가 완전히 독립적인 삶을 살 수 있다고 생각하지 않아요. 가정을 깨뜨린다는 죄책감도 들고요. 물론 삶을 직접 지휘하며 자유로워진다는 측면이 있긴 하죠. 하지만 지금 당장은 모든 게 조화로운 상태예요. 그래서 약간 우울하기도 합니다.

제가 어떤 생각을 하는지 아세요? 뻣뻣해진 목은 제게 필요한 강인하고 완고한 모습을 상징한다고 봅니다. 힘없고 약한 목은 그 반대를 뜻하고요. 즉, 현재 제 모습 또는 제가 두려워하는 모습이죠. 통증의 결과로 목이 뻣뻣해지고 아픈 걸까요, 아니면 통증은 제 삶의 중심에 자리 잡은 긴장감을 표현하는 수단에 불과한 걸까요? 통증이 비현실적이라는 말이 아닙니다. 현실에 존재하는 동시에 이러한 의미를 전달하고 나타나게 하는 것이죠. 통증에는 이런 '은유적 의미'가 계속 담겨 있을 거라 봅니다. 선생님은 르네상스 시대와 중세 시대에 십자가에 못 박힌 예수 그리스도를 묘사한 그림을 본 적 있으신가요? 저는 제 그림이 어디까지 진행됐는지 보려고 작업을 잠시 멈추고 고개를 숙여 목에 엄청난 압력을 가한 채 팔을 뻗는 자세를 취하는데, 바로 이 자세가 목에 부담을 주고 아주 극심한 고통을 안겨줍니다."

십자가 처형이라니! 나는 그녀가 마지막에 말한 자세가 십자가 처형을 뜻한다고 생각한다. 그녀의 말에 따르면, 통증이 그렇다는 게 아니라 통증이 의미하는 바가 그렇다는 이야기다. 그녀의 통증이 무엇을 의미하는지는 우리가 파제트 부인의 나머지 삶도 알게 되면 더 명백해질 것이다. 하지만 우선은 그녀가 말한 이야기의 주제를 집중적으로 살펴볼 필요가 있다. 그녀는 통증 혹은 통증을 의미하는 다른 어떤 요인에도 지배받지 않고 독립적이며 강인하게 자기 인생을 책임지는 삶의 어려움에 관해 이야기했다. 그녀는 억압받고 있다는 생각이 강했으며 동시에 이를 이겨내려는 욕구 또한 강했다. 언젠가 한 번 그녀는 이렇게 말했다.

"평생 저를 구속해 왔던 모든 속박에서 벗어나고 싶습니다. 맞아요, 자유가 이 갈등의 본질이에요."

가족이라는 울타리,
그 속에서 갇혀버린 독립에 대한 갈망

파제트 부인이 앞서 말한 주제와 연관 지어 생각하는 그녀의 삶의 문제는 가족과 어린 시절 이야기에서 출발한다. 노르웨이계 미국인 5세인 파제트 부인은 미네소타 주 북부에 정착한 개신교 이민자들의 후손으로, 굉장히 가족주의적인 환경에서 자랐다. 아주 옛날부터 최근까지 그녀의 집안 사람들은 대대로 숙련된 노동자들이었다. 파제트 부인은 그곳에서 처음으로 대학에 진학한 사람이자 같은 민족끼리 모여 사는 답답한 시골의 고향 마을을 가장 먼저 벗어난 사람이었다. 손녀를 아껴주었던 할머니는 종종 그녀에게 여자로 태어난 삶은 우울하고 힘들다고 말씀하셨다.

파제트 부인의 집안 사람들은 신앙심이 깊었고 고집이 셌으며 변화에 더뎠다. 기차 승무원이었던 그녀의 아버지는 항상 변호사가 되고 싶어 했다. 아버지의 학력이 고졸이라 변호사가 되지 못한 이유도 있었지만 가족 신화는 그녀의 아버지에게 가족, 즉 안티고네 파제트를 비롯한 그녀의 형제들의 건강과 신상을 돌보는데 헌신해야 한다고 강요했다.

"우리에게 무슨 증상이라도 나타나면 아버지는 큰 문제가 일어난 것처럼 행동하셨습니다. 우리가 어떤 치료를 받는지 하나하나 살펴보신 건 그리 많지 않았지만 잘못될까 걱정하시고 두려워하며 늘 불안해 하셨죠."

그녀의 아버지는 전반적으로 가족주의 정신에 엄격했으며 먼

친척의 일에도 나설 만큼 가족에 예민하게 반응했다. 이 예민함은 자식들이 아플 때 훨씬 더 심해졌다.

"우리 형제들은 아프거나 다치지 말아야 했기 때문에 활동에 제약이 많았습니다. 멀리 나가기는커녕 밤에 외출도 못 했고 천둥 번개가 칠 땐 집이라는 보호막 안에 있어야 했죠. 남자친구를 사귀거나 저녁에 친구집에 놀러 가지도 못했어요. 웃기는 일이죠. 이 모든 게 지금 생각해도 너무 강압적으로 들립니다. 특히 제가 아이 넷을 어떻게 키웠는지 생각하면 말이에요. 하지만 그때 전 그게 당연한 일이라고 받아들였어요. 한 번도 저항하지 않았죠. 단 한 번도요."

10살이 되던 해, 파제트 부인은 류머티스성 열병을 앓았다. 아버지의 불안감에 덧붙여 주치의의 조심하라는 의학적 소견이 더해지면서 파제트 부인은 거의 1년 가까이 침대에 누워 요양 생활을 해야 했다. 그녀에겐 어떠한 증상도 신체적 불편함도 없었지만, 아버지는 그녀의 건강에 대한 걱정과 자식을 보호해야 하는 부모의 의무 때문에 인근 대학에 입학해 집에서 생활하고 졸업 후에도 집 근처에 자리 잡을 것을 당부했다.

"저는 굴복했습니다. 당시 느꼈던 강한 죄책감을 당해낼 수 없었거든요. (제가 죄책감을 느끼도록 아버지가 유도했다고 해야 맞겠죠?) 만약 제가 주어진 기대에 부응하지 못했다면 아버지는 물론 어머니도 몹시 속상해 하셨을 겁니다. 제게 주어진 기대란 가족의 곁에 머물고, 저 자신보다 가족을 먼저 생각하는 것이었습니다. 하지만 혼자 힘으로 살아가려면 가족과 떨어져야겠다는 생각이 아주 강하게 들었죠. 결국 몇 년 동안 이대로는 안 된다고 생각한 끝에 그냥 저질렀습니다. 제가 결정하지 못했던 일을요. 하지만 이는 나중의 일입니다.

어린 시절 저의 사명은 아버지를 화나게 하지 않는 것이었습니다. 아버진 정말 걱정이 많으셨거든요. 아버지의 과한 걱정이 병이 될 수도 있다거나 단순하게 아버지의 걱정하는 마음이 신경증을 악화시켰다거나 하는 말을 들은 적이 있는지는 잘 기억이 안 납니다. 하지만 아버지를 너무 걱정시키면 저 때문에 아버지가 편찮으실 수도 있다고 생각했죠."

종교도 중요한 문제였다.

"저희 집안은 기독교 근본주의를 믿었습니다. 저는 죄의 실재와 더불어 자기 통제와 회개의 필요성, 신의 은총을 믿어야 한다고 교육받았습니다. 하나님의 법에 복종하는 것이 좋다는 말을 들었죠. 전 진짜로 악마의 존재를 믿었는데, 만약 제 감정을 통제하지 못하면 악마가 절 지배할 수도 있다고 생각했어요. 하지만 대학이 이 모든 걸 바꿔놓았습니다. 지금은 이 모든 개념이 은유적 표현이 되었죠. 하지만 그땐 결코 상징에 그치지 않았습니다. 모두 실체가 있는 개념이었어요. 그리고 강압적으로 통제하려는 마음을 부추겼죠. 전 종교에 관해 묻고 싶은 질문들을 비밀로 했습니다. 제 욕구와 반발심, 그리고 진짜 제 모습을 드러내지 않았죠.

왜 그랬는지에 대해서도 설명할 수 있습니다. 엄청난 비밀들을 입 밖에 내지 않으면서 도망치고 저항하고 싶은 제 욕구를 억눌러야 했던 이유를요. 제가 7살 때 이웃집 남자가 절 성추행하기 시작했습니다. 부모님께 말하려 했지만 제 이야기를 믿어주실 것 같지 않았어요. 다행히 남자는 성추행을 멈췄습니다. 하지만 이 모든 사건이 일어나는 동안 전 비밀을 지키는 법을 배웠죠. 지금도 전 사적인 문제는 잘 이야기하지 않고 제 욕구와 내면의 괴로움, 상처를 표현하는 데 어려움을 겪습니다. 한 번도 이런 이야기를 제대로 해본 적이 없어요. 제 마음속에 '표출되지 않은 분노'가 가득하다는 걸 깨달았습니다. 이 일과 절 과잉보호했던 부모님의 태도와 관련된 분노 말이에요. 아직도 마음 깊은 곳에선 부모님을 비난하면 두 분께 아주 끔찍한 일이 벌어질 것 같은 기분이 듭니다. 마치 제가 하는 말 자체가 마법처럼 무시무시한 일을 벌일 것 같단 말이죠."

마침내 파제트 부인은 가족의 울타리에서 벗어났다. "전 어디 멀리 떨어진 이탈리아의 낭만적인 도시에서 패션 디자이너가 되어 그곳에서 살기로 결심했습니다. 뭐, 끝내 이탈리아에서 살진 못했지만, 시카고로 갔고 한 미술관에서 근무했죠." 이는 파제트 부인이 아버지의 강압적인 통제에서 벗어나고자 취한 가장 강력한 행동이었다. "제 행동에 아버지는 아주 경악하셨어요. 전 아버지가 얼마나 화가 나셨을까 하는 생각에 마음이 불편했고요." 하지만 파제트 부인은 혼자 힘으로 살아갔으며 '독립적인 삶'이라는 그녀의 이상과 판타지를 조금이나마 이룰 수 있었다.

"결론적으로 전 한 번 더 굴복하고 말았습니다. 시카고에서 하던 일을 그만두었거든요. 화가가 되기 위한 교육을 받기 시작한 다음에 그런 것이긴 했지만요. 그리고 고향으로 돌아와 지금의 남

편을 만났습니다. 그리 멀리 가진 못했지만 그래도 제 일을 시작
하긴 했네요."

딜레마에 빠진 환자

세월이 흐른 뒤 지금까지의 결혼생활을 돌이켜보니 파제트 부인
은 결혼할 당시 자신이 독립적이지 못했으며 자기 정체성을 충분
히 확립하지 못했다는 생각이 들었다. "나이를 먹을 만큼 먹었는
데도 아직도 '진짜 나'를 찾지 못했습니다. 지금은 우선순위가 달
라졌죠. 하지만 여전히 저를 위한 일이 아니었어요. 어렸을 땐 아
버지의 걱정이 먼저였습니다. 지금은 남편의 학자로서의 경력이
우선순위를 차지하죠." 첫아이 유산 후 3개월 동안 파제트 부인
은 우울증과 함께 깊은 슬픔에 빠졌으며 신경과민, 체력 저하, 만
성피로, 불면증, 식욕 부진 등의 증상을 겪었다. 다시 생각해 보면
이러한 증상들을 통해 파제트 부인이 주요 우울장애를 앓았다는
사실을 알 수 있다. 하지만 당시 그녀는 그런 진단을 받지 못했다.
아무런 결론도 내지 못한 검사와 효과도 없는 각종 치료를 몇 년
간 계속한 끝에 그녀의 증상은 사라졌다.

"유산이 저를 바꿔놓았습니다. 가슴 깊은 곳에 묻어둔 아프고
슬픈 감정이 있어요. 내면의 고통이랄까요. 아무리 시간이 지나도
가끔은 불쑥 그 감정이 올라오는 것을 느낍니다. 가슴이 미어지는
듯한 슬픔, 외로움, 상실감, 상처, 절망 같은 감정 말이에요. 그러

면 전 자신을 놔버리고 우는 정도가 아니라 통곡을 합니다. 깊은 슬픔의 늪에 빠지는 것이죠."

파제트 부부가 큰아들을 입양한 지 불과 6개월 만에 파제트 부인이 병세로 입원과 퇴원을 반복하게 되었다는 점에서 유산이라는 경험이 그녀의 죄책감을 강하게 자극했음을 알 수 있다. 이는 그녀가 한동안 아들을 돌볼 수 없었다는 사실을 의미하기도 했다. 파제트 부인은 이에 대한 죄책감을 언급하며 울먹였다.

"최고의 엄마가 되고 싶었는데 실수했다는 생각이 드니 힘듭니다. 그땐 유대감에 대해 잘 몰랐어요. 이 일은 아들에게 악영향을 미쳤습니다. 큰아들은 내성적이고 우유부단하거든요. 그게 제 잘못처럼 느껴집니다."

파제트 부인의 남편은 그녀의 아버지와 마찬가지로 아내가 자신의 의견을 따르길 바랐고 파제트 부인은 그렇게 했다. 부부는 결혼 초기 남편의 학업 문제, 대학에서의 첫 근무, 교수 임용, 경력 개발 등의 문제로 자주 이사를 했다. 파제트 부인의 말이 의사 결정에 미치는 영향력은 거의 없었다. 다들 그녀가 이러한 생활방식을 견뎌야 한다고 여겼으며, 실제로 그녀는 그렇게 했다. 혼자서 고통을 간직한 채 말이다.

"그 사고로 전 죽음을 생각해 보게 되었고 제 삶도 돌아볼 수 있었습니다. 통증에 관해선 남편과 별로 이야기를 나눈 적이 없어요. 하지만 통증은 제 삶의 다른 것들과 마찬가지로 더는 잠자코 있기에는 끔찍한 것이 되었죠. 그런데 뭔가 변화가 일어났습니다. 참을 수 없다고 느꼈던 신체적 고통이 '내면의 고통'이라는 또 다른 의미를 지니게 되었고 이로 인해 뭔가 행동을 취해야겠다는 생각이 들었습니다."

사고 후 3년이 되던 해, 파제트 부인은 남편과 떨어져 지내기로 했다. 이후 그녀는 그림으로 생계를 유지하며 혼자 살았다. 자녀들은 처음엔 엄마와 같이 지내다가 나중엔 아빠와 함께 살았으며, 지금은 각자 독립해 살거나 학교에 따라 떨어져 지내고 있다. 자녀 모두 부모의 재결합을 원한다. 파제트 부인은 지금 남편과 다시 합칠지 이혼할지 결정해야 하는 갈림길에 서 있다.

"어떤 결정을 내릴지 대답하기 어렵네요. 다시 합치는 쪽으로 마음이 기울다가도, 남편과 전 정말 깊은 수준의 관계로 이어질 수 없을 것이며, 다시 예전으로 빠르게 돌아갈 수도 없다는 생각에 몹시 두려워집니다."

그녀는 남편과 별거하게 된 주요 원인을 다음과 같이 말했다.

"소외감, 소통 부족, 방치된 채 속 안에 감춰진 깊은 분노, 불행, 갈등 해결 능력의 부재 등등. 사실 전 지금 되게 외로워요. 하지만 예전엔 다른 사람이 제 삶을 통제했기에 스스로 아무런 힘도 없고 의사결정도 할 수 없다고 생각했죠. 저라는 존재가 완전히 잊혀지는 느낌이었습니다. 남편은 마치 제 아버지처럼 행동했어요. 모든 결정을 혼자 내렸죠. 전 그렇게 하도록 내버려둔 셈이고요."

명확하게 결론이 나지 않아 계속해서 미뤄왔던 남편과의 재결합에 관한 이야기가 끝나갈 무렵 그녀는 굉장히 속상해 했다. 그리고 이렇게 물었다. "선생님은 정신과 의사이시니까 이런 문제에 대해 잘 아시겠죠? 과연 제가 결단을 내려 이 문제를 해결할 수 있을까요?"

그녀가 독립과 자유에 관해 던진 질문에 담긴 모든 의미를 차치하더라도, 나는 그녀의 통증이 (그 자체로 끔찍한 경험이긴 하지만) 그녀가 결혼생활에 관한 마지막 결정을 내리는 일을 '피할 수' 있게 해준다고 확신하게 되었다. 그것은 말 그대로 너무나 고통스러운 결정이기 때문이다. 그녀는 갈등 해결에 실패했다. 이 실패로 그녀는 자신감이 떨어졌고 고통은 증가했으며 자신이 꿈꾸던 세계에서 멀어졌다. 그녀는 가족과 자기 자신을 두고 하는 선택이 가져올 고통을 마주할 수 없었다. 반대로, 통증은 그녀가 가정을 깨뜨리거나 자기 자신을 억압하는 끔찍한 선택을 하지 못하게 막아 주었다.

안티고네 파제트는 자신의 삶의 이러한 부분과 통증의 관계를 다음과 같이 설명했다.

"만약 제가 통증에서 완전히 자유로워졌다면 지금보다 훨씬 더 활력 넘치는 사람이 되었을 겁니다. 일에 더 몰두하고 새로운 분야에도 도전했을 테고요. 저의 창작 활동에 관해 말하자면, 사고 이후 제게 생각지도 못한 일이 일어났습니다. 예전만큼 그림을 즐기지 못하게 된 겁니다. 분명 통증과 작업 사이에 어떤 상관관계가 있어요. 제 인생에 관한 결정을 내려야 할 때와 마찬가지로 작업실에서 일할 때면 통증이 느껴집니다.

전 통증이 그동안 침묵하고 내면에 숨겨왔던 것들을 밝히고 사람들에게 저를 내보이지 못하도록 방해하는 것 같아요. 확실하게 결혼생활에 마침표를 찍자고 마음먹을 때마다 새로운 관계에 대해 생각해 보곤 합니다. 저는 절 통제할 수도 있는 사람들과 맺게 될 새로운 관계가 좋을지 나쁠지 확신이 서질 않아요. 그러면서 이런 생각은 바람직하지 않다며 또다시 죄책감을 느끼게 될 겁니다. 통증이 감정을 지배하는 셈이죠. 전 통증으로 얼마나 아플지밖에 생각하지 못하고요.

제가 혼자 힘으로 해낼 수 있을지 잘 모르겠어요. 외로움은 그럭저럭 견딜 만합니다. 하지만 혼자 있을 때 통증은 더 심해집니다. 비록 간신히 먹고사는 수준이긴 하지만 경제적으로도 독립할 수 있고요. 작업실에서는 외로움과 더불어 진짜 통증, 내가 선택한 고통, 구조적 결여, 나를 위협한다고 느끼는 모든 욕망이 제가 마음을 다잡고 일을 마무리하는 데 방해가 됩니다.

통증은, 그러니까 제 결혼생활의 문제는 남편이 절 좌지우지하던 때로 돌아갈 수 없다는 데 있습니다. 통증이 시작되면서 저는 점점 불행해졌기에 스스로를 위해 뭐라도 해야만 했습니다. 제 몸에 대한 통제권을 상실했듯이 결혼생활에 대한 통제권도 상실했죠. 전 무력했어요. 제게 자존감이든 뭐든 있었다 해도 결국 잃어버렸을 겁니다. 전 항상 할아버지 의견에 따랐던 할머니를 보고 배웠어요. 그나마 남편과 떨어져 지내면서 다시 제 힘을 되찾기 시작한 거죠."

마지막으로 파제트 부인과 면담했을 때 그녀의 통증은 상당히 악화돼 있었다. 재판 기간에는 집으로 돌아가 남편과 함께 지내라는 평결은 연기되었다. 그녀는 작업실에서 작업도 할 수 없었다. 그녀의 미래는 우리가 인터뷰를 시작했을 때처럼 불확실해 보였다.

:: 해설

환자들은 저마다의 사연을 의사에게 들려준다. 그 사연은 특정 개인의 삶의 맥락에서만 이해할 수 있는 의미망에 질환을 얽어 넣는다. 하지만 개인의 삶과 그 안에서 겪게 되는 질병의 경험을 이해하려면 우리는 삶과 질병을 문화적 맥락과 연관 지어야 한다. 의사들은 이런 이야기 자체와, 환자의 삶을 바탕으로 이런 이야기를 이해할 수 있다는 생각 둘 다에 매력을 느끼거나 혹은 거부감을 느낀다. 어떤 의사들은 한 사람과 그 사람의 삶이 질병과 서로 어떤 영향을 주고받는지 알 수 있을 거라는 생각에 호기심을 보인다. 게다가 많은 의사들이 이 방법으로 만성질환자에게 인도적이고 효과적인 치료를 가장 확실하게 제공할 수 있다고 생각한다. 반면 또 다른 의사들은 환자의 사연이 자신들을 혼란에 빠뜨릴 수 있다는 두려움에 거부감을 느끼기도 한다. 환자의 이야기가 질환의 흔적을 가려 병을 진단하기 어렵게 만들거나 질환에 따른 구체적인 치료 계획을 수립하는 데 방해가 될 수도 있기 때문이다.

안티고네 파제트의 사례를 통해 우리는 의사가 정확한 진단을 내리는 데 환자의 사연이 중요한 이유를 좀 더 확실하게 알 수 있다. 이 사례에서 나의 역할은 그녀의 사연을 기록하는 연구자에 지나지 않았다. 하지만 치유자로서 나는 파제트 부인에게 효과적인 임상 치료를 제공하려면 '육체적 경험에서 기인하는 통증'과 '개인적 위기에서 기인하는 통증' 모두를 다뤄야 한다고 확신한다. (후자의 경우는 틀림없이 환자의 성격만큼이나 주요한 사회적 갈등의 제약을 받을 것이다.) 신체적 통증과 개인적 통증 중 하나에만 주의를 기울이는 건 몸과 마음에 대한 본질을 왜곡한다. 내 개인적인 진료 경험으로 봤을 때 이런 식으로 치료 목적이 분열되면 시간만 허비해 문제가 악화될 뿐 치료로 이어지지 않는다. 안티고네 파제트의 경우 적합한 치료법을 찾으려면 만성통증과 자유를 향한 투쟁이 서로에게 미치는 영향, 즉 그녀의 질병 서사 전체를 관통하는 주제를 고려할 필요가 있다. 그녀가 받아야 할 병원 치료에는 가족 심리치료와 더불어 자유를 향한 투쟁과 그것이 질병 경험과 맺고 있는 관계에 초점을 둔 심리치료가 포함되어야 한다. 게다가 심리치료는 그녀가 받아야 할 의학적 치료와 별도로 분리되어 이뤄지는 게 아니라 모든 치료 과정에 통합되어야 한다. 13장에서 나는 안티고네 파제트와 이 책에 소개된 다른 환자들의 사례를 바탕으로 의학적 심리치료 시스템에 관해 간략히 소개할 것이다. 이 시스템은 환자의 질병 경험을 진정성 있게 살피고 그 경험에 담긴 핵심 의미를 해석하여 환자를 치료하는 것을 특별히 강조한다. 파제트 부인의 경우, 심리치료와 더불어 유산의 아픔을 애도하고 그녀가 결혼생활에 대한 선택을 주저하는 상황을 해결하기 위한 상담이 함께 이뤄져야 할 것이다. 파제트 부인이 과거 심리치료를 받은 적이 있긴 하지만, 당시 받은 치료는 질병 경험이라는 핵심 맥락에서 이러한 문제들에 중점을 둔 것이 아니었으므로 치료가 실패한 것이 놀랍지는 않다.

자유를 향한 파제트 부인의 투쟁은 그녀의 삶의 원동력이 무엇이며, 그녀의 사례가 어떤 환자군을 대표하는지 보여준다. 중산층 여성들은 신체적 고통을 호소할 때 가정생활에 대한 전통적 기대와 사회가 현대화될수록 커지는 개인적 자유를 향한 욕망 사이의 팽팽한 충돌이라는 사회적 갈등을 포함해, 다른 환자들과 구별되는 그들만의 생리적 및 심리적 문제를 이야기한다. 파제트 부인이 양가감정을 느끼며 자신의 삶을 탐색하는 과정의 문화적 의미와 사회적 역학을 파악하려면 내가 여기서 짧게 몇 문장으로 나타낸 것보다 훨씬 정교한 분석이 필요하다.[6] 여기서는 현대 미국 사회에서 수많은 중산층 여성이 특정한 중압감에 시달리고 있다고만 언급해도 충분하다. 한편 여성들은 개인으로서 잠재력을 발휘하라는 사회적 기대도 동시에 받고 있다. 표면적 수준에서 이는 대개 직업을 갖거나 적어도 집 밖에서 일해야 한다는 뜻으로 받아들여진다. 하지만 개인적 차원에서 더 깊이 파고들면, 이 말은 진정한 자기 정체성을 탐색하고 그것을 표현하는, 일명 자아실현을 이뤄야 한다는 뜻이며, 최근 수십 년 동안 자아실현은 미국 사회에서 개인이 갖춰야 할 자질로 강조되었다. 이와 같은 사회적 기대는 현대 소비 사회의 상업적 이데올로기의 기초가 되는데 이를 TV 광고 신화로 이해하면 안 된다. 자아실현은 아이들에겐 가장 강력하게 전달되는 사회적 메시지이며 이는 아이들이 내적 발달을 지향하고 변화하는 세계에 적응하도록 만든다. 반면 어른들에

---

6 지난 150년간 영국 여성들의 사회적 처지와 더불어 그것이 정신 및 심신 장애에 미친 관계에 대한 추가적인 논의는 쇼월터Showalter의 연구를 참고하라. 그녀가 분석한 원인과 결과는 내가 현대 북미 사회의 여성들에 대해 설명한 것과 유사한데, 훨씬 더 자세하고 심오하게 서구 사회의 문화적 딜레마를 보여준다.

겐 "될 수 있는 모든 것이 다 되어 보라"라는 말로 자신과 타인의 사회적 지위를 평가하게 만든다. 우리는 자아실현이라는 메시지를 내면화한 후 이를 무의식적으로 우리에게 일어난 경험들에 투영한다. 그리고 마침내 자아실현을 현실 세계의 자연스러운 부분으로 생각하게 된다.

하지만 무엇보다도 여성들이 보기에 이러한 문화적 이상은 가정을 꾸리고 가정에 충실하며 정착하는 삶이자 육아라는 똑같이 강렬한 기대와 충돌한다. 일하는 여성들은 도덕적으로 모순되는 이 메시지를 최근 들어 경멸까진 아니더라도 이중적이라고 받아들이고 있다. 커리어 대 결혼, 바깥일 대 가사 노동, 자기표현 대 타인을 향한 사랑과 지지 등과 같은 진부한 표현들 역시 핵심적인 사회 갈등, 즉 개인의 행동을 바라보는 상반되는 가치관 때문에 벌어지는 딜레마를 나타낸다. 안티고네 파제트도 바로 여기에 갇혔다. 동년배들이 겪는 위기이자 딜레마에 빠진 것이다. 게다가 그녀의 인생사와 주변 환경의 특수성이 문제를 더 악화시켰다. 딜레마를 비극으로 바꾸는 것은 개인의 욕망을 증폭시키는 그 사람만의 동력과, 일과 가정이라는 두 가지 목표를 달성하는 데 필요한 자원과 관련된 상대적 박탈감 둘 다이다. 여기서 비롯된 중압감은 조용한 절망에서 폭발적 분노까지 다양한 방식으로 표출되는데, 이 같은 정신적 고통이 반영된 신체적 관용어는 북미 의사들이 공부해야 할 과목으로 지정해도 될 만큼 아주 흔하다.

안티고네 파제트는 이혼할 것인지 말 것인지, 자신의 영혼을 위해 가정을 깨뜨리는 고통을 감내할 것인지, 아니면 가정을 위해 자기 자신을 억압할 것인지를 결정해야 한다. 이 외로운 선택이 그녀를 나약하게 만든 건 아니다. 선택해야 하는 상황이 오기 전부터 그녀는 이런 식이었다. 그녀의 통증은 그녀의 우유부단함을 표현하면서도 거기에 정당성을 부여한다. 그녀는 자신의 결정이 남편과 자녀 그리고 부모님에게 영향을 미칠 순 있지만 어린 시절, 더 나아가 앞세대와 서구 사회 구조에 그 뿌리가 있는 개인적 문제를 해결할 수는 없다는 사실을 깨달았다. 그녀의 마음속에는 권리의식만큼이나 의무감(그녀는 이 단어를 거의 사용하지 않았다)이, 저항심만큼이나 성실함이 자리 잡고 있다. 그녀의 문제는 개인의 자율성과 사회 질서를 둘러싼 역사적 갈등이며 이는 평생 지속될 것이다. 파제트 부인이 인지하고 있듯, 통증에는 환자의 서사에서 비롯된 나름의 의미가 있다. 그녀의 질병에는 하나의 통일된 의미가 있는데, 이러한 일관성은 내 경험으로 비추어봤을 땐 흔치 않은 것이다. 그녀의 삶과 마찬가지로 그녀의 질병 또한 핵심 갈등을 계속해서 일으키려는 똑같은 강력한 충동으로 움직인다. 정신분석 학자들이 이 사례를 어떻게 바라보든 간에 그 충동은 신경과민으로 반복되는 행동이 아니라 사회적 세계와 개인적 경험 사이의 변증법이며, 그녀의 새로운 경험은 모두 이러한 갈등을 유발하는 데 계속 이용될 것이다. 파제트 부인의 만성질환에 담긴 의미를 해석하려면 이 심리적이고 사회적인 역학관계를 이해해야 한다. 다시 말해, 널리 공유된 사회적 인식과 더불어 그녀만의 독특한 인생사가 그녀의 질병 경험에 영향을 미치는 것이다. 통증은 이 두 가지를 모두 상징하며, 치료는 이 두 가지 모두를 탐구해야 한다.

4

문제는 몸이 아닐 수도 있다

신경쇠약이라 불리는 증상의 하늘거리는 옷자락 안에는
불안하고 우울한 인간이 살고 있었다. 그러나 이 사람을 둘러싼 사회적 압박과
가족의 기대는 그러한 증상을 악화시키고 지속시킬 뿐이었다.
– G. F. 드린카

신경쇠약에는 두 가지 원인이 있다.
바로 환자의 성격이라는 체질적(생물학적) 기반과 사회적 영향력이다.
– 중국의 한 정신과 의사와 개인적으로 나눈 대화에서

이 장에서는 현재 북미에서는 유행이 지났지만 흔하게 볼 수 있
는 질병 행동의 한 유형에 대해 다뤄 보고자 한다. 이 질병, 즉 신
경쇠약은 지금과는 달리 1900년대에는 당시 의학계의 관심을 한
몸에 받고 있었다.[7] 신경쇠약은 신경 약화와 신경 소진 양쪽의 개
념으로 받아들여졌다. 신경neur과 쇠약asthenia 두 단어가 합쳐져
만들어진 신경쇠약neurasthenia은 만성피로증후군, 의욕 저하, 신

---

7   신경쇠약에 관한 역사적 논의는 1986년에 발표된 나의 논문(pp. 14-35)에서 발췌했다.

경학적 원인으로 추정되는 각종 신체적 정신적 증상 등과 같은 카테고리에 묶여 있었다. 그때나 지금이나 신경쇠약은 실질적인 '신체적 질환'으로 언급되었던 셈이다. 신경쇠약이라는 용어 자체는 남북전쟁 직후 뉴욕의 신경학자 조지 비어드가 만들었지만, 신경쇠약 증상은 오랫동안 다른 범주로 분류되어 서구 사회에서 주목을 받아왔다. 비어드가 새로운 이름을 붙인 지 50년이 지난 후 신경쇠약은 서구 사회 전역에서 가장 유행하는 진단명이 되었다. 비어드는 본래 신경쇠약을 '미국병American disease'이라 불렀다. 그는 현대 문명 때문에 특히 19세기 말 미국에서 신경쇠약이 크게 유행할 것이라 공언했다. 정신의학자 드린카는 비어드가 묘사한 빅토리아 시대의 남성 신경쇠약증 환자의 전형적인 모습을 진화론(사회적 다윈주의)과 전력에 비유해 표현했는데, 여기에 쓰인 표현들은 그 시대 의학계의 질병 설명 모델을 형성하는 가장 중요한 문화적 상징이었다.

예민한 성향을 지닌 사람은 성공하기 위해 생각하고 일하며 노력한다. 그는 자기 자신과 삶을 극한으로 내몰며 신경 회로를 압박한다. 과부하에 걸린 배터리처럼, 혹은 신들의 불을 훔치려고 너무 높은 곳에 올라가려다 힘을 다 소진해 버린 프로메테우스처럼, 그의 전력 시스템은 무너지고 불꽃을 튀기며 여러 증상을 일으키다 마침내 신경쇠약이란 결과를 낳는다.

위어 미첼은 산업화와 근대화라는 파도에 휩쓸려 북미 사회가 엄청난 변화의 물결을 맞이하던 시기에 가장 성공한 엘리트 의사였다. 그는 가부장주의의 특징과 함께 빅토리아 시대 여성의 열악한 사회적 처지에 주목했다. 불행한 연애, 사회적 지위 및 부의 상실, "기계 속 톱니바퀴처럼 남성의 삶에 종속되어 끊임없이 그 영향을 받는 동시에 처녀 시절을 지나면서 뚜렷한 목적과 목표가 결여된 삶 속에서 매일 느끼는 초조함과 걱정" 등은 여성들을 신경쇠약의 덫으로 몰아넣었다.

19세기 후반 미국의 역사가 시서만에 따르면, 신경쇠약은 이 시기에 팽배했던 긴장감을 의미했다. "과부하에 걸린 전기 회로와 과다 인출된 은행 계좌"를 떠올려보자. 신경 에너지의 공급은 제한적인데 자본주의 시장에서의 돈과 상품처럼 사회적 압력이 "신경 에너지의 공급을 강요하고 있다"고 생각한 것이다. 신경쇠약 진단을 받은 환자들 중에는 윌리엄 제임스(미국의 심리학자이자 철학자), 헨리 제임스(미국의 소설가로, 윌리엄 제임스의 동생), 지그문트 프로이트, 찰스 다윈도 있었다. 비어드 역시 그가 청소년이었을 때 신경쇠약이 유행했다면 같은 진단을 받았을 것이다.

정신의학자 하워드 파인스타인은 윌리엄 제임스의 전기에서 신경쇠약의 문화적 선례와 사회적 중요성을 다음과 같이 간략하게 다루고 있다.

19세기 뉴잉글랜드에서 신경쇠약은 낭만주의와 청교도주의를 기반으로 지속 가능한 사회적 역할로 통합되었다. 노동을 통한 구원, 질병을 향한 비난, 쾌락에 대한 의심, 고통이 신의 은총으로 이어진다는 믿음 등은 청교도주의에서 비롯되었고, 자기표현에 대한 강조, 여가에 대한 높은 평가, 예민한 감성과 섬세함을 향한 동경은 낭만주의에서 비롯되었다. 이처럼 상반되는 두 가지 흐름이 역동적으로 교차하면서 신경쇠약이란 질병은 상당한 효용을 지니게 되었다. 신경쇠약은 사회적 정의를 부여했고 쾌락을 허락했으며 건강을 위한 여가 활동을 장려했다. 동시에 빨리 철들어야 한다는 의무감에서 벗어나게 해주고 다른 사람들의 보살핌을 받게 해주었으며, 필수적인 인간관계를 유지하면서도 사회가 받아들이지 못하는 감정을 표출하게 해주었다.

사회가 급속도로 발전하면서 신경쇠약을 비롯한 기타 질병들은 종교적 범주를 벗어나 오늘날 대중과 전문 의료진 모두가 '스트레스'라고 부르는 개념으로 대체되기 시작했다. 사회는 점점 더 세속화되었고, 보건 전문가가 개인의 문제를 밝히는 일에 지배적인 영향력을 행사했다. 사회학자 리프는 이러한 발전을 "치료의 승리"라고 불렀다. 이후 미국과 유럽 사회에서는 신경쇠약의 신체적 증상보다 심리적 증상이 더 많이 나타났으며 심리적 고통을 해석하려는 움직임이 시작되었다.

드린카에 따르면, 신경쇠약 환자는 그 당시 문제적 환자로 취급받았다. 그들의 증상은 나아질 기미가 보이지 않았고 치료하기도 힘들었다. 환자와 의사들은 신경쇠약이 어려운 상황에서 한발 물러서게 하거나 협상할 수 있는 권한을 부여해 사회적으로 유용할 뿐 아니라 문화적 특징까지 지니고 있다는 사실을 은연중에 깨달았다. 드린카는 대호황시대 중상류층 사이에 나타난 개인적 및 집단적 고통의 사회적 원인으로 존경할 만한 남성과 여성이라는 엄격한 이중 잣대, 안전한 직업을 선택해 현명하게 사는 삶에 부여된 높은 가치, 가문의 부와 명성을 지켜야 하는 책임 등을 들었다.

신경쇠약은 더는 유행하는 진단명이 아니다. 실제로 한때 미국병이었던 신경쇠약은 현재 북미에서는 공식적인 질환으로 취급하지 않고 있다. 미국 정신의학계의 공식 진단 체계인 미국정신의학협회의 정신질환진단및통계편람 3판(DSM-3)에서 신경쇠약은 정통 질병 분류학에서 제외되었으며, 히스테리(신체화 장애)를 가리키는 현대 용어인 우울증 및 불안장애와 다양한 정신생리학적 및 정신신체적 병명으로 대체되었다. 세계보건기구의 국제질병분류 9차 개정판(ICD-9)에 여전히 신경쇠약이란 용어가 등장하긴 하지만 서유럽에서도 대부분 사용하지 않고 있다. 하지만 프랑스에서는 '피로', 영국과 미국에서는 '불안' 및 '스트레스로 인한 탈진'이 문화적으로 두드러진 핵심 증상으로 계속 나타나고 있는데, 이는 증상 자체가 없어졌다기보다 새로운 이름을 얻었음을 의미한다.

동유럽과 일본, 인도, 중국 등 특정 지역에서는 신경쇠약이 원래 의미를 지닌 주요 진단명으로 계속 사용되고 있다. 내가 현장 연구를 진행했던 중국의 상황은 특히 주목할 필요가 있다. 중국에서는 20세기 초 서양에서 들어온 의학 진단인 신경쇠약이 가장 흔한 정신과 진단이자 일반 병원에서 가장 흔하게 찾아볼 수 있는 10개의 진단명 중 하나다. 반면 중국에서 우울증과 불안장애는 일반적인 진단명이 아니다. 1980년과 1983년에 중국학을 공부하는 아내 조앤과 나는 예일-중국 의과대학의 전신이자 중국을 대표하는 정신의학 센터인 후난성 의과대학에서 신경쇠약과 우울증의 관계를 밝히는 연구를 진행했다. 우리는 중국의 신경쇠약 환자가 에너지 부족, 피로, 체력 저하, 현기증, 두통, 불안 등과 같은 막연한 신체적 불편이 다양한 형태로 반복되는 상황을 겪는 동시에 비어드와 미첼이 신경쇠약과 관련 지었던 전형적인 증상 대부분을 호소한다는 걸 발견했다. 게다가 환자 대다수가 미국의 DSM-3 기준을 적용하면 우울증이나 불안장애로 재진단받을 수 있다는 사실도 알게 되었다. 하지만 항우울제와 항불안제를 효과적으로 복용해도 그들의 만성신경쇠약 증상은 사라지지 않았다. 중요한 가족 문제나 직장 문제를 해결한 환자들만 증세가 개선되었다. 정치, 경제, 직업, 가족, 개인적 문제 역시 이 질병의 발생과 악화에 영향을 미쳤다. 우리의 연구 결과에 따르면, 만성질환으로서의 신경쇠약은 환자의 주변 환경과 더 넓게는 사회 시스템에 굉장히 민감하다. 이는 19세기 북미에서도 마찬가지였을 것이다.

오늘날 북미의 1차 진료 기관이나 정신의학과에서 신경쇠약을 진단하는 일은 매우 드물다. 하지만 일련의 증상이 아직도 발견되고 있으며 '스트레스증후군'이라는 이름으로 흔하게 나타나고 있다. 진단명이 달라졌듯 이 증상을 호소하는 환자들을 다루는 태도 역시 달라졌다. 이 장에서는 신경쇠약과 관련된 두 환자의 사례를 들려줄 텐데 하나는 중국 중남부 후난성의 성도인 창사에서, 나머지는 뉴욕에서 만난 환자 이야기다. 다시 말하지만 나는 환자와 그 가족, 의사들에게 증상과 행동이 어떤 의미로 다가오는지에 초점을 맞추고 있다. 게다가 각 사례는 그 나라만의 독특한 문화와 사회적 시스템을 비추는 거울이 될 것이다. 두 사례에 대한 나의 해석은 매우 다른 두 사회의 모습과 그것이 신경쇠약의 발병과 진행 및 결과에 미치는 영향, 신경쇠약이 반복해서 생활 환경에 미치는 영향 등을 이해하기 위해서다. 순수한 질병으로서 신경쇠약을 한 사회에서 공식적인 의학 용어로 다루든 그렇지 않든, 만성피로증후군은 아주 흔한 질병 행동으로, 이를 통해 특정한 문화적 맥락 안에서 특정한 상황과 관계에 놓인 특정한 개인을 설명하고 해석할 수 있다. 실제로 신경쇠약이라는 의학 용어가 중국에 소개되기 훨씬 전부터 중국 전통 의학 문헌에는 신경쇠약shenjing shuairuo이 만성적 행동장애로 묘사되어 있었다. 그리고 북미에서도 신경쇠약은 공식적인 지위를 잃은 뒤 한참 시간이 지나고 나서야 의사들의 치료를 받을 수 있었다.

우선 여기서는 후난성 의과대학 정신의학과의 연구 프로젝트에서 우리가 만난 중국 신경쇠약 환자의 사례를 간략히 소개한 다음 해당 사례에 대한 설명을 확장해 현재 중국 사회의 주요 특징을 알아볼 것이다. 이후 북미의 사례를 똑같은 방식으로 살펴볼 것이다. 두 사례를 비교하면 질병 의미에 대한 새로운 통찰력을 얻을 수 있을 것이다.

삶이 주는 절망감에 녹초가 된 후난성의 40대 여성

옌 광젠은 후난성 지역에서 아이들을 가르치는 40살의 교사다. 그녀는 똑똑하고 자기 생각을 분명하게 표현할 줄 알았지만 깊은 우울감에 빠져 있었다. 그녀는 우리 맞은편의 나무 의자에 부동자세로 앉아 바닥만 내려다보고 있었다. 옌은 검은 머리카락을 뒤로 꽉 묶고 있었는데 중간중간 흰머리가 섞여 있었다. 그녀의 얼굴에는 양쪽 눈가에서 바깥으로 뻗어나가는 주름이 깊게 자리 잡고 있었다. 그녀는 자신이 앓고 있는 만성신경쇠약증에 관한 이야기를 우리에게 천천히 털어놓았다. 우선 두통과 피로가 그녀의 주된 호소 증상이었다.[8] 우리 앞에 앉아 있는 옌에게선 겹겹이 쌓인 피로감이 느껴졌다. 그녀는 나이에 비해 훨씬 더 늙어 보였고 때로는 몸을 가누는 것조차 어려워했다. 게다가 그녀의 목소리에는 힘이 하나도 없었다.

"몇 가지 원인이 있습니다. 문화혁명이 일어나기 전, 저는 외향적이고 활동적이었으며 자존감도 높았습니다. 10대 때 지역 공산주의 청년단에서 서기를 맡기도 했었고요. 전 공산당과 관련된 일을 하며 고등교육을 받을 기회를 꿈꿨습니다. 제 가족과 친구들은 모두 제가 큰 성공을 거둘 거라 기대했어요. 제겐 야망도, 높은 목표도 있었거든요. 그런데 문화혁명이 일어나면서 제 평판이 심각하게 훼손되었습니다. 청년단의 서기 자리도 내려놔야 했고요. 전 몹시 가난한 시골 마을로 떠나야 했습니다.[9] 하지만 시골 환경에

<hr />

8 이 사례는 1986년에 발표된 나의 논문(pp. 134-137)에 수록된 환자의 사례를 수정하고 업데이트한 것이다. 처음 이 사례를 기록할 때 나는 만성통증증후군을 강조하고자 호소 증상으로 두통에 초점을 맞추었으며 다른 증상은 중요하게 여기지 않았다. 따라서 현재의 설명이 더 자세하고 최신 정보를 담고 있다.

9 문화혁명 기간에만 수백만 명의 중국 청소년들이 도시의 중학교를 떠나 주로 외진 시골의

도저히 적응할 수가 없었어요. 일은 너무 고됐고 식량은 한참 모자랐죠. 사방에서 악취가 났고 위생이라곤 찾아볼 수가 없었습니다. 이런 데서 사람이 살 수 있나 싶었어요!"

직업적 포부를 더는 이룰 수 없으며 도시로 돌아갈 확률조차 희박하다는 사실을 깨닫자 그녀의 상황은 더 나빠졌다. 여러 세대에 걸쳐 전문직에 종사해온 지식인 집안의 딸이었던 그녀는 중국에서 사회적 지위를 개선할 수 있는 중요한 수단인 대학 교육을 받을 기회와 공산당에서 근무할 기회를 완전히 잃었다고 생각했다. 가족과 친구는 물론 책과 신문과도 단절된 상태였으며 농민들과도 처음에는 잘 어울리지 못했다. 그녀는 냉담하고 고독해졌다. 문화혁명이 가속화되면서 그녀는 때때로 자아비판의 가장 큰 공격 대상이 되었다. 한 번은 시골 병원의 한 간호사가 그녀를 "냄새 나는 지식인"이라 비난하며 주사 접종을 거부하기도 했다. 그녀는 자신의 성격이 바뀌는 것을 경험하기 시작했다. 옌은 점점 의기소침했으며, 예전의 낙천적인 모습은 사라지고 절망감이 그녀의 삶 곳곳에 스며드는 것을 느꼈다. 그녀는 최악의 상황만을 생각했다. 성격도 내향적으로 바뀌었고, 농부들과 공산당 간부들의 비난과 거절의 눈초리를 받는 것에도 민감해졌다. 그녀는 먼저 자

가난한 농촌 공동체로 이주당해 그곳에서 농사일을 하며 농민들에게 교육을 받게끔 되어 있었다. 반대로 시골 농민들이 도시 학생들과 어울리는 것 또한 쉽진 않았는데, 특히 이 학생들이 이미 공급량이 턱없이 부족한 시골 지역의 한정된 자원을 갉아먹는 존재로 여겨지면서 더욱 그러했다. 이는 중국 내 창의적인 작가들의 상상력을 사로잡고 해외 이주 중국인들의 전기에서 중심 무대를 차지해온 문화적 위기의 발단이었다. 문화혁명 희생자들의 삶을 다룬 훌륭한 기록물로는 1987년에 출간된 서스턴Thurston의 책이 있다.

신의 목표를 폄하하기 시작했고 그 다음에는 자신을 비하하기 시작했다. 한때는 자신감 넘치는 모습으로 단호하게 자기주장을 펼쳤던 옌은 자신감을 상실한 채 우유부단한 모습을 보였으며 자신이 부족하다고 생각해 더욱더 제한된 생활을 했다. 그녀는 내내 혼자 지냈다. 그러다 드디어 시골 마을의 초등학교 교사 자리를 얻었다. 이후 그녀의 타고난 능력이 동료 선생님들의 눈에도 보이기 시작하자 그들은 옌을 교장으로 선출하려 했다. 하지만 옌은 책임감이 두려워 그 제안을 거절했다. 그녀는 실패할지도 모르고 그로 인해 더 큰 손해를 볼 수도 있는 상황에 다시는 노출되고 싶어 하지 않았다.

옌은 그 지역의 토박이 남자와 가정을 꾸렸다. 그녀의 남편은 광산의 간부로 일하다 지금은 농사를 짓고 있다. 부부는 떨어져 지냈는데 그녀는 작은 소도시에서 살았고 남편은 멀리 떨어진 시골 마을에 살았다. 그녀가 이렇게 사는 걸 선호한 건 분명하다. 이들 부부에게는 세 명의 자녀가 있었다. 청소년인 아들 둘은 아빠와 살았고 딸아이는 엄마와 지냈다. 옌은 남편이 복직도 하지 못하고 광산의 간부직을 반납한 것에 화가 났다. 남편이 다시는 예전 지위를 되찾지 못할 거라며 포기해 버린 것이다. 이로 인해 그녀는 오랜 기간 좌절감에 시달렸으며 아무것도 할 수 없다고 느끼게 되었다.

옌의 분노를 유발하는 세 번째 요인은 바로 그녀의 딸이었다.

"전 정말 딸아이를 원하지 않았습니다. 혼자 있고 싶었고 이미 아들이 둘이나 있었으니까요. 딸아이를 막 임신했을 때 혹시 유산

될까 싶어 몇 번씩 몸을 벽에 아주 세게 부딪치기도 했습니다. 하지만 남편이 아이를 원했기에 병원에서 낙태 수술을 받을 생각도 못 했어요. 결국 한쪽 팔이 망가진 딸아이를 출산했고 전 스스로를 원망했죠. 모든 게 제 탓으로 느껴졌습니다."[10]

그녀의 딸은 예쁘고 아주 쾌활하게 성장하여 훌륭한 학생이 되었다. 하지만 옌은 기형인 딸 때문에 마음이 아팠다. "중국 사람들은 불구자와 결혼하려 하지 않습니다. 아무리 제 딸이 요리, 청소, 운동을 다 할 수 있다 해도 혼삿길이 순탄치 않을 걸 알아요." 인터뷰를 진행하는 바로 그 순간에도 옌은 우리와 떨어져 있는 책상 아래 시멘트 바닥에 시선을 고정한 채 소리 없이 울먹였다.

동행했던 옌의 남편은 아내보다 훨씬 나이 들어 보였고 몇 번 가본 적 없는 지방의 수도를 보고 눈이 휘둥그레져 있었다. 사나운 시골 날씨로 인해 거칠어진 그의 외모는 아내의 세련된 외모와 대조를 이뤘다. 그는 아내가 딸 이야기를 계속하자 눈물을 흘리기 시작했다.

"딸에겐 아무런 희망이 없습니다. 그 아이가 지금 고등학교에서 가장 우수한 학생이라 해도 대학 입학 시험을 치를 수가 없어요. 딸아이의 학교 교장과 이 지역 공산당 지부의 서기가 건강하고 정상적인 아이들만 시험을 볼 수 있게 정했거든요. 저희가 당국에 호소해 봤지만 그들은 학교의 결정을 지지했습니다. 할 수 있는

---

10 생물의학적 관점에서 딸의 선천적 기형이 임신 중 옌의 행동에서 비롯되었을 가능성은 거의 없다. 하지만 임신 중 산모의 생각과 기분, 행동이 자라나는 태아에게 상징적으로 깊은 영향을 미칠 수 있다는 중국 전통의 의학적 믿음은 임신 중절을 원했던 옌의 죄책감을 부추겼다.

게 아무것도 없어요. 우리 딸은 고향에서 시답잖은 일을 하며 살게 될 거예요."[11]

옌이 흐느껴 우는 바람에 이야기가 중단되었고 그렇게 몇 분이 흘렀다. 마침내 그녀는 남편과 자신이 딸에게 근처 마을에 사는 또 다른 불구자와의 만남을 주선하게 되었다고 털어놓았다. 하지만 그녀의 딸은 그와 결혼하느니 차라리 혼자 살겠다고 했다.

옌은 우리에게 그녀가 겪고 있는 절망감을 전부 내보였다. 그녀는 종종 죽는 게 더 낫다고 생각했다. 두통과 만성피로는 계속 그녀를 고립시켰다. 옌은 스트레스를 더는 감당할 수 없었다. "제 건강이 너무 불안정해서 할 수 있는 일도 거의 없습니다. 미래나 과거는커녕 두통밖에 생각할 수가 없어요." 옌은 자신의 세계를 심각하게 제한하고 있었다. 그녀는 극히 중요한 일을 제외하곤 모든 분야에서 손을 뗐다. 게다가 "날씨와 소음 때문에, 또 사람들이 건강에 안 좋은 영향을 끼칠까봐" 아예 외출 생각을 안 했다. 그녀는 아주 조금만 움직여도 진이 다 빠지는 것 같았다. 그녀는 이런 상태를 에너지 부족, 체력 저하, 현기증, 무관심 등의 일반적인 언어로 표현했다.

실패와 절망에 대한 비관적인 생각 때문에 옌은 가끔 주말에 남편을 만나는 것을 제외하면 생활 반경을 학교와 숙소로 제한했다. 그녀는 딸과 함께 살았는데, 두 모녀는 서로 다른 상실감에 슬퍼

---

11 중국에서는 지난 몇 년간 장애 학생을 차별하는 정책이 바뀌었다. 현재는 원칙적으로 장애가 있는 사람들도 대학에 진학할 수 있다. 하지만 장애와 관련된 낙인은 여전히 중국 사회에 널리 퍼져 있다.

하는 '은둔자'처럼 보였다. 옌의 세계는 통증과 피로로 가득 차 있었다. 그녀는 상처를 경험했고, 상처를 기다리고 두려워했으며, 상처에 관한 이야기를 하고, 자신의 문제를 상처 탓으로 돌렸다. 또한 상처 때문에 완전 지쳤고 그나마 수면과 휴식을 통해 안도감을 얻었다. 그녀가 직장에서나 가정에서 보이는 소극적인 태도를 정당화하는 것이 바로 통증과 그와 관련된 피로감 및 기타 증상들이다. 이 증상들은 똑같은 방식으로 그녀의 고립과 의욕 저하를 정당화했다. 그녀의 만성통증과 피로는 여러 상실감으로 인해 발생한 우울증의 속절없는 표현이었다. 우리가 떠나기 전, 옌은 다음과 같은 편지를 보내왔다.

"전 제가 아주 오랫동안 아팠다는 사실을 생각하면 항상 슬퍼집니다. 전 두통과 현기증을 앓고 있으며 말하기를 싫어하고 어떤 일에도 즐거움을 느끼지 못합니다. 제 머리와 눈이 부어 있는 느낌이에요. 머리카락도 빠지고 있고 두뇌 회전 속도 역시 느려졌습니다. 사람들과 같이 있으면 증상이 더 심해지는데 혼자 있으면 괜찮아집니다. 전 하는 일마다 자신이 없습니다. 이 질환 때문에 젊음과 시간을 비롯한 모든 것을 잃은 것 같아요. 건강을 잃었다는 사실이 참 슬픕니다. 다른 사람들처럼 매일 열심히 일해야 하는데 제 앞에는 어떠한 희망도 없습니다. 선생님이 제게 해줄 수 있는 건 없다고 봅니다."

3년 후 나는 후속 인터뷰를 위해 병원으로 다시 와주었으면 좋겠다고 옌에게 부탁했는데 이에 대한 답장으로 그녀에게서 편지한 통을 또 받았다. 그녀는 병원으로 와달라는 요청을 매우 정중하게 거절하며 자신의 증상에는 변화가 없다고 알려왔다. 그녀는 단순히 먼 길을 이동할 에너지도 없었던 데다가 장시간의 버스 탑승과 질문들 때문에 두통이 더 악화되어 제대로 인터뷰를 할 수도 없었던 것이다. 그녀는 학교를 1년간 쉬어야 했고 수업을 줄이거나 조기 퇴직을 할 수 있도록 요청했다. 그녀는 자신이 자랐던 도시로 돌아갈 수 있는 허가를 받았으나 그녀의 부모는 늙고 병약한 상태였고 그녀 또한 부모님을 돌볼 힘이 없었다. 편지를 쓰는 것조차 그녀에겐 피곤한 일이었으며 욱신거리는 두통의 원인이었다. 그녀는 기력(생명 에너지) 부족으로 전통 중의학(Chinese medicine, 중국에 서양 의학이 본격적으로 들어와 보급되면서부터 서양 의학과 구분하기 위해 중의학中醫學으로 불렀다) 의사에게 치료를 받고 있었다.

중국 문화에서의 신경쇠약

신경쇠약은 20세기 초 북미에서의 역할과 유사한 역할을 현대 중국 사회에서 하고 있다. 중국에서 신경쇠약은 공인받지 못하거나 심한 경우 정서적 문제나 정신질환으로 치부될 수 있는 개인적 혹은 사회적 고통이 신체적으로 표현되는 것이라 믿는 신체 질환에 정당성을 부여한다. 중국 사회에서 정신질환은 강력한 낙인이 되는데, 서구 사회가 정신질환에 부여하는 낙인과 달리 환자 본인뿐 아니라 그 가족 전체에게도 영향을 미친다. 정신질환자가 있는 집안은 대대로 도덕적이지 못하며 체질이 허약하다는 오명을 쓰게 된다. 자녀들을 결혼시키는 것은 물론 지역 사회에서 가족의 지위를 유지하기도 어려워진다. 이런 이유로 중국에서는 개인과 가족이 정신질환 혹은 정신적 문제와 관련된 꼬리표를 달고 다니지 않도록 완곡한 표현이나 의미가 감춰진 은유적 표현을 사용해 심리적이고 사회적인 고통을 표현한다. 현대 북미 사회는 같은 목적을 위해 신경쇠약이라는 표현을 스트레스라는 단어로 대체했지만, 신경쇠약은 중국에서 환영받는 새집을 찾은 모양이다.[12]

중국에서 신경쇠약이 유행하는 또 다른 이유는 우울증과 같은 용어를 사용하지 않으려 하기 때문인데, 우울증은 중국 사회에서 정신적인 측면뿐 아니라 정치사회적으로도 이상이 있다는 것을 의미하기 때문이다. 예를 들어 문화혁명이 일어난 혼란의 시대에 마오쩌둥은 우울증과 같은 것은 질환이라기보다 정치적으로 잘못된 사고방식이라 말했다. 우울증이라는 꼬리표는 바로 최근까지도 중국에서 까다로운 문제였는데 이는 간접적으로 정치적 불만을 의미하기 때문이다. 도덕성을 강조하며 모든 인민이 대규모 정치 캠페인과 지방 정치 단체에 적극적으로 참여해야 하는 중국의 정치적 맥락을 고려할 때 정치적 불만은 대중이 받아들일 수 없는 감정이다.

결국 신경쇠약이라는 개념은 전통 중의학에 상당히 빠르게 흡수되었는데 전통 중의학이 고대부터 체력 저하와 피로와 같은 문제

---

12 스트레스라는 말은 이제 막 중국에서 유행하기 시작했으며 주로 전문가들 사이에서 널리 쓰인다.

에 관심을 가졌기 때문이다. 이러한 증상들은 기(생명 에너지)의 흐름이나 체질 혹은 체내 음양 요소의 균형에 문제가 생겨 발생한다고 여긴 것이다. 신경쇠약을 중의학 개념 체계에 흡수한 이후 거의한 세기 동안 전통 중의학 의사들은 그것을 외국에서 들어온 개념이 아닌 중국 의료 체계의 고유 산물인 것처럼 활용하고 있다.

옌의 경험은 강력한 사회적 힘(정치적 낙인, 대중 캠페인, 강제 이주, 빈곤 등)과 심리적 요인(우울증, 불안, 성격 장애 등)이 신경쇠약의 발병과 악화에 얼마나 원인 제공을 했는지 조명한다. 같은 수준의 압박에 시달리는 중국인들 모두가 신경쇠약에 걸리는 건 아니라는 사실에서 유전적 성향이나 가족 상황, 개인의 발달 과정에 따라 특정 개인이 신경쇠약에 걸릴 확률이 더 높다는 걸 알 수 있다. 지역 사회의 환경은 취약 계층 사람들에게 강력한 사회적 영향력을 미친다. 정치적 억압과 경제적 박탈감이라는 결과를 예방하거나 피하거나 최소화할 수 있는 환경도 있고, 특정 개인 혹은 개인의 범주(이를테면 정치적으로 불리한 처지에 놓인 사람들)에 미치는 영향력을 증폭시키는 환경도 있다.

신경쇠약은 현대 중국 사회에서 특권을 의미하며, 환자에게 장애로 인한 혜택을 누릴 권한을 부여하는 진단이다. 조기 퇴직을 정당화하고 직업을 바꾸거나 시골에서 도시로의 이동도 가능해지기 때문이다. 전체주의 사회에서 이런 변화를 경험하기란 쉽지 않다. 북미 사회에서는 신경쇠약이 더는 이러한 특권을 뜻하지 않기 때문에 만성통증, 우울장애, 외상후 스트레스 장애 혹은 특정 질환 등에 대한 공식 진단을 통해서 이와 같은 사회적 목적을 달성해야 한다. 우리는 질병이 장애, 의료, 법률 및 기타 제도적 장치에 이름을 올려 공식적인 지위를 획득할 수 있도록 요구해야 한다.

엔의 주치의들은 우리가 지금껏 다룬 문제 대부분을 암묵적으로는 이해하고 있었지만 대개 이에 대해 직접 이야기하진 않았다. 중국 의사들은 그들만의 진단 기준에 따라 신경쇠약 증상을 치료하는 데 효과가 있는 특정 치료법을 처방한다. 흥미롭게도, 중국의 신경쇠약 환자와 미국의 만성통증 환자는 서로 같은 처지에 놓여 있다. 이들은 병이 잘 낫지도 않거니와 의료진들에게 좌절감을 안겨주는 문제적 환자로 취급당한다. 침술과 전통 약초는 물론 현대 의약품 모두 신경쇠약에 거의 효과가 없는 것으로 밝혀졌다. 우리는 어쩌면 모든 의료 시스템이 치료하기 힘든 만성질환의 한 부분을 보고 있는 것일지도 모른다. 대만에서 전염병을 연구하는 동료 의사의 연구 결과에 따르면, 비서구 사회에서는 질병 행동 문제를 효과적으로 치료한다고 알려진 민간요법사들이 신경쇠약 환자들 치료에 눈코 뜰 새 없이 바쁘다고 한다. 문제는 어떤 유형의 치료사든 완치가 불가능한 데다 다분히 사회적 효용과 문화적 의미를 드러내는 신경쇠약 환자를 장기적으로 치료하는 건 어려울 수 있다.

이제 기력 쇠약 및 피로와 더불어 신체적 정신적 고통을 호소하는 북미 환자의 사례를 살펴보도록 하자. 우리는 다음과 같은 질문을 생각해볼 수 있다. 미국에서 신경쇠약은 어떤 위치에 있는가?

스스로를 다그치는 뉴욕의 26살 여성

26살의 일라이자 초트 하트만은 늘씬한 체형에 창백한 피부와 긴 머리, 커다란 눈을 갖고 있지만 전체적으로 졸려 보였다. 그녀는 낮엔 뉴욕 시에서 계약직 비서로 일했고, 밤이나 주말에는 오보에와 클라리넷 연주자로서 커리어를 이어나갔다. 고풍스러운 매력과 엉뚱한 유머 감각을 갖춘 일라이자는 호감 가는 섬세한 성격의 소유자이긴 했지만 활기차지도 적극적이지도 않았다. 그녀의 움직임을 보면 19세기 유럽에서 말하는 '여가'라는 단어가 떠오를 정도로 어딘지 모르게 힘이 없었다. 게다가 주저하거나 당황하는 모습을 자주 보였고, 때로는 죄책감을 느끼기도 하는 등 어딘가 정서적으로 취약한 면이 있었다. 그녀가 가장 먼저 내게 털어놓은 이야기는 자신의 피로와 탈진 증상이 장애 혹은 중병, 심지어 생명의 위협까지 모두 포함하는 용어인 만성질환으로 받아들여지는 것에 대한 당혹감이었다. 하지만 이내 그녀는 자신의 증상이 천천히 자신을 '죽이고' 있음을 인정했다. 그녀는 "피곤하다", "힘이 없다", "목마름 증상이 항상 끊이질 않는다", "숨이 차다", "항상 감기나 독감에 걸리기 직전의 느낌이다", "기분이 좋지 않다", "진이 다 빠진다" 등의 표현으로 자신의 상태를 묘사했다. 이때 단어 하나하나를 끊어가며 이야기했는데 마치 머릿속의 장황한 단어 목록에서 무엇을 선택할지 천천히 음미하는 듯했다. 특히 마지막 단어(exhausted)는 눈꺼풀과 입술, 고개를 떨군 채 무기력하게 한숨을 내쉬며 중간 음절을 과장해 발음했다. 그녀는 이 같은 증상의 원인으로 2년 반 전에 앓았던 감염성 단핵구증(젊은 성인과 청소년들이 많이 걸리는 바이러스 감염 질환)을 꼽았다.

"몸을 갈아 넣으며 일하다 결국 감염성 단핵구증에 걸리고 말았습니다. 당시 전 맨해튼의 한 식당에서 웨이트리스로 근무하고 있었어요. 대략 45분을 걸어서 출퇴근했죠. 하지만 퇴근 후 바로 집으로 가진 않았습니다. 제 아파트에서 30분 거리에 있는 곳으로 소규모 합주단과 함께 오보에와 클라리넷을 연습하러 갔거든요. 저는, 아니 저희는 정말 열심히 연습했습니다. 그해 여름 뉴욕 주 북부에서 열리는 작은 음악 축제에 출연하기로 되어 있었거든요. 어떤 날은 자정까지 연습하기도 했죠. 연습이 끝난 후 남자친구와 전 함께 세 들어 사는 좁디좁은 아파트로 다시 걸어갔습니다. 그게 훨씬 더 힘들었어요. 저흰 이별을 맞이하는 중이었고, 깨어 있는 동안엔 매일 밤 싸웠거든요. 한 번도 편히 자본 적이 없어요. 다락방에 가서 잔 적도 있어요. 또 걸어 다니다 보니 추위에 떠는 날도 많았고 비바람을 그대로 맞은 적도 있었죠. 제 생각엔 이것도 감염성 단핵구증에 걸린 것과 어떤 관련이 있지 않나 싶어요.

감염성 단핵구증은 정말 무서운 병이었습니다. 전 어디가 어떻게 잘못된 건지도 몰랐어요. 날이 지날수록 통증이 심해졌고 몸이 너무 약해진 탓에 몇 블록 이상 걸으면 지쳐서 걷지도 못했어요. 온몸이 쑤셨고 목도 엄청나게 건조해졌습니다. 몸도 무거워졌는데, 전보다 많이 노력하지 않으면 지금은 움직이기가 더 힘들어졌습니다. 하지만 이런 상황에서도 전 강인한 의지력과 결단력으로 하던 일을 계속하려 애를 썼어요. 마음만 앞선 채 억지로 저를 끌고 가려 했던 거죠. 하지만 한 달 동안 제 몸은 완전히 망가지고 말았습니다. 완전히 고장나서 일도, 친구들과 어울리지도, 음악도 할 수 없었습니다. 혼자 살다 보니 이런 일들이 무섭게 느껴지더라고요.

문제는, 선생님도 아시다시피, 건강을 완전히 되찾지 못했다는 거예요. 시간이 없었어요. 다시 일을 시작해야 했고, 그렇게 하지 않으면 제가 구할 수 있는 유일한 직업을 잃었을 거예요. 부정적인 에너지가 제 몸에 쌓여 없어지지 않는 상상을 했습니다. 그렇게 전 예전의 피곤한 일상으로 되돌아갔고 그 후부턴 계속 아팠습니다. 푹 쉴 수 있는 시간이 정말 절실해요. 몸을 완전히 회복하고 건강과 기력을 되찾을 수 있도록 말이에요. 지금의 생활을 계속 이어나간다면 정말이지 너무나 무섭습니다. 나아질 수 없을 것 같은 기분이 들거든요. 만약 지금 복권에 당첨된다면 휴식을 취해 좀 나아질 수도 있을 것 같아요. 너무 무리해서 일하지 않고, 내 음악을 계속하는 것. 그게 다예요. 전 제가 다시 감염성 단핵구증에 걸려 크게 아플까 걱정입니다. 그 병을 또 겪을 순 없어요. 끔찍하고 외롭고, 뭘 다시 시작하기가 정말 어려웠거든요. 참을 수가 없었어요."

일라이자는 스스로 "기운이 없고 침울하며 힘도 없고 진이 빠져 있다"고 생각했다. 목은 계속해서 "빨갛게 핏발이 서 따가운" 느낌이 들었다. 이 같은 증상들은 거의 매일 그녀의 생활에 영향을 미쳤으며 한 달에 2-3일 정도 잠잠할 뿐이었다. 보통 아침에는 상태가 괜찮았지만 "오후 3시쯤 되면 진이 다 빠지고 목이 아파 왔다." 전날 저녁 최소 8시간을 자지 못하면 다음날 아침 상태가 나빠졌다. "제가 말을 안 하거나, 푹 쉬거나, 혼자만의 시간을 보내며 숙면을 취하거나, 무리해서 연주 연습을 하지 않는다면 나아질 겁니다." 하지만 일라이자는 자신의 삶을 스스로 그 정도로 통제할 수 있는 힘을 갖지 못할 거라고 생각했다. 결국 그녀는 병에 대한 자신의 저항력이 늘 낮으므로 자주 감기에 걸리게 될 것이며 이로 인해 더욱더 몸이 약해질 것이라 믿었다.

일라이자는 계약직 비서라는 자신의 직업을 아주 싫어했다. 그녀는 그 일을 "멍청하고 단순하며 힘 빠지는 직업"이라 생각했다. "하지만 일을 그만둘 여력이 되지 못해요. 제 유일한 수입원이거든요." 건강도 나빠진 데다 전업으로 일을 해야 했기에 그녀는 음악에 투자하는 시간을 희생해야만 했다. 일라이자는 크나큰 상실감을 느끼며 합주단을 나왔고 연습량도 최소한으로 줄였다. 이렇듯 생활에 큰 변화를 주었는데도 그녀는 일상에서 체력을 되찾는 데 필요한 휴식 시간을 충분히 확보하지 못한 기분이 들었다.

건강을 잃어가는 과정에서 그녀는 건강식품 전문가부터 특히 자신이 굳게 믿는 전인의학을 실천하는 의사들까지 다양한 전문가들에게 진찰을 받았다. 그 중에는 다양한 신념을 가진 비종교인 카운슬러, 마사지 전문가, 명상 및 요가 전문가, 척추지압사, 영양사, 만성질환자를 위한 자가 치료 집단 등이 있었으며, 최근에는 반사요법사(마사지나 지압술 또는 열자극을 가함으로써 건강을 증진시킨다는 이론을 바탕으로 한 치료사), 음성 치료사, 중국 약초학자 등을 연이어 만났다. 그녀는 또 여러 식이요법을 따랐는데 주로 채식, 생식,

무설탕 식단을 실천했다. 그뿐 아니라 다량의 항생제를 복용했는데 그녀의 약상자에는 각종 비타민, 강장제, 약초와 더불어 홍콩의 타이거 밤, 한국의 인삼과 같은 외국 제품들이 빼곡하게 들어 있었다. 그녀의 연 수입이 1만 7천5백 달러라는 사실을 고려할 때 월세와 식비를 제외하면 그녀가 건강식품에 상당히 많은 돈을 쓰고 있다는 것을 알 수 있다.

나는 거의 2년간 일라이자의 생물의학 치료를 담당해온 1차 진료 의사와 통화한 적이 있었다. 그는 일라이자의 증상으로 "불안감, 피로, 재발성 인두염"을 언급했다. 우편으로 질문지를 보내 그녀의 질병에 영향을 받은 신체 부위에 동그라미를 표시해 달라고 요청했더니 그는 모든 곳에 동그라미를 그렸다. 그러면서 그녀의 증상은 "매우 심각"하지만 신체적 장애 수준은 "미미하다"고 언급했으며, 심리적인 문제와 정서적인 고통이 결합해 정신신체 장애(psychosomatic disorder, 심리적인 스트레스가 하나의 계기가 되어 일어나는 신체적 장애)로 나타나는 것 같다고 말했다. 이 중견 의사는 일라이자의 병을 관리하는 것에는 자신 있었지만 동시에 그녀를 치료하는 일이 "매우 어려워" 불안했다고 털어놓았다. 그는 내게 이렇게 말했다. "옛날 같았으면 일라이자는 신경쇠약이나 일종의 감염후 쇠약증후군이라는 진단을 받았을 겁니다."

일라이자를 도울 수 있는 중요한 인물이자 장애의 주원인은 바로 그녀 자신이었다.

"예전에 제가 사람들에게 끊임없이 도움을 요청하거나 확인을 받으려 한 행동이 항상 도움이 된 것은 아니었습니다. 전 제 증상과 2년을 싸워왔어요. 항상 안절부절못하면서도 다시 건강해지기 위해 열심히 노력했죠. 무리해서라도 성과를 내려다 병을 얻었지만 여전히 그 행동을 고치진 못했습니다. 병약하고 남들에게 뒤처진 제 모습이 부끄러웠기에 스스로를 다그쳐야 했어요. 제겐 아파도 괜찮다는 마음의 여유가 필요해요. 건강해지라고 제 자신을 압박하지 말아야 하는데 말이죠. 그건 아무런 도움도 안 되거든요. 단지 감정이 건강에 어떤 식으로 영향을 미치는지 알고 있다고 해서 바로 감정의 영향력을 통제할 수 있는 건 아닙니다. 겉으로 그런 감정을 드러내야 하고, 울고 화내고 웃는 등 감정을 그대로 꺼내 보일 수 있는 시간과 공간을 만들어야 해요. 이렇게 하면 변화가 훨씬 덜 힘들게 느껴집니다.

공연이 예정되어 있으면 다음날 해야 할 일에 온 신경이 쏠려요. 전 불면증이 아주 심해요. 뼛속까지 피곤함을 느끼고 제 목은 갈수록 따가워요. 전 하루 중 많은 시간을 걱정하며 보냅니다. 편히 쉬거나 충분히 잘 수도 없고요. 지금보다 나아지려면 제가 무엇을 해야 할까요?

저를 담당했던 주치의와 전문의들은 제가 과거에 앓았던 감염성 단핵구증과 더딘 회복 속도, 피로감을 심각하게 받아들이지 않았습니다. 최근에는 감염병 전문가를 찾아간 덕분인지 상태가 많이 좋아졌어요. 어쩌면 그들이 엡스타인바Epstein-Barr 바이러스 같은 감염성 단핵구증의 원인 바이러스를 찾을 수도 있고요. 만약 병원 검사 결과가 음성이면, 전 그 의사를 더 신뢰하게 되겠죠. 의사는 제게 검사를 추천하진 않았어요. 제가 스스로 하겠다고 했습니다."

일라이자는 자신의 증상을 '전신 피로'라고 표현했다. 그녀는 능력 밖의 일을 하거나 충분한 휴식을 취하지 못하면 쉽게 피로해지고 무기력해지며 극도로 체력이 나빠진다고 생각했다. 이런 식의 취약성은 그녀가 매일 하는 의사결정과 생활방식에 꾸준히 강한 영향력을 미쳤다. 일라이자는 오보에나 클라리넷 연습을 시작하면 종종 피로감이 전신을 엄습하는 느낌을 받았다. 피로감이 지속되면 악기를 내려놓고 잠을 자고 싶은 욕구가 들었다. 하지만 악기 연습을 방해하는 요인이 바싹 말라버린 목인 경우도 있었다. 숙면을 취하면 피로가 풀리듯 그녀의 목 상태도 나아졌으며, 따뜻한 곳에서 쉬거나(예를 들어 따뜻한 물로 길고 느긋하게 즐기는 목욕) 이불 안에서 뒹굴뒹굴하며 온기를 느낄 때도 마찬가지였다. 잠을 설치거나 충분히 쉬지 못했을 때, 날씨가 추웠거나 설탕 혹은 밀가루를 섭취했을 때, 악기 연습을 너무 오래했을 때 그녀의 증상은 악화되었다.

"전 아플 때도 일을 쉬거나 휴식을 취하면서 몸을 회복할 수 없었습니다. 제 자신이 아닌 남자친구를 돌봐주고 있었기 때문이죠. 전 일만 하느라 스스로를 돌보는 법을 배우지 못했어요. 왜 그런 병에 걸렸는지 많이 후회됩니다. 그건 완전히 제 능력 밖의 일이었어요. 그토록 오랜 시간 병치레를 했다는 게 부끄럽습니다. 전 정말 제가 다시 아플까봐 너무 두려워요. 그렇게 되면 맨 처음부터 다시 시작해야 될 테고, 그러면 지금까지 제가 오랜 시간 천천히 공들여 쌓은 탑에 방해가 될 거예요. 다시 건강을 회복하기까지 또 5년을 허비해야 할지도 모르고요."

"전 사회에서 살아남지 못할 것 같아요"

정신질환 검사 결과에 따르면 일라이자의 병은 감정부전장애(dysthymic disorder, 개인을 무능력하게 만드는 경미한 형태의 만성적 우울 상태)와 그녀가 앓는 질환과 관련된 사기 저하 진단과 일치한다. 이러한 증상은 전반적으로 그녀의 질병과 삶에 많은 부분을 차지하게 되어 이제는 그녀의 성격이 되어버린 것 같았다. 일라이자는 나빠진 건강, 마음에 들지 않는 직장, 포기해 버린 음악, 남자친구의 빈자리 등으로 인한 외로움과 슬픔, 분노, 절망을 느꼈다. 그녀는 상황이 이렇게 된 것을 자기 탓으로 돌리며 죄책감을 느낄 때도 있었지만, 고립감, 슬픔, 절망감 등의 감정을 유발하는 건 자신의 문제들이라는 생각을 하기도 했다.

계약직 비서로서 일라이자의 업무는 단순 타이핑이었다. 그녀는 자기 직업을 가리켜 "반복적이고 지루하며 보람 없는 일"이라고 말했다. 비서 일은 그녀에게 끊임없이 절망감을 안겨주었는데 이 일에 너무 많은 시간을 빼앗겨 그녀가 "진정으로 해야 하는" 음악을 할 시간이 거의 없었기 때문이다. 비서 일은 그녀의 직업 기준에도 미치지 못할뿐더러 보수도 좋지 않았지만 그녀가 독립된 생활을 유지하기 위해 할 수 있는 유일한 직업이었다. 그런데도 그녀는 직장에서 대우받지 못하고 소외당한다고 느꼈다. 그녀는 에너지가 부족해서 더 좋은 일자리를 찾지 못한다고 생각했지만, 실은 그나마 가진 것을 잃을 수도 있다는 두려움 때문에 비서실에 급여 인상이나 근무 시간 단축을 협의하는 것조차 망설였다.

근무 조건이 개선되면 그녀가 원하는 라이프 스타일에 좀 더 가까워질 수 있는데도 말이다. 일라이자는 자신이 마음에 들지 않는 일을 계속하는 이유가 자기 효능감이 부족하고, 적극적인 자세를 요구하는 세상에서 성공할 만큼 강하지 못한 탓으로 여겼다.

가족과 어린 시절의 성장 과정이 현재 자신의 문제에 어떤 영향을 미쳤는지에 관한 그녀의 이야기에는 상반되는 두 가지 내용이 왔다갔다했다. 하나는 부모님의 과보호 때문에 그녀가 진짜 인생에서 겪게 되는 현실적인 어려움에 맞설 준비를 하지 못했으며, 그래서 지금도 여전히 못하고 있다는 이야기였다. 다른 하나는 부모님과 다른 사람들이 그녀가 건강을 완전히 회복할 수 있도록 충분한 시간과 돈 혹은 실질적인 도움을 지원해 주지 않았다는 이야기였다. 일라이자의 이야기는 경험을 말했다기보단 기대했던 삶의 경로에서 벗어나 자신의 포부를 끌어내리고 "불확실한 상태에 놓이게 한" 일련의 실패를 '정당화'하는 것에 가까웠다.

일라이자는 재혼 가정의 외동딸로 가톨릭 신자이자 이민자인 독일인 엔지니어인 아버지와 퀘이커 교도인 어머니 사이에서 태어났다. 그녀는 가족과 함께 보낸 어린 시절을 다음과 같이 요약했다.

"전 응석받이로 자랐습니다. 그래서 동네 아이들에게 원망을 많이 샀고, 그 애들은 제게 못되게 굴었죠. 제가 처음으로 경험한 모순은 부모님이 말씀해 주신 삶과 실제 제게 펼쳐진 삶 사이의 간극이었습니다."

그녀는 부모님과 함께 보내는 시간이 많았다.

"전 친구들도 많이 없었고 대부분 혼자만의 세계에서 지냈어요. 모범생이었지만 잘 해내지 못할까 늘 전전긍긍했죠. 부모님은 항상 절 보살펴 줄 거라고 말씀하셨어요. 전 중산층 가정에서 자랐습니다. 원하는 건 다 가졌고 항상 그렇게 될 것으로 생각했어요. 누구도 제게 삶과 노동은 지독하게 힘든 것이라고 말해 주지 않았습니다. 따라서 문제를 해결할 수 있는 강인한 내면의 힘을 길러야 한다고도요. 그리고 언젠가는 자기 자신 외에 의지할 사람이라곤 아무도 없게 될 것이라는 이야기도요. 아무튼 상황이 정말 좋지 않았을 때 전 어떠한 보살핌도 받지 못했습니다. 제가 이렇게 느끼게 된 건 다 부모님 때문이에요. 어머니는 한 명의 독립된 여성으로서, 음악가로서 제가 하는 일에 관심을 보인 적이 없어요. 제가 어떻게 인생을 살아야 하는지 가르쳐 주지도 않으셨고요. 어머니는 직업을 갖거나 돈을 벌어야 할 필요가 없었던 분이에요. 중상류층이자 특권층 집안에서 자라셨으니까요. 아버지도 비슷하셨어요. 삶에 대해 더 많이 알고 계셨어야 했는데 말이에요. 집에서 나와 독립된 삶을 사는 데에 어려움을 느끼는 제 자신에게 너무 화가 납니다.

자라면서 전 온전히 제 삶을 살지 못했습니다. 다른 사람이 하라는 대로만 했습니다. 그렇게 고치 안에 있다가 이제 막 밖으로 나온 셈이죠. 전 다른 사람들이 하는 대로 따라 했어요. 누구도 제게 자기 몸을 제대로 돌보고 스스로를 단련하는 법을 가르쳐 주지 않더군요. 그때 전 참 미련하고 나약했습니다."

일라이자는 수정주의 역사학자처럼 자신의 인생을 거의 통째로

재해석했다. 현재 겪고 있는 여러 가지 문제와 더불어 병을 이겨
내는 법, 시시하고 단조로운 일을 견디며 혼자 살아가는 법을 가
르쳐 주지 않은 부모에게 책임이 있다고 인식했다. 그녀는 부모님
이 자신의 질병과 만성질환을 앓는 자신을 한 번도 받아주지 않았
다고 느꼈다. 그리고 자신이 극도의 피로감을 느끼며 특히 심리상
태가 불안정하다는 사실을 부모님이 그냥 조용히 덮어두려 했다
고 생각했다. 일라이자는 어린 시절과 청소년기에 잔병치레가 잦
았으며 학교도 자주 결석했다. 이제 그녀는 심각한 스트레스를 받
을 때마다 증상의 강도, 특히 피로감과 소화 기능이 악화된다는
사실을 인지하고 있다. 그녀는 자신의 부모님이 연약하고 병약한
자신을 결코 받아주지 않았음에도 학교를 결석하도록 내버려 두
었다고 단언했다.

"전 친할머니 손에 컸습니다. 할머니는 절 위해서라면 뭐든 다
하셨죠. 전 스스로 자기 효능감을 느껴본 적이 한 번도 없습니다.
음악조차 언제나 물음표가 가득했어요. 인정하고 싶지 않지만, 제
삶에는 어떤 긴장감이 깔려 있습니다. 전 다른 사람들이 일을 처
리해야 마음이 편해요. 예를 들면, 제 친구들이 제 아파트에서 일
하고 있을 때 기분이 좋아집니다. 모든 게 잘 풀리고 세상과 잘 맞
아떨어진다는 좋은 느낌을 받거든요. 그런데 친구들이 제게 어떤
일을 맡기면 불가능하진 않더라도 하기 힘들 거라는 엄청난 불안
감에 휩싸입니다. 그 일을 마무리하지 못할 테고 그러면 죄책감에
무척 괴롭겠지라는 생각에 매일 아침 출근하는 게 힘듭니다. 전
그냥 사회에서 살아남지 못할 것 같아요."

일라이자는 직접 마주한 현실 세계의 문제들을 다룰 때 타인에게 지나치게 의존하고 자기 효능감을 느끼지 못하는 이유가 자신의 질병 때문이거나 질병으로 인해 강화되었기 때문이라고 변명했다. 병을 앓으면서 그녀는 직업과 인간관계에서 정상적인 발전 궤도에 올라가지 못한 채 남들에게 뒤처지고 있다는 느낌을 받았다. 그리고 이는 그녀의 상황을 정당화하는 좋은 핑곗거리를 제공했다. "제 전문 분야인 음악을 할 시간이 없습니다. 전 매일 시간 낭비를 하고 있어요. 단지 육체적으로 사는 데 집중할 뿐이죠."

게다가 그녀는 옆으로 비켜서서 자신의 실패와 상실감을 역설적으로 바라보기도 했다.

"가끔은 사회가 너무 경직돼 있다는 생각이 듭니다. 우리는 모두 먹고사는 데 온 시간을 쏟아야 해서 쳇바퀴 같은 삶을 잠시 벗어나 세상을 있는 그대로 바라볼 여유조차 없어요. 우리는 별로 중요하지도 않은 자질구레한 일들, 해야만 하는 일들로 우리의 생각과 비전을 채우고 있어요. 네, 바로 제 얘깁니다. 지금 앓고 있는 병, 일, 경제적 문제, 음악 연습 등을 생각하느라 하루가 다 가버려요. 주위도 좀 돌아보고 당근과 채찍이 무엇인지 살피면서 상황을 분석해야 하는데 그럴 시간이 없어요. 그래서 우리에겐 인류학자가 필요한 거예요."

일라이자의 수많은 가설과 지속적인 불평의 기저에는 자신이 기본적으로 에너지가 부족하다는 확고한 생각이 자리 잡고 있다. 이는 그녀의 치명적인 약점이자 극심한 피로감의 원인이며, 체력적으로 문제가 되는 동시에 전반적인 신체 기능의 저하를 초래한다. 중국과 미국의 두 신경쇠약 환자 사례를 비교할 때 일라이자의 경우 확실히 증상을 전략적으로 사용하거나 강력한 비언어적 의사소통 수단으로 삼는 통찰력이 부족했다고 말할 수 있다.

:: 해설

우리는 옌보다 일라이자 하트만에 관한 정보를 훨씬 더 많이 알고 있다. 하지만 둘 사이에는 중요한 공통점만큼이나 중요한 차이점도 있다는 것을 알 수 있다. 그들이 공통으로 겪는 신체 증상이 있는데 바로 체력 저하, 탈진, 사기 저하다. 이는 일라이자와 옌에게 장애가 생기기 100년 전 조지 비어드가 맨해튼에서 묘사한 전형적인 신경쇠약 증상에 해당한다. 조지 비어드가 살았던 맨해튼에 거주하는 일라이자와 약 1만 6천 킬로미터 떨어진 완전히 다른 사회에 사는 옌에게 공통의 증상이 있다는 건 놀랍지도 않다. 뇌의 변연계와 신경 내분비계, 자율 신경계, 심혈관 및 소화 생리 작용에 일어나는 변화를 포함해 스트레스와 사기 저하의 생물학적 작용 역시 이 증후군에 기초하기 때문이다. 옌이 앓는 질병의 의미는 중국 사회에서 대중과 전문가가 생각하는 신경쇠약의 개념에서 벗어나지 않지만 북미 사회의 모습은 이보다 더 복잡하다. 일라이자 하트만은 신경쇠약에 대해 잘 몰랐을 것이라 보는데, 그녀가 자신의 질병을 생물의학과 대체 의학, 대중적 자료 등 놀랍도록 다양한 정보에 기초해 설명했기 때문이다. 일례로 활력 부족에 대한 그녀의 시각은 그녀가 다녔던 전인의학 센터의 시각과 딱 떨어지는데 그곳은 원기 회복 프로그램을 강조하는 시설이다. 해당 프로그램을 통해 일라이자는 자신이 앓고 있는 질병의 한 측면인 활력 부족에 대한 관심이 높아졌다. 이외에도 그녀는 질병의 스트레스 모델, 한열 체질 이론, 정신분석학적 심리치료 등 다양한 개념을 활용했다. 심지어 현재 맨해튼 차이나타운에서 개업한 전통 중의학 의사에게 치료를 받은 적도 있었다. 이런 게 바로 우리 시대의 국가 간 지식과 상품의 교역이 아니고 무엇이겠는가!

두 사례의 인과적 연관성에서는 중요한 구조적 유사성도 찾아볼 수 있다. 일라이자와 엔 두 사람은 모두 사기 저하와 그와 관련된 신체 증상을 유발하고 악화시키는 사회적 악순환에 연루되어 왔다. 직업과 가족, 개인적 문제는 두 사람의 인생에서 중요한 선행 사건이자 결과인 셈이다. 후난성과 뉴욕의 사례는 인간의 조건에서 변하지 않는 공통적인 요소를 확실하게 이야기하고 있다. 게다가 두 사람의 병력 또한 비슷하다.

두 사람의 또 다른 중요한 공통점은 둘 다 자신의 병이 신체적 요소에서 비롯되었다고 생각한다는 것이다. 일라이자 하트만의 경우, 최근 만성 바이러스 질환에 관한 생물의학적 관심이 높아지면서 그녀의 만성피로증후군을 최신 의학 이론으로 설명할 수 있게 되었는데, 이는 일라이자의 개인적 책임감을 덜어준 동시에 생물의학 연구가 그녀를 치료해줄 전문 의술을 발견할 것이라는 희망을 심어주고 있다. 미국 의학계에서는 만성 바이러스 질환이 실제로 만성피로와 우울증을 유발하는지, 혹은 사기 저하와 그 외 신경쇠약성 증후군이 삶의 여러 가지 문제에 대한 환자의 심리적 반응과 사회적으로 받아들이기 쉬운 의학적 구실을 찾으려는 필요에서 기인하는지를 놓고 논란이 일고 있다. 이 논란은 앞서 19세기 북미 사회에서 신경쇠약을 둘러싸고 일어난 논란과 별반 다르지 않다. 또한 현재 저혈당과 식품 알레르기가 피로를 유발하는지, 아니면 근육 발통점(통증 유발점)이 통증을 유발하는지를 두고 벌어지는 논쟁도 생각해 보라. 현대 중국 사회에서 신경쇠약은 개인의 책임이라는 윤리적으로 심각한 의문을 일으킬 수 있는 문제들에 의학적으로 합법적인 구실을 제공하고 있다. 즉 질환이라는 꼬리표는 옌과 일라이자의 삶에서 같은 역할을 하는 것이다.

하지만 두 사람의 사례에는 큰 차이점 또한 존재하는데, 특히 중국과 미국을 극명하게 다른 사회로 만드는 정치적, 사회적, 경제적, 문화적 시스템에서 차이가 난다. 그리고 두 환자를 둘러싼 환경과 둘의 성격, 세상을 바라보는 관점, 질병에 대한 반응과 결과에 두드러진 차이를 보인다. 옌은 절제심이 강하며 철저한 실용주의자다. 그녀는 도덕주의에 기반한 농민 정신 아래에서 언어적 교양은 찾아볼 수 없는 척박한 환경에서 살고 있으며 개인이 느끼는 불편함은 대부분 감수해야 한다고 생각한다. 그녀의 상황은 일라이자 하트만의 상황과 극명하게 대조를 이룬다. 일라이자는 자기 생각을 잘 표현하고 자신이 처한 상황을 올바르게 인식하고 있다. 도시의 중상류층이 사용하는 지나치게 정제된 미사여구를 통해서긴 하나, 그녀는 스스로 실전 경험이 부족하다는 점을 알고 있으며 자신의 인생 문제를 능청스럽게 이야기할 줄 안다. 또 개인이 겪는 문제들은 대부분 해결될 수 있다고 여긴다. 따라서 두 사례는 각기 다른 방향으로 분석할 수밖에 없다. 옌의 사례는 그녀가 처한 '사회적 상황'과 더 밀접하게 얽혀 있으며, 일라이자 하트만의 경우는 그녀의 '내적 자아'에 더 집중해야 한다. 같은 이유로 옌의 주치의는 신체적 장애로서 신경쇠약에 초점을 맞추게 되었고, 일라이자의 주치의는 심리적 요인을 강조하게 되었다.

누구도 그녀들이 만성질환을 표현하는 방식을 이해하지 못하며 그녀들의 삶의 갈등을 해결해 주지 못한다. 이는 전 세계에 해당하는 핵심적인 공통점일 것이다. 만성질환자들은 겉으로 바로 드러나는 자신들의 문제가 굉장히 시급하다는 생각에 사로잡혀 있다. 따라서 그 누구도 환자들이 만성질환의 구조적 원인과 결과에 대한 자신들의 심도 있는 통찰을 말할 것이라 기대하지 않는다. 환자는 자신의 질병에 대한 통찰력이 없을 거라는 생각, 이것이 바로 사회가 허구로 만들어낸 질병 역할이다. 따라서 환자는 이 허구의 역할을 통해 자신이 무엇을 원하는지, 그것이 실용적으로 어떤 쓰임새가 있는지 의식적으로 자각하지 못할 것이라고 여겨진다.

북미에서는 신경쇠약의 적절한 치료법으로 심리치료가 개입된다. 한편 중국에는 서구 사회에서 심리치료라고 부를 만한 것들이 거의 없다. 사회적 개입이 두 사례에 도움이 될 수도 있다. 하지만 자본주의나 사회주의 그 어떤 체제에서도 특정 사회 문제를 줄일 수 있는 적절한 사회적 변화가 쉽사리 실현 가능해 보이지는 않는다. 실제로는 엄청난 사회적 변화가 옌의 증상의 원인이 되기도 했다. 그래도 그녀의 문제 중 일부는 업무에 변화를 주거나 직장과 가정에 집중적으로 개입하는 방식을 통해 대응할 수 있다. 두 사례 모두 일반적인 심리 및 의학 치료와 함께 이러한 개입 조치가 필요하다.

엔과 일라이자는 내가 이 책에서 다루는 다른 만성질환자와 마찬가지로 자국 의료 시스템에서 문제적 환자로 여겨진다. 국경을 막론하고 만성질환자의 치료 과정에서 이런 공통점이 발견되는 데엔 몇 가지 이유가 있다. 물론 질병의 급격한 만성화, 나아지지 않는 결과, 합병증, 비싼 치료비 등을 포함해 만성질환의 효과적인 치료를 방해하는 수많은 장애물들 때문에 환자와 그 가족, 의사들이 좌절감을 느낄 수 있다. 하지만 이 책의 중심 주제이자 치료에 문제가 되는 한 가지 원인이 따로 있다. 바로 만성질환 치료 과정에서 '환자'가 주로 걱정하는 부분과 '의사'가 주로 우려하는 부분이 충돌할 가능성이다. 그리고 이러한 충돌은 꽤 자주 일어난다. 이어지는 장에서는 치료 과정에서 환자의 설명 모델과 의사의 설명 모델 간의 상호작용을 관찰함으로써 이러한 충돌을 살펴볼 것이다.

5

환자의 질병, 의사의 질환

일부분 우리는…… 합리적이고 과학적이며 신중하게 계획된 방법론들을 통해
이 세계의 구성 요소를 발견, 분류하고 행동의 근거로 삼으면서
그 안에서 살아간다.
그러나 한편으로 우리는…… 불가피하게 우리 자신의 일부로 당연시할 만큼
외부인의 시선으로 관찰하지 않고 또 관찰할 수도 없는
어떤 매개체에 침잠해 있다.
우리는 이 매개체를 분별하거나 가늠하거나 조작하려 하지 않는다.
심지어 이것은 우리의 모든 경험에 지나치게 깊숙이 파고 들어가 있으며
우리의 인생 및 행위 전체와 대단히 긴밀하게 얽혀 있기에,
이 흐름(이 자체가 일종의 '흐름'이다)에서 벗어나 이것을 한 객체로서
과학적이고 객관적인 시선으로 관찰할 수 없으며,
우리는 이것을 완전히 인식할 수도 없다.
— 이사야 벌린

설명 모델explanatory models은 환자와 그 가족, 의사가 특정 질병
사례에 대해 갖고 있는 개념이다. 일상 언어로 질병을 설명하는
행위는 굉장히 중요한 임상적 의미를 지니는데, 이를 무시하다간
치명적인 결과를 초래할 수 있다. 설명 모델은 다음과 같은 질문
에 대한 대답이라 볼 수 있다.

문제의 본질은 무엇인가? 이 문제는 왜 내게 영향을 미치는가? 왜 지금인가? 앞으로 나는 어떤 일들을 겪게 될 것인가? 이 문제는 내 몸에 어떤 영향을 미치는가? 나는 어떤 치료를 받고 싶은가? 이 질병과 그것을 치료하는 과정에서 나는 무엇을 가장 두려워하는가?

설명 모델은 절박한 삶의 환경에 대한 반응이라 볼 수 있다. 즉, 설명 모델은 이론적이고 정확한 진술이라기보다 실제 행동을 정당화하는 수단이다. 사실 설명 모델은 언어로 표현되지 않는 부분이 많다. 최소한 일부는 그렇다. 드물지 않게 내용이 모순을 이루거나 자주 바뀌기도 한다. 설명 모델은 우리 삶의 경험을 문화적 흐름으로 표현한 것이나 다름없다. 따라서 설명 모델은 문화적 흐름과 그에 대한 우리의 이해가 확고해지다 결국 와해되는 과정을 거치며 의미가 꼬이거나 풀리기도 한다. 더욱이 인지도cognitive maps라는 개념으로 받아들여질 수 있는 설명 모델은 격한 감정, 즉 공개적으로 표현하기 어려운 감정과 타인의 설명 모델에 대한 한 사람의 반응에 강력한 영향을 미칠 수 있는 감정이 밑바닥에 깔려 있다.

환자와 그 가족의 설명 모델을 파악해 두는 행위는 의사가 치료 전략을 구상할 때 환자의 시각을 진지하게 고려할 수 있도록 도와준다. 의사 역시 자신의 설명 모델을 효과적으로 전달하면 환자와 그 가족들이 언제 치료를 시작할지, 어떤 의사에게 어떤 치료를 받을지, 비용과 이익이 어떻게 되는지 등 보다 유용한 판단을 내리는 데 도움을 줄 수 있다. 양측의 설명 모델에 나타나는 두드러진 갈등을 환자와 의사가 함께 조율한다면 효과적인 치료를 가로막는 주요 장애물을 제거할 수 있으며, 열에 아홉은 더 공감이 되는 윤리적인 치료로 이어진다. 반대로 환자와 그 가족의 설명 모델에 의사가 무관심한 태도를 보이면 환자를 무례하게 대하는 것으로 여겨질뿐더러 오만하게 다른 사람의 시각을 무시하거나 치료의 심리사회적 측면을 간과하는 신호로 비칠 수 있다. 이와 같은 노골적인 무시는 치료 관계를 저해하고 환자와 의사 간 의사소통 기반을 악화시킨다. 다음에 나오는 사례는 설명 모델이 지니는 중요한 임상적 의의를 설명하고 있다. 또한 환자와 환자 가족이 어떻게 중점적으로 치료 과정에 기여하는지 보여준다.

마흔 번째 생일 다음날 천식이 시작된 변호사

윌리엄 스틸은 42살의 미국인 백인 변호사로 2년간 천식을 앓아왔다. 천식이 처음 발병한 이후로 증상은 계속 악화되었으며 현재는 매일 복용하는 프레드니손(스테로이드의 하나) 20mg을 비롯하여 광범위한 약물 치료를 받고 있다. 그는 차가운 습기를 내뿜는 가습기 근처에서 잠을 자고, 낮에는 여러 종류의 기관지 확장제 흡입기를 사용하며, 기관지 분비물이 마르지 않도록 물을 다량으로 섭취한다. 꽃가루와 먼지 알레르기에 대한 검사와 탈감작 치료(desensitization, 알레르기성 질환의 원인이 되는 항원을 소량씩 반복하여 부여함으로써 그에 대한 감수성을 저하시키는 치료법)도 받았으나 효과는 없었다. 천식은 스틸 씨의 가족력도 아닐뿐더러 어릴 때 천식을 앓지도 않았다. 하지만 그는 자주 상기도감염(외부에서 침입한 미생물이나 바이러스가 상기도, 즉 비강, 인두, 후두 등을 감염시키는 것) 질환을 앓았다.

스틸 씨의 주치의 제임스 블랜차드 박사는 1차 진료 기관에서 근무하는 내과 전문의다. 블랜차드 박사는 스틸 씨에게 천식은 기관지 수축과 관련된 질환으로 환자들이 호흡에 어려움을 겪는다고 설명했다. 그러면서 궁극적인 원인은 알 수 없으나 알레르기나 스트레스(유감스럽게도 스틸 씨는 여기에 해당한다), 때로는 운동이 발작의 원인이 된다고 덧붙였다. 블랜차드 박사는 스틸 씨에게 천식은 치료가 어려운 만성질환이지만 적절한 병원 치료를 받으면 생리적 증상을 충분히 통제할 수 있는 병이라는 점도 확실하게 전달했다. 지난 2년간 블랜차드 박사는 스틸 씨에게 파이프 담배를 피우고 레드 와인을 마시면 증상이 악화될 수밖에 없다고 설명했다. 스틸 씨는 담배와 와인을 모두 끊었다. 블랜차드 박사는 침술, 자기최면 요법, 자연식에 관해서도 조언해 달라는 스틸 씨 부부의 요청에 그러한 민간요법이 치료에 도움이 된다는 어떠한 과학적 근거도 없다고 대답했다. 그는 스틸 씨에게 전문의 두 명을 추천해 줬다. 한 명은 흉부질환 전문의로 블랜차드 박사의 평가와 치료에 같은 의견을 밝히며 현재 스틸 씨가 받는 치료를 이어가는 동시에 여러 가지 폐 기능 검사를 추가로 제안했다. 다른 한 명은 정신과 의사로 천식과 프레드니손 복용으로 인한 2차 우울증을 진단하고 항우울제와 심리치료를 권했다. 블랜차드 박사는 심리치료를 권하는 걸 꺼렸는데 그러면서 다음과 같이 말했다. "그 환자는 판도라의 상자나 다름없기 때문입니다. 뚜껑이 열리고 나면 무슨 일이 벌어질지 누가 어떻게 압니까?" 블랜차드 박사는 항우울제인 토프라닐의 소량 처방 권고를 받아들였으나 스틸 씨가 구강 건조, 현기증, 변비 등의 부작용을 호소하자 투약을 중단했다.

블랜차드 박사로서는 스틸 씨의 병세가 점점 심해지고 초기 증상 없이 중년에 급성 천식으로 발병했다는 사실이 당혹스러웠다. 그는 알레르기가 원인이라 짐작했기 때문에 알레르기 검사와 탈감작 치료를 조금 더 진행할 생각이었다. 하지만 몇 달 후, 남편의 병세에 심한 정신적 고통을 느끼던 스틸 부인의 주장으로 마침내 블랜차드 박사는 스틸 씨를 두 번째 정신과 의사에게 치료받게 했다. 그 의사는 다음과 같은 이야기를 끌어낼 수 있었다.

스틸 씨는 천식의 발병과 병세가 나아지지 않는 현상을 모두 설명할 수 있었다. 천식은 그가 마흔 번째 생일을 맞이한 다음날 아침 호흡 곤란을 겪으면서 시작되었다. 생일날 그는 법정에서 어려운 사건을 변호했고 정보가 충분히 제공되지 않았다는 이유로 판사에게 몇 번씩 지적을 받았다. 결국 스틸 씨와 그의 의뢰인은 논쟁을 벌이게 되었다. 둘의 싸움이 수습할 수 없는 지경에 이르자 의뢰인은 돌연 그를 해고했다. 그날 밤 스틸 씨는 부인과 10-14살 정도 되는 세 자녀와 함께 생일을 기념했다. 그는 중년에 접어드는 것에 대한 커다란 양가감정을 느낀 순간을 기억했다. 그는 자신의 경력이 이 나이쯤 달성했으리라 예측했던 성공에 비해 한참 부족하다는 생각으로 상당한 스트레스를 받고 있었으며, 가정에서도 아내와 큰아들, 처가와의 관계에서 갈등이 점점 커지고 있었다.

"저를 둘러싼 모든 게 잘못되어 가고 있다는 생각이 들었습니다. 제 변호사 경력은 형편없었어요. 아내와의 관계도 나빠지고 있었고요. 게다가 전 처가 어른들을 더는 참을 수 없었습니다. 그분들은 처음부터 저희 결혼을 반대하셨을 뿐 아니라 아내에게 계속 제가 성공하지 못할 거라고 말씀하셨죠. 제 아들은, 오, 맙소사! 전 어렸을 때 학습 장애가 있었습니다. 그런데 제 아들은 훨씬 더 심각한 학습 장애를 앓고 있으며 고등학교 진학 시 많은 어려움을 겪게 될 것이란 사실이 절 우울하게 만들었죠. 심지어 아이들과도 잘 안 풀리는 것 같았습니다.

그날 밤, 생일 파티 후 도무지 잠을 잘 수가 없었습니다. 이리저리 뒤척이며 앞으로 내게, 우리 가족에게 어떤 일이 생길지 곰곰이 생각해 봤습니다. 내가 변호사로 성공하지 못하면 아내는 날 떠날까? 아이들은 날 미워할까? 만약 내가 죽으면? 전 성공한 삶을 꿈꿔왔습니다. 아주 잘나가는 변호사가 되고 싶었죠. 하지만 제가 법정에서는 재능이 없는 게 아닐까 두려웠습니다. 제 마흔 번째 생일날은 그런 저의 두려움을 확인하는 날이었죠. 대학 시절부터 품어왔던 꿈이자 지금까지 열심히 달려온 이 직업을 포기해야 할 것 같은데, 그럼 난 이제 어떻게 해야 할까? 그러다 정신을 잃고 잠이 들었습니다.

그날 밤, 전 끔찍한 악몽을 꿨습니다. 법정에 저와 의뢰인, 판사뿐 아니라 제 아내와 처가 어른들, 아들도 있었습니다. 전 일어나서 변호를 시작했습니다. 그런데 판사가 제게 큰 실수를 저질렀다고 말하더군요. 의뢰인도 끼어들어 제게 똑같은 실수를 했다고 소리를 질렀습니다. 그러자 아내와 처가 어른들, 아들 모두가 합세해 소리쳤습니다. "이 실수투성이 실패자야!" 그 순간 법정에 큰 화재가 발생해 저희 모두를 집어삼켰습니다. 전 목이 메어 콜록거리면서 일어났는데 그때부터 천식이 시작됐습니다. 이 꿈과 제 병이 아무 관련없다고 말씀하시진 못할 겁니다. 전 이 꿈이 천식의 원인이라 생각하거든요.

그날 이후로 끔찍한 일들이 계속 반복됐습니다. 제 인생은 이제 끝난 것 같아요. 천식은 물론 제 삶도 통제하지 못하니까요. 그동안 결근을 밥먹듯이 했고 그 덕에 로펌에 있는 제 파트너들은 화가 머리끝까지 난 상태죠. 전 콜록거리면서 흡입기를 빨아들이는 동시에 동료들의 담배 연기를 손을 저어서 없애는 처지입니다. 제 일에 도무지 집중할 수도 없고요. 집에서는 아무런 스트레스 없이 제 방에 혼자 있고 싶을 뿐입니다. 하루가 멀다고 아내와 아이들과 말싸움을 하거든요. 정말 더는 못 견디겠습니다. 천식 때문에 죽든지, 스스로 목숨을 끊든지 둘 중 하나예요."

스틸 씨의 아내 역시 남편의 질병을 나름의 시각으로 바라보고 있었다. 그녀는 남편을 유기농 식품점에 데려가 보기도 하고 남편에게 자연식을 권해 보기도 했다. 최근에는 약초상 겸 침술사를 소개해 주기도 했다. 그녀는 천식이 남편의 두려움과 우울감을 유발하며 남편의 성격까지도 바꿔놓았다고 생각했다.

"저희 부부의 결혼생활은 형편없었습니다. 저흰 밖에 나가지도 않아요. 오로지 남편의 질병과 약에 관해서만 이야기하죠. 남편은 부부관계를 하는 것조차 꺼립니다. 자기 건강이 더 나빠질까봐서요. 그리고 아이들에 대해서 말하자면, 남편은 애들이라면 당연히 하는 행동도 참질 못합니다. 아이들이 싸우기라도 하면 남편은 쌕쌕거리기 시작하거든요. 아들의 학업 문제가 좀 안 좋긴 합니다. 아이가 난독증이 있는데 남편은 어찌해야 할지 갈피를 못 잡고 있어요. 문제를 회피하려고만 합니다. 예전에는 안 그랬는데 말이에요. 남편은 겁에 질려 오로지 천식 증상만 생각해요. 이런 상황이 계속된다면 앞으로 저희가 뭘 할 수 있을지 모르겠어요."

윌리엄 스틸 씨는 자신이 앓고 있는 천식에 대해 다음과 같이 설명했다.

"선생님도 아시겠지만 한 번 발작이 오면 정말 끔찍합니다. 그러니까 마치 물에 빠져 질식하는 것 같아요. 숨을 쉴 수가 없거든요. 전 발작이 올까 걱정하는 일이 잦습니다. 피할 수 있는 한 최대한 피하려고 합니다. 처음 호흡 곤란 신호가 오면 약물 복용량을 늘립니다. 예전에 그랬던 것처럼 운동 중에 호흡 곤란이 올까봐 아무것도 하지 않습니다. 대신 뭘 하느냐고요? 절망을 느낍니다. 누군가가 그냥 절 밖으로 데려가 총으로 쏘는 게 나을지도 몰라요."

스틸 씨의 말에 따르면, 그는 아무리 경미하더라도 일단 호흡 곤란 증상이 발현되면 죽을지도 모른다는 극심한 공포감을 느낀다. 결국 그는 처방된 양보다 더 많은 천식약을 복용하게 되면서 독성 효과를 자주 느끼게 된다. 스틸 씨는 이러한 악순환을 인지하고 있었지만 숨을 쉬지 못해 죽을 수도 있다는 공포감이 너무 압도적이라 이를 포기할 수 없었다.

스틸 씨는 주치의 몰래 치료법을 여러 차례 바꾼 적이 있다. 한 번은 어떤 약의 복용을 완전히 중단했는데 그 약 때문에 자신이 극도로 불안감을 느낀다고 생각했기 때문이다. 동시에 다른 약은 복용량을 두 배로 늘리기도 했는데 이는 결국 독성 반응으로 이어 졌다. 다른 날은 침술사의 조언을 따라 경구 기관지 확장제 사용을 중단했는데 결국 발작으로 응급실에 입원하고 말았다.

"문제는 알레르기가 아니라 제 삶이었습니다."

스틸 씨 부부는 개인 문제, 일 문제, 가족 문제가 스틸 씨의 질병을 악화시킨다고 생각했다. 하지만 블랜차드 박사에게 이 문제를 이야기했을 때 그들은 박사가 자신들의 의견을 무시하는 느낌을 받았다. 블랜차드 박사는 부부에게 심리 상담을 권하지 않았다. 결혼생활과 가족 문제가 점점 심각해지자 스틸 부인은 블랜차드 박사에게 정신과 진료를 권고해 달라고 호소했다. 하지만 블랜차드 박사는 심리치료 권고를 미루며 항우울제 재처방도 거부했는데(앞에서 언급했듯 부작용으로 항우울제 복용이 중단됐었다), 결국 박사가 스틸 씨에게 정신과 의사의 진료를 권하게 된 건 오로지 스틸 부인의 고집 덕분이었다.

스틸 씨의 자녀들도 아빠의 질병을 각자의 시각으로 바라보고 있었다. 큰아들은 자신의 좋지 않은 학업 성적과 학습 장애 진단으로 아빠의 병세가 심해진 것인지 걱정했다. 둘째와 셋째는 자신들이 자주 싸우는 바람에 아빠가 점점 숨쉬기 어려워한다고 생각했다.

스틸 씨의 처가에서는 그의 천식이 의지의 문제라고 확신했다. 그들에 따르면, 스틸 씨는 자신의 증상을 이용해 아내와 자녀들에게 동정심을 얻고 그들을 통제하려 한다는 것이다. 그의 처가는 미국 중서부의 인민당 출신으로 가톨릭의 카리스마파 종파에 속해 있었다. 그들은 전문가의 치료를 노골적으로 반대하고 자연식, 동종요법(질병 증상과 비슷한 증상을 유발시켜 치료하는 방법), 종교적 치유를 권했다. 그리고 이렇게 말했다.

"어떤 이유든 하느님께서 그를 벌하고 계시는 겁니다. 종교적으로 심각한 문제가 있는 사람에게 의술은 효과가 없습니다. 저흰 처음부터 윌리엄이 그런 부류의 사람이라고 생각했어요."

심리치료와 부부 상담을 받으며 항우울제를 복용한 지 6개월이 지나자 스틸 씨는 천식 증상과 심리 상태에 중대한 변화가 있음을 감지했다. 그는 약물 복용량이 현저하게 줄어들었고 스테로이드제도 완전히 끊었다. 시간이 흐르면서 부부 사이도 점점 좋아졌으며 직업상 중요한 변화를 이루기도 했다. 바로 변호사를 그만두고 아버지와 형이 운영하는 도매 어업 사업에 합류한 것이다. 천식을 앓은 지 4년 만에 그는 모든 천식약을 끊었으며 증상도 사라졌다.

"제 생각이 옳았습니다. 문제는 알레르기가 아니라 제 삶이었습니다. 전 정말 큰 스트레스를 받고 있었죠. 그때를 생각하면 끔찍합니다. 법조계에서 성공하지 못할 걸 전 알고 있었어요. 꿈을 포기했어야 했는데 그러질 못한 거죠. 열심히 할수록 상황은 더욱더 나빠졌습니다. 돌이켜보면 삶에 대대적인 변화가 필요하다는 걸

몸이 신호를 보냈던 것 같아요. 심리치료가 정말 많은 도움이 됐습니다. 하지만 실제 삶에 변화를 주는 게 더 중요했죠. 지금은 가족과 함께 사업을 운영하고 있고 몸도 마음도 건강합니다. 그리고 내가 될 수 없는 사람이 되거나 할 수 없는 일을 해야 한다는 압박을 더 이상 느끼지 않습니다. 전보다 삶을 주도적으로 사는 기분이 듭니다."

이 무렵 스틸 부인은 남편의 생각에 공감했지만 블랜차드 박사는 그렇지 않았다. 그는 천식 증상이 단지 심리적인 이유로 완전히 사라진다는 건 굉장히 드문 일이라고 강조했다. 그뿐 아니라 나이 마흔에 천식이 발병한다는 것 자체가 아주 희귀한 일이라고 덧붙였다. 그러면서 애완동물이나 새로운 꽃가루 혹은 환경오염 물질 등 천식의 원인이 되는 일시적인 알레르기 유발 물질이 있었는데 그게 지금은 스틸 씨에게서 사라진 것 같다고 주장했다. 처음 스틸 씨의 진료를 봤던 정신과 의사도 성공적인 결과에 대한 스틸 씨 부부의 해석을 완전히 받아들이진 않았다. 그는 스트레스 감소와 사회적 지지 수준 증가, 내재된 우울증에 대한 치료가 성공적인 결과를 이끌었다고 생각하는 동시에 다른 생리적 변화 또한 일어났을 것으로 추측했다. 스틸 씨를 실제로 치료한 두 번째 정신과 의사는 심리 문제에 근거한 설명을 더 쉽게 받아들였다. 하지만 그는 우울증이 증상의 주원인이었으므로 우울증 치료가 회복에 가장 큰 역할을 했다고 봤다. 반면 스틸 씨의 처가는 하느님이 회복을 도와주셨다고 확신했다. 이 경우 가족과 환자의 설명 모델은 일치하지 않는다고 볼 수 있으며, 실제로 두 설명 모델 간의 충돌이 스틸 씨 문제의 원인이기도 하다. 그런데 환자가 극적으로 완치되었는데도 의사들의 설명 모델이 환자가 치료에 기여한 역할이나 심리사회적 개입의 강력한 효과를 받아들이지 않는다는 사실은 특히 중요한 의미를 지닌다.

블랜차드 박사는 대체 요법이나 자가 치료의 효능에 대한 스틸 씨 부부의 생각에도 공감하지 않았다. 그는 만성질환의 심리사회적 치료의 역할에 대해, 좋게 말하면 양면적이고 나쁘게 말하면 솔직히 적대적인 태도를 보였다. 경험 많고 존경받는 의사인 블랜차드 박사는 환자가 살아온 삶이나 환자나 가족의 의견에 거의 관심을 보이지 않았기에 스틸 씨의 이야기들은 정신과 의사와의 상담을 통해 처음으로 밝혀졌다. 블랜차드 박사 생각에 의학적 치료는 약을 처방하는 것이었다. 하지만 스틸 씨 부부의 생각은 달랐다. 블랜차드 박사는 본인의 환자들이 무엇을 걱정하는지도 몰랐으며, 환자의 요구에 대한 의사의 불응이 환자의 심리적 고통으로 이어지는 악순환에 의도치 않게 가담해 천식을 악화시켰고, 의학적 치료를 해결이 아닌 문제의 한 부분으로 만들었다. 스틸 씨의 사례를 통해 우리는 육체와 정신을 나누는 의사들의 이분법적 사고, 즉 질병의 '생물학적' 측면만이 진짜이고 생물학적 치료만이 생물학적 변화를 일으킬 수 있을 만큼 효과적이라는 생각이 얼마나 위험한지 알 수 있다. 스틸 씨의 놀라운 결과가 예외적이긴 하나, 만성질환자를 치료하는 과정에서 의사들의 고정관념이 자신도 모르게 환자와 그 가족들을 주눅들게 하고 의욕을 꺾는 일이 사실 굉장히 비일비재하다.

"아뇨, 아뇨. 제 말은요……."

다음은 우리 연구원이 건선(대표적인 만성 피부 질환) 환자인 질 롤러를 따라 저명한 피부과 의사가 있는 병원에 가서 녹음해온 대화 내용이다. 롤러 씨는 35살의 여성으로 15년간 건선을 앓았다. 그녀는 의학 자료뿐 아니라 최신 연구 보고서까지 탐독할 정도로 자신의 병에 대해 굉장히 잘 알고 있었다. 게다가 삶에서 받는 스트레스와 질병의 관계를 심리적인 관점으로 바라보았는데, 이는 많은 행동과학자와 사회과학자의 시각과 일치하며 의사들도 이러한 시각을 점점 더 많이 받아들이고 있었다. 롤러 씨는 최근에 새 도시로 이사했던 터라 이때가 존스 박사와의 첫 만남이었다. 존스 박사는 새로운 건선 치료법의 전문가였다.

> 롤러 씨: 존스 선생님께 진료 예약했는데요.
>
> 접수원: 앉으셔서 보험 처리 여부와 현재 몸이 불편한 곳들을 여기에 적어주세요.
>
> 롤러 씨: (진료실에 들어간 후) 존스 선생님, 건선 때문에 왔습니다. 선생님이 새로운 치료법의 전문가라고 알고 있어요.
>
> 존스 박사: 건선이 생긴 지는 얼마나 되셨나요?
>
> 롤러 씨: 아, 한 15년 정도 됐습니다.
>
> 존스 박사: 어디에서 시작됐나요?
>
> 롤러 씨: 제가 대학생이었을 때 각종 시험에 대한 압박감이 정말 심했거든요. 그리고 피부병은 가족력이기도 하고요. 겨울이어서 두꺼운

모직 스웨터를 입고 있었는데 그게 피부에 자극을 준 것 같기도 해

요. 음식은……

존스 박사: 아뇨! 제 말은 처음 염증이 나타난 부위가 어디였는지 물

어본 겁니다.

롤러 씨: 어깨랑 무릎이요. 그런데 두피에 염증이 생긴 적도 있어요.

이전에는 한 번도…….

존스 박사: 지난 몇 년간 상황은 좀 나아졌나요?

롤러 씨: 어려운 시기였죠. 직장은 물론 사생활에서도 스트레스가 어

마어마했거든요. 전…….

존스 박사: 제 말은, 피부병에 차도가 있었냐는 겁니다.

여러분은 위 인터뷰를 통해 환자가 자신의 이야기를 전달하는
데 얼마나 애를 먹고 있는지 충분히 이해할 수 있을 것이다. 존스
박사는 생물의학적 질환을 파악하는 단서로써만 환자의 질병에
관심을 보인다. 그는 권위적이며 심문하듯 환자를 채근한다. 그리
고 만성질환과 관련된 자신의 경험을 통해 롤러 씨가 치료에 도움
이 될 수도 있는 전문가 수준의 통찰력을 지니게 되었다는 사실
을 인정하지 않는다. 실제로 인터뷰가 여기까지 진행되었을 때 존
스 박사는 롤러 씨를 화나게 하기 일보 직전이었고, 놀랄 것도 없
이 결국 그렇게 만들고 말았다. 나는 존스 박사에 대해 잘 알지 못
하지만 그가 이 짧은 대화에서 드러나는 모습처럼 그렇게 무신경
한 사람은 아니라고 생각한다. 다만 그는 굉장히 바쁜 의사이며,
이번이 첫 만남이었음에도 롤러 씨는 존스 박사가 가능한 한 신속

하게 질환을 진단해 그의 새 치료법이 자신에게 적합한지 결정해 주길 바랐다. 내 생각엔 존스 박사를 비롯한 전문의 대부분은 환자가 질환과 치료에 대한 임상적 판단에 도움이 될 수 있다고 생각하지 않는다. 급성질환, 특히 생명이 위독한 문제라면 의사가 치료 가능한 질환인지 진단하고 가능한 한 빨리 효과적으로 전문적인 조치를 취하기 위해 다그치듯 환자에게 질문해야 할 수도 있다. 하지만 이러한 방법은 만성질환자들에게 적용하기엔 적절한 임상 방법이 아니라는 점을 강조하고 싶다.

하버드 대학의 행동과학자로 의사와 환자 간 의사소통에 관한 사회언어학 연구를 오랫동안 해온 엘리엇 미실러는 위에서 말한 상호작용을 의학계와 일반인들 간 대화의 장이라고 언급했다. 그는 자신의 연구 및 의사와 환자 간 의사소통을 연구하는 학생들의 결과물에 대한 리뷰에서 의학계가 환자의 의견을 존중하지 않으며, 심지어 아예 용납하지 않는 식으로 환자들의 목소리를 너무 자주 삼켜 버린다고 지적했다. 질환을 진단하는 것은 병력을 토대로 증상을 표현하는 환자들의 일반 언어를 전문가의 언어로 바꾸는 행위이기 때문에 환자들의 질병 설명에 세심하게 주의를 기울이는 것이 무엇보다 중요하다. 그 이야기가 전문가의 시각에서는 별것 아닌 듯 보여도 말이다. 환자와 그 가족들에게 힘을 불어넣어 주는 것이 치료의 목적이라면 그들의 질병 이야기를 공감하며 듣는 것이 의사의 주요 과제여야 한다.

의사가 간접적으로 환자와 가족들에게 전달하는 메시지는 다음과 같다. "환자인 당신의 생각은 사실 별로 중요하지 않다. 치료와 관련된 의사결정을 내리는 사람은 바로 의사인 나다. 내가 어떤 영향과 판단에 근거해 그런 결정을 내리는지 환자인 당신은 알 필요가 없다." 이처럼 의사 중심적인 사고는 환자나 그 가족들이 오늘날 만성질환 치료의 일환으로 기대하고 원하는 돌봄의 형태와 점점 더 많은 충돌을 일으키고 있다. 환자와 그 가족들의 이야기야말로 질병의 핵심을 담고 있는 설명이라는 사실을 기억해야 한다. 그들의 설명은 의사가 이해하는 텍스트를 구성한다. 나는 의사들에게 질병의 핵심을 담고 있는 환자의 이야기로 돌아가라고 말하고 싶다. 우리는 환자의 요청 사항에 대한 의사의 대처가 매우 우려스러운 시기에 살고 있다. 하지만 치료는 의사의 대처에서 시작되는 게 아니다. 질병에 대한 환자의 이야기에서 시작된다. 그런데 의사들은 생물학적 질환을 진단하기 위해 환자들의 이야기를 듣는다고 주장한다("환자의 말을 들어라. 그의 말에 진단명이 있다." 는 의대생들이 배우는 유명한 임상 격언이다). 환자의 이야기를 듣는 것 자체도 중요하지만 의사라면 이를 뛰어넘어야 한다. 그리고 일반인과 전문가라는 두 세계 모두에 발을 담그고 있던 의대생 시절, 처음으로 환자의 이야기를 환자의 언어로 직접 듣는다는 것에 대한 경외감과 고통받는 환자에게 깊은 연민을 느끼며 그들의 이야기를 아주 열정적으로 들었던 때로 돌아가야 한다. 이 방법이 환자의 질병 경험을 이해하고 실제로 활용하기에도 가장 좋다고 나는 생각한다.

진료실에서 인정받지 못하는
39세 흑인 하층 여성의 삶과 그녀의 고통

진료 차트에 환자의 사례를 기록하는 것은 무해한 서술 방식처럼 보이지만, 실은 질병이 질환으로 바뀌고, 사람이 환자가 되며, 전문적인 가치가 의사에서 사례로 옮겨가는 심오하고 의식적인 변화 행위다. 환자의 설명을 기록하는 행위를 통해 의사는 주체성을 가진 병자를 의사의 생물의학적 질문에 답해야 하는 수동적인 대상으로 바꿔놓으며, 마지막에는 그들을 조종하기까지 한다. 환자에 대한 기록은 생물의학 언어로 쓰인 공식 문서이며 법적 제도적 의미를 지닌다. 의대생들은 환자 사례에 관한 리포트 쓰는 법을 연습하며 증상과 병력을 기록하고, 이를 권위 있는 의학 분류 체계에 따라 공식적인 진단명으로 재해석하는 법을 배운다. 엄격한 기준을 충족하고 표준 형식을 따르면서 리포트 작성법을 공부하는 것이다. 이렇게 쓴 보고서는 학생들의 성적 평가에 일부 반영된다. 임상의로 경력을 쌓아가면서 의사들은 법적 및 제도적 평가뿐 아니라 전문적인 기준을 고려하여 진료 기록을 작성하는 법을 배운다. 왜냐하면 진료 기록은 다른 의사들뿐 아니라 간호사, 동료 평가 위원회, 의료 윤리 위원회, 임상 병리 평가 그룹 등도 읽을 수 있고, 법정 소송이 발생하게 되면 변호사와 판사, 배심원들도 열람할 수 있기 때문이다.

인류학적 시각에서 기록은 세속적인 의식의 한 예로 볼 수 있다. 기록은 핵심 가치가 재평가되어 인간의 조건에서 가장 중요한 문제가 반복적이고 표준화된 형태로 적용되는 사회적 현실을 정식으로 옮겨놓은 것이다. 종교적 의식과 마찬가지로 세속적 의식 역시 공유된 가치와 믿음을 실제 행동으로 이어지게 하는 주요 상징을 다루고 나타낸다. 이 관점을 바탕으로 하나의 사례가 진료 기록으로 만들어지는 과정을 관찰함으로써 우리는 의사의 가치관과 개인적 선호가 만성질환자 치료에 미치는 영향을 더 정확하게 파악할 수 있다. 나는 이를 위해 먼저 의사와 환자 간 인터뷰 내용을 소개한 후 진료 기록에 적힌 의사의 공식적인 소견이 어떠한지 설명하고자 한다. 여기서 소개하는 이야기가 대표적인 사례라고 말하는 건 아니다. 실제로 사례에 등장하는 의사의 무신경함은 보기 드문 경우라 생각한다. 그런데 유감스럽게도 의사들 대부분이 질병은 무시하고 생물의학적인 질환에만 관심을 보인다. (참고로 나는 기나긴 기록의 일부만을 보았으며 전체 기록이 주는 인상은 다소 다를 수 있다.)

녹취록에 등장하는 두 주인공은 멜리사 플라워스 부인과 스탠튼 리처드 박사다. 플라워스 부인은 39살의 흑인 여성으로 다섯 명의 자녀가 있으며 고혈압을 앓고 있다. 그녀는 도심 빈민가에서 어머니와 네 명의 자녀, 두 명의 손주와 함께 살고 있다. 현재는 식당 종업원으로 근무하고 있지만 종종 일자리를 잃어 생활 보조금을 받기도 했다. 그녀는 결혼을 두 번 했으나 매번 남편에게 버림받았고 결국 집안의 가장이 되었다. 플라워스 부인은 그 지역의 침례교회에서 적극적인 활동을 하고 있는데 수년 동안 교회가 그녀와 가족들의 중요한 후원자였기 때문이다. 그녀는 지역의 여러 활동에도 참여하고 있었다. 플라워스 부인은 8명의 식구 중 유일한 임금 노동자다. 어머니 마일드레드 여사는 59살로 고혈압을 장기간 앓아온 데다 증상을 제대로 관리하지 못한 탓에 뇌졸중으로 신체 일부가 마비되었다. 큰딸 매티는 두 아이를 키우는 19살 싱글맘으로, 현재 일은 하지 않고 있으며 셋째를 임신 중이다. 그리고 매티는 과거에 마약 문제가 있었다. 딸 마르시아 역시 15살의 나이에 임신 중이다. 18살 J. D.는 수감 중이며, 12살 테디는 학교를 무단결석하고 비행을 저지르는 문제가 있었다. 11살 막내딸 아멜리아는 플라워스 부인의 표현에 따르면 천사다. 1년 전에는 플라워스 부인의 오래된 남자친구인 에디 존슨이 술집에서 일어난 싸움으로 죽고 말았다. 최근 플라워스 부인은 에디 존슨에 대한 기억, 수감 생활이 J. D.의 인생에 미칠 영향, 형이나 누나가 그랬던 것처럼 테디 역시 마약에 손댈지도 모른다는 두려움으로 점점 마음이 병들고 있었다. 게다가 갈수록 나빠지는 어머니의 장애에 대해 걱정했는데 여기에는 치매 초기 증상에 대한 걱정도 포함된다.

리처드 박사: 안녕하세요, 플라워스 부인.

플라워스 부인: 선생님, 오늘 몸이 별로 좋지 않아요.

리처드 박사: 어디가 안 좋으세요?

플라워스 부인: 음, 잘 모르겠어요. 제가 느끼는 부담감 때문인 것 같기도 해요. 머리가 너무 아프고 잠도 잘 못 자고 있어요.

리처드 박사: 고혈압 증세가 조금 나빠지긴 했지만 과거에 비하면 심각한 정도는 아닙니다. 드셔야 하는 약은 잘 먹고 계시죠?

플라워스 부인: 네. 하지만 가끔 부담감을 전혀 느끼지 않을 땐 안 먹어요.

리처드 박사: 맙소사, 플라워스 부인. 말씀드렸잖습니까, 제때 약을 복용하지 않으면 어머님처럼 진짜 병에 걸릴 수 있다고요. 빠트리지 않고 매일 약을 드셔야 합니다. 아, 그리고 소금은요? 다시 소금을 섭취하시나요?

플라워스 부인: 집에서 소금 없이 요리하기가 어려워요. 제 식사만 따로 만들 시간도 없고요. 점심은 제가 일하는 식당에서 먹는데 셰프인 찰리가 온갖 요리에 소금을 엄청나게 넣어요.

리처드 박사: 휴, 바로 이게 문제였네요. 부인의 병에는 소금 섭취 제한, 즉 제 말은 저염식이 필수적이라는 겁니다.

플라워스 부인: 압니다, 잘 알죠. 선생님이 말씀하신 것들을 다 하려고 하는데 가끔 잊어버릴 때가 있어요. 다른 일들도 너무 많고 모든 게 부담으로 작용하는 것 같아요. 집에는 임신한 딸이 둘이고, 어머니의 병세는 점점 나빠지고 있는데, 제 생각엔 어머니가 망령이 드신 것 같아요. 게다가 J. D.도 걱정되고, 테디는 저와 같은 문제를 겪기 시작했고, 전⋯⋯.

리처드 박사: 호흡 곤란을 겪은 적이 있으세요?

플라워스 부인: 아뇨.

리처드 박사: 가슴 통증은요?

플라워스 부인: 없습니다.

리처드 박사: 발에 붓기는요?

플라워스 부인: 살짝 붓긴 했는데 그건 하루종일 식당에 서 있어서 그

런 것 같고…….

리처드 박사: 두통이 있다고 하셨죠?

플라워스 부인: 가끔 제 삶이 커다란 두통처럼 느껴집니다. 머리 아픈
건 그렇게 심하진 않아요. 오랫동안 그래왔으니까요. 몇 년씩 말이
죠. 하지만 최근에는 전보다 심해졌어요. 그, 제 친구 에디 존슨이
작년 일요일에 그러니까, 음, 저기, 죽었잖아요. 그래서…….

리처드 박사: 예전과 같은 자리에 두통이 있다는 말씀이세요?

플라워스 부인: 네, 같은 자리에서 더 자주 느껴져요. 하지만 그, 에디
존슨이 항상 너무 신경 쓰지 말라고 했는데…….

리처드 박사: 시력에 문제가 있던 적은 있나요?

플라워스 부인: 아뇨.

리처드 박사: 메스꺼움을 느낀 적은요?

플라워스 부인: 없습니다. 뭐, 피클 주스를 마실 때 살짝 그러긴 하지
만요.

리처드 박사: 피클 주스요? 피클 주스를 드신다고요? 거기엔 다량의
소금이 함유되어 있어요. 피클 주스를 마시는 건 부인이나 부인의
고혈압에 굉장히 위험합니다.

플라워스 부인: 하지만 이번 주에 전 압박감으로 괴로웠고, 어머니는
제가 고혈압이라서 피클 주스가 필요할지도 모른다고 하셨고 그래
서…….

리처드 박사: 맙소사, 피클 주스는 안 됩니다. 어떤 이유에서든 피클
주스를 마시면 안 됩니다, 플라워스 부인. 건강에 좋지 않아요. 이
해하시겠어요? 피클 주스에는 염분이 많고, 소금은 고혈압에 안 좋

아요.

플라워스 부인: 네, 알겠습니다.

리처드 박사: 다른 증상은요?

플라워스 부인: 요새 잠을 제대로 못 잡니다, 선생님. 제 생각엔 원인
이…….

리처드 박사: 잠들기가 어려우신가요?

플라워스 부인: 네, 그래서 새벽에 깹니다. 자꾸 에디 존슨 꿈을 꿔요.
에디 생각을 많이 하고 많이 울었어요. 전 요즘 정말 외로워요. 저
도 잘 모르겠어요. 왜…….

리처드 박사: 다른 증상은요? 제 말은 '신체적으로' 나타나는 다른 증
상이 있냐고요?

플라워스 부인: 피로감 빼곤 없습니다. 그런데 그것도 몇 년씩 그래왔
어요. 선생님, 누군가를 그리워하고 걱정하는 마음 때문에 두통이
생길 수도 있다고 보시나요?

리처드 박사: 글쎄요. 긴장성 두통이라면 그럴 수 있죠. 현기증이나
체력 저하, 피로 같은 다른 증상은 없었나요?

플라워스 부인: 제 말이 바로 그거예요! 꽤 오래전부터 피로감을 느
끼긴 했죠. 그런데 압박감 때문에 두통이 더 심해집니다. 하지만 전
선생님께 걱정에 관해 물어보고 싶었어요. 제겐 걱정거리가 산더미
처럼 쌓여 있거든요. 그런데 더는 감당하지 못할 것 같아 기분이 우
울합니다. 진짜 문제는 돈이죠.

리처드 박사: 음, 제가 사회복지사인 마 부인에게 부인의 경제적 어려
움에 관해 이야기해 보라고 하겠습니다. 아마 도움을 줄 수 있을 겁

니다. 지금은 검사를 통해 부인의 상태를 살펴보는 게 어떨까요?

플라워스 부인: 제 상태는 좋지 않아요. 자신 있게 말할 수 있죠. 너무 많은 압박감에 시달리고 있고 이게 혈압에도 악영향을 미치고 있어요. 제 자신이 너무 안타까워요.

리처드 박사: 음, 지금 상태가 어떤지는 곧 알게 될 겁니다.

진찰을 마친 후 리처드 박사는 진료 차트에 다음과 같이 작성했다.

1980년 4월 14일

고혈압이 있는 39세 흑인 여성. 매일 히드로클로로티아지드 100mg, 알도메트 2g 복용. 현재 혈압은 160/105이며, 몇 달간 170-80/110-120을 기록했으나 정기적으로 약을 복용하면 150/95로 나타남. 가벼운 울혈성 심부전 증세가 있음. 그 외 문제는 없음.

추적 진단:

(1) 고혈압, 관리가 잘 안 됨

(2) 유의 사항 미준수로 (1) 발생

(3) 울혈성 심부전증, 경미

치료 계획:

(1) 알도메트를 아프레솔린으로 변경한다.

(2) 저염식 실천을 위해 영양사를 보낸다.

⑶ 경제적 문제로 인한 사회복지사 상담 추천.

⑷ 혈압이 낮아지고 안정될 때까지 3일마다 진료한다.

서명: 스탠튼 리처드 박사

리처드 박사는 또한 상담을 위해 영양사에게 짧은 메모를 보냈는데 그 내용은 다음과 같다.

"39세 흑인 여성 고혈압 환자로 병 관리에 소홀하고 저염식을 따르지 않습니다. 나트륨 2g 식단을 계획하는 데 도움을 주시고, 환자에게 소금 섭취와 고혈압의 관계와 더불어 고염식과 소금을 이용한 요리를 그만둬야 한다고 다시 설명해 주시길 바랍니다."

:: 해설

의사의 진료 기록에 묘사된 환자는 녹취록에서 이야기하는 여성 환자와 사뭇 다르게 느껴진다. 멜리사 플라워스의 존재는 병원의 치료법을 준수하지 않는 고혈압 환자, 심부전증 초기 증상을 보이는 환자, 그녀가 복용하는 약물 이름으로 전락했다. 기록에서 사라져버린 멜리사 플라워스는 커다란 사회적 압박에 시달리면서 어려운 가정형편으로 사기가 저하되고 걱정이 끊이질 않는 환자다. 이러한 문제들은 사회 시스템의 붕괴, 폭력, 부족한 자원과 더불어 미국에 사는 흑인 하층민의 제한된 삶의 기회를 반영하고 있다. 진료 기록을 보면 리처드 박사가 플라워스 부인이 겪고 있는 여러 가지 문제의 사회적 요인을 고려하지 않았다고 말하긴 어렵지만 복합적인 가족 문제, 계속되는 애도 반응, 고통스러운 사회 환경에 따른 심리적 영향 등 그녀의 삶에서 벌어지는 문제들을 안타깝게도 리처드 박사는 이해하지 못했다. (실제로 나는 삶의 고통을 예방하고 치료하는 데 필요한 사회적 변화를 명시하기 위해서라도 환자의 사례에 질병의 사회적 원인을 기술할 수 있다고 생각한다.) 게다가 리처드 박사는 구체적인 질문을 던져 끝까지 추적 진단을 하지 못했거니와, 실제로 플라워스 부인의 이야기를 가로막기까지 했다는 게 문제였다. 다시 말해 리처드 박사는 플라워스 부인이 질병이 아닌 질환에 관해서만 이야기하게 했으며, 신체적 불편함은 인정했으나 심리적 혹은 사회적 불편함은 인정하지 않았다. 그의 진단은 사실 인터뷰 내용을 조직적으로 왜곡한 것이나 다름없다. 질환과 그 치료에 관련된 사실만을 추구하고, 부각하고, 귀담아들었기 때문이다. 그녀의 만성질환에서 큰 부분을 차지하는 인간의 고통은 침묵 속에 부정당한 듯 보인다.

생물의학적 원인으로 어떤 문제가 발생했는데 그걸 지나치면 해당 의사는 임상학적으로 무능력하다고 간주되었을 테지만 사회적 문제는 의사가 그냥 넘어가도 괜찮다고 생각한다. 플라워스 부인은 '압박감'과 '고혈압'이라는 용어를 사용했는데 이는 미국 흑인 사회의 하층민에게서 나타나는 질병을 가리킨다. 이 개념은 리처드 박사가 플라워스 부인이 치료를 따르지 않는다고 지칭한 행동을 설명하는 데 도움이 된다. 예를 들어 머리로 피가 쏠려서 생기는 것으로 여겨지는 고혈압은 두통을 일으키지만 피클 주스로 "혈압을 낮추거나 두통을 완화하거나 없애는 등"의 치료가 가능하다는 인식도 있다. 만약 리처드 박사가 이런 식의 대안 치료 개념에 주의를 기울였다면 플라워스 부인의 행동을 더 정확하게 이해했을 것이다. 그리고 생물의학적 관점을 설명하고 잠재적으로 위험한 행동을 고치기 위해 플라워스 부인과 상의할 기회도 있었을 것이다. 플라워스 부인은 '압박감'이라는 단어를 사회적 심리적 압박이 혈압으로 연결되는 총체적 의미로써 확장해 사용했다. 생물의학 이론은 고혈압에서 스트레스의 역할을 마지못해 인정했는데, 그것도 만성적인 장기 스트레스만 인정했지, 스트레스가 단기간에 병세를 좋아지거나 나빠지게 하는 주원인이라는 건 인정하지 않는다. 마지막으로 리처드 박사에게 '미준수'라는 단어는 환자가 의사의 지시를 따르지 않았다는 사실을 나타내는 도덕적 용어다. 리처드 박사의 시각은 의사와 환자 간의 관계를 가부장적이고 일방적으로 바라보는 전문가들의 관점을 토대로 충분히 예측할 수 있다. 한편 환자가 의사결정 파트너로 대우받는 평등한 관계를 원하는 대중의 요구에 이러한 시각은 점점 받아들여지지 않고 있다.

녹취록과 기록, 인터뷰와 진료 기록의 차이는 '환자의 문제인 질병'과 '의사의 문제인 질환'의 차이와 같다(보다 심도 있는 내용은 15장 참조). 전통 생물의학의 핵심 가치 구조가 환자를 하나의 사례로 바꿔놓는 걸 보면 알 수 있다. 급성질환에 대한 엄격한 생물의학적 접근법(마법의 탄환이 치료를 제공하므로 마법의 탄환을 올바르게 사용하려면 특정 질환을 선별해 내는 작업이 필수적이라고 생각한다)은 대부분 적절하게 들어맞으며 효과적이다. 심지어 생명을 위협하는 생물학적 문제를 통제해야 하는 만성질환의 급성 악화에도 이 접근법은 나름의 의미가 있다. 하지만 이 책에서 설명한 각종 이유로 만성질환의 장기 치료에는 이러한 접근법이 적절하지 않다. 다행히 과거에는 너무나 흔했던 좁은 시야의 이 같은 접근법이 이젠 의학계에서조차 점점 받아들여지지 않고 있다. 하지만 아직도 주변에서 너무 쉽게 볼 수 있는데, 특히 중상류층 출신의 의사가 더 낮은 계급의 환자를 대할 때 그렇다. 그런 맥락에서 실제 진료 과정에서도 일반적으로 사회에서 볼 수 있는 '계급 관계'가 재현되고 있으며, 이런 상황에 책임이 있는 정치와 경제가 마치 주인공들의 그림자처럼 병원으로 따라 들어간다. 만약 플라워스 부인이 백인 여성이고 리처드 박사와 동일한 사회 계급에 속했다면 리처드 박사가 그만큼 무신경할 수 있을지 의문이 든다.

플라워스 부인 인터뷰와 진료 기록은 리처드 박사가 특별히 별나서 그런 게 아니라 학계에서 받은 훈련의 결과라는 사실을 독자 여러분이 인식하는 게 중요하다. 이 장에 나온 사례는 리처드 박사뿐 아니라 나와 많은 의사들이 배웠던 인터뷰의 한 버전을 재현한 것이다. 내가 제시하려 했던 전문가 모델은 질병의 성질과 약물의 작용, 그리고 솔직히 말해 만성질환자를 돌볼 때 나타나는 인간의 파괴적인 본성 등 특정 가치들을 반영하고 있다. 하지만 돌봄의 문제는 차치하더라도, 우리는 인간으로서 의사와 환자를 비인간적으로 대하는 치료 방법을 비판해야 한다.

6

이해받지 못하는 환자들

긴 시간 병을 앓는 동안 건강도 아픔도 아닌 기쁜 마음으로
저를 대해 주었던 당신의 다정함이 저를 잊게 할 수 있길 바랍니다.
그리고 우리가 헤어지고 나면 더는 제 마음에
당신이 존재하지 않을 거라고는 생각하지 마십시오.
그렇지만 아픈 사람이 아프다는 말 외에 달리 무엇을 말할 수 있겠습니까?
병자는 자기 자신밖에 생각할 수 없습니다. 그는 기쁨을 받을 수도,
줄 수도 없습니다. 그는 통증을 완화하는 방법을 쫓고 있으며,
찰나의 편안함을 얻으려 애쓰고 있습니다.
저는 지금 피크 지방에 있습니다만, 제게 이곳의 경이로움과 산, 물, 동굴
혹은 광산에 관한 이야기를 기대하진 마십시오.
당신에겐 그다지 만족스러운 이야기는 아닐 테지만,
전 제가 하고 싶은 말을 할 겁니다.
바로 지난 일주일 동안 제 천식의 고통이 줄어들었다는 사실을 말입니다.
- 새뮤얼 존슨

이중구속

인류학자 린다 알렉산더는 만성 신장질환 환자들을 위한 투석
센터에서 근무한 자신의 경험을 통찰력 있게 써 내려간 에세이

에서 영국의 인류학자 그레고리 베이트슨의 사회관계 속 이중구속double bind 개념을 인용해 의료진이 환자에게 모순적인 것을 요구하는 상황에 관해 설명했다. 의료진은 우선 환자에게 수동적이고 의존적인 태도를 버리고 치료에 적극적으로 참여하라고 한다. 그런데 환자의 증상이 심각해지면 모든 걸 자신들의 손에 전적으로 맡기라고 하면서 환자가 어떤 행동을 하거나 하지 않아서 증상이 악화되었다며 환자를 탓한다. 알렉산더는 여러 사례를 통해 이 중구속이 환자들에게 불안감과 죄책감을 조성하는 과정을 보여주었다. 이러한 방식은 효과적인 치료를 방해하고 시간이 지남에 따라 환자와 그 가족들의 사기를 떨어뜨려 질병의 만성화를 초래할 수 있다. 제프리 롱호퍼 역시 골수이식 병동의 환자와 그 가족들에게 일어난 거의 비슷한 현상을 이야기했다. 어쩌면 첨단 기술, 즉 전문화된 치료 환경에 구조적인 문제가 있을지도 모른다. 외래진료 시 환자들은 치료에 적극적으로 협조하라는 요구를 받는다. 그런데 응급실이나 입원 치료를 받을 땐 전적으로 의사와 간호사가 통제하는 치료에 수동적으로 따르라는 요구를 받는다. 이런 식의 이중 행동은 환자가 일반적인 만성질환 치료를 받을 때나 가족 및 친구와 관계를 맺을 때도 유사하게 나타난다.

36살의 흑인 우체부 매튜 티멀리는 당뇨로 인한 만성 신장질환을 앓고 있다. 티멀리는 투석실에서 받은 치료에 대해 다음과 같이 말했다.

"병원에서 하는 말이 계속 바뀝니다. 처음엔 공을 갖고 뛰면서 경기 계획을 세우는 일도 도우라고 하더니, 상황이 바뀌면 공을 빼앗은 후 저는 의사결정에서 빠지고 전문가들에게 맡기라고 합니다. 너무 답답해요. 병원에 맡겨야 하나요, 아니면 저도 치료에 참여해야 하나요? 제 상태가 괜찮을 땐 더 적극적으로 참여하고 치료에 책임지는 모습을 보여 달라고 강요합니다. 그러다 몸이 안 좋을 땐 제가 선을 넘어서 이렇게 됐다고 말합니다. 도대체 어쩌라는 건지 모르겠어요."

필립 윌슨과 지니아 윌슨 부부는 다발성 선천적 장애를 가진 아이를 출산했고 아이는 태어나자마자 사망했다. 이후 부부는 인근 대학 병원의 유전자 클리닉을 찾았는데 지니아는 그때의 경험을 다음과 같이 설명했다.

"솔직히 아주 혼란스러웠고 속상했습니다. 병원에선 충분히 설명했으니 앞으로의 임신 계획은 우리가 알아서 결정해야 한다고 하더군요. 하지만 병원에서 하는 이야기는 가능성이 거의 없어 보였고, 대부분 확률과 불완전한 정보로 이뤄져 있어 도무지 확신이 들지 않았어요. 이런 상황에서 저희가 무슨 결정을 할 수 있겠어요? 저희가 의사는 아니잖아요. 설명할 땐 저희를 아무것도 모르는 어린애 취급하더니, 충분히 가르치거나 연습도 시키지 않고서 물에 던져 놓고는 알아서 수영하라고 하다니요. 게다가 병원 사람들은 환자의 감정을 고려하지도 않더군요. 선천적 장애가 있는 아이를 출산한 일로 저희 부부는 굉장히 마음이 아팠습니다. 몸도 마음도 지쳤고 배신감도 느꼈으며, 무엇보다 딸아이의 죽음으로 엄청난 슬픔에 잠겨 있었죠. 이런 상태에서는 결정을 내리는 건 고사하고 다른 사람의 이야기를 객관적으로 듣는 것조차 힘듭니다. 제가 느끼기에 병원 사람들은 겉으로만 친절하게 대하는 것 같았어요. 저희는 의사답게 행동하고 저희 부부가 현실적인 결정을 내릴 수 있게 도와줄 사람이 필요했습니다. 모든 걸 저희한테 떠넘기는 사람이 아니라요. 결국 뭡니까? 상황이 안 좋아지면 저희가 결정한 일이니 저희가 책임져야 할 테고, 병원은 아무런 법적 책임도 지지 않겠죠."

55살의 아일랜드계 미국인 케빈 오매닉스는 보험회사 임원으로 만성폐쇄성 폐질환을 앓고 있었는데 가족들과 의사들은 그가 35년 넘게 줄담배를 피워온 결과라 여겼다. 주부인 그의 아내 마사는 대학 교육을 받은 여성으로 장성한 딸 셋과 아들 하나를 둔 엄마였다. 그녀는 남편의 질환이 가족에게 미친 영향을 다음과 같이 묘사했다.

"남편은 계속 저희를 곤란하게 만듭니다. 어떨 때 남편은 자기 문제에 너무 몰두해서 저희와 거리를 두는 듯하면서도 관심을 받고 싶어 합니다. 그런데 우리가 담배 좀 그만 피우라고 할 때, 아니 애걸복걸할 때는 본인 문제이니 상관하지 말라고 합니다. 하지만 이건 남편만의 문제가 아니라 우리 가족의 문제이기도 해요. 그러면서 우리가 그이에게 반응을 보이지 않으면 자신에게 무슨 일이 일어나는지 신경 쓰지 않는다며 가족을 탓합니다. 뭘 어떻게 해야 하는 거죠? 남편의 응석을 다 받아줘야 하나요? 아니면 큰소리를 내면서까지 가족의 의견을 말해야 하는 건가요?"

법대생인 오매닉스 부부의 아들 조지는 자기 가족에게 지워진 이중구속을 질병의 만성화 과정의 일부로 이해하고 있었다.

"어쨌든 제 가족의 모습은 이렇습니다. 아버지는 권위주의적이 신데 그런데도 가끔 어머니를 자신의 어머니인 할머니처럼 대하 시는 것 같아요. 그때마다 아버지는 저희의 도움을 적극적으로 원 하시고요. 항상 그래왔어요. 아버지의 병으로 모든 게 훨씬 더 선 명하게 드러났을 뿐이죠. 전 이건 아니라고 봐요. 이런 관계가 아 버지의 흡연을 용인하고 어떤 치료 프로그램을 처방받아도 소용 없게 만들거든요. 제 생각이 궁금하시다면, 전 이런 식으로 이랬 다저랬다 하는 것도 문제의 일부로 봅니다. 전 아버지의 증상이 일관성 부족으로 더 악화되었다고 확신해요. 가족들도 아주 난감 한 입장이고요."(만성질환에 대한 가족들의 반응은 이 장 뒷부분에서 다시 다룰 것이다.)

통증 센터에서

지난 몇 년간 나는 주요 만성통증 센터 한 곳에서 정신의학 자문 을 제공해 왔다. 통증 센터의 입원 병동에서는 매주 환자의 상태 를 점검하는 회의가 열렸는데, 여기엔 병동 최고 책임자인 마취 과 전문의 겸 통증 전문가를 비롯해 재활의학, 심리학, 간호학, 사 회복지, 물리치료, 작업치료, 정신의학 및 기타 의학 전문의(예를 들면 정형외과나 신경외과) 등 관련 분야 전문가 15명이 참석했다. 치 료 계획은 기존의 의학적 치료나 수술로는 차도를 보이지 않았 던 중증 통증 환자들에게 생물의학과 행동주의 접근법behavioral approaches을 결합한 치료를 시도하는 방향으로 나아갔다. 입원 환자 대부분은 각 주의 노동자 재해 보상법 혹은 장애인 지원 프로그램의 후원을 받고 있었다.

매주 회의는 좁은 직사각형 형태의 공간에서 열렸는데 창문의 한쪽은 바깥쪽으로, 다른 쪽은 병동 쪽으로 열려 있었다. 그 방은 원래 환자와 가족들의 휴게실로 쓰인 공간이라 회의 참석자들이 앉을 자리가 종종 부족했다. 방 안의 의자들은 구조적 한계 때문에 가능한 원과 가장 가까운 형태인 기다란 타원형으로 배열되어 있었다. 회의는 통증 병동의 수장인 마취과 전문의가 주재했다. 그는 바깥쪽으로 열린 창문을 등지고 앉았다. 그의 왼쪽과 오른쪽에는 말하자면 이 병동에서 이뤄지는 치료 대부분을 담당하는 행동주의(behaviorism, 사람의 의식이나 내성보다는 표면에 나타난 행동을 관찰하고 해석함으로써 심리 현상을 파악해 나가려는 입장) 심리학자들이 앉아 있었다. 그다음에 재활의학 전문의를 비롯한 다른 분야의 의사들이 들어왔고, 이어서 간호사와 사회복지사, 물리치료사, 작업치료사가 들어왔다. 의학 박사 학위가 없는 사람들은 대개 병동 쪽으로 열려 있는 창가 자리에 앉으려 했다. 정신의학 전문의는 주로 사회복지사나 간호사 옆에 앉았으며, 다른 의사들 옆에 앉거나 타원형 가운데에 있는 받침대 혹은 등받이 없는 의자에 앉기도 했다. 사례가 하나씩 논의될 때마다 해당 환자의 차트는 여러 전문의의 손을 거쳤다. 차트 기록대로 환자는 생물의학적 관점에서 행동주의 심리학적 관점으로, 다시 물리치료사의 관점에서 다른 전문가의 관점으로 분석되곤 했다. 병동에 짧게 입원했던 경증 환자의 경우 논의는 10분도 채 이뤄지지 않았다. 반면 중증 환자의 경우 30분 가까이 논의가 이어지기도 했다.

회의실의 자리 배치는 통증 환자 관리의 구조적 문제를 어느 정도 반영하고 있었다. 마취과 전문의와 그의 생물의학적 모델이 기준이었지만, 실제 사례를 보면 대부분 행동 평가 및 치료 프로그램이 환자 관리에 더 중요한 요소였다. 즉, 생물의학적 관점과 행동주의적 관점은 서로에게 끊임없이 도전장을 내밀었다. 게다가 간호사와 물리치료사, 작업치료사, 사회복지사들은 다른 전문의들보다 치료에 도움이 될 만한 환자에 대한 훨씬 중요한 정보를 알고 있는 경우가 많았지만 회의에서 그들은 누가 봐도 낮은 지위를 차지했으며 통증 전문의들의 기에 눌려 있었다. 상징적으로도 그들은 병동에 있는 환자들에게 등을 돌린 채 앉아 있었으며, 다른 곳에서는 환자의 목소리를 대변했지만 여기서는 굳이 의사들의 의견에 동조하려 했다. 전문의들끼리 뭉치거나 흩어지는 모습도 나타났다. 정신의학과의 미미한 지위 역시 좌석 배치에 반영되었다. 한 주는 전문의들과 함께 앉았다가, 한 주는 비의료 전문가와 앉았다가, 가끔은 중간에 혼자 앉기도 했다.

많은 환자가 우울증과 불안증을 겪었지만 통증 전문가들은 이러한 정신의학적 문제를 축소하거나 질병의 만성화와 통증에 따른 결과로 해석했다. 한 사례에 관한 발언권이 원을 돌아 정신과 의사에게로 향하려 하자 내과와 행동주의 통증 전문가들이 논의 시간을 거의 다 빼앗아 갔다. 다른 전문가들도 모두 한 마디씩 보태려 했기에 귀중한 시간은 거의 남지 않았다. 그렇게 시간을 다

빼앗기고 난 후에야 역설적으로 환자의 정신질환을 비롯한 질병 의미와 경험이 논의되었는데 그마저도 거의 항상 마지못해 마지막 1, 2분간 짧게 다루고 넘어갔다.

희망을 포기해 버린 환자들을 도울 수도 있었던 행동주의 심리학자들은 대개 거친 말투를 쓰고 냉정하고 과학적으로 보이려고 노력함으로써 의사들을 이기려 했다. 예를 들어 그들은 병동에서 실시하는 주요 심리검사를 "두개골 엑스레이"라고 지칭하며 환자의 의도와 두려움, 욕망 등을 정확하게 읽어낼 수 있는 유효한 자료로 여겼는데, 환자의 생각은 어떠한 설문지로도 밝혀낼 수 없다. 그들은 만성질환의 원인이 되거나 증상을 악화시키는 환경 자극에 관해서도 이야기했다. 그들은 통증을 경험이라기보다는 행동이라 불렀다. 그리고 환자와 가족이 서로를 조종하려 하고 의료 시스템도 입맛대로 바꾸려 든다고 생각했다. 나는 그들의 의견이 조잡하고 이기적이며 심지어 생물의학적 접근법보다 비인간적이라고 생각했다. 행동주의 심리학자들의 분석에 따르면, 환자들은 꾀병을 부리는 사기꾼보다 조금 더 나은 존재였다.

의사들은커녕 심리학자들도 통증이 환자 가족과 사회적 네트워크에 미치는 영향에 대해 많은 시간을 들여 고민하지 않았다. 환자 가족에 대한 논의가 이루어질 때면, 가족의 존재는 (업무 환경과 마찬가지로) 각종 이상 행동의 온상으로 여겨졌다. 나는 독자 여러분에게 생물의학적 접근법과 행동주의적 접근법이 쓸모없다는 인상을 남기고 싶지 않다. 앞서 말했듯 이 두 가지 접근법은 끔찍한 상황에 놓인 환자들에게 많은 도움을 주었다. 하지만 이 책에서 이야기하는 문제들은 매번 간과되었다. 내 개인적으로는 여기서 비롯된 실패가 치료의 가치를 크게 훼손했다고 본다. 그 결과 뻔히 예상되는 문제들이 일어났으며, 거의 알려진 바도 없고 완치 확률도 낮은 질병에 관해 모든 걸 알고 있다는 식의 위험한 주장이 제기되었다. 심지어 사회복지사와 간호사들까지 환자의 비사회적인 모습을 지적하면서 통증이 환자의 삶에 미치는 영향과 환자의 삶이 통증에 미치는 영향에 관한 부분은 거의 생략했다. 정신과 의사가 1, 2분 남짓의 발표 시간 안에 이 주제를 다루는 건 불가능해 보였다. 하지만 그가 어떻게든 해보려 하자 마취과 전문의와 행동주의 심리학자들은 정신과 의사에게서 듣고 싶은 이야기는 정신약리학적으로 적절한 치료법에 관한 논의라며 핀잔을 주었다.

회의실에는 유령이 있었다. 틀림없었다. 보이거나 들리지는 않았지만, 하나씩 사례가 논의될 때마다 가족 간 비극과 희극 그리고 멜로 드라마에 나오는 주인공들의 그림자가 회의실 구석을 떠다니는 느낌이 들었다. 하지만 통증과 삶에 관한 연구가 제대로 이뤄지지 않았기 때문에 행동 치료가 통증을 유발하는 가장 핵심 요인을 찾아낼 가능성은 거의 없었으며, 환자가 모든 환경이 인위적으로 조성된 병원을 떠나 현실 세계로 돌아가면 행동 치료의 효과 또한 떨어질 수 있었다. 따라서 현재 통증 치료 프로그램의 주요 패러다임인 생물의학 및 행동주의 관점에서 통증을 이해하고 치료하는 방식은 질병의 만성화를 유발할 수 있었다. 이 두 시각에 따르면 환자는 보이지 않는 힘에 휩쓸려 당구대로 던져진 '당구공' 같은 존재이거나, 자신이 친 거미줄에 의료진과 장애 전문가, 가족들을 옭아맨 후 한쪽씩 실을 잡아당겨 조종해 모두의 단물을 빨아먹는 '사이코패스 거미' 같은 존재였다.

이해받지 못하는 목사 아내의 통증

이 병동에서 치료를 받고 있는 환자 한 명의 사례를 살펴보자. 29살의 헬렌 윈스럽 벨은 조지아 주 시골에서 온 목사의 아내다. 그녀는 6년 동안 양팔에 만성통증을 느꼈다. 무려 8번의 수술을 받았고 24개가 넘는 약을 처방받았으며(그 중 2개는 마약성 진통제였고 그녀는 잠시 약에 중독되었다), 각기 다른 1차 진료 의사 네 명에게 치료를 받았다. 그리고 지역 사회의 통증 클리닉 두 군데에서 이미 '치료 불가'라는 판정까지 받은 상태였다. 벨 부인은 통증 병동에 입원한 지 일주일이 다 되어가고 있었다. 회의에서 그녀의 사례는 36분간 논의되었다. 가장 먼저 마취과 레지던트들이 과거의 진료 기록과 엑스레이, 신경과 근육 검사, 혈액 검사를 비롯한 다양한 신체검사 결과들을 검토했다. 그다음엔 행동주의 심리학자 중한 명이 수많은 심리검사 결과들을 읽으면서 우울증, 불안, 육체에 대한 집착, 히스테리적 성격, 굉장한 분노 등의 단어들을 내뱉었다. 모두가 다 알고 있다는 듯 고개를 저었고, 벨 부인이 얼마나 적대적이고 다루기 힘든 환자인지를 토로하는 농담 몇 마디가 흘러나왔다. 농담 속 그녀는 통증을 핑계로 남편에게 화를 내는 사람처럼 묘사되었다. 사회복지사는 벨 부인과 상담하는 게 너무 힘들다고 털어놓았다. 진료 기록에 목사의 아내로 사는 삶이 마음에 들지 않아 이혼을 고민하기 시작했다는 내용이 있는데도 그녀가 모든 문제를 부인한다는 것이다. 게다가 통증 검사와 치료 비용으로 가족의 보험금과 저축이 바닥난 탓에 부부 사이가 아주 냉랭해졌다는 말도 나왔다. 한 심리학자는 소문에 벨 부부가 더는 부부 관계를 맺지 않으며, 병원 직원들이 목격한 바에 따르면 남편이 병문안 올 때마다 부인의 통증이 악화되었다고 덧붙였다. 그는 이게 바로 벨 부인이 통증을 '무기 삼아' 부부 사이를 조종하려는 증거라고 해석했다. 이때 간호사들이 두 사람의 관계에 대해 추가할 말이 있다며 불쑥 끼어들었다. 알고 보니 두 사람이 매우 모순되는 행동을 한다는 것이다. 두 사람이 싸우는 모습도 봤지만 같이 손을 잡고 기도하는 모습도 봤다고 말했다. 재활의학 의사는 건조하고 빈정거리는 목소리로 벨 부인이 재활에 가장 중요한 물리치료를 열심히 받는 건지 모르겠다며 회의감을 내비쳤다. 그는 부인이 팔을 들어 올리는 정도와 운동 시간이 절대 10분을 넘지 않는다는 사실에 비추어볼 때 최선을 다하고 있는지 의심스럽다고 말했다. 또한 부인이 재활 치료의 중요성을 얕잡아 보고 있으며 그녀의 화가 무서워 아무도 그녀의 병실에 들어가려 하지 않는다고 덧붙였다. 그러자 물리치료사가 재활의학 의사의 말 중 하나는 본인 생각이라며 그의 의견에 동조했다. 그런데 작업치료사는 완전히 다른 의견을 내놓았다. 그녀는 환자가 너무 열심히 하려고 무리하는 바람에 팔이 혹사당하고 있다고 생각했다.

곧이어 회의에 참석한 15명의 전문가 사이에서 논쟁이 오갔다. 그 중 9명은 처음에 나온 의견에 동의했고 나머지는 작업치료사의 의견으로 기울었다. (보통 통증 환자의 사례는 이렇게 반대되는 견해를 끌어내지도 못하는 데다 격렬한 논쟁으로 이어지지도 않는다. 그런데 회의에서 열띤 토론이 오갈 때마다 구조적 문제의 핵심과 개인적 반감을 드러내며 분위기가 나빠지는 일이 잦았는데 이는 병동의 책임자가 우유부단하고 존경을 받지 못한 탓이 컸다.) 신경외과 의사는 벨 부인이 8번의 수술을 받았더라도, 그리고 그동안의 수술로 인해 통증이 심해지고 팔 동작의 기능과 범위가 상당히 제한되었다 해도, 새롭고 실험적이면서도 공인받은 수술을 고려할 필요가 있을 수도 있다고 제안했다. 다시 말해, 통증 신호를 전달하거나 증폭시킬 확률이 높은 뇌 영역을 수술해야 한다는 것이었다. 그러자 레지던트 중 한 명이 농담조로 그 수술이 벨 부인의 분노 조절 중추도 제거할 수 있는지 물었다. 한편 정형외과 의사는 신경외과 의사와 강한 의견 차이를 보였다. 그는 벨 부인이 이미 너무 많은 수술을 받았으며 그녀가 겪고 있는 통증은 대부분 수술에서 비롯된 것이라고 단언했다. 그러자 신경외과 의사는 그저 입체 뇌수술(삼차원 좌표를 사용하여 뇌에 발생한 질병을 치료하는 수술)의 가능성을 배제하지 말자는 뜻이었다며 쏘아붙였다. 마취 전문의는 신경 차단제와 진통제를 포함해 지금까지 어떤 약도 효과가 없었음을 인정했다. 그러자 젊은 행동주의 심리학자는 환자의 통증 일지에 따르면 행동 치료 프로그램이 하루에 느끼는 통증 횟수를 8회에서 6회로밖에 줄이지 못했으나 이는 아직 초기 단계여서 그런 것이며, 전체 추이로 볼 땐 긍정적인 방향으로 나아가고 있다고 강조했다. 그는 환자의 분노 때문에 치료 프로그램의 효과가 약한 것이라고 덧붙였다. 여기에 대해서는 논쟁이 오갔는데, 간호사 중 한 명이 벨 부인의 통증 행동은 병원에 막 왔을 때와 거의 달라지지 않았다며 환자가 통증이 덜해 보이게끔 일지를 조작하는 것 같다고 의심했기 때문이다. 다른 간호사도 논쟁에 끼어들며 이렇게 말했다. "우리 모두 만성통증 환자에 대해선 웬만큼 파악하고 있어요. 그들은 화가 많고 자기 파괴적인 모습을 보이죠. 벨 부인이라고 뭐가 다른가요?" 그러자 수간호사는 벨 부인이 너무 적대적이고 부정적이라 다른 환자들과 다를 뿐 아니라 그녀가 병원에서 더 큰 문제를 일으키기 전에 퇴원시켜야 할지도 모른다고 주장했다. "정신의학과는 덧붙이고 싶은 의견 없습니까?" 최고 책임자인 마취과 전문의가 묻자 그가 조심스럽게 대답했다. "시간이 얼마 안 남아서요. 논의해야 할 사례가 3개나 더 남았습니다."

　여기까지가 어느 봄날 오후, 내가 통증 센터의 회의에 참석했을 때의 일이다. 그때 나는 사람들에게 벨 부인은 치료 가능한 정신 질환인 주요 우울장애 진단 기준을 충족한다고 말할 수도 있었다. 하지만 3년 동안 이 기준에 부합한 그녀는 적정량의 항우울제를 복용하며 여러 차례 치료를 받았으나 우울증이나 통증 개선에 큰 효과를 보지 못했다. 또한 벨 부인의 남편과 면담해 보니 그가 아내보다 훨씬 더 심각한 우울증을 앓고 있다는 사실을 이야기할 수도 있었다. 아내의 병과 치료 때문에 제대로 된 결혼생활을 거의 해보지도 못한 그는 결혼 당시 아내의 건강하고 외향적이며 활달한 모습을 이야기하며 울음을 터뜨렸다. 그는 기력과 인내력, 경제력이 모두 바닥난 상태였다. 아내를 사랑하지만 어떻게 해야 할지 몰랐다. 벨 부인의 병은 부부의 삶 모든 영역에 영향을 미쳤고 그의 목사 일에도 커다란 걸림돌이 되었다. 그는 이런 말 자체가 신성모독임을 알고 있지만 신이 자신들을 저버렸다고 생각했다. 그리고 통증의 만성화가 날이 지나고 해가 바뀔수록 아내의 생명력을 앗아가고 있다는 사실을 받아들이지 못했다. 벨 부인은 자신의 통증에 너무 깊이 사로잡힌 나머지 남편의 고통을 이해하지 못했으며 아직 어린 두 아이에게도 무관심했다. 그녀는 아주 사소한 집안일조차 할 수 없었다. 매일 방에 틀어박혀 나오질 않았고, 아이들이 있는 집이라면 늘상 있는 어떠한 소란이나 소음도 견디질 못했다. 남편은 가족의 미래와 의료 시스템에 대한 확신을 잃었고 자신의 미래까지 의심하기 시작했다.

나는 벨 부인과 나눈 대화를 회의에서 공개할 수도 있었다. 내용은 그녀가 병원 직원들과 나누는 대화와 별반 다르지 않았다. 그녀는 나와 이야기하고 싶어 하지 않았다. 통증 외에는 정신질환이나 어떤 문제도 없다고 말했다. 그녀는 심리적 요인 때문에 통증과 그로 인한 장애가 심각해지고 있다는 사실을 부인했다. 벨 부인은 자신의 결혼생활이나 엄마 역할에 아무 문제가 없다고 말했다. 그리고 자신을 죄수 취급하는 행동 치료 프로그램과 몸이 감당할 수 있는 수준을 뛰어넘으라고 요구하는 물리치료사들에게 분노를 쏟아냈다. 나는 명백히 드러난 이 분노를, 통증 때문에 생긴 이 화를 어떻게 다스렸는지 물었다. 그러자 벨 부인은 내가 그녀를 자극했다고 비난하면서 방에서 나가라고 소리쳤고 자신은 절대 화가 나지 않았다고 외쳤다.

나는 벨 부인의 1차 진료 의사 몇 명과도 이야기를 나눴는데, 모두 그녀가 수많은 치료에도 효과를 보지 못하고 수술과 약물의 부작용까지 겪은 뒤 엄청난 분노를 터트리며 자신들의 진료를 거부했다고 말했다. 그러면서 벨 부인이 분명 자신들을 고소할 거라고 확신했다. 하지만 그녀는 그러지 않았다. 그들 역시 벨 부인에게 너무 화가 나서 그녀가 다른 의사를 찾아 자신들을 떠났을 때 오히려 안도감을 느꼈다. 그녀를 향한 적대감이 앞으로의 치료에 방해가 될 수 있다고 여겼기 때문이다. 나는 이런 이야기들을 회의에서 털어놓을 수도 있었다.

그뿐 아니라 벨 부인의 언니 애거사와 나눈 대화 내용을 이야기할 수도 있었다. 그녀는 동생이 항상 화가 나 있었으며, 통증을 앓기 전에 동생의 분노를 자아낸 건 바로 부모님과 자신과의 관계였다고 말했다. 애거사는 또한 동생의 분노가 종종 만성적 신체 증상이라는 간접적인 형태로 표출되었으며, 처음에는 두통이나 요통 나중에는 팔과 어깨 통증으로 나타났다고 설명했다. 그녀는 개인적인 문제든 가족과 관련된 문제든 가족끼리 털어놓고 이야기할 수 있는 환경이 아니었다고 털어놓았다.

시간이 얼마 안 남기도 했지만, 나는 이 문제들을 검토한다 해도 얻을 수 있는 게 아무것도 없다고 판단했다. 나는 회의에 참석한 동료들에게 오히려 우리 의사들이 문제라고 말했다. 그리고 이젠 통증 센터 자체가 벨 부인의 삶을 특징짓는 분노와 자기 파괴적인 관계의 온상이 되었다고 지적했다. 우린 이제 벨 부인을 진료했던 의사들과 남편, 언니 및 다른 가족들과 같은 처지였다. 이처럼 난해한 사례를 이해하려면 개인적으로는 벨 부인에 대한 정보를 더 알아내기보단 사회적 관계라는 시스템 안에서 '의사소통의 수단'으로써 통증의 역할을 연구하여 그녀의 성격을 정확히 파악하는 게 더 도움이 될 것이라 확신했다. 벨 부인의 질병을 이해하는 데 굉장히 중요하지만 회의에서는 매우 지엽적으로 다뤄졌던 이 문제를 아이러니하게도 내게 주어진 1, 2분 안에 검토할 수도 있었을 것이다. 그녀가 맺은 사회적 관계에 대해 내가 아는 것이 없었으므로 안타깝게도 할 수 있는 다른 말이 거의 없었으니 말이다. 몇몇 사람들의 주장처럼 그녀의 통증은 우리가 거의 알지 못했던 것에 대한 유용한 '은유적 표현'으로 여겨질 수도 있다. 벨 부인과 면담을 한다고 해서 그녀를 완전히 파악할 수 있는 건 아니지만, 우리에게 이야기를 털어놓을 만큼 그녀의 방어 기제를 완화할 수 있다면 적어도 그녀의 생각은 알 수 있었을 것이다. 우리에겐 그녀가 남편, 자녀, 자매, 부모를 포함한 지역 사회의 주요 구성원들과 맺은 관계에 대한 간단한 민족지학적 설명, 즉 '사회적 관계 속 통증'의 의미를 체계적으로 정리해 주는 자료가 필요했다. 이어서 나는 이런 자료가 완성되려면 며칠이 걸릴 것이며, 아마도 벨 부인이 집으로 돌아간 후에야 수월하게 작업할 수 있을 거라고 재빨리 덧붙였다. 어쨌든 부자연스러운 병원이 아니라 집이 그녀의 통증의 진짜 배경이었다.

나는 이야기를 계속 이어갈 수 없었다. 최고 책임자인 마취과 전문의가 추가 설명에 대해 감사 인사를 표하며 시간이 다 되었음을 상기시켰고 내게 정말로 벨 부인에게 최신 정신 치료 약물을 처방하지 않길 바라는지 물었다. 그는 나의 이상적인 제안을 정중하게 거절했다. 벨 부인은 현재 병동에 입원 중이니 지금 당장 어떤 조치가 필요했다.

고향으로 돌아가길 간절히 원하지만
끝내 불안한 국경 지역에 갇힌 사람들처럼

이 사례를 다시 설명하는 이유는 벨 부인의 사례가 만성통증 환자에게 행해지는 소위 통합 혹은 종합 치료의 주요 한계이자 만성질환자의 치료가 이뤄지는 다른 사회적 환경, 즉 병원의 한계를 보여주기 때문이다. 이러한 한계는 병원이 환자가 경험하는 유일한 사회적 환경이 아니라는 사실을 받아들이지 않으려는 경향으로, 질병이 악화되는 현실을 제대로 평가하지 못한 결과다. 게다가 병원에서 환자가 보이는 행동에 관한 정보는 다분히 편향적이다.

질병의 만성화는 단순히 고립된 사람에게 나타나는 병리학의 직접적인 결과가 아니다. 그것은 다른 사람들과 특정한 관계를 맺으며 제한된 환경에서 살아온 삶의 결과이다. 질병의 만성화는 부분적으로 얼굴을 맞대고 상호작용하는 과정에서 받게 되는 '부정적인 기대', 즉 우리의 꿈을 구속하고 우리의 자존감을 상처입히고 질식시키는 기대에서 발생한다. 그리하여 환자들은 만성질환 사례 속 사람들처럼 행동하게 되고 가족과 의료진은 그런 시각에 맞추어 환자를 치료하게 된다. 우리는 서로를 이어주는 다리를 무너뜨리고 벽을 쌓는다. 그리고 복잡한 개인을 장애인, 생명이 위독한 사람 등 단순하고 1차원적인 존재로 상정한다. 마치 원래부터 그랬고 그렇게밖에 될 수 없는 사람처럼 말이다. 우리는 독이 되는 관계에서 벗어나야 한다. 그렇지 않으면 사기가 떨어지는 상황에 마주치게 되고 쓸데없는 위협과 공포의 감정까지 더해질 것이다.

사회적 환경이 질병의 만성화와 증상 및 장애의 변화에 원인이 될 수 있다는 사실을 이해하려면 우리는 삶을 구성하는 관계의 거미줄에 '매달려' 있는 듯한 환자의 모습을 볼 수 있어야 한다. 여기에는 장애인에서 정상적인 사회적 지위를 회복하는 데 자주 방해가 되는 의료 및 장애 시스템과의 관계도 포함된다. 이 책에 등장하는 몇몇 주인공들은 질병의 만성화를 정서적으로나 대인관계상 불안한 상태라 여긴다. 이 알 수 없는 의미심장한 표현을 통해 환자와 그 가족들이 말하려는 내용은 재활 치료에서 매우 중요하다. 그들이 느끼기에 질병은 서로 다른 사회적 세계를 잇는 통과의례와 관련 있다. 사회 이론가들은 이 이동을 궤적 또는 문화적 수행이라 명명했다. 하지만 나는 "불안의 세계를 통과하는 여행"이라는 환자들의 비유가 더 마음에 든다.

만성질환자들은 대개 국경 지역에 갇힌 사람들처럼 잘 알지도 못하는 지역을 방황하면서 고향으로 돌아가기를 간절히 기다린다. 많은 이에게 만성질환은 국경을 넘는 위험이자 평범한 일상으로 다시 돌아가기 위한 끝없는 기다림, 다시 돌아갈 수 있을지 없을지 모르는 불확실성의 연속이다. 이런 불안의 세계를 통과하는 것은 치명적인 불확실성의 위협으로 점철된 수렁을 통과하는 것이나 다름없다. 이 여정이 그렇게 어렵지 않은 사람도 있고, 삶의 많은 부분과 마찬가지로 일상적인 사람도 있다. 하지만 누군가에게 이 여정은 증오하고 두려워하는 장소에 갇힌 듯한 절망감을 안겨준다. 이어지는 묘사는 우리에게 만성질환의 사회적 성격을 환기시켜 준다. 출입국 수속과 비자 확인. 이곳의 언어와 에티켓은 바깥세상과 다르다. 국경 지대의 건널목에 서 있는 경비원과 공무원, 장사꾼들, 특히 창문에 얼굴을 대고 손을 흔들며 슬픈 작별 인사를 고하는 가족들과 친구들. 그들은 무거운 짐을 들고 있거나 같이 대기실에 앉아 있기도 하며, 심지어는 비슷한 걱정과 상처, 불확실성, 상실을 경험하며 똑같은 불안의 세계를 여행하기도 한다. 만성질환자는 증상이 나빠졌다 괜찮아졌다 다시 나빠지기를 반복하면서 분리, 전환, 재편입의 의식을 통해 서로 다른 세계를 왔다갔다 움직인다.

의사는 질병의 만성화를 가능한 한 직접 관찰한 질병과 환자에 대한 다양한 설명을 바탕으로 이해해야 한다. 의사는 질병에 대한 의미를 바라보는 환자와 가족의 시각이 복잡하고 급변하는 현실에 대한 해석이라는 것을 배우게 될 것이며, 시기에 따라 이 해석의 여러 가지 측면 중 하나가 질병의 양상과 결과에 더 많은 영향을 미치게 될 것이다. 질병과 치료의 맥락 변화에 대한 민족지학적 자료가 부족하므로 우리는 고통과 질환을 유발하는 사회적 요인이 잠재적으로 해결 가능하다는 사실조차 모른다. 대부분의 진료는 정확히 같은 이유로 막연하게 이뤄진다. 따라서 의료계 종사자들이 평상시 질병에 관한 지식을 효율적으로 사용하지 못하고 있다 해도 놀랍지 않다. 그 지식이 차곡차곡 쌓여 체계적으로 연구되었다면 만성질환자 치료에 중대한 영향을 미칠 수 있었을 텐데 말이다. 13장에서 나는 만성질환자 치료에 의사가 포함해야 하는 임상 민족지학적 방법론을 제안함으로써 이 문제를 다시 구체적으로 다룰 것이다.

질병이 가족에게 미치는 영향

이 책에 소개된 의미 있는 만성질환 사례의 주인공들은 환자와 그들의 주치의였다. 하지만 많은 질병 사례에서 보듯, 환자의 가족은 질병 서사의 주요 등장인물이다. 그런데 환자의 경험담에 가족과 관련된 이야기가 빠져 있을 수 있다. 이는 만성질환 경험의 자기중심성과 고립성 때문이다. 하지만 가족 구성원들의 이야기를 들어보면, 의심의 여지 없이 질병은 가족에게도 영향을 미친다.

달튼 무어, "살아 있는 지옥과 다를 게 없어요."

달튼 무어는 74살의 은퇴한 변호사로, 그의 아내 애나는 약 10년 전부터 알츠하이머병을 앓고 있다. 경제력이 뒷받침되었기에 무어 씨는 아내를 돌보는 데 도움을 줄 수 있는 입주 간호사를 쓸 수 있었다. 그는 집에서 매우 헌신적으로 아내를 돌보고 있었기 때문에 주변에서 아내를 요양원에 보내라고 권할 때도 이를 거절해 왔다. 장성한 자녀들은 어머니가 더는 아버지를 남편으로 알아보지 못하는데도 아버지가 어머니를 돌보는 데 거의 하루를 다 바치고 있다고 말했다.

"아내를 요양원에 보낼 수는 없었습니다. 제가 이기적으로 행동하는 걸지도 모르지만 아내도 그걸 바란다고 생각해요. 이 고약한 병을 앓기 시작했을 때 아내는 제게 이렇게 말했습니다. '여보, 내 상태가 나빠져도 나를 시설에 보내지 말아 줘요.' 전 아내와 약속했어요. 아내의 정신이 망가지는 모습을 지켜보자니 가슴이 무너지더군요. 이렇게 말하기 뭐하지만, 아내가 이미 세상을 떠난 느낌입니다. 지금 아내는 저와 아이들을 못 알아봅니다. 간호사들이 없었다면 제가 뭘 해야 할지도 몰랐을 겁니다. 제 자신을 추스르지도 못했겠죠. 전 아내를 먹이고, 씻기고, 화장실에 데려가는 법까지 배웠습니다. 취미생활은 물론 친구들과의 교류도 전부 끊었고요. 사람들은 이런 제가 미쳤다고 생각하는 것 같아요. 하지만 저희 부부는 정말 사이가 좋았습니다. 서로가 서로에게 전부였죠. 전 가족에 대한 믿음이 강합니다. 저희 부모님도 그러셨고, 조부모님은 집에서 돌아가셨고요. 그리고 저와 형제들도 부모님을 마지막 순간까지 돌봐드렸어요. 하지만 지금이 가장 힘듭니다. 정신을 잃어가는 아내의 모습을 지켜보면서 아무런 추억도 남아 있지 않은 상황을 마주하는 건, 휴, 선생님, 살아 있는 지옥이나 마찬가지예요!

아이들은 집에 오면 웁니다. 그럼 저도 따라 울어요. 아이들과 함께 지난날들을 추억하곤 합니다. 병에 걸리기 전 아내가 어땠는지 기억하려 애쓰고요. 하지만 전 하루나 이틀만 지나도 아이들이 지치는 걸 알 수 있어요. 아이들도 그들 나름대로 고충이 있으니까요. 아이들한테 여기서 더 도와 달라고 부탁할 순 없어요. 저요? 아내의 병으로 전 완전히 다른 사람이 되었습니다. 선생님께서 10년 전에 저를 만나셨다면 아마 절 알아보지 못하셨을 거예요. 제가 느끼기에 지금의 저는 원래 나이보다 10살은 더 들어 보이는 것 같아요. 이 병은 아내의 마음만 망가뜨린 게 아니에요. 저와 가족의 마음속 무언가를 함께 없애 버렸어요. 누가 알츠하이머병에 관해 물으면, 그 병은 가족 전체를 병들게 한다고 말씀해 주세요."

메이비스 윌리엄스, "아이의 병이 우리 가족을 무너뜨렸다고요!"

메이비스 윌리엄스는 49살의 건축가로 세 자녀의 어머니다. 그녀는 집안의 가장이며 남편 존과는 15년간의 결혼생활 끝에 8년 전 이혼했다. 23살인 큰아들 앤드류는 유전성 근육 위축병을 앓고 있다. 현재 앤드류는 휠체어 생활을 하고 있으며 점점 언어 능력과 팔을 포함한 상체 근육 조절 능력을 잃어가고 있다. 이 병의 증상은 앤드류가 9살 때 처음 나타났으며 12살 때 급격히 악화되었다. 그의 병은 완치가 불가능했다. 앤드류의 신경과 주치의는 3-5년에 걸쳐 근육 활동이 천천히 감소하고 정신도 같이 황폐해져 결국 사망에 이르게 될 것이라고 예상했다.

나는 윌리엄스 부인을 병원 상담이 아닌 현장 연구 프로젝트 과정에서 만났다. 아들의 질병에 어떻게 대응해 왔는지, 그 질병이 가족에게 미친 영향력을 어떻게 평가하는지 알고 싶어 그녀에게 몇 가지 설문을 진행했다.

"클라인먼 선생님, 제가 이런 말씀 드리는 것에 대해 기분 나빠하지 않으셨으면 좋겠는데, 질문들이 좀 말이 안 되는 것 같네요. 박스에 전부 체크를 하긴 했지만 질문들이 피상적인 것 같아요. 제 아들의 질병이 어떤 영향을 미쳤는지 정말 알고 싶으세요? 좋습니다. 그러면 아들의 병이 어떻게 우리 가족을, 특히 존과 저를 갈라놓았는지, 어떻게 우리 가족 모두에게 그리고 우리의 꿈과 계획에 영향을 미쳤는지 아셔야 합니다. 설문지에 보면 '질병이 배우자 혹은 자녀와의 관계에 미치는 영향이 미미했나요, 보통이었나요, 심각했나요?' 뭐 이런 식의 질문이 있는데 제가 어떤 문항을 말하는지 아시죠? 이게 가족이 풍비박산 난 것과 도대체 어떻게 연결되는 거죠? 화가 머리끝까지 나거나, 눈물이 메마를 정도로 매일 슬퍼하거나, 상처받은 공허한 마음으로 돌아서는 것과 정말로 관련 있는 건가요? 선생님이 연구하셔야 하는 건 '질병의 총체적인 영향력'이에요. 특히 질병이 몰고 오는 절망과 실패의 거센 물살 말이에요. 선생님과 더 친했다면 제 안의 작은 목소리가 아마 이렇게 외쳤을 거예요. '선생님, 그 병이 우리 가족을 망쳤습니다.'

증상이 안정되질 않았습니다. 도저히 헤쳐나갈 수가 없더군요. 앤드류의 질병은 끝나질 않았어요. 계속해서 그 아일 괴롭혔고, 가족들도 똑같이 괴롭혔죠. 존은 저를 탓했습니다. 그 병이 저희 집 쪽에서 온 것 같다고요. 존은 무너졌습니다. 말 그대로 무너져 내렸어요. 그이는 현실을 감당하지 못했고 가족 중 그 누구도, 심지어 자기 자신조차 돌보지 못했으니까요. 존은 현실에서 도망쳐 술만 마셨어요. 아무런 도움이 되질 않았습니다. 하지만 그이를 탓할 순 없어요. 이런 시험에 들 줄 누가 알았겠어요? 아이의 질병에 대한 최신 정보를 알기 위해 매일 몸부림쳤습니다. 앤드류의 병과 저를 철저하게 분리하지 못한 게 잘못이에요. 저만의 휴식 공간, 프라이버시를 보호받으며 자유롭게 지낼 수 있는 공간도 없어요. 전 모든 걸 빼앗겼죠. 엄마의 역할은 어디까지일까요? 이 두려움과 싸우고 가족을 부양하기 위해 일하느라 제겐 정말로 시간이 아예, 아예 없어요! 저를 위한 시간이 전혀 없습니다.

바바라와 킴(윌리엄스 부인의 또 다른 자녀들)을 보세요. 이 아이들의 삶은 어땠을까요? 이 아이들은 자신들이 정상인 것에 죄책감을 느꼈습니다. 그리고 분노, 엄청난 분노를 느꼈죠. 제가 앤드류에게 시간과 에너지를 너무 많이 쏟았기 때문이에요. 그 아이들을 챙길 여력이 거의 없었어요. 인정합니다. 하지만 아이들은 이를 표현할 수도 없었어요. 책임져야 할 사람이 눈앞에서 하루하루 천천히 죽어가고 있는데 어떻게 그럴 수 있겠어요? 그러니 앤드류 앞에서는 티를 못 내고 저한테 쏟아냅니다. 존이 그러는 것처럼, 앤드류가 그러는 것처럼, 저도 좀 쏟아내고 싶네요. 하지만 그걸 받아줄 만큼 강한 사람이 주변에 아무도 없어요.

자, 말씀해 보세요. 이 대답을 +3 또는 -3점짜리 답으로, 아니면 10점 만점의 답으로 변환하실 건가요? 제 대답을 다른 사람들의 반응과 어떻게 비교하실 건가요? 전 비교 자체가 말이 안 된다고 생각해요. 저희는 물건이 아니잖아요. 이건 관계의 문제나 가족 간 스트레스 정도가 아니에요. 이건 재앙이나 다름없습니다. 과장이 아닙니다. 앤드류가 아프기 전 우리 가족은 다른 사람들처럼 평범했어요. 좋은 날도 있고 나쁜 날도 있었죠. 갈등이 일어나기도 했고요. 하지만 돌이켜보니 그때가 천국이었어요. 그런 시절이 진짜 있긴 했었나 싶을 만큼 믿기 어려울 정도로요. 지금 우리 가족은 완전히 지쳤어요. 가끔은 앤드류뿐만 아니라 가족 모두가 죽어가고 있다는 생각이 듭니다. 클라인먼 박사님, 제 부모님과 형제자매들조차 영향을 받는 것 이상으로 타격을 입었습니다. 주위를 좀 보세요. 보시라고요! 여기가, 보고 계시는 이곳이 바로 저희 가족의 '무덤'입니다."

제니 헤이스트, "남편의 병 때문에 우린 다시 강해졌어요."

제니 헤이스트의 경험은 메이비스 윌리엄스가 겪어온 일과 거의 정반대라 할 수 있다. 헤이스트 부인은 63살의 주부이며 남편 새뮤얼은 림프계에 암세포가 천천히 자라나는 만성 림프종을 12년 동안 앓고 있었다. 두 자녀의 어머니이자 네 아이의 할머니인 제니 헤이스트는 남편의 종양이 (그녀의 표현에 따르면) "우리의 결혼생활, 어쩌면 우리 가족을 구했다"라고 생각했다.

같은 현장 연구 프로젝트 수행 중에 그녀는 내게 다음과 같은 이야기를 들려주었다.

"전 남편을 잘 압니다. 그리고 그이가 암을 진단받기 전에 갈라서려 했지요. 저희 부부는 가고자 하는 방향이 서로 달랐거든요.

남편에겐 남편만의 관심사가 있었고 저도 제 관심사가 따로 있었죠. 그런데 어느 날 암이 발견된 겁니다. 충격이었어요. 저흰 어안이 벙벙했죠. 울고 또 울었습니다. 그리곤 신혼 이후에는 하지 않았던 대화를 하기 시작했습니다. 전 남편을 다르게 보기 시작했어요. 남편도 그랬던 것 같습니다. 저희 눈은 퉁퉁 부어 반밖에 떠 있지 않았어요. 남편은 동의하지 않겠지만, 전 가끔 진심으로 신께서 저희를 하나로 뭉치게 하시고자 이런 시련을 주셨다고 생각합니다. 음, 신께서 정말로 그러셨든 아니든, 저희는 다시 사이가 좋아졌습니다. 남편과 저뿐만 아니라 아이들과의 관계도요. 아이들은 다 독립한 상태였습니다. 선생님도 20대 중후반의 삶이 어떤지 잘 아실 겁니다. 가족과의 유대가 느슨해지기 시작하죠. 자신의 뿌리에 대해서는 점점 더 적게 생각하고 현재 위치와 앞으로의 목표에 대해 점점 더 많이 고민하죠. 아이들은 직장인이 되었고 자기 가정을 꾸리기 시작했습니다. 그런데 놀랍게도 이 병이, 이 종양이 저희 부부에게 그랬듯 아이들에게도 같은 영향을 미쳤습니다. 아이들이 집에 전화하고 찾아오기 시작했거든요. 갑자기 아이들은 가족 모임에 열을 올렸습니다. 그리고 세상에나, 저희를 신경 쓰고 배려했죠. 저와 남편은 이를 두고 농담도 합니다. 아마도 아이들은 종양을 받아들일 준비가 안 되었던 것 같아요. 제 말은, 암이 이렇게 오래 지속되는 상황이요. 길어야 1, 2년 정도 생각했을 겁니다. 그런데 남편은 12년, 거의 13년 동안 암을 앓고 있고, 아직 생생하죠. 하지만 최고로, 정말 최고로 좋은 건 우리 가족이 강해지고 있다는 사실이에요. 가족 모두가 힘을 합쳐 암을 이겨내고 있으니까요."

만성질환은, 우리 삶이 저마다 다양한 모습을 보이듯, 각양각색으로 나타난다. 따라서 질병의 의미를 이해하려면 그 내용에 초점을 맞춰선 안 된다. 사례가 너무 다양하기 때문이다. 제니 헤이스트와 메이비스 윌리엄스를 비롯한 수십만 사람들의 질병 서사가 전부 다 다르다. 대신 질병에 의미가 부여되는 방식, 의미를 만들어 내는 과정, 질병 의미를 결정하고 그 의미에 따라 결정되는 사회적 상황과 심리적 반응 등 질병 의미의 구조를 연구해야 한다.

질병이 가족에게 미치는 영향에는 다음과 같은 공통점이 있다. 바로 각 가정은 자신들이 겪게 된 일을 이해하고 그것을 받아들여야 한다는 점이다. 그렇게 함으로써 가족을 특별한 존재로 구분 짓는 모든 요소가 질병 경험에 의미를 부여하는 과정에도 똑같이 적용된다. 질병이 가족의 현실을 구성하는 한 부분이 되는 작업을 거치면서 문화적 및 인종적 차이, 사회 계층과 경제적 제약을 비롯한 많은 요소가 분명하게 드러날 것이다. 질병이 가족에게 미치는 영향력을 이해하려면 질병뿐 아니라 가족 자체에 대한 이해도 필요하다. 가족을 중심으로 둬야 질병이 개인만큼이나 인간관계에도 깊은 영향을 미친다는 사실을 알 수 있다.

이 장에서는 특정 만성질환자에게 이중구속이 가해지는 치료 환경, 종합 통증 센터, 가족, 이렇게 질병과 관련된 세 가지 유형의 사회적 맥락을 살펴보았다. 이렇게 한 이유는 질병이 단순히 개인적 경험이 아니라는 점을 설명하기 위해서다. 질병은 교류와

소통과 관련 있으며 사회적 측면이 강하다. 질병 의미에 관한 연구는 한 개인의 경험뿐 아니라 사회 관계망, 사회적 상황, 다양한 사회적 현실을 담고 있다. 질병 의미는 공유와 협의의 대상인 동시에 더불어 사는 삶의 필수 요소다. 우리가 근무 환경, 학교 혹은 다른 사회 주요 기관들을 조사했더라도 같은 결론에 도달했을 것이다. 질병은 사회적 세계 안에 깊숙이 자리 잡고 있으며, 따라서 그 세계를 구성하는 구조 및 절차와 떼려야 뗄 수 없다. 의사와 인류학자에게 질병 의미에 대한 탐구는 '관계로 떠나는 여행'이다.

7

뮌하우젠 증후군, 거짓으로 질병을 만들어 내는 사람들

> 상처받은 영혼을 누가 감당할 수 있겠는가? ……
> 당신이 무엇을 할 수 있을지 상상해 보라. 두려움, 슬픔, 분노, 비탄, 고통,
> 공포……, 우울, 끔찍함, 지루함……. 이것으론 충분치 않다. 한참 부족하다.
> 어떠한 언어로도 이것을 설명할 수 없으며, 어떠한 감정도 이를 담아낼 수 없다.
> 그야말로 지옥의 전형인 셈이다.
> – 로버트 버튼, 『우울증의 해부*The Anatomy of Melancholy*』

여러 가지 이유로 인해 스스로 병을 유도하는 심각한 정신질환으로 고통받는 소수의 병자들이 있다. 보통 친한 사람들을 제외하곤 그 사실을 숨긴다. 자해를 하거나, 여러 가지 세균을 직접 자가 주입하거나, 심각한 질환처럼 보이기 위해 소변이나 대변 샘플에 혈액을 묻힌다거나, 가짜 열로 체온계 온도를 높이면 아픈 사람처럼 보일 것이다. 그들은 이런 거짓 행동으로 비싼 의료비를 지출하면서 정교한 생물의학적 진단과 치료를 받는다. 이런 행동은 환상적인 모험담을 꾸며내기로 유명했던 뮌하우젠 남작의 이름을

따 뮌하우젠 증후군(Munchausen's syndrome, 실제로 앓는 병이 없음에도 아프다고 거짓말을 일삼거나 자해를 하여 타인의 관심을 끌려고 하는 정신질환)이라고 불리며, 현대 정신의학 용어로는 인위성 질병 factitious illness 이라 한다.[13] 많은 환자들이 이 비정상적인 행동을 생활화하며 만성적으로 저지른다. 꾀병과 달리 인위성 질병은 실제로 경제적 혹은 다른 사회적 이익을 가져다주지 않는다. 오히려 이미 혼란스러운 삶을 더 복잡하게 만든다.

기도에 식염수를 들이붓는 젊은 역사학자

거스 에체베라는 바로 이 질병을 앓고 있었다. 그는 30살의 역사학자로 빈혈과 관련된 호흡기 질환 진단을 받고 병원에 입원해 있었는데 나는 그때 처음 그를 만났다. 거스의 생물의학 검사 결과는 굉장히 들쭉날쭉한 데다 수상한 부분이 많아 의사들은 그의 병이 지금까지 알려지지 않은 폐질환이거나 그가 스스로 만들어낸 병이라고밖에 달리 설명할 방법이 없어 보였다. 거스가 입원한 병원은 체계적이고 빈틈없는 진료로 유명했고 그는 자신의 병을 정확히 알기 위해 별의별 검사를 다 받았다. 그 중 몇 가지 검사가

---

13 인위성 질병은 고의적 자해 증후군으로 묶을 수 있는데, 여기에는 살갗을 자르고 태우는 식의 반복적인 자해 행위도 포함된다. 이러한 증후군은 정신분열증이나 경계성 인격장애와 같은 심각한 정신질환 또는 자율 신경 장애의 연장선으로 나타날 수도 있고, 질병이 아닌 마음의 상처와 같은 사회적 행동에서 비롯될 수도 있다.

심각한 합병증을 초래했는데 이는 당연한 결과였다. 흉골 골수 추출로 거스의 흉벽은 심각한 세균 감염 증상을 보였으며, 미숙한 레지던트가 진행한 간 조직 검사는 내부 출혈을 일으켰다. 기나긴 입원 생활 동안 고생이 심했던 거스는 깊은 우울증에 빠졌고 정신과 의사 면담을 요청했다. 나는 그날 당직 정신과 의사였다.

병실에 도착했을 때 거스는 의료진의 분주한 움직임에 방해받지 않고 대화를 나눌 수 있는 별도의 공간으로 이동하자고 말했다. 그곳에 도착하자 거스는 가능한 한 빨리 이 병동에서 벗어나게 해달라고 애원했다. 그는 레지던트들이 병의 원인을 찾으려고 애쓰다가 부주의로 자신을 죽일 것 같다는 두려움을 내비쳤다. 이후 거스는 내게 자해와 함께 기도에 식염수를 들이붓는 행동으로 자신의 병을 만들어낸 사실을 털어놓았고 나는 그를 정신과 병동에 입원할 수 있게 해주었다.

그 뒤로 거스는 병원에서 있었던 일과 1년 동안 심리치료를 받으면서 생긴 일을 내게 말해 주었다. 하지만 치료가 막바지에 이르렀을 때 그는 치료를 중단했고, 따라서 15년 전 그가 내게 들려준 이야기의 결말은 알 수 없다. 괴상하긴 하지만 거스의 이야기를 다시 꺼내는 이유는 우리에게 인간의 고통과 만성적 증상 간의 관계에 대한 교훈을 주기 때문이다.

거스 에체베라는 푸에르토리코인 부모님 사이에서 막내로 태어났으며 미국에서 가장 악명 높은 도심 빈민가가 있는 시카고에서 자랐다. 둘째를 낳고 몇 년 뒤 거스를 낳았을 때 그의 어머니는 40대였다. 그녀는 거스를 "불결한 영혼을 지닌 아이"라 불렀고, 거스는 물론 다른 사람들에게도 그가 불결한 영혼을 지녔으므로 남들과 다르고 까다로우며 장래도 어두울 것이라고 말했다. 그녀가 전화로 내게 이런 말을 했던 게 기억난다.

"불결한 영혼을 지닌 아이들은 고집불통인 데다 교활하고 악랄합니다. 그 애가 제게 무슨 짓을 했는지 보세요."

에체베라 여사는 가난하지만 성실하게 일하는 여성이었다. 다만 편집증적인 구석이 있었는데, 거스를 출산하던 중 겪은 뇌졸중으로 거스가 어렸을 때부터 오른쪽 팔이 조금 약해졌으며 오른쪽 다리는 꽤 심각한 마비 증세를 보였다. 그 결과 그녀는 오른쪽 다리를 눈에 띄게 절며 걸었고 오른쪽 팔에도 장애가 생겨 온전히 사용하지 못했다. 에체베라 여사는 이를 거스 탓으로 여겼다. 그녀는 거스에게 계속 "너 때문에 벌어진 일"이라고 말했다. 그뿐 아니라 거스에게 "너의 존재는 나의 실수이자 불행이며, 네가 내 삶을 망쳤고, 네 삶도 스스로 파멸로 이끌 것"이라는 이야기까지 했다. 거스가 4살 때부터 에체베라 여사는 가정부 일을 하러 밖에 나가 있는 동안 그를 집에 혼자 두었다. 보통 그녀는 아침 일찍 나가 밤늦게 돌아왔는데 한 번에 며칠씩 집을 비울 때도 있었다. 그녀는 집을 나설 때마다 거스를 작은 아파트에 가둬두었으며 그가 혼자서도 잘 지낼 거라고 생각했다. 하지만 집에 돌아왔을 때 거스의 몸이 더럽거나 집 안이 엉망이면 그녀는 거스를 때리곤 했다. 가끔 형제들이 집에 있으면 그를 돌봐주기도 했지만 그들도 대개 집을 비웠다. 거스의 아버지는 실업자에 마약 중독자로 집에 거의 없었으며, 집에 있을 땐 거스와 아내를 때렸고 집 안에 보이는 음식과 돈을 가져갔다. 거스는 어머니를 두려워하고 아버지를 무서워했으며 너무 일찍부터 철이 들었다. 6살 때부터 거스는 혼자서 장을 봤고 심지어 달걀 요리나 간단한 식사를 만들기도 했다. 7살부터는 구두닦이, 심부름, 특이한 일들을 하면서 돈을 벌기 시작했다.

거스는 키도 작고 비만인 데다 경계심이 많았고 다른 사람들과 놀아본 경험이 거의 없었기에 친구도 사귀지 못했다. 그리고 하루라도 빨리 자립하지 못하면 영양실조와 방치로 죽을지도 모른다고 생각했다. 그는 또래보다 발달이 빨랐는데 학교 선생님들도 곧 거스의 뛰어난 지능을 알아보았다. 그렇게 학업적 성취는 거스의 삶의 중심이 되었다. 그는 어른들과 다른 아이들을 경계했다. 냉담하게 행동하며 친구 없이 책만 파고드는 모습 때문에 거스는 학교 친구들의 조롱거리가 되었으며, 아이들은 거스의 신체적 약점과 지적 재능을 놀려댔다. 그에게 굴욕감을 안겨준 건 대부분 아버지의 행동이었다. 어느 날 거스의 아버지는 마약에 취한 상태로 학교에 들어와 아들이 수업을 듣고 있는 교실에서 선생님을 협박하기 시작했다. 반 아이들은 이 악당이 누구인지 알아채고는 거스가 교실을 뛰쳐 나갈 때까지 그를 조롱했다. 거스는 아버지와 어머니를 증오하며 앞으로 혼자 살겠다고 다짐했다. 그리고 놀랍게도 바로 이를 실행에 옮겼다. 14살의 나이에 그는 혼자 살 방을 구했으며 학교가 끝난 후와 주말에 일하면서 독립적인 삶을 꾸려 나갔다.

거스는 어머니가 본인의 장애를 자신 탓으로 돌린 사실에 집착하면서 10대 초반부터 동네 의학 도서관에 자주 들락거리기 시작했다. 그곳에서 거스는 뇌졸중과 출산의 관계를 설명한 책을 이해할 수 있는 범위 내에서 최대한 많이 읽었다. 그는 내게 "내가 진짜 어머니의 장애에 책임이 있는지" 꼭 알아야 했다고 말했다. 같은 목적으로 그는 어머니가 자신을 낳은 병원에 사무직원으로 취직했다. 그는 진료 기록실에 있는 병원 차트에 접근하려고 열심히 일했다. 어느 날 거스는 어머니의 오래된 차트를 발견하곤 그것을 읽어낼 방법을 찾기 시작했다. 하지만 그는 아직도 차트가 어머니의 말을 증명해 주었는지, 아니면 그를 깊은 죄책감에서 벗어나게 해주었는지 확신할 수 없었다. 거스는 돌이켜보면 이러한 욕망이 자신의 생각과 감정을 왜곡했으며 자존감마저 갉아먹었음을 알게 되었다고 털어놓았다.

거스가 18살이 되었을 무렵 그의 죄책감과 자기혐오는 길거리 마약으로도 해소되지 않는 공황과 불면증으로 발전했다. 그는 공부를 하고 남은 시간에 자신의 과거에 대해 곰곰이 생각하면서 밤을 꼴딱 새우곤 했다. 고통과 자기혐오의 감정이 너무 강했던 나머지 거스는 자해를 하고 싶은 강한 욕구에 사로잡혔다. 작고 볼품없는 자취방 벽에 머리를 부딪히는 정도론 부족했다. 어느 날 거스는 병원에서 정맥주사 바늘 몇 개를 훔쳤다. 그런 다음 세면대 옆에 서서 팔에 압박대를 두른 후 부풀어 오른 자신의 정맥을 찔러 피를 쏟았다. 그리고 거의 13년이 지난 뒤, 그때까지 스스로 병을 만들어낼 생각은 하지 못했다고 주장했다. 하지만 거스는 정맥을 찔러 피가 쏟아져 나오는 것을 보면 격해진 감정이 누그러진다고 생각했다. 그렇게 몇 주간 매일 피를 쏟아내자 결국 그는 극심한 피로감을 느끼게 되었다. 그는 병원을 찾았지만 진료하는 의사에게 자신의 사연을 털어놓진 않았다. 오히려 왜 이렇게 빈혈이 심해졌는지 도통 모르겠다고 했다.

거스는 정확한 병명을 진단하기 위해 병원에 오래 입원해야 했다. 그는 의사들이 "뭐가 문제인지 모르겠다며 바쁘게 돌아다니는" 모습을 즐겼다고 기억했다. 거스는 어머니에게 일어난 일로 자신이 의사들에게 복수하고 있다는 생각이 들었다. 이런 식의 복수는 입원 기간 내내 계속되었다. 거스가 독창적으로 생각해낸 질병을 스스로 만들어 내는 과정에 들어섰기 때문이다. 그는 뛰어난 학습 능력 덕분에 장학금을 받고 우수한 성적으로 대학을 졸업했으며 남부의 명문 대학에서 역사학 대학원 과정을 밟게 되었다. 시간이 흐를수록 거스의 인위성 장애, 즉 뮌하우젠증후군은 악화되었다. 그는 빈혈을 유발한 후 호흡기에 식염수를 들이부어 반복해서 폐렴을 일으키고 결국 폐 조직에 만성 섬유화증 증상까지 일으키는 끔찍한 행동을 저질렀다. 주요 병원 몇 군데 의사들이 자해로 인한 병을 의심했지만 거스의 행동은 누구의 눈에도 띄지 않았으며 직접적으로 고소를 당하지도 않았다. 정밀 검사가 이뤄지는 동안 그는 병원을 도망 나온 적도 있었다. 하지만 장기간 입원으로 학업과 경제 활동, 개인 생활에 심각한 차질이 빚어졌는데도 검사 결과가 틀렸음을 증명하는 데 걸리는 시간만큼 병원에 오래 머물렀다.

거스는 매번 자신이 질병을 완전히 통제하고 있다고 생각했다.

그는 의사들이 걱정할 만큼 심각하지만 그렇다고 생명엔 치명적인 위협이 되지 않을 정도의 제한적인 병을 만들어 내려 흡입하는 물질을 세심하게 조절했다. 하지만 우리가 만났던 병원에서의 경험은 예외적이었다. 그곳에서 거스는 자신이 더 이상 상황을 통제할 수 없다고 생각했다. 그는 "제가 죽어 부검 결과가 나올 때까지 의사들이 포기할 것 같지 않았습니다"라고 말했다.

한편 그는 병을 앓으면서 어머니와 한층 가까워졌다. (그의 아버지는 약물 남용에 따른 합병증으로 세상을 떠났다.) 거스가 입원했을 때 에체베라 여사의 파괴적인 편집증 증상은 아들이 아닌 의사들을 향하곤 했다. 게다가 그녀는 종종 회복 기간에 거스를 자신의 집으로 데려가 간호해 주면서 아들이 빨리 나을 수 있게 도왔다. 하지만 여전히 그녀는 거스를 출산하면서 얻게 된 끔찍한 합병증의 궁극적 책임은 거스에게 있으며, 그가 불결한 영혼의 아이로 태어나면서 갖게 된 악한 성격으로 불행한 운명을 맞이할 것이라는 생각을 버리지 않았다.

삶의 고통을 몸에 재현하는

거스 에체베라는 완전히 다른 두 개의 삶을 살았다. 대학에서 그는 뛰어난 학자일 뿐 아니라 책임감 있는 학계의 일원이었다. 그는 많은 시간을 들여 소수민족 학생들을 가르치고 지역 사회의 도심 공동체가 주관하는 프로그램에서 교육 봉사 활동을 했다. 하지만 동시에 그의 개인적인 삶은 점점 더 기이해졌다. 지인들은 많았으나 친한 친구들은 드물었고, 특히 자신의 문제를 털어놓을 수 있는 사람은 한 명도 없었다. 청소년기부터 거스는 잔혹한 스페인 주인에게 고문당하는 발가벗은 아메리칸 원주민의 이미지를 머릿속에 간직해 왔다. '폭행당하는 원주민'이라는 이 가학적인 이미지는 거스의 유일한 어린 시절 친구였다. 이미지 속 원주민은 거스와 마찬가지로 사람들에게 거부당한 외로운 존재였다. 거스에게 이 이미지는 아끼는 대상에서 어디든 함께하며 내면의 상처에 관해 대화할 수 있는 숭배의 대상이 되었다. 어느 날 거스는 '그 친구'가 자신의 자해 행위를 목격하고는 죄책감을 이런 식으로 해소할 수밖에 없는 자신에게 위로를 건넸다고 이야기했다.

심리치료를 시작할 무렵 거스는 병적인 우울증을 앓고 있었다. 그는 자살 충동을 느꼈고 환각과 망상 증세가 심했다. 다행히 이 시기는 항정신성 및 항우울제 약물과 대화 요법의 도움으로 빠르게 지나갈 수 있었다. 하지만 1년을 지켜본 결과, 그는 나아질 기미가 보이지 않는 심각한 성격 장애를 앓고 있다는 것이 확실해졌다. 거스는 18살 이후 처음으로 9개월이라는 긴 시간 동안 질병을 만들어 내는 행동을 멈췄다. 우리는 심리치료를 진행하며 그의 고통스러운 인생사를 하나하나 들여다보았다. 거스는 뛰어난 상상력과 역사학자로서의 역량을 자신의 해소되지 않는 죄책감에 가족이 미친 영향력과 속죄 의식의 병적인 요소를 파악하는 데 쓰기 시작했다. 여전히 받아들일 순 없었지만, 그가 살아온 삶을 알게 되자 그의 자해 행동을 이해할 수 있게 해주는 연결고리들이 보이기 시작했다. 나는 그를 구하고 싶은 간절한 욕망을 느꼈는데 이는 치료에는 위험한 신호였다. 나는 그가 겪은 고통엔 공감할 수 있었지만 극단적인 자해 행위는 이해할 수 없었으며 따라서 이를 중단해야 한다고 주장했다. 한 해가 끝나갈 무렵, 거스는 다시 끔찍한 복수를 하기 시작했고, 나는 그가 이 사실을 내게 말하기 힘들어 한다는 걸 깨달았다. 내가 의심하며 캐묻자 거스는 화를 냈다. 그는 병원 치료에 의존하지 않을 것이며 자해 행위를 언제 멈출지는 스스로 결정하겠다고 말했다. 이 말을 끝으로 거스는 다시 병원에 오지 않았고 그와의 연락은 완전히 끊겼다.

거스 에체베라에게 만성질환은 굉장히 특이한 의미를 지녔는데 이는 남들과 다른 그의 독특한 정신세계를 이해해야만 알 수 있다. 나는 그가 아주 비극적인 삶의 끝을 맞이했을 것으로 생각한다. 질병의 개인적 의미는 항상 중요하지만, 앞에서 설명했듯이 질병은 사회적 및 문화적 의미의 지배를 받을 수밖에 없다. 하지만 아무래도 심리적 의미가 많은 이들의 질병 과정에 가장 강력한 영향을 미친다. 게다가 자해성 질병은 환자 집단 사이에서도 매우 드물게 나타난다.

만성질환을 연구하는 동안 나는 인위성 질병 환자들을 50명 정도 만났다. 거스 에체베라처럼 특이한 사연이 있는 환자들은 소수에 불과했다. 거스의 이야기는 온몸을 오싹하게 만들고 나의 현실감각을 의심케 하긴 했지만, 아무리 약하고 불완전하더라도 공감을 통해 혐오를 극복하고 근본적으로 다른 세계를 이해할 수 있다는 사실 또한 가르쳐 주었다. 이는 의사라면 어떤 방식으로든 깨닫게 되는 사실이며, 보통은 평범한 만성질환자를 돌보는 평범한 일상 속에서 배우게 된다. 인위성 질병은 어둡고 강렬하며, 치료도 힘들고, 단순히 질병에 대한 인지적 혹은 정서적 반응으로 재해석해서도 안 된다. 인위성 질병의 각 사례는 우리 내면의 깊은 균열, 즉 '무시무시한 고통의 경험을 재현'하려 하는 상처 입은 영혼의 존재를 드러낸다. 우울, 불안, 죄책감, 분노라는 단어로는 질병 경험을 만들어 내고 악화시키는 마음 깊숙한 곳의 자기 파괴적인 힘을 제대로 설명할 수 없다. 마지막으로 나는 평상시엔 숨겨져 있어 본인조차 잘 모르는 독특한 성격 요인이 삶을 지옥으로, 그리고 질병을 삶으로 만들 수 있다는 사실을 강조하고 싶다.

8

질병이라는 꼬리표,
그것이 주는 낙인과 수치심

정상인과 낙인이라는 오명을 뒤집어쓴 자의 구분은 사람보다 관점에 있다.
- 어빙 고프먼

나의 출발점은 언제나 당파의식, 즉 불의에 대한 의식이다.
- 조지 오웰

낙인의 속성

단어의 현대적 의미를 파악하는 데 어원설은 거의 도움이 되지 않는다. 하지만 '낙인stigma'이라는 단어는 다르다. 고대 그리스 사회에서 낙인은 공개적으로 망신을 주는 표식을 가리켰다. 사회학자 어빙 고프먼이 쓴 낙인에 관한 책은 만성질환과 밀접한 관련이 있는데 책에서 그는 다음과 같이 주장했다.

"낙인은 사람 몸에 새겨지거나 지져졌으며, 그 표식을 가진 자는 노예나 범죄자, 반역자와 같이 불순하고 의식이 타락한 사람으로, 특히 공공장소에서 피해야 할 인물임을 알리는 역할을 했다."

이후엔 신의 은총에 대한 신체적 표식이라는 종교적 개념과 질환의 징후로서 눈에 보이는 증상이라는 의학적 개념으로 쓰였다 (예를 들어, 특정 형태의 피부 발진은 천연두를 의미한다). 결국 낙인은 기형이거나 장애가 있거나 외모가 추한 사람들을 지칭하는 뜻으로 바뀌었다. 고프먼에 따르면, 오늘날 낙인은 실제 몸에 새기는 표식보단 '불명예'를 뜻하는 쪽으로 더 많이 쓰이고 있다. 이러한 의미 변화는 서구 사회의 경험을 심리적으로 고찰하는 과정에서 일어나는 보편적인 현상이며, 이를 통해 육체적 의미로 쓰였던 고통과 고난은 정신적 의미를 상징하게 되었다.

낙인 정보가 공개적으로 드러나면 낙인은 그 자체로 엄청난 불명예가 된다. 그런데 이 정보가 타인에게 드러나지 않아도 낙인자는 '잠재적 불명예자'가 된다. 어느 경우든 낙인의 대상자는 본인 스스로를 정상에서 벗어난 열등하고 타락한 존재로 여기며, 남들과 다른 부분에 수치심을 느끼는 '훼손된 정체성'을 내면화하게 된다. 또한 고프먼은 "특정 낙인이 찍힌 사람들은 서로 자신들의 어려움과 관련해 비슷한 학습 경험을 할 뿐만 아니라 자아에 대한 인식도 비슷하게 바뀌는 경향이 있으며 비슷한 정체성을 형성하게 된다"고 지적했다. 그리고 그는 자기표현 문제와 더불어 사회적 품위를 지키느냐 혹은 솔직하게 자기 자신을 드러내느냐에 대한 갈등을 일으키는 결장조루술, 뇌성마비, 간질, 지적 장애, 신체가 손상되거나 기능이 저하되면서 느끼는 고통 등을 언급했다.

환자에게 문화적으로 강력한 부정적 의미를 부여하는 질환은 헤스터 프린(『주홍글씨』의 여주인공)의 주홍색 글씨와 나치 강제수용소 희생자의 소매에 새겨진 노란색 다윗의 별 혹은 중국의 문화대혁명 당시 공개 비판 집회에서 지식인들의 머리에 강제로 씌운 모자와 똑같은 방식으로 낙인을 찍는다. 나병 환자의 뭉개진 콧대와 절단된 사지처럼 낙인은 고대 그리스어에서 말하는 의미 그대로 몸에 새겨질 수 있는데, 이때 환자는 그야말로 매우 불명예스러운 질환을 상징하는 살아 있는 표식이 된다. 신체적 기형과 심각한 정신질환에서 비롯된 기이한 행동들에 낙인이 찍히는 이유는 이 행동들이 사회가 수용할 수 있는 외모와 행동양식에 어긋날뿐더러 다른 문화적 범주, 즉 추하고 무섭고 이질적이며 비인간적인 존재를 연상시키기 때문이다.

낙인은 종종 낙인자를 죄악 또는 악으로 간주하는 종교적 의미 혹은 약함과 불명예라는 도덕적 의미를 나타낸다. 즉 낙인자는 집단이 중요하게 생각하는 가치에 반하는 사람, 우리와 다른 외계인과 같은 존재로 정의된다. 이런 면에서 낙인은 집단 내 사회 정체성을 파악하는 데 도움이 된다. 어떤 사회에서는 질병에 문화적 꼬리표를 붙이는 낙인 효과가 너무 강력해 환자의 모든 인간관계에 영향을 미치게 되고 그로 인해 환자가 사회적으로 배척당할 수도 있다. 인도 시골 지역에서는 최하층 신분인 불가촉천민보다 나병 환자라는 낙인이 더 강력하며, 현대 북미 사회에서는 에이즈 환자라는 낙인이 그러하다. 중국에서 심각한 정신질환을 앓는 환자는 본인뿐 아니라 그 가족에게도 낙인이 찍힐 정도로 정신질환에 대한 낙인 효과가 굉장히 세다. 전통적으로 중국은 사람이 정신질환을 앓으면 그 영향이 조상에게까지 미치고 형제와 가족들에게도 도덕적 오점을 남기게 되며 후손들마저 위험해진다고 생각했다. 따라서 정신질환자의 형제자매나 자식들은 중매쟁이들이 결혼 상대자로서 적합한 총각 처녀 후보에서도 제외했다. 또 19세기 말과 20세기 초 유럽에서는 지적 장애와 간질, 정신질환을 '진화 수준이 낮은' 가정에서 대대로 전해지는 퇴행적 특성으로 보았고 이 전파를 막는 것이 우생학의 목표였다.

질병에 낙인을 찍는 과정은 그 질병에 대한 사회적 반응에서 시작된다. 다시 말해, 해당 질병의 꼬리표가 붙은 사람은 보통 직계가족을 제외한 주위 사람들에게 외면, 조롱, 거절, 모욕 등을 당한다. 결국 낙인자는 사람들이 반응하기 전이나 심지어 반응을 보이지 않을 때조차 이러한 행동을 예상하게 된다. 이쯤 되면 낙인자는 깊은 수치심과 훼손된 정체성 속에서 낙인을 철저히 내면화하는 동시에 부정적인 자기 인식에서 비롯된 행동을 하게 된다. 신경심리학자 낸시 웩슬러의 연구는 나병의 간균에 감염된 스리랑카 환자들이 스스로를 나병 환자처럼 생각하고 행동하게 되는 과정을 보여주었다. 환자는 낙인자의 정체성을 거부할 수도 받아들일 수도 있다. 하지만 어떤 선택을 하든 환자의 삶은 완전히 바뀌게 된다.

2장에서 언급한 루돌프 크리스티바의 사례는 낙인의 또 다른 과정을 보여준다. 루돌프에게 찍힌 낙인은 사회적 반응이 아닌 그가 스스로 낙인자의 정체성을 수용한 것에서 비롯되었다. 이때 낙인은 그에게 질병이라는 꼬리표의 사회적 의미를 부여하진 않는다. 오히려 루돌프 크리스티바의 동성애, 민족성, 성격 장애가 과거에도 그랬듯 그의 질병 행동에 낙인을 찍으며, 스스로 남들과 다르고 어떤 결함이 있으며 궁극적으로 명예롭지 않은 사람이라는 흔적을 남긴다. 뒤이어 나오는 짧은 사례들에서 나는 낙인찍힌 질병 혹은 눈에 보이거나 보이지 않는 어떤 상태가 개인에게 미치는 영향을 살펴볼 것이다. 그다음엔 질병의 문화적 의미 때문이 아닌 가족, 특히 의료진이 보이는 반응 때문에 환자들이 수치심을 느끼는 상황을 살펴볼 것이다. 물론 환자들은 의료진과 상호작용이 이루어지는 모든 질병에 수치심을 느낄 수 있다. 하지만 만성 질환자와 신체 장애인의 가족과 그들을 치료하는 의료진은 낙인과 수치심을 아주 예민하게 인지할 수 있어야 한다. 이러한 감수성은 만성질환 치료에 성패가 달린 중요한 책무이자 고통스러운 삶의 무게를 견딜 수 있게 환자를 도와주려는 마음과 연결된다.

질병이 주는 수치심을 안고 사는 여섯 사람 이야기

해럴드 다우드, "처음 보는 사람들은 모두 제 얼굴을 보고 놀랍니다."

해럴드 다우드는 뉴잉글랜드 출신의 28살 제빵사다. 그는 왼쪽 얼굴을 거의 다 덮고 있는 커다랗고 흉측한 불그스름한 점(일명 포도주색반점)을 가지고 태어났다. 해부학적으로 이상이 있긴 했지만 그것이 질환으로 이어지진 않았다. 반점은 건강상의 의미를 지니지도, 유전병도 아니었다. 더욱이 해럴드는 반점을 어떤 질환으로 부르거나 그렇게 생각하지도 않았다. 하지만 몇 가지 질병 행동을 통해 이 커다란 피부 결함에 반응했다. 얼굴에 난 점은 평생 '짐'이 되었고, 해럴드의 마음속에 '핸디캡'으로 자리 잡았다.

그는 어렸을 때 가족들이 반점을 쳐다보거나 만졌던 것이 기억 난다고 말했다. 그는 형과 누나가 자신의 반점에 관심을 보였을 때 어머니가 당황스러워하던 표정을 떠올렸다. 또한 학교에서 학생들과 선생님이 해럴드를 어떻게 받아들일지 걱정하는 부모님의 대화를 엿들었던 것도 기억하고 있었다. 부모님은 그가 이질감을 느끼고 친구를 사귀는 데 어려움을 겪을까봐 걱정했다. 부모님의 걱정은 현실이 되었다. 해럴드는 돌이켜보니 자신이 인간관계에 소극적이고 어려움을 느꼈던 시점이 그때부터였다고 생각했다. 학교에서의 첫날은 그의 표현에 따르면 "재앙과도 같았다." 아이들은 그를 둘러싸고 얼굴에 난 반점을 놀려댔다. 개학 첫 주에는 해럴드가 활동에 참여할 수 있도록 선생님이 자주 개입해 도와줘야 했다. "저를 끼워주려고 하는 아이들이 아무도 없었기 때문입니다." 이후 상황은 좀 나아졌지만, 해럴드는 본인 표현대로 "자신을 처음 보는 사람들에게 충격을 안겨주면서 매번 자신은 남들과 다른 존재임을 의식"하는 방향으로 나아갔다. 그는 누구를 만나든 항상 그런 반응이 따라올 것을 잘 알고 있었다. 그런 순간을 기다리고 예상했으며 사람들이 그렇게 반응할 때 수치심을 느꼈다. 23년 전 처음 학교에서 그런 느낌을 받았을 때처럼 말이다.

해럴드는 비슷한 안면 기형이 있는 사람들과 만났다. 그들은 자신들의 장애에 훨씬 더 성공적으로 적응한 것처럼 보였다. 하지만 해럴드는 장애가 자신의 삶을 "망쳐놨다"고 생각했다. 그는 "추함", "낙인", "이상함", "비정상", "사람들과 다름" 등의 감정을 내면화했다. 이로 인해 그는 거절에 더욱더 예민하게 반응했다. 해럴드에겐 좋은 고등학교 친구들이 몇 명 있었지만 그들이 자신을 받아준 건 가족들처럼 아주 예외적인 경우라고 생각했다. 그를 괴롭히는 건 가까운 인간관계가 아니라 새로운 사교 모임에 들어가는 일이나 새로 온 은행 창구 직원, 처음 본 식당 종업원 혹은 우체부와의 관계에서였다. 그 사람들은 모두 해럴드를 빤히 쳐다봤고 그럴 때마다 또 다시 수치심이 몰려왔다. 만약 옷으로 반점을 가릴 수 있다면 이런 일은 거의 일어나지 않았을 테지만, 본인처럼 반점이 눈에 띄게 흉측할 땐 할 수 있는 게 아무것도 없다고 말했다.

해럴드는 얼굴에 반점이 있는 채로 살면서 커다란 한계에 부딪혀야 했다. 그는 새로운 사람들을 만나야 하는 환경에서는 일할 수 없었다. 자신이 좋아했던 몇몇 여성들과 더 깊은 관계로 나아갈 수도 없었다. 그리고 다른 사람들이 자신을 쳐다볼 수 있는 상황에 놓이는 활동들은 피했다. 해럴드는 반점에 자신이 민감하게 반응하는 정도를 줄이고자 정신과 전문의에게 행동 치료도 받았지만 성공하지 못했다. 해럴드는 자신감을 키우고 사람들에게 조금 덜 민감하게 반응하면 이 문제가 해결될 수 있다는 걸 알고 있다. 하지만 한 번도 그렇게 행동할 수 없었다. 오히려 새로운 환경에 놓일 때마다 그는 수치심을 느꼈고 자신의 연약한 자아 정체성을 문제삼았다.

"전 평생 낙인찍힌 채 살았어요. 거울을 보면 수치심이 듭니다. 저도 그들처럼 거울 속 저를 뚫어지게 쳐다보죠. 이게 제 삶을 망가뜨렸어요."

호레이시오 그리파, "제가 가야 할 곳은 어디인가요?"

호레이시오 그리파는 32살의 동성애자 교사로 에이즈를 앓고 있었다. 그와 처음 면담을 진행했을 당시 그는 막 병원에서 퇴원하려던 참이었다. 그의 증상은 부분적으로 완화되었지만 그의 삶은 혼란스러웠다. 에이즈에 걸렸다는 사실을 알게 되었을 때 그는 직장을 잃었다. 곧이어 집주인은 아파트를 비워 달라고 했다. 마지막으로 부모님은 그에게 고향으로 돌아오지 말라고 했다. 그는 현재 민간 보험사와 소송 중인데 보험사가 병원비를 지급할지는 알 수 없다. 심각한 우울감에 빠진 그는 정신과 전문의의 도움이 필요하다는 권고를 받았다. 하지만 그리파는 병원의 태도에 화가 났다.

"간호사들은 저를 무서워했습니다. 의사들은 마스크를 썼고 장갑을 낄 때도 있었습니다. 신부님조차 불안한 나머지 저와 악수하길 꺼리더군요. 도대체 이게 다 무슨 상황이랍니까? 전 나병 환자가 아니에요. 그들은 절 가둬놓고 쏴 죽이고 싶은 걸까요? 전 가족도, 친구도 없습니다. 제가 가야 할 곳은 어디인가요? 제가 뭘할 수 있죠? 하느님, 정말 너무 끔찍합니다! 신께서 절 벌하시는 걸까요? 제가 버틸 수 있는 유일한 이유는 제가 죽지 않았다는 겁니다. 적어도 아직까지는요."

수전 마일로, "누가 절 사랑하겠어요?"

수전 마일로는 25살의 키 크고 매력적인 미혼 백인 여성이다. 비서로 근무 중인 그녀는 최근 궤양성 대장염으로 대장의 일부를 밖으로 드러내는 수술을 받았다. 현재 수전은 자신의 인공항문을 세척하고 관리하는 교육을 받고 있다. 앞으로의 삶을 생각하면 그녀는 우울해졌다. 그녀는 다음과 같이 말했다.

"전 이 인공항문이 너무 창피합니다. 부자연스럽고 더러워 보이잖아요. 여기서 나는 냄새에 도통 적응을 못하겠어요. 오물로 얼룩이 질까 무섭기도 합니다. 그러면 고개를 못 들 정도로 수치스럽겠지요. 지금까지 인공항문 수술을 받은 환자 네다섯 명을 만났습니다. 그들은 잘 적응한 것 같더군요. 하지만 제 나이 또래면서 결혼하지 않은 사람은 없었습니다. 누가 이런 사람을 아내로 맞이하고 싶어 할까요? 데이트는 어떻게 하며, 또 사람들의 눈을 똑바로 바라보고도 진실을 말하지 않을 수 있을까요? 그렇게 하면 누가 우정을, 제 말은 관계를 발전시키고 싶어 하겠어요? 섹스는커녕 제 몸을 다른 사람에게 보여줄 수나 있을까요? 병원에서는 대장을 밖으로 드러내면서 대장염이 사라졌다고 합니다. 하지만 제 몸에 달린 이건 뭐죠? 이건 제게 너무 가혹해요. 스스로가 괴물처럼 끔찍하게 느껴진다고요. 가족들을 보면 울고 있어요. 제가 너무 안쓰러운 거죠. 미래를 이야기할 수도 없어요. 저에게 미래가 있긴 하나요?"

대니 브라운, "그들에게 전 그저 흥미로운 사례일 뿐이죠."

대니 브라운은 대학 신입생으로 환자들이 병원에서 얼마나 쉽게 수치심을 느끼게 되는지 말해 주었다. 어떻게 의료진들이 무심코 수치심을 유발하는지 말이다. 대니는 몸의 상당 부분에 심각한 습진을 앓고 있었다.

"옷을 벗을 때, 음, 그게, 그러니까, 완전히 발가벗게 되면 가장 먼저 수치심을 느낍니다. 제 모습이 부끄러운 거죠. 자신의 아주 사적인 부분이 노출되는 거잖아요. 간호사와 의사가 절 바라보는 시선도 수치스러워요. 그건 제가 보통 사람과 달리 정상이 아니라서 그래요. 그러니까, 음, 타인에게 발가벗은 모습을 보일 일이 뭐가 있느냔 말이죠. 하지만 병원의 간호사와 의사는 환자의 감정에 너무나도 무심합니다. 제가 그들 앞에 발가벗은 채로 서 있는데도 자기들끼리 사담을 이어간 적도 있어요. 전 여성이 제 피부를 보는 게 불편합니다. 그런데 어느 날은 병원에서 한 무리의 의대생들을 불러들였어요. 정말 최악이었죠! 마치 제가 전시품이 된 것 같은 기분이었어요. 그『엘리펀트 맨Elephant Man』(다발성 신경섬유종증을 앓았던 존 메릭이라는 사람의 비극을 그린 영화: 옮긴이)의 주인공처럼요. 쥐구멍에라도 숨고 싶었어요. 그 무리에는 저보다 약간 나이가 많아 보이는 젊은 여성도 두세 명 있었어요. 아, 정말 끔찍했어요. 전 기숙사에서 웬만하면 다른 사람이 있을 땐 샤워도 안 해요. 누구에게도 저의 징그러운 피부를 보여주고 싶지 않거든요. 제가 얼마나 이상하고 추하게 보이겠어요. 전 그때 의대생들 앞에 얼빠진 듯 서 있어야 했습니다. 이런 일을 겪게 하다니, 그 빌어먹을 의사는 제 감정을 전혀 고려하지 않았습니다. 전 단지 흥미로운 사례일 뿐이었죠."

노인 나병 환자, "바깥세상이 우릴 받아주지 않아요."

나는 처음으로 나병 요양원에 갔던 순간을 기억한다. 규모는 컸으나 시설은 낙후되었고 대만이라는 아주 상징적인 곳에 자리 잡고 있었다. 요양원은 커다란 언덕을 두고 도로와 떨어져 있었다. 즉, 그곳은 세상과 분리된 채 숨겨진 고립된 장소였다. 나는 병동 중 한 곳을 방문했는데 의학을 공부하는 나조차도 눈앞의 모습에 충격을 받았다. 그렇게 심한 상처와 신체 손상은 처음이었다. 나는 작은 병실에 갇혀 있는 환자들을 보았다. 얼굴이 심하게 훼손되고 손가락이 없는 한 나이 많은 여성이 고개를 돌리던 모습이 기억난다. 내가 방해해서 화가 난 줄 알았는데 그것은 화가 아닌 수치심이었다. 그녀는 '명예로운 외국인 손님'에게 그런 끔찍한 상처를 보이고 싶지 않았던 것이다. 이제는 나병균에 감염되지도 않았고 원칙적으론 집에 돌아가도 괜찮았지만 가족들이 그녀를 거부했다. 그녀 또한 퇴원을 거절했다. 갈 곳이 없었기 때문이다. 그녀는 바깥세상이 자신을 받아주지 않는다고 말했다. 그녀의 가족은 주변 사람들이 그녀의 존재를 알게 되어 자신들이 '웃음거리'가 되는 걸 원치 않았다. 그녀는 병원에서 혼자 힘으로 삶을 꾸려나가는 법을 배웠다. 다른 환자들도 그녀처럼 얼굴이 심하게 훼손돼 보였다. 그들처럼 그녀는 나병 환자였다. 이곳이 그녀가 속한 세계였다.

병원장은 나병 환자들이 사회로 다시 나가는 건 불가능하다고 말했다. 나병에 대한 공포가 워낙 큰 데다 가족들까지 고통받을 수 있기 때문이다. 환자들도 이 사실을 잘 알고 있었다. 그래서 그들은 병원을 나설 생각조차 포기하고 말았다. 그들은 사람들의 야유와 굴욕적인 시선, 저주, 공포를 피하고 싶었다. 중국인인 그들은 수치심에 굉장히 민감했다. 병원장의 말에 따르면, 그들은 스스로 가장 수치스럽다고 여기는 질병을 앓고 있는 셈이었다.

폴 센사보, "전 여기 사람들과 다르잖아요."

폴은 키 크고 깡마른 체형의 소유자였으며 항상 똑같은 검은색 양복에 빨간 타이를 매고 중절모를 쓰고 다녔다. 그는 한결같이 웃는 표정을 지었다. 하지만 질병이 그를 다른 사람으로 만들었다. 폴은 너무 부끄러워서 사람의 눈을 똑바로 보지 못하는 아이처럼 항상 고개를 숙이거나 시선을 피했고, 절대 상대방을 직접 쳐다보지 않았다. 그가 이런 특이한 행동을 하는 이유는 두 가지였다. 첫째, 폴은 사람들에게 뇌수술로 인한 상처를 보이고 싶지 않았다. 둘째, 그는 질문에 대답하는 걸 어려워했으며 자신의 말투와 이해하는 속도가 느리다는 걸 부끄러워했다. 끔찍한 사고로 뇌를 다치기 전까지 폴은 평범한 젊은 남편이자 아빠였다. 그는 결혼한 지 5년이 되었고 어린 자녀가 둘 있었으며 보험회사에서 사무직으로 근무 중이었다. 그런데 어느 날 트럭 한 대가 그의 차를 들이받아 철제 가드레일과 함께 박살내 버렸다. 의사들은 그가 살아 있는 게 천운이라고 말했다. 폴은 몇 주간 의식불명 상태에 빠졌다. 당시 심각한 생리적 쇼크가 최소 한 번 일어났는데, 추측하기론 이것이 전두엽과 측두엽 부상만큼이나 그의 성격 변화와 사고능력 저하를 초래했다. 이후 그는 어린아이같이 충동적으로 행동하게 되었고 지적 수준도 떨어졌으며 생각을 말로 표현하기가 어려워졌다. 아내의 말처럼 그는 '단순한 사람'이 된 것 같았다.

폴이 다시 직장에서 근무하기엔 장애물이 너무 많았다. 아내는 막내아들이 생긴 기분이었다고 말했다. 그녀는 폴을 안타깝게 생각했으나 결국 그와 이혼했다. 그렇게 함으로써 그녀는 자신과 아이들의 삶을 돌볼 수 있었다. 하지만 그녀와 아이들은 폴을 부끄럽게 여겨 재판을 통해 폴의 방문권을 빼앗았다. 지금도 폴은 그들을 보지 못한다.

폴은 갈 곳 없는 정신질환자와 지적 장애인, 알코올 중독자 등을 수용하고자 대형 병원 근처에 우후죽순으로 생겨난 열악한 호텔의 1인실에서 혼자 지냈다. 그가 받는 보조금은 곧장 폴의 법정 후견인 역할을 맡은 호텔 지배인에게로 넘어갔다. 그는 폴에게 생활비를 줬으며 그가 끼니를 거르진 않는지, 방은 깨끗한지 등을 확인했다.

몇 달간 나는 주 1회 폴을 만났다. 처음엔 그의 두꺼운 진료 기록을 살펴봐도 그가 정기적으로 병원을 방문하는 이유가 무엇인지 알 수 없었다. 나중에야 병원이 그의 삶의 일부이며, 진료가 그에겐 한 주의 주요 활동이라는 걸 알게 되었다.

폴의 하루는 그가 직접 설명해줘도 믿지 못할 만큼 너무나 단순했다. 그의 하루는 다음과 같다. 일어나서 샤워하고 옷을 입고 방에서 나가 호텔 안내 데스크에 있는 지배인에게 아침 인사를 건 넨 다음 길을 건너가 신문을 산다. 폴의 말에 따르면, 신문을 사는 것은 하루의 큰 즐거움이었다. 가판대를 운영하며 폴에게 신문을 파는 루이라는 흑인 노인은 따뜻하고 섬세한 사람이었다. 루이는 폴을 "멋쟁이"라고 불렀으며 그렇게 차려입고 어딜 가느냐고 물었다. 이런 일과가 몇 년 동안 계속되었다. 폴은 고개를 들고 짧게 대답할 만큼 그를 편안해 했다. 사실, 폴은 시야 문제로 신문을 거의 읽을 수 없었다. 내 생각에 그가 신문을 사는 이유는 안정된 생활 루틴의 중요성 때문이며, 더 단순하게는 주 6일간 이뤄지는 2-3분의 루이와의 짧은 교류가 그에겐 사람과 대화하는 주요 통로였기 때문이다. 그다음에 폴은 휑하고 인간미란 찾아볼 수 없는 무미건조한 병원 식당에서 아침을 먹었는데 모두가 그를 알아보았지만 아무도 그에게 말을 걸지 않았다. 폴은 불도 잘 들어오지 않는 텅 빈 식당의 구석에 멀찍이 혼자 떨어져 앉았다. 그의 식사 시간은 꽤 길었다. 아침식사가 끝난 후 폴은 도시를 천천히 둘러보며 산책을 했다. 그러곤 호텔 방으로 돌아와 몸을 씻었고 다시 그 무미건조한 병원 식당으로 가서 점심을 먹었다. 점심식사후엔 낮잠을 잤고, 이어서 호텔 주변을 아주 짧게 산책한 다음 방에서 TV를 시청했다. 저녁이 되자 그는 다시 병원으로 향했다. 저녁식사 후엔 가끔 병원 로비에 앉아 사람들을 구경하거나 사람들이 하는 이야기를 들었는데 항상 잡지나 신문으로 얼굴을 가리고 있었다. 호텔 방으로 돌아오고 나면 그는 대체로 방 안에 머물렀다. 원래는 저녁 산책을 즐겼지만 나를 만나기 몇 달 전 자신을

"괴짜", "미치광이", 심지어 "머저리"라고 욕설을 퍼붓는 불량 청소년들에게 강도를 당했고, 그래서 방 안에 머물려 TV를 보게 되었다. 매주 한 번 호텔 매니저가 그의 방을 확인하고 생활비를 주었으며 계좌 잔액을 일러줬다. 폴이 추측하기로 그렇게 하는 데까지 약 15분이 걸렸다.

폴에게 한 주의 큰 이벤트이자 그가 고대하는 일은 의사와의 만남이었다. 이날을 위해 그는 검은색 정장 안에 검은색 조끼나 회색 스웨터를 입었으며, 이따금 병원의 선물 가게에서 카네이션을 사서 근무 중인 자원봉사자의 옷깃에 꽂아주었다. 이전 담당 의사를 대신해 내가 폴과 관련된 사항을 인계받았고, 나 또한 나를 대신할 후임자에게 폴을 인계해 주었는데, 틀림없이 폴은 이런 일을 수년간 여러 번 겪었을 것이다. 폴은 별로 말이 없었지만 매주 반복해서 같은 질문을 받는 것을 마음에 들어 했으며, 질문할 때 순서를 바꾸지 않고 천천히 말하면 꽤 능숙하게 대답했다. 하지만 내용이 조금이라도 달라지면 당황했다. 단순히 질문의 순서를 바꾸는 것만으로도 그의 집중력과 기억력에 무리가 갔다. 그는 내게 사실 가만히 앉아 의사의 이야기를 듣는 게 좋다고 말했다. 시간이 흘러 폴의 어마어마한 진료 기록을 다 읽고 난 다음에는 폴이 눈치채지 않게 이따금 새로운 질문들을 던진 후 그에게 생각할 시간을 충분히 줌으로써 나는 폴에 대해 많은 것을 알 수 있었다.

아마도 폴에 관한 가장 중요한 정보는 그가 너무 쉽게 당황한다는 점이다. 그는 자신의 "뇌에 문제가 있다"는 것을 알고 있었고 장애를 극복하려 열심히 노력했다. 적어도 일주일에 한 번 이상 내게 말했듯 "사람들이 자신을 비웃지 않길 바랐기" 때문이다. 폴은 자신이 평범한 삶을 살고 있으며 "독립적"이고 "자기 주도적인" 사람처럼 보이려 했다. 그는 식당에서 식사하거나 병원을 방문하거나 루이에게서 신문을 사는 다른 사람들처럼 자신도 평범하게 보이길 간절히 원했다. 하지만 그의 장애는 본인조차 자신이 정상이 아니라는 사실을 인정해야 할 정도로 사람들 눈에 띄었다. "하지만 그렇게 크게 다른 것도 아니에요." 그가 덧붙였다.

나는 폴을 만날 때마다 안타까움을 많이 느꼈다. 그가 사람과의 교류가 전혀 없는 굉장히 외로운 삶을 살고 있었기 때문이다. 하지만 폴이 자신의 삶을 그런 식으로 보진 않았다고 생각한다. 그에게 삶은 해야 할 일을 전부 해내기 위해 몸부림쳐야 하는 것이었다. 폴이 느끼는 감정은 슬픔이 아닌 부끄러움이었다. 그는 자신이 다른 사람들과 다르고 모두가 자신을 그렇게 생각한다는 걸 알고 있었으며, 자신이 무능하다는 사실을 인지하면서도 유능하게 보이길 바랐다. 아무도 자신을 빤히 쳐다보거나 비웃거나 '아이처럼' 대하지 않았다고 생각하며 보내는 하루가 폴에겐 가장 좋은 하루였다.

나는 폴이 하루에 몇 번이나 수치심을 느끼는지 알게 되었다. 병원에서 그를 뚫어지게 쳐다보며 그의 행동을 흉내 내는 아이들, 그의 옆에 앉길 피하는 환자들이나 가족들, 그가 지나갈 때마다 얼굴을 찌푸리는 병원 보안 요원, "빨리 좀 해요. 당신이 잔돈다 셀 때까지 온종일 기다릴 순 없잖아요."라고 말하는 수납 창구 여직원, 가장 최악은 그를 "멍청이"라고 부르는 경비원들이었다.

게다가 의도치 않게 내가 이런 패턴에 일조하고 있다는 것을 알게 되었다. 내겐 살펴봐야 할 환자들이 많았고, 폴과는 치료와 관련된 이야기를 할 일도 거의 없어서 나는 그와의 면담 시간을 반으로 줄여 버렸다. 그러자 폴의 얼굴에 굴욕적인 표정이 스치는 게 보였다. "제가 제대로 대답을 못 했군요. 그렇죠, 선생님? 뇌 손상 환자로서 사는 삶에 적응할 줄도 모르고요. 맞죠?" 폴의 성격은 어린아이처럼 바뀌었고 그의 인지 능력도 심각하게 손상되었지만 다른 사람들의 반응을 민감하게 감지하는 능력은 그대로였다. 그는 본인 역시 남들과 같은 인간이라는 사실을 사람들과 자기 자신에게 증명하기 위해 끊임없이 노력했다. 나는 종종 다음과 같은 의문이 들었다. 병원은 휠체어를 타거나 시력을 잃은 사람, 산소나 특별한 식이요법이 필요하거나 자신을 돌보는 데 도움을 받아야 하는 사람 등 신체적으로 불편한 사람들을 보호하기 위해 만들어졌다. 그런데 바깥세상은 말할 것도 없이 병원에는 환자가 수치심을 느끼지 않도록 보호해 주는 장치가 마련돼 있는가?

사회운동가 졸라가 보여준 것처럼 장애는 장애인을 곤경에 처하게 만든다. 그의 세상은 더는 전과 같지 않다. 사람들은 장애인에게 굉장히 부주의하거나 당혹스러울 정도로 과하게 걱정하는 등 상당히 모순적인 반응을 보인다. 일반인과 가족, 의료진 중 장애인을 자신들의 일상에서도 받아들일 수 있는 사람은 거의 없다. 사람들은 그에게 장애를 '극복하고 넘어서서' 정상인으로 돌아오도록 노력하기를 기대한다. 폴 센사보는 뇌 부상으로 인해 일상생활의 많은 부분을 혼자서 수행하지 못하게 되었다. 하지만 그는 자신만의 세상을 구축했다. 폴은 내게 이렇게 말하곤 했다. "전 다 큰 성인입니다. 다른 사람들과 똑같아요. 제 몸 하나는 스스로 건사할 수 있습니다." 그가 자신의 세계를 바라보는 시각의 핵심은 '다른 사람들처럼 되고 싶다'는 욕구, 즉 남들과 다르게 보이거나 조롱당하거나 거부당하거나 비인간적인 대우를 받는다고 느끼고 싶지 않다는 바람이었다. 이런 상황에서 의사는 그가 만든 세계의 가능성과 한계를 이해하려 노력하고, 그의 욕구와 잠재력에 자신만의 방식으로 적절히 대응하며, 그가 괴짜 혹은 불완전한 사람이라는 느낌을 받지 않도록 최선을 다해야 한다.

일 년 넘게 나는 매주 45분 동안 폴을 만났다. 딱 한 번 항상 오고 가던 질문들을 뛰어넘었던 대화가 기억난다. 오래전 어떤 기억을 마음에 새겼으며 그 중 어떤 기억을 반복해서 음미하는지에 관한 것이었는데, 그 시간은 마치 그가 내게 주는 선물과도 같았다. 그러던 1월의 어느 추운 겨울날, 눈이 많이 내려 내가 타려던 기차가 연착되었다. 폴이 몇 시간을 기다린 끝에 나는 겨우 환자들로 가득 찬 대기실에 도착했다. 나는 최대한 양해를 구한 다음 폴을 진료실로 데려갔다. 그에게 사과의 말을 건네면서 시간이 너무 촉박한 데다 기다리는 환자도 많으니 오늘은 몇 분밖에 이야기할 수 없겠다고 설명했다. 그가 내 말을 이해한 것 같진 않았다. 폴은 나의 퉁명스러운 태도와 자신이 기다린 시간을 무시하는 듯한 발언에 상처를 받았다. 그는 이 시간이 자신에겐 한 주의 가장 중요한 행사이자 아주 기쁜 마음으로 기다리며 일주일 내내 준비해온 행사라고 이야기했다. 그리고 내게 해줄 놀라운 이야기가 있다면서 또 강도를 당했다고 말했다. 폴은 이 이야기를 내게 말하는 걸 아주 자랑스럽게 여겼는데, 처음에 내가 그 사건이 실제로 일어났다고 믿지 않았기 때문이다. 나는 그가 TV에서 본 장면이나 꿈, 심지어 환각을 이야기한다고 생각했다. 마침내 그의 이야기를 이해했을 때 나는 다음 주까지 기다려야 할 것 같다고 말했다. 어쨌든 지금은 시간이 없었다.

폴은 실망한 아이처럼 크게 상처받은 눈치였다. 나는 어찌할 바를 몰랐다. 간호사들은 지금 당장 봐야 할 환자들이 있다면서 계속 진료실을 들락날락했다. 하지만 결국 나는 상처 입은 폴을 그대로 내보낼 수 없었다. 나는 그에게 내가 처한 상황을 자세히 설명했고, 그는 내 말을 듣고 다음과 같이 말했다.

"괜찮습니다, 클라인먼 선생님. 이런 일에 익숙해요. 전 별로 중요한 사람도 아닌걸요. 더는 어른이라고 말하기도 어렵고요. 사실은 저도 다 알고 있습니다. (이쯤 되자 그의 얼굴에서 멋쩍은 웃음이 사라졌고 그는 울먹이기 시작했다.) 전 여기 사람들과 다르잖아요. 사람들 말대로 전 머저리잖아요. 안 그래요? 제가 느끼기에 세상은 너무 빠르게 돌아갑니다. 다 큰 어른들뿐이고요. 어른들은 화가 나면 남에게 상처를 줄 수도 있잖아요. 안 그래요? 이 세상은 제게 너무나 위험한 곳이에요. 전 집에서만 생활할까봐요. 무슨 말인지 아시죠? 저 같은 사람들을 위한 집 말이에요."

나는 깊은 슬픔이 파도가 부서지듯 내 마음속으로 퍼져나가는 것을 느꼈다. 그리고 두 눈가에 눈물이 맺혔다. 나도 그와 함께 울었는지도 모르겠다. 그러고 나서 나는 분노를 느꼈다. 다행히도 그 분노는 폴이 아닌 이 험난한 세상에서 힘없는 약자들이 겪어야 하는 부당함을 향하고 있었다. 이윽고 나는 전부 다 그런 것은 아니라고 생각하며 스스로를 위로했다. 폴은 지금까지 특별한 보살핌을 받아왔다. 하지만 수치심을 느꼈어야 하는 사람은 폴 센사보가 아닌 나라는 생각을 하지 않을 수 없었다.

9

병이 없는데도
병에 걸렸다고 믿는 사람들

모든 것은 모방에서 비롯된다.

– 클리포드 기어츠

의미상 건강염려증hypochondriasis은 질환이 없는 질환이다. 현대
정신의학에서 건강염려증은 증상이 없다는 의학적 증거에도 불구
하고 환자의 질병공포증nosophobia이 지속되는 만성적 상태로 정
의된다. 즉 환자는 병에 걸렸다고 불안해 하지만, 의사는 환자의
불안이 병리적 과정에 근거한다는 어떠한 증거도 찾지 못한다. 생
물의학의 이원론적 용어에 따르면, 건강염려증 환자는 생물학적
병리 현상이 없는 질환을 경험한다는 것이다. 건강염려증을 진단
하려면 환자가 병에 걸렸을까 두려워해도 의사는 그에게 아무 이
상이 없다는 확신이 있어야 한다. 게다가 의사가 환자를 납득시키
지 못하면 건강염려증은 만성화된다. 자신이 두려워하는 병에 걸
리지 않았다는 의학적 증거를 환자가 받아들이게 되면 그는 더 이

상 건강염려증 환자가 아니기 때문이다. 이 책의 목적을 고려할 때 건강염려증은 흥미로운 주제다. 환자의 의미와 경험, 그리고 의사의 의미와 경험 사이의 변화하는 관계를 보여주기 때문이다. 대중이 생각하고 경험하는 건강염려증과 전문가가 생각하고 경험하는 건강염려증에는 차이가 있다. 이 의미론적 및 실존적 차이는 환자와 의사 사이의 잠재적 긴장감을 크게 증폭시킨다. 그 결과 좌절과 갈등을 겪을 수도 있지만, 모순적으로 통찰력을 얻을 수도 있다.

건강염려증은 환자가 질병을 호소하고 의사가 질환을 진단하는 전형적인 의학적 관계에 반전을 가져온다. 건강염려증의 경우 "후두암에 걸렸을까 두려워요", "심장질환으로 죽을 것 같아요", "자가면역질환을 앓고 있는 것 같아요"와 같이 오히려 환자가 질환을 호소하고 의사는 질병만 확인할 수 있다.

건강염려증을 설명하는 고전 교과서에 따르면, 건강염려증 환자는 의사가 믿지 않아도 질환을 앓고 있다는 자신의 두려움을 의심하지 않는다. 하지만 현실에서 이런 식의 병적인 반응을 보이는 환자는 거의 없다.[14] 즉 환자들도 뭔가 잘못되었다는 자신들의 믿음과 잘못된 게 없다는 의사의 생각에 차이가 있음을 어느 정도 인지하고 있다. 건강염려증 환자가 끊임없이 두려워하는 이유는 자기 생각에 확신을 가져서가 아니라 계속되는 의심에 심각한 불안을 느끼기 때문이다. 환자는 자기 자신도 믿지 못하고, 질환이

---

14 환자의 자각이 부족하고 그의 질병공포증이 망상(타인에게는 공유되지 않는 확고한 거짓 믿음)의 온갖 특징을 지닌 흔치 않은 형태의 건강염려증이 있는데, 바로 단일증상 건강염려성 정신증이다. 이 장애에 관해 주목할 만한 점은 이 병이 이 경험의 단 하나의 측면에 한정된다는 것이다.

존재하지 않는다는 의사의 말도 믿지 못한다. 이 때문에 건강염려증 환자들은 생물학적 기능에 대한 불필요한 검사를 수없이 하게 된다. 어떠한 검사도 초기 단계에서는 질환을 정의할 수 있을 만큼 완벽하거나 정확하지 않으므로 검사를 통해 질환의 유무를 100퍼센트 확신할 수 없다는 건 환자들도 알고 있다. 의학적 불신이 깊은 건강염려증 환자가 이 아이러니를 모르는 척 행동하는 게 아이러니하다.[15] 일상생활에서는 건강염려증 환자도 굉장히 유머러스한 사람일 수 있다. 하지만 진료실에서는 어리석고, 독선적이며, 자조 섞인 농담도 할 줄 모르는 사람이 된다. 만약 진료 과정에서 환자가 자조 섞인 미소를 지으며 행동한다면 그는 자신의 문제를 심각하게 설명하지는 않을 것이다. 오히려 환자와 의사 모두 뻔히 드러나는 모순에 웃음을 터뜨릴지도 모른다. 즉 건강염려증 환자는 자신이 제기하는 의문을 의심하지 않는다는 주장을 펼칠 수밖에 없는 것이다. 건강염려증의 가장 골치 아픈 부분은 자신의 생각이 옳다며 고집스럽게 문제를 제기하는 환자다. 물론 이런 증세를 보이는 환자 중 진심으로 자신의 증상엔 모순된 부분이 전혀 없다고 생각하는 사람들도 있다. 웃음기라곤 찾아볼 수 없는 이들은 자기 몸을 과하게 신경 쓰며 늘 병에 걸릴까 노심초사한다.

건강염려증 환자는 종종 자신의 질병이 독특하다고 주장하는데, 이는 환자가 자신의 병이 기존의 생물의학 범주에 맞지 않는다고 생각하는 이유이기도 하다. 하지만 의사의 눈에는 사실 건강

15 "가장된 무지"는 고대 그리스어인 아이러니irony의 본래 의미다.

염려증 환자의 행동이 그동안 봤던 문제 있는 다른 환자들의 질병 경험 및 언어와 놀라울 정도로 똑같다는 게 너무나 명백히 드러난다. 자신의 병은 특별하다unique는 환자의 직관과 환자의 질환이 교과서에 등장하는 사례를 그대로 베낀 것에 지나지 않는다는 의사의 상반된 직관은 건강염려증의 경우에서만 볼 수 있는 갈등은 아니다. 만성질환자를 돌보는 의사와 환자 간 관계에서도 대부분 이런 갈등이 되풀이된다. 이 같은 갈등은 치료 과정에서 문제를 일으킬 수밖에 없다. 사실 환자와 의사의 생각 모두 옳다. 갈등이 발생하는 이유는 두 사람이 서로 다른 방식으로 경험한 현실을 이야기하기 때문이다. 환자들은 같은 병을 앓는 사람들의 행동을 피상적으로 따라한다. 하지만 자기 삶만의 독특한 의미를 표현하며 다른 사람이 아닌 환자 본인의 질병 경험을 형성하기도 한다. 따라서 만성질환자를 위한 효과적인 치료의 본질은 환자만의 독특한 질병 경험과 다른 이를 모방한 질병 경험을 통합해 전체론적으로 치료하는 것이다.[16]

건강염려증 치료에는 환자가 두려워하는 질환 대신 그가 정신질환을 앓고 있다고 환자를 설득하는 일이 포함된다.[17] 건강염려

---

16 아마 최근 몇 년간 '전체론적holistic'이라는 말보다 남용된 단어는 없을 것이다. '전체론적'이라는 말은 심리사회적 측면을 배려하는 동시에 생물의학적 측면으로도 유능한 치료를 의미하는 그럴듯한 용어로 인기를 얻었으나 의료업계의 브랜드 이름을 팔기 위한 목적을 지닌 상업화된 슬로건으로 변해 버렸다. 나는 초기 의미로서 '전체론적'이라는 단어를 사용한다.

17 신체적 건강염려증에서 시작한 환자들이 점점 정신적 건강염려증으로 바뀌고 있다. 내 경험상 이는 위험하고 바람직하지 않은 변화다. 왜냐하면 다른 의학 분야와 달리, 정신의학에서는 특정 질환이 진행 중이라는 환자 혹은 정신과 의사의 우려가 사실이 아님을 입증할 기준이 거의 없기 때문이다.

증은 의사에게 골치 아픈 모순일 수 있다. 의사는 해당 질환이 미국정신의학협회가 주장하는 공식 진단 기준(DSM-3)에 부합하는 질병 단위가 아니라는 사실을 알고 있다. 정확히 말하자면 건강염려증은 정신분열증과 우울증부터 불안증, 성격 장애까지 다양한 정신질환에서 나타날 수 있는 증상이다. 게다가 의사는 환자의 증상을 유발하는 숨은 생물학적 병소가 없다고 전적으로 확신할 수는 없는 것처럼 행동하도록 훈련받았다는 점에서 본인이 이 문제에 책임이 있다는 것도 알고 있다. 최후의 검사를 아직 받지 않았을 뿐이라는 환자의 지독한 의심은 질병을 찾아내는 의사에게 직업적 회의감을 유발하기도 한다. 따라서 건강염려증 환자의 의심과 의사의 의심은 정확히 짝을 이룬다고 볼 수 있다. 의사는 건강염려증 환자에게 병이 없다는 사실을 설득하려 애쓰지만, 마음속으로는 환자가 앓고 있는 질환이 없다고 본인도 100퍼센트 확신할 수 없음을 알고 있기 때문이다. 임상 의학은 물리학과 달리 생물학처럼 확률이 중요하다. 의사는 절대 100퍼센트 확신할 수 없다. 보통 90-95퍼센트가 적당하며 언제나 의심의 여지를 남겨둔다. 건강염려증 환자는 확실히 의사를 불편하게 하고 의심하도록 만든다. 의사들이 건강염려증 환자들을 번거롭게 생각하는 이유는 아마 이 때문일 것이다.

다음은 나의 주장을 뒷받침해 주는 사례들이다. 각 사례는 질병 의미의 아이러니함이 무엇인지 보여주는 환자 4명의 삶을 기술하고 있다.

"제가 암에 걸리지 않았다고 어떻게 확신할 수 있죠?"

어니 스프링거는 38살의 미혼 남성으로 작은 컴퓨터 회사에서 시스템 분석가로 일하고 있었다. 14개월 동안 어니는 자신이 대장암에 걸렸을지도 모른다는 공포 때문에 여러 차례 병원을 찾았으며 1차 진료 의사에게 20번 넘게 상담을 받았다. 결국 해당 의사는 어니를 위내시경 검사, 구불창자 내시경 검사, 소장 내시경 검사와 함께 상부 위장관 및 하부 위장관 엑스레이 검사까지 해줄 수 있는 위장병 전문의에게 보냈다. 그런데도 어니는 위에서 언급한 검사를 모두 다시 받게 해주고 위장관 CT 촬영도 해줄 수 있는 위장병 전문의 2명을 따로 만나기도 했다. 그는 개복술을 통해 암세포의 성장 여부를 알 수 있는지에 대해 상담했던 외과 의사를 통해 내게 보내졌다. 어니 스프링거와 그의 1차 진료 의사는 막다른 골목에 다다른 상태였다.

"그는 사람도 좋고 유능한 의사인 것 같아요. 적어도 제 생각엔 말이죠. 하지만 대장암에 걸렸을지도 모른다는 제 말을 믿지 않더군요. 어쨌든 소장의 많은 부분이 내시경이나 엑스레이 검사로는 잘 보이지 않습니다. 그런데 제가 암에 걸리지 않았다고 어떻게 확신할 수 있는 거죠? 장은 겹겹의 층으로 되어 있는 데다 종양의 크기가 정말 작을 수도 있잖아요. 뭐, 장 전체를 꺼내다가 현미경으로 들여다보지 않는 이상 모르는 거 아닌가요? 사실 초기 단계에서 암을 발견하려면 전자 현미경이 필요할 수도 있어요. 아무튼, 이런 경우가 아니라면 어떻게 그 의사나 선생님이나 다른 의사들이 제가 암에 걸리지 않았다고 확신할 수 있습니까? 제 말은 100퍼센트 확신할 수 있느냐는 겁니다."

어니를 진료한 의사들은 질환에 대한 그의 접근법에 이의를 제기하며 확률을 이야기했다. 이게 정확한 과학적 증거에 기초했더라도 어니의 입장에서는 납득할 수 없는 이야기였다.

"만약 특정 검사 결과에 따라 암이 없다고 99.9퍼센트 확신한다고 해도 여전히 아주 약간의 불확실성은 존재합니다. 그렇지 않나요? 이렇게 작은 확률로도 충분히 병이 생길 수 있습니다. 물론 이 정도로 정확한 대장암 검사는 없지만요."

게다가 어니는 암이 아니라 그의 '불안'이 문제라는 의사들의 주장에 대해서도 반박할 준비가 돼 있었다. 그는 나와 처음 만난 자리에서 이 부분에 대해 확실히 말했다.

"클라인먼 선생님, 선생님이 정신과 의사라는 건 알고 있습니다. 하지만 저는 정신의학적으로 문제가 있는 게 아니라 내과적으로 문제가 있는 겁니다. 제겐 위장병 증상이 다양하게 나타나고 있고, 그래서 암, 특히 대장암에 걸릴까 불안한 겁니다. 지금까지의 검사 결과는 정상이었다 해도요. 아무튼 제 주치의, 그러니까 제가 마지막으로 진찰받은 외과 의사인 루이스 박사님이 정신과 의사를 만나보라고 했습니다. 그분도 제가 만났던 내과 의사들과 다른 전문의들처럼 제 걱정이 지나치다고 생각하니까요. 의사들은 제가 암에 걸릴지도 모른다는 두려움에 사로잡혀 있다고 생각하더군요. 그게 문젭니다. 제가 불안해 하는 건 저도 압니다. 하지만 선생님도 저처럼 본인이 암에 걸릴 가능성이 있다는 생각이 들면 불안하지 않겠어요? 조기에 발견되면 치료할 수 있는데 의사들이 자기 말을 믿어주지 않는다면 말입니다."

어니 스프링거는 대장암에 걸렸다는 망상을 하는 게 아니었다.

"종양이 있다고 100퍼센트 확신하는 건 아닙니다. 사실 모든 검사 결과가 음성으로 나온 걸 보면 암이 있을 리가 없다고 생각될 때가 많아요. 하지만 곧 의심하기 시작합니다. 문제를 파고들수록 의심이 커지는 셈이죠. 전 응용물리학 박사 학위를 받았고 시스템 분석가로 일하고 있어요. 새로운 암이 발견되었다는 의학 논문을 읽으면 간담이 서늘합니다. 정말 온몸에 소름이 돋아요. 거짓 음성(존재하는 병리 현상을 발견하지 못해 정상이라는 잘못된 검사 결과가 제공된 경우)이 나올 확률도 너무 높고요. 과학이 언제나 그렇게 정확한 건 아니니까요. 게다가 이 확률이란 건, 음, 물리학자에겐 굉장한 골칫덩어리입니다. 제 말은 물리학에서 저희는 법칙을 다룹니다. 그런데 생물의학은 제대로 된 법칙이 하나도 없어요. 문제의 발생 빈도, 한 집단 내에서의 발병률을 추정하기엔 확률만으로도 충분하니까요. 하지만 확률은, 적어도 제겐 정말이지 용납하기 힘든 개념입니다. 특히 저처럼 완벽한 확신을 원하는 사람에게는요."

사실 어니 스프링거는 대장암에 집착하는 자기 모습에 가끔 실소를 터트리기도 했다.

"정말 어이가 없습니다. 도대체 저는 왜 전문가들의 진단 결과에 의문을 제기하면서 모든 사람이 저의 상상이라고 치부하는 생각에 노심초사하는 걸까요? 정말 우습죠. 진짜로요. 아니, 제가 이 일에 이렇게나 많은 시간과 돈을 쓰지 않았어도 웃겼을 겁니다.

집착인 걸 저도 압니다. 저도 제가 괜한 걱정을 하는 것 같아요. 제 행동을 보고 속으로 '미쳤다'고 생각하죠. 하지만 증상들이 구체적이진 않더라도 확실히 존재합니다. 그래서 걱정하는 거죠. 걱정을 떨칠 수가 없어요. 이건 다른 의사들에겐 절대 말할 수 없는 얘긴데, 그랬다간 절 진료실 밖으로 쫓아낼 테니까 선생님께만 말씀드릴게요. 가끔 의사들이 제 걱정을 심각하게 받아들일 때 속상해 하는 제 모습을 보곤 깜짝 놀랍니다. 그런데 의사들이 제 말을 믿지 않을 땐 또 그들을 설득해야 한다고 생각하죠. 이 모순되는 감정은 뭘까요? 의사들이 제게 '걱정하실 필요 하나도 없습니다. 아무 문제 없어요.'라고 말해도 의심하고, 뭔가 문제가 있는 것 같으니 검사를 더 해보자고 해도 의심스러워요. 아무래도 엑스레이에 노출되면 위험하잖아요. 내시경도 얼마든지 대장에 구멍을 낼수도 있고요. 뭔가 조치를 취해 달라고 의사들을 설득한 다음에도 제가 괜한 말을 꺼내 문제를 일으킨 건 아닌가 걱정됩니다. 여기서 선생님과 이야기하는 것도 그럴 만한 이유가 있겠지요."

어니 스프링거는 오랫동안 건강염려증을 앓았다. 10년 전 두통이 계속되자 그는 뇌에 종양이 생겼다고 믿었고, 3년이 지나서야 만성 긴장성 두통이라는 주치의 진단을 받아들였다. 이후 그는 피부암에 걸렸다는 두려움에 휩싸였다. 피부에 생긴 많은 점을 보고(점은 모두 정상이었다) 그는 흑색종에 걸릴 확률을 없애려 반복해서 피부 조직 검사를 받았고, 성형외과까지 찾아가 피부 이식 수술에 대한 자문을 구하기도 했다. 게다가 어렸을 때도 '숨어 있는 병'을 앓고 있는 건 아닐까 두려워했다고 말했다.

"선생님, 핵심은 병이 숨어 있으니 우리가 그걸 찾아내야 한다는 거예요. 병은 어둠 속에 숨어 있어요. 그래서 무서운 거죠. 어릴 때 계단 꼭대기의 어둠을 무서워했던 것과 비슷합니다. 아시다시피 전 시스템 분석가고 항상 물건을 정리하려 합니다. 더 정돈된 상태로 만들려고 하죠. 제가 일적으로도 그렇고, 몸도 어질러진 상태를 좋아하지 않는다는 걸 충분히 짐작하시겠죠?"

숨어 있는 병이라는 비유는 그가 증상을 호소할 때 굉장히 자주 쓰는 표현이다.

"막연하지만 경련과 메스꺼움이 느껴집니다. 소장을 누가 누르는 것 같아요. 위장 전문의에게도 잘 보이지 않는 장의 숨겨진 부분이 있잖아요. 거기에 숨은 암세포가 자라고 있을지도 몰라요."

그리고 항상 암을 '숨어 있는 살인마'와 연관 지어 생각했다.

"그러니까 만약 암세포를 찾지 못하면, 제 말은 지금처럼 암덩어리가 숨어 있는 채로 점점 자라다 전이되면 소리 소문 없이 죽을 수도 있습니다. 제가 말이에요……. 선생님, 지금처럼 과학이 정교하게 발달한 세상에서 숨어 있는 살인마가 없다고 확신할 수 없다는 게 말이 안 됩니다. 우리가 가진 모든 기술을 써서라도 전확실하게 알고 싶고, 확률을 통제하고 싶어요."

걱정을 달고 사는 남자

울프 시걸은 41살의 실직한 회사원으로 본인이 심각한 심장질환을 앓고 있다고 강하게 믿고 있었다. 지난 18개월 동안 그는 지역 병원 응급실을 무려 10번 넘게 드나들었다. 그는 매번 가슴 통증과 손 저림, 호흡 곤란, 과호흡, 두근거림 등을 호소하며 죽을 것 같다고 말했다.[18]

"의사들은 제가 미쳤다고 생각할 겁니다. 확실해요. 제 등 뒤에서 절 비웃는 게 다 느껴집니다. 하지만 전 정말 심각합니다. 매번 진짜 죽을 것 같아요."

울프 시걸은 걱정거리가 많은 사람이었다. 그는 자기 능력에 맞는 직업을 다시 찾지 못할까 걱정했고 은행원인 아내에게 그들 둘을 부양해야 하는 부담을 준 것도 걱정했다. 늙어가는 부모님에 대한 걱정도 많았고, 최근 잘 풀리지 않았던 투자와 한 번도 잘한 적이 없는 테니스 경기에 대해서도 걱정했다. 하지만 무엇보다도 울프는 (그는 이렇게 말했다. "울프라고 부르세요. 전 사실 늑대 옷을 입은 양일 뿐이지만, 어쨌든 울프라고 부르세요.") 자기 몸에 대한 걱정이 많았다.

"건강이 점점 나빠지고 있습니다. 나이 때문인 것도 있지만 운동량이 부족합니다. 먹는 것도 너무 좋아하고요. 콜레스테롤, 이것 때문에 아버지는 심장병을 얻으셨고, 제 수치도 정상에서 제일 높은 축에 속합니다."

울프는 오랫동안 지속된 과호흡과 천식(그가 천식을 앓는 건 아니지만 할아버지에게 천식이 있었으며 남동생이 천식을 앓고 있다), 당뇨("당뇨는

---

18 이 증상들은 모두 불안장애의 일종인 공황발작과 일치한다. 공황발작은 과거에 과호흡증후군(동맥혈의 이산화탄소 농도가 정상 범위 아래로 떨어져 호흡 곤란, 어지럼증 등의 증상이 나타나는 상태)이라 불렸는데, 지금은 공황장애가 과호흡의 원인 중 하나로 알려져 있다.

어머니 쪽에 가족력이 있습니다.")를 걱정하곤 했다. 그는 불안에 대해서도 걱정했다.

"전 정말 심각하게 걱정을 달고 사는 사람입니다. 원래부터 그랬어요. 선생님은 저를 만나기 전까지는 걱정이란 게 진짜 무엇인지 모르셨을 겁니다."

하지만 18개월이라는 시간 동안 그의 주된 걱정거리는 다름 아닌 심장이었다.

"병원에서는 정상이라고 합니다. 완벽히 정상이래요. 말도 안 되는 소리죠! 제가 정상이라면 왜 가슴 통증이나 두근거림, 손 저림 등을 겪겠어요? 그들은 그냥 정상이라고 생각하고 싶은 거겠죠. 제 몸이에요! 제 몸이 정상이 아니라는 걸 전 알아요."

울프는 10년 동안 같은 의사에게 진료를 받고 있었다. 바로 울프의 아버지와 어머니를 치료한 의사였다.

"이제는 제 주치의인 해리와도 의견이 갈립니다. 그는 제가 심장에 너무 민감하게 반응한다고 말해요. 긴장을 풀고 너무 걱정하지 말고 한 발짝 물러서서 보면 다 사라질 거라고요. 그는 이렇게 말합니다. '이보게, (해리는 저와 오래 알고 지낸 사이입니다), 걱정하지 말게. 자네 심장에는 아무 문제가 없다네. 신경이 문제지. 좀 느긋해져 보게. 집사람과 함께 밖에서 저녁도 먹고 즐거운 시간도 보내고 말이야.' 선생님은 그가 저에 대해 몰랐다고 생각하시겠죠. 전 문제가 생기면 걱정합니다. 그게 문제고, 그래서 전 걱정을 하는 거예요. 해리는 이게 문제가 아니라고 말하는 건가요?"

울프 시걸과의 대화는 특이한 경험이었다. 독자 여러분은 아마 웃음을 터트릴지도 모른다. 울프는 건강염려증 풍자만화 속 주인공 같았다. 하지만 얼마 후 여러분은 적어도 그가 진료실에서는 굉장히 심각하다는 걸 알게 될 것이다.[19] 그는 질환에 대한 자신의 공포를 유머로 승화시키지 못했다. 울프의 또 다른 특징은 조금의 과장도 없이 말 그대로 그의 눈이 장난기로 반짝거린다는 것이다. 그는 재치 있는 말을 좋아했으며, 냉소가 섞인 농담으로 이야기에 양념을 쳤는데 그게 참 재미있다. 하지만 자신의 증상에 관해 말할 땐 매우 따분한 사람이 된다. 그는 몇 번이고 했던 이야기를 반복하며 스스로에게 완전히 빠져들었다.

나는 울프 시걸에게 과호흡과 공황, 그에 따른 생리적 증상이 복합적으로 나타나는 정신생리학적 문제가 있으며, 그의 불안장애와 그 원인이 된 성격적 특성을 치료하면 건강염려증 강도가 줄거나 아예 사라질 수 있다고 말했다. 그러자 그는 깜짝 놀란 것처럼 행동했다.

"선생님, 그러니까 제가 선생님과 세 번 만났는데, 선생님조차 걱정할 게 아무것도 없다고 말씀하시는 겁니까? 걱정하는 게 성격적인 문제 혹은 불안장애라니요? 제가 걱정이 많은 건 인정합니다. 신경증 환자처럼 불안해 한다는 말까지 인정해요. 하지만 건강염려증이라뇨? 제가요? 통증이 도지는 걸 막을 수만 있다면 오른팔이라도 내어줄 울프 시걸이 말이에요? 전 금욕주의자이지

---

19 영화 『한나와 그 자매들Hannah and Her Sisters』 속 우디 앨런의 연기가 울프 시걸을 떠오르게 하는데 울프만큼 재미있는 것 같진 않다.

건강염려증 환자가 아닙니다! 제 말이 선생님께 과장으로 들린다면, 근데 이 단어(과장)를 사용해 말씀하셨나요? 아무튼 그런 게 아니라고 장담할 수 있습니다. 전 제 몸에 나타나는 진짜 증상을 걱정하는 겁니다. 심리적 문제는 생각할 겨를이 없어요. 걱정되지도 않고요. 제가 증상을 강조해서 이야기할 수도 있습니다. 제 느낌이 어떤지, 제가 어떤 고통을 겪고 있는지 선생님이 아실 수 있도록 말이에요. 전 고문을 당하고 있는 기분입니다. 제가 겪는 고통을 참을 수 있는 사람은 많지 않을 겁니다. 심장, 여기가 문제예요. 다른 걱정거리들은 부차적인 문제라 옆으로 치워 놓아도 돼요. 전 심장질환이라는 진짜 문제를 안고 선생님을 찾아왔는데, 선생님은 해리와 똑같이 절 대하시는군요. 제 말을 믿지 않으시다니, 가슴이 아프네요. 제가 오늘 점심식사 후 겪은 증상에 대해 말씀드릴게요. 그리고 전 응급실에 가지 않았습니다……"

외골수 통역사

49살의 미혼 여성인 글래디스 디 이스파한디에리언은 아르메니아계 미국인으로 워싱턴 D. C.에 있는 거대 국제기구에서 통역사로 근무하고 있었다. 그녀는 소련에서 태어났으며 아르메니아어와 영어, 터키어, 페르시아어, 프랑스어, 이탈리아어, 러시아어까지 총 7개 국어에 능통했다. 그녀는 15년간 흉부에 불편함을 안고 살아왔다. 압박감, 민감함, 약해졌다 강해졌다 하는 통증 등이 있었지만, 대부분은 그녀가 구사하는 7개 언어로 전부 표현할 수 있는 말인 '불편함'에 가까웠다. "증상을 표현하는 단어들은 거의 비슷해요. 심장 부근의 가슴 언저리가 막연히 불안하고 걱정스러운 느낌이 드는 것 같아요." 거의 15년 동안 이러한 증상들을 경험했기에 그녀는 심장과 폐질환에 대한 공포로 여러 의사를 만났다.

"둘 다인 것 같습니다. 집안 내력이거든요. 제가 흡연자이기도 하고요……. 하지만 그 오랜 세월 동안 의사 중 그 누구도 잘못된 걸 발견하지 못했다는 게 거의 믿기지 않을 정도로 놀랍습니다. 지금까지 많은 검사를 받았는데, 작은 이상이 있다고 나오기도 했지만, 결국엔 아무것도 없다고 하더군요. 이토록 긴 시간 동안 병을 달고 산다는 건 끔찍한 경험인 데다 그 뭐죠, 뭐라고 표현해야 하나요? 제 정체성이 망가진 것 같은 기분이에요. 이도저도 아닌 상태라고 말해두죠. 전 정상인도, 환자도 아니에요. 제 질병엔 이름이 없어요. 아, '스트레스성이다', '심리와 관련돼 있다', '건강염려증이다'라는 말은 들어봤습니다. 즉, 제 상상이라는 거죠. 말도 안 됩니다! 제가 만들어낸 상상이라면 가슴에 통증이 느껴질까요? 정말 황당합니다! 그런데 왜 정신과 의사를 찾아왔냐고요? 이번이 처음도 아닌데? 심리적 요인이 영향이 있는지, 있다면 치료 가능한지 알아보라고 타하르디 선생님이 그러더군요. 그러니 정신과 상담을 받지 않고 배길 수 있겠어요? 짜증 내서 죄송해요. 실은 선생님을 만나 뵙게 되어 기쁩니다. 교수님께 진료를 받으면 제 문제가 마음이 아닌 흉부에 있다는 걸 확실히 알 수 있을 것 같거든요."

글래디스는 매력적이고 세련됐으며 세계 이곳저곳을 누빈 전문직 여성이었다. 말솜씨도 훌륭했는데, 항상 증상이 어떤지 묘사하거나 질병 때문에 느끼는 공포심이 어떤지 되새기는 식으로 이야기를 시작하거나 끝맺었다.

"아마 전 죽을 겁니다. 사람들은 제가 현대 의학이 제 병의 본질을 정의하기엔 너무 이른 시대를 살았다고 이야기할 거고요. 이 병은 제가 처음 걸렸으니 아마 '이스파한디에리언 병'이라고 불리겠죠. 하지만 이건 너무 바보 같은 이야기예요. 가족 중 저와 같은 문제로 고생하는 사람들이 많은데 아르메니아에서는 이게 흔한 질병이라고 합니다. 설사 제가 죽을병에 걸린 게 아니더라도, 물론 제가 그만큼 아프다는 증거는 없지만, 제겐 희망이 없습니다. 이 병 때문에 이미 전 너무 많은 시간을 허비하고 있고 저의 모든 활동에 지장을 받고 있어요. 심지어 통역 일에도 방해가 되고요.

스트레스 때문이라고 말씀하지 마세요, 선생님. 우울증이나 불안장애 때문이라고도 하지 마세요. 그런 문제가 아니라는 걸 확실하게 말씀드릴 수 있어요. 문제는 여기, 바로 이 부분, 가슴 중앙이에요. 심장과 폐가 아프다고요. 그런데 왜 제 개인사에 관해 아셔야 하는 겁니까? 그게 심장질환과 폐질환과 어떤 관련이 있다는 거예요?

전 제 몸을 의학 연구에 기증할 생각이에요. 그렇게 해야만 세포와 조직에 어떤 문제가 있는지 알 수 있겠죠. 하지만 이게 무슨 비극입니까! 의사들이 제 병을 발견할 때 전 세상에 없잖아요. 그땐 너무 늦는다고요."

글래디스와 몇 차례 면담하는 동안 나는 대화의 흐름을 그녀의 감정이나 개인 생활로 향하도록 하는 게 무척 어렵다고 느껴졌다. 마지막에 가서야 그녀의 심장 및 폐질환이 악화되는 이유가 오래 사귄 남자친구 니키 카슐리와의 격정적인 연애 때문이라는 것을 알았다. 남자친구는 항상 그녀와 결혼할 것처럼 굴다가도 갑자기 마음을 바꿔 더 생각할 시간을 갖자고 말했다.

"그는 도대체 무슨 생각을 하고 있는 걸까요? 그것도 8년씩이나. 네, 알아요. 니키는 제 병이 나빠지고 있다는 핑계를 대겠죠. 선생님이 옳습니다. 그 사람이 제 폐와 심장에 한 짓을 보세요. 아주 비열한 놈이에요! 토마스 만의 작품 『마의 산*The Magic Mountain*』의 주인공들은 '열정도 병passion is disease'이라는 뭐 그런 비슷한 말을 하는데, 전 그게 유일한 원인이라고 생각하지 않습니다. 제 병을 악화시키는 많은 이유 중 하나일 뿐이죠."

마지막 세 번의 면담에서 그녀는 나를 다음과 같이 칭찬했다.

"선생님께서 제게 어디 불편한 곳은 없는지 물어보시니 정말 기쁩니다. 이제 절 진짜 환자로 생각하시는 거잖아요. 이 사실을 제 주치의들에게도 꼭 알려주세요. 제가 심장과 폐질환 환자라는 걸 다른 의사들이 이해하도록 도와주셨으면 좋겠어요!"

하지만 마지막 상담에서는 이렇게 말했다.

"선생님은 제 병을 다른 방식으로 해석하려 하세요. 전 선생님의 해석에 문제가 있다고 생각합니다. 해석은 또 제 전문이잖아요? 전 불편함, 압박감, 막연한 통증 등 신체 증상을 말하는데, 선생님은 은유와 이중의미를 말씀하세요. 표현에 문제가 있는 게 아니라 제 몸에 문제가 있는 겁니다. 정신이 신체에 속하나요? 전 아니라고 봅니다. 다시 말하지만, 열정은 마음의 영역이라고 하잖아요. 열정이 신체 상태를 일컫는다면 제 병을 악화시킨다고 할 수도 있겠죠. 선생님 말씀이 오히려 절 헷갈리게 합니다. 문제는 생각보다 단순해요. 제 병은 심장과 폐질환입니다."

"제가 느끼는 건 죽음, 오로지 죽음뿐입니다."

필립스 빙먼은 55살로 서부 해안 지역 종합 대학의 인문학 교수이다. 바싹 자른 회색 머리에 굉장히 짙은 눈썹을 가진 그는 키가 크고 매우 말랐으며 가느다란 테의 안경을 쓰고 있었다. 그가 맨 나비넥타이는 안 그래도 넓적한 얼굴을 더욱더 넓어 보이게 했다. 백혈병으로 아내를 떠나보낸 후 6년 동안 빙먼 교수는 그의 표현에 따르면 "자신이 죽어가고 있다는 극단적인 생각"에 사로잡혀 있었다.

"불균형, 호르몬 분비의 근본적 불균형. 이게 제 문제입니다. 전 수년 동안 갑상선 질환을 앓았습니다. 제가 찾아간 여러 의사 중 이를 알아낸 사람은 딱 한 명이었어요. 일시적이고 매우 경미한 증상인 것 같긴 합니다. 노화가 빨리 진행된 것뿐이라고 느껴지기도 하지만 제 에너지는 계속 떨어지고 있습니다. 생명의 힘이 점점 사라지는 게 느껴져요."[20]

---

20 빙먼이 한 번도 갑상선 질환을 앓았던 적이 없을 수도 있지만 그가 받은 약 열두 건의 갑상

그런데 빙먼 교수는 처음으로 다음과 같이 말한 사람이었다.

"진짜로 절 괴롭히는 건 사실 갑상선 질환이 아닙니다. 모두 언젠가 죽기 마련이죠. 그런데 전 스스로 죽음에 직면하고 있다는 느낌이 듭니다. 무덤을 향해 거침없이 나아가고 있다는 것도 알고 있습니다. 매일 죽음에 대해 생각하는데 정말이지 괴롭습니다. 차가운 손이 절 움켜잡고는 놓질 않아요. 제 피부와 뼈에서도 죽음이 느껴질 정돕니다."

빙먼 교수는 우울증이나 다른 정신질환 진단 기준에 부합하지는 않았다. 하지만 건강염려증과 같은, 질병에 대한 두려움도 어쩐지 그의 진짜 관심을 사로잡진 못했다. 그의 관심은 병에 걸렸다는 생각보다 죽음에 관한 생각으로 향해 있었다.

"저는 죽음을 기리는 사람입니다. 나라에 중요한 업적을 쌓은 황제에게 추도문을 바친 고대 중국의 지식인들처럼 저도 죽음을 기념하고 있습니다. 죽음은 다방면으로 제게 다가오고 있어요. 제 안에서 느리지만 꾸준하게 죽음이 스며들고 있는 게 느껴집니다. 전 망상이나 환각에 빠진 게 아닙니다. 단지 우리 모두에게 확실히 영향을 미치는 과정에 극도로 민감하게 반응할 뿐이죠. 할 수 있다면 죽음의 움직임을 멈추거나 지연시키고 싶습니다. 처음 인정하는 건데, 전 죽는 게 두렵습니다. 전 아내의 죽음을 지켜봤어요. 충격적이었죠. 그후 제 안에서 죽음을 감지하기 시작한 겁니

선 검사에서 한두 개의 비정상적인 결과가 나왔다. 그런데 이는 무작위 실험의 오차 확률과 일치한다. 현재 빙먼의 내과 주치의로부터 알게 된 사실은 그에게는 갑상선 질환의 존재를 의심할 만한 실험적 증거나 임상적 근거가 없다는 것이다.

다. 병원에 가면 제가 무슨 말을 할 수 있을까요? '제발 도와주세요. 전 죽어가고 있고 죽는 게 너무 두려워요.'라고 할까요? 아마 저는 다른 사람들이 아무렇지 않은 척하는 모습이 너무 빤히 보인다고 말하겠죠. 그런데 제 경우는 노화가 너무 빨리 진행되는 게, 죽음이 너무 빨리 다가오는 게 병인 것 같습니다.

삶은 아이러니가 참 많습니다. 전 죽음을 다룬 위대한 문학 작품들을 잘 알고 있습니다. 플라톤, 키케로, 마르쿠스 아우렐리우스, 초기 기독교 성인들, 셰익스피어, 심지어 현대 작가들의 작품들까지 읽고 또 읽어요. 그렇게 해서 좋을 게 뭐가 있냐고요? 확실히 죽음을 다룬 문학 작품을 읽는다고 해서 저의 두려움이 없어지진 않습니다. 오히려 더 악화시킬 수 있죠. 그리고 전 죽음에 집착하는 행동이 약점, 즉 도덕적 약점이나 정신적 병이라는 걸 압니다. 하지만 전 우리를 죽음에 이르게 하는 신체 내부의 변화를 육체적으로 감지해온 것 같습니다. 감지했다기보다는 지각하게 되었다는 표현이 맞고 이젠 이 관찰을 멈출 수가 없습니다. 마치 정원에 겨울이 찾아오는 것을 지켜보는 식물학자가 된 기분입니다. 페트라르카의 시처럼 '한여름의 추위'를 느끼지만, 제가 느끼는 건 사랑이나 욕망이 아닌 죽음, 오로지 죽음입니다. 이 문제에 선생님이 어떤 식으로 도움을 주실 수 있는지 잘 모르겠습니다. 육체적 죽음을 두려워하기엔 너무 이르긴 하죠. 하지만 전 극복했습니다. 전 더는 외부의 시선으로 죽음을 바라보는 역사가가 아닙니다. 제가 죽음의 역사 그 자체입니다."

:: 해설

환자의 병력을 기록하거나 앞에서처럼 특정 질환의 전형적인 징후와 증상을 설명하기 위해 인터뷰 자료에서 인용할 말을 선택해 배열하는 건 노련한 의사에겐 굉장히 쉬운 일이다. 그리고 이러한 사례를 설명하는 글에서 나타나는 시각이 진료 시 환자의 문제가 무엇인지 물어보고 대답을 듣는 의사의 방식에 그대로 드러난다고 확신한다. 수많은 문제에서 대표 질환이 조각상처럼 빚어지는데, 이런 경우를 재현reproduction이라고 한다. 만약 내가 여기 나온 사례들을 최대한 자세하고 복잡하게 설명한다면 차이점이 더 선명하게 드러날 것이다. 숙련된 의사라면 우선 환자가 적절한 생물의학적 치료를 받을 수 있게 질환을 진단한 다음 이를 상징적 형태의 생물의학 진단 훈련의 결과로 간주해야 한다. 기술적 개입은 질환을 개선하거나 치료까지 할 수 있을진 몰라도 질병은 아니다. 질병을 치료하려면 의사는 골치 아프고 혼란스럽겠지만 언제나 특별한 경험의 맥락 속에서 환자를 대면해야 한다.

질환은 모방의 정신생물학적 과정으로 징후, 증상, 행동을 똑같이 만들어 낸다. 인간 질병의 역설은 이러한 보편적인 과정에서 사회와 개인의 독특한 특성이 생긴다는 것이다. 확실히 어니 스프링거와 울프 시걸, 글래디스 디 이스파한디에리언, 필립스 빙먼 모두 질병공포증이나 건강염려증 증상을 보였다. 하지만 질환에 대한 공포는 저마다 "숨어 있는 살인자", "완전히 심각한 걱정거리", "이스파한디에리언 병", "죽음의 역사 그 자체" 등 아주 정교하게 표현했다. 같은 방식으로 문화적 맥락을 공유하는 사람들은 옷차림, 예절, 음식, 미적 선호도, 그리고 (이 책의 경우) 질환 등 비슷한 패턴에서 그들만의 독특한 정체성을 만들어 낸다. 나는 질병 의미가 집단에서 개인, 보편성에서 특수성으로 변화가 일어나는 방식을 조명한다고 생각한다. 이러한 의미는 사람들의 정체성 변화에서 생기기도 하고, 정체성의 변화를 일으키기도 한다.

기술 중심의 세속적인 세계관, 물리적 환경과 신체를 정밀하게 통제할 수 있다는 기대, 삶은 본래 위험하다는 사실을 인정하기 싫은 마음, 우리의 세포에 (그리고 거리에) 존재하는 숨어 있는 살인자들을 향한 두려움 등 어니 스프링거의 질병 경험은 암으로 고생하는 미국 사회의 주요 단면을 떠올리게 한다. 게다가 필립스 빙먼은 서구 사회가 그리는 무시무시한 이미지를 발견한 듯하다. 바로 근육질의 건장한 신체를 자랑하는 청년기를 거쳐 중년기마저 지나고 나면 우리는 긴긴 내리막길을 따라 죽음이 기다리고 있는 바닥으로 내려간다는 것이다. 현대 서구 사회에서 노화는 일종의 질환이 되었다. 빙먼 교수의 정교하면서도 병적인 예민함은 자신의 노화 과정 못지않게 정상을 비정상으로 바꿔버리는 사회적 변화를 반영한다. 울프와 글래디스의 표현에는 민족성이 더 많이 반영되어 있다. 따라서 더 구체적이고 덜 보편화된 은유와 관용어들이 반복해서 등장한다. 하지만 재현을 통해 독특한 특성을 만들어 가는 과정은 똑같다.

의사와 환자 가족, 간병인은 모방과 오리지널의 틈새에 위치한다. 이 사람들이 모방만 알아볼 때가 굉장히 위험하다. 의학 저널과 강의들엔 "건강염려증 환자는…….", "모든 질병공포증 환자는……." 등의 표현들이 가득하다. 내가 환자의 개인 사정을 거의 알아내지 못했다 하더라도 어니 스프링거, 울프 시걸, 글래디스 디 이스파한디에리언, 필립스 빙먼의 사례를 하나의 기준으로만 생각했다면 별다른 특징이 없다고 여겼을 것이다. 억누를 수 없는 그들의 개성은 그들의 정체성뿐만 아니라 만성질환을 안고 살아온 방식에 있어서도 극명하게 차이를 드러내고 있다. 어떠한 진단 기준도 환자와 그들의 질병 경험을 1차원적으로 설명해선 안 되며, 환자와 비슷하게 생긴 캐리커처를 환자로 착각해서도 안 된다. 진단 체계의 목적은 결국엔 질환의 패턴을 인식하여 치료의 방향을 제시하는 것이기 때문이다. 진단 체계는 환자의 유형을 완벽하게 표현하기 위한 것도, 그들의 삶의 문제를 돌보는 지침이 되기 위한 것도 아니다. 질환을 치료하려면 모방이 거부되어서도, 진단이 폐기되어서도 안 된다. 건강염려증 환자들의 두려움은 그 원인이 제대로 밝혀지고 의료진이 무슨 조치를 취해야 할지 확실히 알면 치료 가능하다는 공통점이 있다. 하지만 인도적인 치료를 제공하려면 의사들은 각 환자의 고유한 특성을 간과해선 안 된다.

궁극의 아이러니는 건강염려증이 삶의 문제의 본질과 이에 대응하는 의료 기관 또는 가족이라는 시스템 사이에 존재하는 갈등을 상기시킨다는 것이다. (의사든 환자의 배우자든) 치료 기술에 숙달하려면 다른 기술과 마찬가지로 모방에 모방을 거듭하며 규칙부터 암기해야 한다. 초보자의 단계가 그렇다. 그러나 이후 숙련된 의사와 훌륭한 가족 구성원은 모방에서 벗어나 당면한 과제를 해결하는 법, 관례화라는 말 속에 내포된 모든 위험 요소와 고정관념, 캐리커처를 뛰어넘어 인간미 넘치는 예술이라는 치료의 본질로 나아가는 법을 깨닫게 된다.

건강염려증은 치료가 매우 어렵기로 악명 높다. 의사와 환자 가족이 자신들의 부족함과 실패감을 덜어내고자 환자에 대해 농담을 던지는 모습도 쉽게 볼 수 있다. 환자의 질환뿐 아니라 의사나 그 가족의 반응도 일종의 모방이다. 치료 관계에서 모방은 모욕감과 거부감을 주는 경우가 많다. 아무리 좋은 의도라도 환자의 상태를 악화시킬 수 있으며, 과도한 걱정은 환자에게 불필요한 입원과 값비싼 검사와 위험한 치료를 부추기고, 모든 면에서 좌절감을 안겨줄 수 있다. 여기서 내가 무엇을 제안할 수 있겠는가?

나는 아이러니를 감지하는 감각을 유지함으로써 치료 시 느끼는 무력감과 분노를 막을 수 있다는 걸 깨달았다. 우리가 논의한 여러 가지 아이러니에 대한 인식을 높이기 위해 건강염려증 환자와 그 가족들과 솔직한 이야기를 주고받는 건 만성질환이 장애로 이어지는 확률을 낮추는 수단이 될 수 있다. 나는 건강염려증이 '고통의 언어'로 인식되어야 하며, 의료진들은 이 언어를 이해하는 법을 배워 환자들과 똑같은 은유적 표현을 활용할 수 있어야 한다고 생각한다. 건강염려증을 언어로 접근하는 방식은 환자의 질병공포증과 본인 또는 의사의 판단에 대한 의구심을 부추기는 생활 속 갈등 및 개인적 압박감을 설명하는 심리치료 연구에 보탬이 될 수 있다. 건강염려증의 의미를 체계적으로 연구한다면 배우이자 관객인 환자들의 아이러니한 위치에 초점을 맞추는 치료의 기초를 세울 수 있다. 물론 이러한 치료는 여전히 시간이 오래 걸리며 어렵고 불확실한 길이다. 치료에 성공하지 못한 환자가 많은 이유는 아이러니하다는 생각으로 증상이 대개 주기적으로 되풀이되기 때문이다.

10

우리는 모두
용감하면서 나약하다

젊은 날 희망과 사랑,
그리고 삶에 대한 믿음을 배우지 못한 사람의 마음은
얼마나 비통할까!
- 조지프 콘래드

앞에서 이야기한 환자들의 사연이 여러분들에게는 지나치게 병
적이고 우울하게 들릴지도 모르겠다. 만성질환과 더 심각한 장애
를 앓으면서도 타인에게 모범이 될 정도로 용감하고 굉장히 안정
적이며 성공적인 삶을 살아가는 사람들도 많다. 하지만 이런 환
자들은 정신과 진료를 받지 않는다. 임의로 환자들을 연구하는
의료인류학조차 아주 끔찍한 삶의 문제들이 쌓여 있으며 치료 과
정에서 가장 탈이 많은 환자에만 집중해 편향적인 내용을 담을
수 있다. 따라서 확실하게 질병에 적응해 혼자 있을 때나 병원에
있을 때나 증세를 효과적으로 다룰 수 있으며, 질병의 공격에도
품위와 통제력을 잃지 않는 삶을 사는 환자의 사례를 설명함으로

써 균형을 맞추는 것이 중요하다. 심각한 어려움이 닥쳐도 자신의 열망을 잃지 않고, 건강한 정신으로 망가진 신체가 매일 퍼붓는 공격을 성공적으로 이겨내기 위해 열심히 노력하며, 장애로 인해 장기간 겪어온 위험과 상실에서도 승리하는 것. 이런 모습들은 우리 모두에게 가르침을 주며 우리 인간의 가장 좋은 면을 보여주는 본보기라 할 수 있다. 아무리 성공한 사람이라도 우리는 각자에게 좋은 본보기가 될 수 있는 모범 사례가 필요하다. 어쩌면 우리가 고통에 맞서야 할 때보다 이 말이 더 진정성 있게 들리는 때는 없을 것이다. 매일 장기간 고통에 시달렸던 사람만이 이를 증명할 수 있다.

나는 정말 운 좋게도 만성질환으로 삶을 향한 열망이 꺾이기보단 오히려 더 늘어난, 매일의 고통을 미화하거나 왜곡하지 않고 질병을 안고 사는 삶도 충분히 성공할 수 있다는 것을 보여준 사람들을 몇 명 알게 되었다. 그 중 패디 에스포시토는 내 머릿속에서 그의 눈부신 삶이 가장 먼저 떠오른 사람이다.

재활 치료실에서 만난 하반신 마비 청소년들

내게 힘이 되어준 이 사례의 선한 영향력을 그대로 보여주려면 패디 에스포시토를 만나기 직전 나의 상황이 어땠는지 설명할 필요가 있다. 뉴잉글랜드에 있는 큰 규모의 의대 부속 병원에서 레지던트로 근무 중일 때였다. 초겨울이라 춥고 해도 짧았으며 회색빛의 날들이 이어졌다. 가을의 열정과 수련 초기의 자신만만했던 나의 태도는 겨울과 남은 수련 기간이 아주 길고 힘든 시간이 될 것이라는 우울한 생각을 이기지 못하고 무너졌다. 그렇게 생존주의적 사고방식이 자리 잡았다. 인턴과 레지던트들은 암울한 생존자들이었다. 이 실용주의적 회의론자들은 때론 의대생들의 무모한 열정을 업신여기기도 하고, 때론 노련한 임상의들의 냉정한 지혜를 갈망하는 등 둘 사이 어딘가에서 위태롭게 존재하고 있었다. 인턴과 레지던트들의 에너지와 인내심은 자신들이 환자가 병원에서 마주하길 바라는, 환자에게 공감하는 의사의 모범이 되지 못한다는 공격에 바닥을 보이기 일쑤였다. 사실 너무 오랫동안 제대로 잠을 자지 못한 데다 일터와 사생활의 경계가 모호한 생활에서 오는 긴장감까지 더해지니 성격이 급해지고 시야도 좁아졌다. 당시 내 상황은 이랬다.

그때 나는 사지 마비 및 하반신 마비 청소년들을 전문적으로 돌보는 재활 치료실에 파견 중이었다. 매주 소규모 그룹 치료 세션을 기획하고 운영하는 것이 내 업무 중 하나였다. 커다란 물리치료실에 6-8명의 청소년 마비 환자들이 휠체어나 병원 침대에 앉아 넓은 아치 모양으로 나를 둘러쌌다. 적어도 이 세션의 원칙적인 목표는 중상을 입은 이 젊은 친구들이 광범위한 신체적 기능 장애에 적응할 수 있도록 돕는 것이었다. 양다리를 못 움직이거나 대장과 방광을 포함해 목 아래 모든 감각과 운동 기능을 상실한 아이들도 있었고, 심지어 스스로 호흡이 불가능한 아이들도 있었다. 실제로 치료 세션은 중증 장애에 대한 집단적 슬픔과 재활 치료에 대한 좌절감으로 인한 분노를 표출하는 내용으로 이뤄졌다. 섣부른 충고는 아이들의 절망적인 현실을 하찮게 여기는 것처럼 보였다. 아이들이 서로에게 도움을 주었다기보단 자신들의 운명에 대해 그들의 보호자와 내게 마구 분노의 저주를 퍼붓는 방식으로 서로에게 용기를 주었다는 것이 더 정확했다. 병원 직원들은 한 번에 한 시간 혹은 한 시간 반 동안 이어지는 그 세션에서 터져 나오는 아이들의 분노를 어떻게 받아내느냐며 내게 박수를 보냈다. 나는 분노가 또 다른 분노를 품을 수도 있지만 그 에너지를 긍정적인 방향으로 바꿀 수 있다고도 들었다. 그런데 당시 나는 이 세션을 통해 무엇을 이룰 수 있을지 상당히 불안했으며, 이 그룹 치료가 해야 하는 역할에 대해서도 확신하지 못했다.

가장 괴로웠던 세션 중 하나는 아이들이 그들 대부분이 받아들일 수 없는 현재의 제약과 암울한 전망에서 벗어날 수 있는 합법적이고 잠재적인 수단으로써 자살에 관해 이야기하자고 한 날이었다. 10-15분 동안 침울한 이야기를 듣고 나니 나는 그룹 치료 경험이 아이들에게 좋은 영향이 아닌 되레 악영향을 미치고 모두의 사기를 떨어뜨릴지도 모르겠다는 생각이 들었다. 그래서 나 스스로의 불안감과 절망감을 이기지 못하고 전형적인 사례를 언급하며 재활 치료를 받는 상황에서 자살이 왜 도움이 안 되고 심지어 비겁하며 불가능한 선택인지 설명했다. 나는 용기와 희망에 대한 일장 연설을 늘어놓았고, 지금 생각해 보니 아이들에게 얼굴까지 붉히면서 시간이 흐르면 이 장애를 감내하고 살아갈 수 있을 정도로 상황을 받아들이게 된다고도 말했다.

예정 종료 시각보다 한 시간이 지났고 나는 굉장히 지쳤다. 나는 긍정적인 분위기로 세션을 끝내고 싶었다. 시간은 금요일 오후 5시였고, 다음날은 응급실에서 하룻밤을 꼴딱 샌 후 얻은 주말 휴가였다. 나는 아내와 아이들을 눈이 내리는 지역으로 데려갈 생각에 들떠 있었다. 그런데 느닷없이 가장 어린 환자 중 한 명이자 다이빙 사고로 아래 척추뼈가 골절됐으며 수그러들 줄 모르는 적개심으로 사실상 병원의 전 직원과 불편한 관계인 16살 소년이 내게 소리쳤다.

"빌어먹을 헛소리는 집어치워! 당신은 이런 몸으로 남은 인생을 살 필요가 없잖아. 당신이 우리 처지에 대해 뭘 알아? 감히 당신 따위가 우리에게 이래라저래라 할 자격이 있어? 우리 입장이 돼 보면 당신도 죽고 싶을 거야. 목숨을 끊고 싶을 거라고!"

소년의 분노와 슬픔의 폭풍우가 나를 향했다.

세션을 마친 후 나는 약간 충격을 받은 상태로 집에 돌아왔다. 확실히 소년의 말이 맞고 내가 틀렸다. 나는 몇 달 몇 주간 진행된 치료 세션을 하나하나 복기해 봤다. 나는 진정성 있게 아이들을 대하지 않았고 이에 대해서는 변명의 여지가 없었다. 내가 만약 그 비극적인 상황에 놓인다면 어떤 느낌일지 상상조차 할 수 없었다. 몸을 제대로 움직이지 못하는 장애는 어떤 의미로 다가올까? 이 질문은 내 경험에 큰 반향을 일으켰고, 내가 만성질환자에게 부여했던 의미에 경고를 보냈다.

사별 상담사로 일하는 30세의 심근염 중환자

패디 에스포시토는 내가 도피처로 삼았던 치료 허무주의에서 벗어나도록 도와주었다. 패디를 이보다 더 완벽하게 설명할 수 있을까? 그는 30살의 청년으로 큰 키에 굉장히 마른 체구를 갖고 있었는데 거의 매일 진청색 코듀로이 정장을 입고 가슴엔 작은 붉은 꽃을 달았다(그는 "매일이 좋은 날"이라서 이를 기념하기 위해 그런다고 했다). 패디는 턱수염이 있어 인상이 세 보였지만, 풍부한 표정을 보여주는 커다란 입술과 부드러운 갈색 눈으로 금방 상대방도 따라하게 만드는 미소를 지어 보였다. 미남형은 아니었지만, 그가 방에 들어오면 거의 모든 사람의 시선이 그를 향할 만큼 존재감이 강했다. 그는 따뜻한 마음과 열린 태도, 세련된 매너를 지니고 있었으며, 성격에서 깊은 평온함도 묻어 나왔다. 고대 중국인의 말을 빌리자면, 패디는 기(생명 에너지)가 풍부하고 인생의 길(道)을 찾았으며 훌륭한 인품(仁)을 지닌 청년이었다.

패디는 교외에 있는 작은 병원의 사별 전문 상담사였다. 그는 죽어가는 환자들과 그 가족들을 상담하면서 하루를 보냈다. 패디는 그가 늘 쓰는 표현에 따르면 "말솜씨"가 좋았는데 특유의 자조적 유머는 자신이 물려받은 이탈리아와 아일랜드의 유산 덕분이라고 했다. 그는 미혼이었으나 주위에 친구들이 많았다. 패디는 심장의 평활근을 공격하는 원인 모를 진행성 염증 질환(심근염)을 앓았다. 그는 거의 항상 숨을 헐떡였다. 하지만 많은 사람이 이는 그의 놀라운 면에 비하면 아무것도 아니라고 말했다. 패디는 심각한 장애(이 장애는 그의 활동을 제약했고 심각한 증상을 초래했으며 결국 젊은 나이에 그를 죽음에 이르게 했다)를 갖고 있었는데도 놀랄 만큼 그 사실에 대해 거의 신경 쓰지 않았다. 그와 짧게 이야기를 나누다 보면, 심지어 그가 병원에 입원해 있어도 그의 병에 대해선 완전히 잊게 되며, 상대방의 어려움에 공감해 주는 그의 열린 태도에 감탄하게 된다. 이런 성격 덕분에 패디를 잘 모르던 사람조차 그에게 자신의 개인적 문제를 털어놓았다. 그는 마치 타고난 심리상담사 같았다.

내 생각에 패디는 내면의 평온함과 진정한 지혜를 갖춘 사람이기도 했다. 그는 2학년을 마치고 로스쿨을 중퇴했는데 그때가 심근염 진단을 받은 직후였다. 그는 항상 세계 여행을 꿈꿔왔는데, 불교에 크게 관심을 갖게 된 뒤로 특히 인도와 네팔, 동남아시아를 가고 싶어 했다. 또한 아시아에서 3년을 보냈는데 대개 힌두교도들이 수행하며 거주하는 곳인 아시람과 불교 사원에서 생활했다. 이때 경험은 그에게 엄청난 영향을 미쳤다. 질병 진단을 받기 전 패디는 스스로도 인정하길, 만족을 모르는 야심만만하고 이기적인 사람이었다. 미국으로 돌아오고 나서 그의 건강은 훨씬 더 나빠졌지만 그는 경쾌하게 말했다.

"전보다 훨씬 더 나아졌어요."

패디는 살아가면서 다른 사람을 섬기고 그들에게 자신이 찾은 평온과 지혜를 전달하기로 마음먹었다. 그래서 사별 전문 상담사가 되었다. 물론 쉽지 않았다. 호스피스 운동이 북미에서 본격적으로 일어나기 전인 데다 패디 스스로가 중환자였으므로 대형 병원 프로그램은 그를 꺼렸다. 하지만 그는 포기하지 않았고 자신만의 프로그램을 개발하기도 했다. 그는 훌륭한 상담사였지만 겸손하고 조용한 성격이었기에 자신의 성공을 남에게 뽐내지 않았다. 동료들을 뛰어넘는 평판을 얻으려고도 하지 않았으며 남의 인정이 자신에겐 중요하지 않다는 점도 분명히 밝혔다. 그리고 우리시대의 자기 과시적이며 비인간적인 자아상에 대해서도 비판하지 않았다. 그에 대해서는 전혀 관심이 없었기 때문이다. 그는 TV를 보지도, 신문을 읽지도 않았다. 그 이유에 관해 물으면, 그는 농담조로 코델리아(Cordelia, 셰익스피어의 『리어왕』에 나오는 왕의 막내딸)에게 사랑과 행복은 정치적 야망과 사회적 지위와 무관하다고 이야기했던 리어왕의 말을 인용해 대답했다.[21]

---

21 내 생각에 패디는 리어왕이 포로 신세로 막내딸 코델리아와 재회했을 때 행복에 관한 생각이 완전히 바뀐 부분을 언급한 것 같다.

> 아니, 아니, 아니다. 아니다! 자, 감옥으로 가자.
> 그곳에서 우리 둘만 새장 속 새들처럼 노래하리.
> 네가 나의 축복을 원하면, 나는 무릎 꿇고서
> 네게 용서를 구하마. 그렇게 우린 살고,
> 기도하고, 노래하고, 옛이야기를 하고,
> 금빛 나비들을 웃어주자, 불쌍한 자들이
> 궁정 소식을 들려줄 것이다. 우리도 그들과 같이 이야기를 나누겠지
> 누가 지고 이기는지, 총애받고 못 받는지.
> 우리는 신의 밀사인 양, 인생의 신비를 해명하고
> 깊은 감옥 속에서 달처럼 찼다가 기우는 고관 패거리를
> 견디어낼 것이야.

패디의 말은 자신의 생명을 위협하는 질환이 리어왕과 코델리아를 가둔 감옥과 같다는 뜻이었을 것이다. 질병을 앓고 있다 해도 사람은 활력 넘치고 행복한 삶을 살 수 있다. 사실 그의 말은 이보다 더 많은 의미를 담고 있었을 것이다. 심지어 질환 그 자체가 활력과 행복의 한 부분일 수도 있다. 단지 위기에 그치지 않고 지혜의 원천이 될 수도 있는 것이다. 흥미롭게도 영문학 교수

패디는 평상시 욕망이 불행의 근원이고 상실이 초월의 기초가 된다고 말했다. 그에 따르면 열망은 우정, 내면의 평화, 타인을 돕는 기쁨, 용기, 삶의 의미 찾기 등 오로지 인간의 작은 축복을 위해 타올라야 한다. 하지만 패디는 불교에 심취해 있진 않았으며 그가 다른 사람들에게 자신의 견해를 강요했다는 말을 한 번도 들은 적이 없다. 사실 그는 깊이 없는 진리와 정형화된 답을 경계했고 '나답게' 사는 것을 가장 중요시했다. 그는 유쾌한 사람이지 근엄한 사람은 아니었다. 그의 삶의 목적은 진지했지만 그것을 이루는 방식은 따뜻했다. 그리고 패디는 시원시원하게 웃는 사람이었다. 한 번은 내게 우리 사회의 지도자들이 아주 근엄한 말투로 소유욕을 옹호하고 한낱 사물에 불과한 천박한 상품들을 소비하라고 부추기는 모습을 생각하면 믿을 수 없을 정도로 우습다고 말했다. 그러면서 "사람들은 제가 비현실적이라고 말하죠. 그런데 도대체 (그의 빈정거리는 웃음소리가 들린다) 사물 숭배가 어떻게 이성적이고 분별력 있는 행동이라는 거죠?"라고 했다.

패디는 경제적으로 불안정했는데 그가 죽은 뒤 장례 비용을 마련하기 위해 모금을 해야 할 정도였다. 나중에야 그가 얼마 되지 않는 재산의 상당 부분을 자선단체에 기부한 것이 밝혀졌다. 그는 부처의 삶을 지향했다. 경제적으로 어려울 때도 그는 빈손으로 세상에 왔으니 떠날 때도 빈손으로 가겠다고 말했다. 그에겐 물건이

인 다른 만성통증 환자는 자신의 고통을 리어왕의 비극에 비추어 이겨냈으며 그렇게 함으로써 불편함이 줄어들었다고 주장한다.

아닌 사람이 곧 삶이었다.

나는 패디를 잘 알진 못했다. 실제로 내가 그에 대해 알고 있는 것은 대개 다른 사람들에게서 들은 이야기였다. 하지만 그가 막 심근염 말기에 접어들었을 때 우리는 병원에서 오랫동안 이야기를 나눈 적이 있다. 그때 나는 패디에게 외상을 당한 청소년들의 이야기와 아주 절망적인 삶을 마주해야 하는 상황의 당혹스러움과 그 의미에 관한 질문에 어떻게 반응해야 할지 몰랐던 나의 무능함에 대해 털어놓았다. 내 기억에 그는 아픈 와중에도 그때가 바로 진정한 삶의 의미를 깨닫는 데 꼭 필요한 '완전한 절망'과 '종말의 상황'이라고 웃으며 말했다. 그리고 다음과 같은 이야기를 들려주었다.

"선생님이 그 친구들과 같은 처지였다면 대답하는 데 아무런 어려움이 없었을 겁니다. 그 아이들은 너무 어리고 응석만 부릴 줄 알다 보니 아직 철이 덜 든 것이죠. 우리 문화가 그런 것 같습니다. 선생님이 저보다 더 잘 알고 계시겠죠. 우리는 고통과 죽음이라는 현실을 외면하려 해요. 우리에겐 강력한 기술은 있지만 지혜는 없어요. 기술이 실패하게 되면 우리 사회는 완전히 무너지고 말 겁니다. 제가 그 아이들에게 한 방 먹이질 못해 아쉽군요. 그 친구들에게 가르쳐 주고 싶은 게 있는데, 특히 인간의 본성과 제 자신에 대해 배운 것들 말이에요."

그러고 나서 패디는 자기 삶에 관한 이야기를 들려주었다. 그는 캘리포니아 주 남부 출신으로 노동자 집안에서 자랐으며 1남 1녀 중 막내였다. 그의 누나는 뇌막염에 걸린 뒤로 10대를 간질병을 않으며 보냈다. 패디는 누나가 발작을 일으킬 때마다 당혹스러웠다. 그런 누나를 그는 피해 다녔다. 한 번은 그녀가 학교 근처에서 경련을 일으켰다. 패디는 누나가 눈의 흰자를 보이며 바닥으로 쓰러져 팔다리를 떠는 장면을 생생히 기억하고 있었다. 사람들이 그녀 주위로 모여들어 어쩔 줄 몰라 했다. 패디는 너무 창피하고 무서웠다. 그는 아무것도 못 본 체하며 그곳을 빠져나갔다. 그는 사람들의 눈길을 끌고 싶지 않았다. 온몸이 굳고 무력감이 밀려 왔다. 그는 어떻게 해야 할지 몰랐다.

"조셉 콘래드의 책을 읽어보셨나요?" 패디가 물었다. 그리곤 다음과 같이 말했다. (이를 녹음해 두지 않았으므로 다음은 내가 그의 말을 재구성한 것이다.)

"음, 콘래드는 『로드 짐 Lord Jim』과 『승리 Victory』에서 개인의 용기를 시험받는 상황에 놓인 평범한 사람들을 다루고 있습니다. 두 작품의 주인공 모두 처음에는 저처럼 실패자였어요. 그들은 모든 청소년과 젊은이를 괴롭히는 자기 정체성에 대한 의문과 자기 능력에 대한 막연한 두려움을 꿰뚫어 보지 못하는 바람에 실패했죠. 두 주인공은 자기 자신과 세상에 반응하는 자기 모습에 심취해 있었어요. 그들은 일생일대의 시험에 통과하지 못했고, 그후 자신의 비겁함에 너무 큰 수치심을 느낀 나머지 도망쳐 버립니다. 그들은 자신들을 옥죄는 타인에 대한 책임감을 피하고자 도망친 것이죠. 하지만 피할 수 없었어요. 남태평양에서조차 말이에요. 그들이 어쩔 수 없이 다른 사람들과 새로운 연을 맺게 되었을 때 인생의 시험이 반복되었죠. 새롭게 연을 맺은 사람들이 위험에 처하자 이번에 그들은 그 시련에 잘 대처했습니다. 이게 바로 우리 모두 앞에 놓인 일생일대의 시험이에요. 다른 이들을 섬김으로써 더 나은 자기 자신이 되는 것 말입니다. 저도 마찬가지였어요. 저밖에 모르는 이기주의로 아주 참혹하고 부끄러운 실패를 맛봤죠. 하지만 두 번째 기회도 얻었어요. 제 삶을 승리로 바꿀 기회요. 아메리칸 드림처럼 위대한 성공은 아닐 테지만 그냥 작은 성공이라 해두죠. 뭐, 믿거나 말거나지만 제게 그 두 번째 기회를 준 게 바로 이 빌어먹을 심근염입니다."

앞서 말했듯 패디를 좋아했던 것만큼 나는 그를 잘 알진 못했다. 그에 대해 꽤 잘 알고 있었던 사람은 내게 패디의 마지막 몇 년은 도덕적 삶의 아주 훌륭한 본보기였다고 말해 주었다. 나는 그의 인생에 어떤 이름을 붙여야 할지 잘 모르겠다. 하지만 패디 에스포시토가 자신의 질병에 보인 반응은 우리가 보일 수 있는 가장 최선의 반응이었다고 확신한다. 문학 비평가이자 전기 작가 W. 잭슨 베이트가 영국의 시인 새뮤얼 존슨의 삶을 다음과 같이 결론지은 것처럼 말이다.

"새뮤얼 존슨은 사람이 사람에게 줄 수 있는 가장 귀한 선물을 주었는데, 그건 바로 희망이다. 온갖 삶의 역경을 이겨낸 그는 누구나 인생이라는 이 낯설고 흥미진진한 모험을 마칠 수 있으며, 그렇게 함으로써 인간 본성의 힘을 보여줄 수 있음을 증명했다."

패디의 대처(이렇게밖에 표현 못 하다니!)가 다른 사람들에게도 유용한 선례가 될 수 있을지는 잘 모르겠다. 그렇게 할 수 있는 자질과 절제력을 지닌 사람은 매우 드물기 때문이다. 하지만 그의 삶이 몸이 마비된 사춘기 환자가 내게 던진 굉장히 곤란한 질문에 일종의 답이 될 수 있다고 생각한다. 심각한 질병이라는 맥락 속에서 우리의 개인적, 문화적 딜레마를 구성하는 그 무언가로부터 의미가 만들어진다. 장애 혹은 죽음의 위협으로 평범한 현실에서 충격을 받고 나서야 우리는 삶에 영향을 미치는 의미의 원천으로 관심을 돌린다. 의미는 피할 수 없는 것이다. 다시 말해, 질병에는 항상 의미가 있다. 그렇다고 질병 경험이 항상 자멸적일 필요는 없다. 자주 그런 것은 아니지만, 질병 경험이 성장의 기회가 될 수도 있고, 더 심오하고 훌륭한 가치를 찾기 위한 출발점이나 선함의 본보기가 될 수도 있다.

나는 임상 연구나 수업 시간에 패디 에스포시토의 이야기를 인용한 적이 거의 없다. 그의 사례가 너무 예외적이라 환자들이 공감하기 어려울 수 있기 때문이다. 그런 면에서 패디의 경우는 소수의 사람만 따라 할 수 있는 이상적인 사례로 오히려 사람들에게 마음의 짐을 지우게 될지도 모른다. 패디 에스포시토 같은 사람은 한 번밖에 만나지 못했지만, 나는 환자들이 얼마든지 그와 다른 방식으로 만성질환에 성공적으로 대처할 수 있으며 이미 많은 사람이 그렇게 하고 있다고 생각한다. 여기 나온 방법은 아주 고상하고 특별하다. 게다가 성공적인 대처란 한 번에 완벽하게 성취할 수 있는 게 아니다. 환자와 가족들, 그리고 무엇보다 의사들이 매일 고생하며 노력해야 하는 일이다. 화요일엔 잘 이겨내더라도 수요일 아침에 다시 나빠질 수 있으며, 수요일 오후에 좋아진 상태가 목요일까지 계속되다가 금요일 아침에 다시 나빠지는 상황이 계속 반복되기도 한다. (11장 고든 스튜어트의 이야기를 참조하라.) 심지어 특정한 사회적 맥락에서 개인의 특정한 경험을 제외한 보편적인 의미의 성공적인 대처가 무엇인지도 불확실하다. 분명한 건 만성질환은 개인적인 문제가 끊임없이 발생하여 기술적 제어 능력이나 사회 질서, 개인의 통제력을 시험하는 과정이다. 남은 인생과 마찬가지로(물론 더 힘들고 고되겠지만) 만성질환 역시 일부만 중요하게 생각하고 다른 부분은 무시하는 게 아니라 총체적인 합으로 받아들여야 한다. 우리는 모두 용감하면서 나약하다. 우리 중 대단한 의미의 영웅은 찾아보기 힘들다. 하지만 만성질환자 중에서는 평범하고 조용한, 군사적 의미보단 윤리적 의미에서의 진정한 영웅들을 찾아볼 수 있다. 물론 영국의 철학자 알프레드 노스 화이트헤드가 인간이 감당할 수 있는 문제나 시험은 "성취의 소중함을 강조하며 실체가 있는 구체적인 성공에 대한 직접적인 인식"이라고 말했듯, 매일 마주하는 만성질환의 문제를 헤쳐 나가는 것이 보통 사람들의 피부에 더 와닿을 수 있다. 어느 날은 패배감을, 어느 날은 희망을 맛보며 수많은 상실과 두려움으로 만성질환이라는 크나큰 고난을 마주하는 경험은 세상에서 가장 제멋대로인 사람조차 절망에 빠지지 않게 해주는 확실한 도덕적 가르침이다.

11
—

우리의 질병이 죽음으로 향할 때

오 주여, 저마다 고유한 죽음을 주소서.
사랑과 의미와 고난이 깃든 삶에서 나오는 그런 죽음을 주소서.
– 라이너 마리아 릴케

그들(소수의 엘리트 집단인 행동주의 과학자들)은 죽음과 행복의 개념을 조화시켜야
한다고 제의한다. 죽음이란 그저 평온한 개인이 우호적인 사회로부터 빠져나가는,
은밀하지만 품위 있는 출구가 되어야 한다.
사회는 죽음이 어떠한 의미도, 심적 고통도, 신체적 통증도 없으며,
궁극적으로 불안감도 없는 생물학적 전이라는 사실에 지나치게 타격을 받아서도,
비통함에 잠겨서도 안 된다.
– 필립 아리에스

스스로 준비하며 맞이하는 죽음

작가 고든 스튜어트는 33살이라는 젊은 나이에 암으로 사망했다.
50대 의사 해들리 엘리엇은 가족 주치의로 지역 호스피스 병동에
서 근무한다. 엘리엇 박사는 6개월 동안 스튜어트를 만나왔으며
그의 통증과 다른 증상들을 완화하는 데 도움을 주었다. 이제 고

든 스튜어트는 질병 말기에 들어섰다. 직장암이 전신으로 전이된 것이다. 나는 엘리엇 박사와 스튜어트의 만남이 녹음된 테이프를 들었다. 스튜어트는 자신의 강력한 바람에 따라 집에서 죽음을 맞이하고 있었다. 결정적으로 엘리엇 박사의 보살핌 덕분에 스튜어트는 자신에게 주어진 얼마 남지 않은 시간을 집에서 보낼 수 있었다. 나는 고든 스튜어트를 직접 만난 적은 없다. 하지만 이 녹음된 대화를 들으니 그를 만난 것 같은 기분이 든다. 엘리엇 박사가 그렇듯, 나는 스튜어트를 매우 존경한다. 그는 매우 귀중한 것을 남겼다. 물론 엘리엇 박사도 존경한다. 나도 그의 보살핌을 받고 싶은 생각이 들 만큼 그는 스튜어트의 마지막을 묵묵히 돌봐주었다. 내 경험상 이는 굉장히 드문 경우다.

인터뷰 내내 스튜어트는 심한 기침으로 괴로워한다. 그는 가슴에서 드르렁거리는 소리가 났으며 쌕쌕거리며 겨우 숨을 쉬었다. 그의 목소리는 힘이 없었지만 말은 또렷하게 들렸다. 그는 말을 멈췄다 다시 시작하곤 했다. 다음은 녹취록에서 발췌한 내용으로, 나는 물리적 죽음의 상징이 공명하고 있는 이 대화의 어느 부분도 손대지 않았다.

고든: 선생님, 전 이제 죽는 거죠? 그렇죠?

해들리: 네, 그렇습니다.

고든: 정원을 보니 햇빛이 비치고 있네요. 다음 주, 아니 내일도 지금처럼 밝고 아름다운 볕이 들겠지만, 전 이곳에 없을 거란 사실을 알아요. 더는 이 세상에 없겠죠. 선생님은 이, 이런 말을 하는 기분을

아세요? 아니, 상상할 수 있으세요? 내가 죽어가고 있다는 게 사실이라는 것을 알면서 이런 말을 하는 게 어떤 느낌인지?

해들리: 알 것 같지만, 잘은 모르겠습니다.

고든: 죽음의 단계를 마치 완벽한 전환이 일어나는 것처럼 묘사하는 글은 모두 거짓이에요. 우리가 어떤 공간에 들어선 후 그곳을 통과하면 그곳에 영원히 남겨지는 식으로 말하는 글 말이에요. 완전 헛소리죠. 분노와 충격, 슬픔, 부정하고 싶은 마음이 매일 찾아와요. 물론 감정의 순서가 정해진 건 아니지만요. 노력하면 받아들일 수 있다고 누가 그래요? 전 못 받아들이겠어요! 어젠 어느 정도 받아들일 수 있었는데 오늘은 안 되겠어요. 토요일에 전 그 전환이 일어나는 지점에 있었어요. 죽음을 기다렸고 받아들일 준비가 됐었죠. 하지만 지금은 아니에요. 오늘은 두려움이 다시 온몸을 휘감고 있어요. 죽고 싶지 않아요. 전 겨우 33살인걸요. 아직 살날이 창창하다고요. 지금 이렇게 죽을 순 없어요. 말도 안 돼요. 왜 하필 저예요? 왜 지금이죠? 대답하지 않으셔도 돼요. 그냥 지금 기분이 별로 안 좋아서 그래요. 끝을 기다리다 보면 도덕적으로 약해지고 감상적으로 변하죠. 평소에 전 괜찮지 않나요? 가끔 미숙하고 두려운 감정이 일긴 해도 말이죠. 그렇지만 몇 년은 아니라도 몇 주 동안 스스로 마지막을 준비하면서 완전히 늙은이가 되고 말았네요.

……

적어도 전 집에서 가족들에게 둘러싸여 책과 음악을 곁에 둔 채로 가고 싶어요. 전 지금까지 정원을 유아론적 자아상에서 벗어나기 위해 바라보는 존재라고 생각했어요. 무언가가 움직이고 제가 그걸 보는 거죠. 이건 제 직업을 반영하기도 해요. 글쓰기는 어떤 환상을 경험하고 그것을 실현하려 적절한 단어와 구절을 찾기 위해 애쓰는 일이니까요. 하지만 이제 정원은 제 감정을 투영해 그것을 정리하는 공간입니다. 정돈된 외부 공간을 보고 마음을 정리하는 거죠. 이해되세요? 제가 쓸데없는 소릴 하는 건 아니죠?

해들리: 아주 잘 이해하고 있습니다.

고든: 감정이 제 마음을 요동치게 만들면 견디지 못할 거라고 전에 말씀드렸는데 기억하실 거예요. 정말 다행히도 그런 일은 없었어요. 적어도 지금까지는요.

(긴 침묵이 이어진다.)

전 항상 삶에서 큰 문제가 닥치면 제일 먼저 도망쳤습니다. 그렇게 에너지를 다 써버린 후에 그 문제를 생각하곤 했죠. 하지만 이젠 도망칠 곳이 없어요. 죽음을 피할 순 없잖아요. 제가 죽어간다는 생각에서 벗어날 수가 없어요. 아시다시피 그런 감이 오잖아요. 몸이 수명을 다해 점점 쇠약해지고 활력을 잃어가고 있다는 확실한 느낌 말이에요. 제가 제대로 표현했는지 모르겠지만 그런 느낌이 있어요.

처음에 사람들이 암일지도 모른다고 말했을 때 전 밖으로 나가 술에 취했습니다. 도무지 이해가 안 되더라고요. 전 아주 건강하다고 생각했거든요. 유일한 징후는 대변에 묻은 피였어요. 사형선고나 다름없는 암이라는 단어와 당시 제가 느끼는 감정 사이에는 엄청난 간극이 있다고 생각했죠. 음, 18개월 후 결국 전 진단을 받았어요. 제 몰골은 끔찍했고 제 기분도 마찬가지였죠……

제 감정을 글로 써보려고도 했어요. 하지만 그럴 힘도 없거니와 집중도 안 되더라고요. 제가 무슨 경험을 했는지 잊어버렸어요. 병원과 대기실에서 보낸 무수한 시간, 입원해서 보낸 시간, 다음 검사보다 더 우울한 검사 결과. 모두 돌이킬 수 없는 사건이었죠. 내 몸에 내가 아닌 암덩어리가 있고, 그것이 내 몸을 먹어 치우고 있다는 생각. 전 스스로 파멸을 자초했어요. 이 암세포들은 저인 동시에 제가 아니었거든요. 제 몸은 살인자의 침입을 받았어요. 그래서 죽게 되는 거죠. 하지만 전 정말로 죽고 싶지 않아요. 그럴 수밖에 없고, 그렇게 될 것이며, 그렇다는 사실을 잘 알아요. 하지만 정말 그러고 싶지 않아요.

(다시 긴 침묵이 이어진다.)

해들리: 녹음기를 껐으면 좋겠나요?

고든: 아뇨, 괜찮습니다. 녹음기는 제가 세상에 무언가를 남기고 간다는 기분을 느끼게 해줘요. 제가 품었던 야망과는 거리가 멀지만 그래도 뭔가…….

해들리 선생님, 저와 함께 시간을 보내주시고 여러 가지로 보살펴주셔서 감사해요. 선생님이 안 계셨다면 전 여기 없었을 거예요. 전 병원에서 죽음을 맞이하는 상황을 견딜 수가 없었어요. 병원은 자연, 가정, 삶, 인간적이고 부드러운 것 등 제가 소중히 여기는 가치와 하나도 맞질 않습니다. 감사합니다, 해들리 선생님.

해들리: 버텨내고 있는 사람은 바로 당신이에요, 고든.

고든: 알아요, 누구도 저 대신 죽을 수 없다는 거······. 암이라는 단어를 들었을 때 제게 사형선고가 내려진 걸 알았죠. 하지만 세상에 죽는 방법은 많고도 많잖아요. 우리에게 선택권이 있다면 모두 빨리 가는 쪽을 고를 거예요. 하지만 암은 오래 끄는 고통, 즉 안에서부터 우리가 잡아먹힌다는 생각을 떠올리게 합니다. 저 역시 그런 생각을 해왔고요.

(이 시점에서 고든 스튜어트와 엘리엇 박사는 약물 복용량, 스튜어트의 유언장, 장례 계획, 엘리엇 박사가 호스피스 병동에 있는 친구들과 직원들에게 보내주길 바란 스튜어트의 편지 등 현실적인 주제에 관해 이야기를 나누었다.)

고든: 선생님, 다른 이야기를 하고 싶어요.

해들리: 그래요, 고든. 시간은 충분하니 말해 봐요.

고든: 죽음으로 너무 많은 일이 일어나는 것 같아요. 제 부모님을 보세요. 전 부모님을 거의 보지 못했어요. 이 상황을 받아들이지 못하시거든요. 제가 떠나면 많이 힘들어하실 겁니다. 하지만 지금과 같은 순간엔 종착역을 떠날 준비가 끝난 기분이 들어요. 우리는 세상에 태어나 오랫동안 끔찍한 시간을 보내며 성장한 후 세상을 떠나죠. 이 사이클은 계속 반복됩니다. 새 생명이 늙은 생명을 대체하면서 말이에요. 영혼이 이동한다고 믿게 될지도 몰라요. 저 같은 무신

론자조차 고개를 끄덕일 수밖에 없게 되죠. 혹시 우리가 아직 알려지지 않은 진화의 수수께끼를 풀고 있는 건 아닐까요? 우리의 방황과 걱정은 모두 어떤 목적을 위한 것이어야 해요. 제 삶과 질병, 죽음의 목적은 무엇이었을까요? 전 아직도 그걸 알아내는 중이에요. 하지만 고난 속에서도 평온을 유지하거나 큰 깨달음을 얻는 건 확실히 아닐 거예요. 그보단 조금 더 소소한 목적일 겁니다. 어쩌면 죽음이 삶의 목적일지도 몰라요. 죽음이라는 현실적인 관점에서 삶의 목적을 생각해야 우리는 그 목적이 궁극적으로 적합하다는 것을 알 수 있어요. 보세요, 선생님. 죽음이 절 철학자로 만들고 있어요. 선생님이 제 이야기를 잘 들어주시고 선생님과 대화한 후 기분이 좋아져서 그런 것일 수도 있죠. 선생님, 전 갈 준비가 된 것 같아요. 할 수 있다면 지금 떠나고 싶어요. 역설적이지만 가장 좋은 부분은 말하지 않고 남겨둔 채로요. 이제 가셔도 돼요, 선생님. 오늘 고생 많으셨어요.

고든 스튜어트는 이 인터뷰를 한 후 10일 뒤에 자택에서 세상을 떠났다. 해들리 엘리엇 박사는 그의 곁에 있었다. 그는 내게 다음과 같이 말했다.

"스튜어트의 죽음은 참 괜찮은 죽음이었습니다. 그는 마지막까지 맑은 정신을 유지했죠. 그는 강인하고 기개 높은 청년이었고, 지금까지 살아온 대로 자기다움을 지키다 세상을 떠났어요. 화를 내기도 하고 풍자하는 그 말투도 잃지 않았고요. 끝까지 인정하진 않았지만요. 스튜어트는 자신이 되고 싶었던 사람으로 성장한 느낌이었습니다. 그의 죽음이 그의 인생을 보여준 셈이죠. 스튜어트의 마지막을 보지 못한 사람은 이제 막 능력을 펼치려던 33살 청년의 죽음을 비극이라 말했을 겁니다. 하지만 그의 마지막을 함께할 수 있는 특권을 누렸던 저희에게 비극은 잘못된 단어입니다. 스튜어트가 싫어했던 단어이기도 하고요. 지나치게 감상적이라 생각했거든요. 죽음의 문턱에서 그는 너무나 자연스러웠기에 제 머릿속에 떠오르는 단어는 비극이 아니었습니다. 그는 제게 좋은 선례를 남겨주었습니다. 저도 스튜어트와 똑같이 죽음을 맞이할 수 있었으면 좋겠네요."

곧 죽을 거라는 망상 때문에 맞게 되는 죽음

줄리안 데이비스는 63살의 건축가로, 최근 두 번째 심장마비를 겪었다. 그동안 건강했던 그는 59번째 생일이 지나고 얼마 되지 않아 협심 통증(심장 근육에 산소를 공급하는 관상동맥이 좁아져 갑작스럽게 발생하는 가슴의 통증)을 앓기 시작했다. 그리고 한 달 뒤 심장마비가 왔다. 다행히 그는 무사히 회복했고 2달 만에 직장에 복귀했다. 4년 후 두 번째 심장마비가 오기 전까지 데이비스의 삶은 정상 궤도에 있었다. 나는 데이비스의 주치의 새뮤얼 메드워 박사에게서 데이비스를 만나 달라는 요청을 받았는데, 메드워 박사는 데이비스가 심각한 후유증도 없고 몸 상태도 안정적인데 의욕이 없고 재활 프로그램에도 참여하지 않는다고 말했다. 나는 데이비스가 두 번째 심장마비를 일으키고 3주가 지난 후에 그를 만났다.

데이비스는 작은 키에 몸집이 비대했으며 머리는 벗겨져 있었다. 그는 교외의 자택에서 잠옷 위에 실크 가운을 걸친 채로 커다란 가죽 의자에 기대어 앉아 있었는데 나를 보자 풀죽은 눈빛으로 고개를 까닥이며 인사했다. 데이비스의 아내는 남편의 무릎에 놓인 담요를 펴거나 물잔을 채우거나 무리하지 말라고 당부하며 남편 주위를 맴돌았다. 그녀는 나를 굉장히 경계했다.

가장 먼저 나는 데이비스에게 몸 상태가 어떤지 물었고 그는 통증이나 다른 증상은 전혀 없다고 나를 안심시켰다. 이윽고 나는 그가 조금 우울해 보인다는 말을 꺼냈다. 데이비스는 어깨를 으쓱했다. 그에게 무력감을 느끼냐고 물었다. 그는 고개를 끄덕였다. 모든 걸 포기했는지도 물었다. "아마도요." 그가 대답했다. 나는 이유를 물었다. 그러자 데이비스는 내가 이 집에 들어온 뒤 처음으로 나를 똑바로 바라보았다. 그는 자신이 심장병으로 죽을 걸 알고 있기에 재활 프로그램을 따라야 할 타당한 이유가 없다고 말했다. 그리고 손을 뻗어 내 팔을 잡았다. 그의 눈은 팽창돼 있었고 얼굴은 땀범벅이었다. 그는 겁에 질려 보였다.

실제로 그는 겁에 질려 있었다. 데이비스는 귓속말로 죽는 게 무섭다고 말했다. 그리곤 두 손으로 얼굴을 감싼 채 울기 시작했다. 그는 자신의 예정된 죽음에 대한 슬픔을 그대로 드러냈다. 그러자 그의 아내가 끼어들어 남편에겐 속상해 하지 말라고, 내겐 남편을 속상하게 하지 말라며 한소리 했다. 데이비스는 됐다며 손을 흔들어 아내를 막아섰다. 우리는 20분가량 더 대화를 나눴다.

이때도 데이비스는 자신의 병이 나아지지 않을 거라는 비관적인 이야기와 죽음이 끔찍하게 두렵다는 이야기를 되풀이했다. 나는 첫 번째 심장마비가 왔을 때와 두 번째 심장마비가 왔을 때의 반응이 왜 이렇게 다른지 물었다. 그는 첫 번째 심장마비 증상이 매우 경미해서 심장이 "진짜로 공격을 당한 것"이라는 주치의의 경고를 전혀 귀담아듣지 않았다고 대답했다. 실제로 그는 심장에 심각한 문제가 생길 리 없다고 믿었기에 직장에 복귀한 후 재활 치료를 받지 않았다. 하지만 두 번째 심장마비는 완전히 달랐다. 통증이 심각했고, 병원에 입원해 있는 처음 며칠 동안 그의 몸이 극도로 쇠약해진 것을 느꼈고, 생명에 위협이 될 정도로 심장에 문제가 생겼으며, 자신이 죽을 수도 있다고 확신하게 되었다. 생각이 여기에 미치자 그는 공포감에 사로잡혔다. 조금만 무리하거나 아주 사소한 스트레스에도 죽을 수 있다는 사실에 충격을 받았다. 그는 자신의 병을 치료하는 재활 운동조차 무서워했다.

데이비스가 11살이었을 때 그의 어머니는 동생을 낳다 돌아가셨다. 그의 기억 속에 어머니의 죽음은 가족에게 가해진 끔찍한 트라우마이자 자신에게 큰 상처를 남긴 치명적인 상실이었다. 그의 아버지 역시 20년 전 심장마비를 겪은 후 오랫동안 병을 앓다 돌아가셨다. 나날이 몸이 쇠약해졌고, 동시에 부정맥이 생기고 이어서 심장마비가 오고, 마침내 폐색전증으로 사망하게 된 것이다. 데이비스는 내게, 아버지가 밟은 내리막길을 피할 수 없다는 생각에 무력감을 느낀다고 털어놓았다. 그는 밤에 자다가 숨이 끊기거나 죽을지도 모른다는 생각에 놀라서 깨곤 했다. 그는 죽음에 대한 공포에 완전히 사로잡혀 있었다.

데이비스는 아내에게 자신의 두려움을 솔직하게 이야기할 수 없었다. 그는 아내의 깊은 우려와 보살핌을 자신의 상태가 위독하다는, 그의 표현대로라면 '말기'에 해당하는 또 다른 신호로 받아들였다. 게다가 안심해도 된다는 주치의의 말도 받아들이지 않았으며 그것을 의사 특유의 거짓말이라고 해석했다. 데이비스의 집을 나오기 전, 나는 그에게 콕 집어 '자신이 죽을 거라고 확신'하냐고 물었다. 데이비스는 아까처럼 공포에 질린 눈빛으로 확신한다고 대답했다. 나는 대화를 통해 잘못된 신념에서 그를 벗어나게하려 했으나 곧 아무런 소용이 없다는 걸 깨달았다.

연구소로 돌아온 후 나는 메드워 박사에게 전화해 데이비스가 정말로 삶을 포기한 상태이며 본인이 곧 죽을 것이라는 망상에 가까운 확신을 품고 있어 걱정된다는 말을 전했다. 나는 이와 같은 문제를 다룬 정신과 의사 조지 엥겔의 글을 읽은 적이 있으며, 자신이 죽을 것이라는 확신에 사로잡혀 결국 명확히 설명되지 않은 죽음에 이르게 된 환자 두 명을 상담한 적도 있었다. 이 경험들은 내게 지워지지 않는 기억으로 남았고 그래서 나는 데이비스의 상태가 비상 상황이라는 걸 잘 알고 있었다. 나는 짧게라도 정신과 입원을 권유했고 가능하면 빨리 입원해야 한다고 주장했다. 메드워 박사는 데이비스를 찾아갔지만 그를 설득해 정신과에 입원하거나 나를 다시 만나보게 하는 데에는 실패했다. 나는 데이비스의 집으로 전화를 걸었다. 하지만 그의 아내는 내가 데이비스와 통화하는 걸 원치 않았다.

2주가 지난 후 메드워 박사는 내게 전화해 데이비스가 사망했다고 전해 주었다. 메드워 박사가 데이비스를 진찰해 이상이 없다는 걸 확인한 다음날, 그는 뚜렷한 원인도 없이 갑자기 세상을 떠난 것이다. 진찰 당시 데이비스는 몹시 불안한 상태였으며, 무릎까지 꿇으며 자신이 고통스럽게 죽지 않도록 약물 과다 투여로 자기 목숨을 거두어 달라고 비는 바람에 메드워 박사는 깜짝 놀랐다고 했다. 같은 날 박사는 다른 정신과 의사나 내가 데이비스의 집을 방문해 그의 정신 상태와 강제 입원 필요성 여부를 판단할 수 있게 데이비스 부인을 설득하려 했다. 하지만 부인은 박사의 요청을 거절했다. 그녀는 박사에게 남편이 죽어가고 있다는 사실을 알고 있으며, 죽음은 너무나 두려운 주제라 남편과 이야기할 수 없고, 남편이 마지막 며칠을 집에서 평화롭게 보내길 바란다고 말했다. 의학적 증거를 종합한 결과 데이비스는 생명이 위독한 게 아니라 강박에 사로잡혀 있다고 강조해도 메드워 박사는 데이비스 부인의 마음을 바꿀 수 없었다. 메드워 박사는 데이비스의 죽음에 심한 충격을 받았으며 이것이 바로 '정신적 죽음psychological death'이냐고 물었다. 이 문제는 이 장의 마지막에서 다시 다루기로 하겠다.

자신이 죽어가는 것을 애써 모른 체하며 맞는 죽음

대만 타이베이에서 한창 현장 연구를 수행 중일 때 나는 대만에서 가장 혁신적인 의학 교수이자 선임 의사인 지인 송 밍위안 박사가 몇 달 전 췌장 두부에 전이성 암 진단을 받았으며, 그의 병세가 말기에 가까워졌다는 사실을 알게 되었다. 어느 토요일 오후, 나는 선물로 조그마한 마운틴 티 한 상자를 사서 최근에 편집하기 시작한 의학 저널 사본을 들고 그의 집으로 갔다. 집에는 성인이 된 자녀와 손주, 형제들이 있었다. 중국인 동료가 아주 정중하게 나를 맞이하며 갑자기 송 박사를 찾아오게 된 이유를 물었다. 동료에게 송 박사의 병세에 대해 들었다고 이야기하려는 찰나 송 박사의 형제들이 불쑥 끼어들었다. 그들은 내게 송 박사는 괜찮으며 전혀 걱정할 필요가 없다고 말했다. 그 후로 한 시간가량 우리는 많은 이야기를 나눴지만 암이나 치료 혹은 송 박사가 악성 암으로 죽어가고 있다는, 누가 봐도 명백한 사실에 관해서는 절대 말하지 않았다. 떠나기 전 겨우 송 박사에게 어떤 치료를 받고 있는지 물어볼 수 있었는데 그는 내 질문에 당황한 듯한 눈치였다. 나는 그가 내 중국어를 이해하지 못했다고 생각해 영어로 재차 질문했다.

"그런 건 묻지 말아 주게. 거기에 관해선 아는 바가 없으니. 그리고 그 부분은 우리 가족이 관리하고 있다네."

송 박사의 집을 떠나면서 나는 옆방에 있던 그의 형제들에게 송 박사의 상태에 관해 물었다. 우리는 귓속말로 주고받았다. 그들은 서양 의학뿐 아니라 중국 전통 의학을 포함한 온갖 치료를 다 해봤으나 모두 소용없다고 말했다. 그들은 송 박사가 죽어간다는 사실을 알고 있으며 장례식과 앞으로의 가족의 삶에 관해 계획을 세우는 중이었다. 나는 송 박사도 이 사실을 아는지 물었다. 그들은 아마도 그럴 것이라고 답하면서, 이 문제는 이제 송 박사의 손을 떠난 일이며 나머지는 가족의 책임이라고 덧붙였다. 그리고 나를 전통 의식과 풍습에 무지하고 무신경한 청년인 것처럼 대하면서 당사자 앞에서는 절대 그런 이야기를 해선 안 된다고 당부했다.

나는 몇 달 뒤 송 박사가 사망하기 전까진 다시 그의 얼굴을 보지 못했다. 송 박사가 세상을 떠나기 전 그의 오랜 친구였던 동료 의사 둘이 송 박사의 집을 찾아갔지만 그들 역시 나와 비슷한 일을 겪었다. 가족 구성원 중 의료계 종사자가 아무도 없는데도 불구하고 중요한 결정들은 모두 그들의 손을 거쳤다. 송 박사는 자신이 죽어가고 있다는 것을 분명히 알고 있는데도 무슨 일이 일어나는지 아예 모르는 것처럼 행동했다.

:: 해설

지금까지 만성질환으로 사망에 이른 세 가지 사례를 살펴보았다. 첫 번째로 고든 스튜어트의 사례를 통해 우리는 그의 마지막 날들을 엿볼 수 있었다. 치료로는 그의 암이 계속 진행되는 것을 막지 못했지만 그는 마지막 순간까지 주치의와의 관계를 이어나갔다. 엘리엇 박사는 완치에서 만성통증 관리로 치료 목적을 바꿨다. 그의 마지막 일은 환자가 좋은 죽음을 맞이할 수 있도록 돕는 것이었다. 서양에서는 이것이 전통적인 의학 과제였으나, 어떤 대가를 치르더라도 환자를 살려야 한다는 현대 의료 기술의 의무에 그 자리를 내주고 말았다. 스튜어트는 병원에서 각종 기계에 둘러싸여 마지막 순간을 보내지 않길 바랐고 엘리엇 박사도 같은 생각이었다. 고든 스튜어트는 엘리엇 박사의 도움을 받아 아늑한 집에서 존엄을 지키며 죽음을 맞이할 수 있었다. 임종을 앞둔 환자를 보살필 때는 의사의 성격과 환자와 의사 간의 관계가 치료의 주요 형태를 결정한다.

하지만 어떠한 치료 기법도 환자와 가족, 의사에게 마지막 시간을 준비시킬 순 없다. 고든 스튜어트와 해들리 엘리엇 박사의 대화에서 주목해야 할 것은 진정성을 잃지 않고 지나치게 감성적인 상태나 실존적인 문제에 바탕을 둔 관계를 진실하지 않은 관계로 묘사하지 않으려는 두 사람의 노력이다. 엘리엇 박사는 스튜어트의 질문에 아무런 대답도 하지 않았다. 그가 기대하거나 심지어 원하는 대답조차 엘리엇 박사는 말하려 하지 않았다. 이처럼 믿을 수 없을 만큼 인간적인 의사가 특별히 자기 환자에게 해준 것은 그의 이야기를 집중해서 경청하는 일이었다. 공감의 시선으로 환자를 지켜보는 일은 도덕적 행위이지 기술적 절차가 아니다. 엘리엇 박사의 역량은 스튜어트의 이야기를 듣고 질문의 힘을 반추하며, 환자의 풍자 능력과 비판적인 분석 능력을 잃지 않게 도와주고, 신체 자아의 무결성에 대한 마지막 공격에 직면한 상황에서도 섬세한 말로 어렴풋이라도 환자를 이해하려는 능력에 있다.

죽음을 바라보는 고든 스튜어트의 시각은 그의 삶의 맥락에서는 굉장히 자연스럽다. 하지만 구체적인 종교 혹은 덜 엄격한 자기 인식 접근법이 적합한 사람들에겐 그의 시각이 적절하지 않을 수 있다. 죽음을 앞둔 당사자는 본인의 감수성을 고려하여 의사와 가족과 함께 죽음을 맞이하는 적절하고 바람직한 방법을 생각해야 한다. 의사는 환자의 삶에 부적절하거나 해당되지 않는 특정 형태의 죽음을 환자에게 강요해선 안 된다. 나는 이런 일이 일상적으로 일어나는 게 두려우면서도 스튜어트가 죽음의 단계를 기계적으로 묘사한 것에 부정적인 평가를 한 것에는 박수를 보내고 싶다. 죽어가는 사람을 만족시킬 수 있는, 죽음을 향한 영원하고도 유일한 길은 없다. 삶의 방향이 그러하듯 죽음의 방향도 사람에 따라 수십 번의 전환을 맞이하거나, 처음으로 다시 돌아가거나, 이전에는 몰랐던 완전히 새로운 상황을 맞이할 수 있다. 의사는 환자가 어느 방향으로 향할지 혹은 어떤 방향이 최선인지 미리 알 수 없다. 그 길과 행동 방침은 의사와 환자 간 관계에서 나타나거나 죽음을 맞이하는 당사자와 그 가족이 결정한다. 의사는 의학에서 목적론(최종 원인과 궁극적 의미가 담긴 원칙)을 끌어내지 못한다. 만약 이러한 목적론이 의사에게서 비롯된다 해도 그것은 의학이 아닌 종교나 문화적 배경에서 온 것이다.[22]

모든 사람이 고든 스튜어트와 같은 길을 걸으려고 하진 않을 것이다. 자신의 끝을 완전히 의식하고 있으며, 본인의 죽음은 삶처럼 독특하고 개성적이어야 하며, 마지막 말은 본인이 해야 하는 스튜어트의 행동에 어떤 이들은 겁을 먹거나 반감을 느꼈을 수 있다. 여기서는 문화의 힘이 그만큼 강력하다. 고든 스튜어트와 송

---

22 에스겔 엠마누엘 교수는 돌봄에서의 목적론의 역할을 내가 명확히 이해할 수 있게 도와주었다. 매킨타이어와 리프, 래시 역시 거의 같은 지점을 이야기하고 있다.

밍위안 박사의 마지막 궤적을 대조해 보자. 중국 사회에서 송 박사네처럼 전통 지향적인 집안은 가족이 책임의 중심이 되며, 그 중심은 서구 사회가 개인의 신성불가침 영역으로 간주하는 측면으로까지 확대된다. 송 박사는 가족 중 유일하게 의학적 지식을 갖췄으며 심지어 만성질환 전문가인데도 자신에게 암이 발병하는 과정에서 내려야 하는 모든 결정을 가족에게 일임했다. 사실 나의 표현 방식조차 어쩌면 자민족 중심주의일지도 모른다. 송 박사는 가족에게 책임을 전가한 것이 아니다. 책임은 처음부터 그가 아닌 가족들에게 속한 것이다. 결론적으로 송 박사는 잠시 머물다 가는 공간인 이승에 오기 전부터 존재했던 영원한 매개체(중국인의 가족 관념)에 속하며, 세상을 떠난 후에도 그는 후손 및 조상들과 함께 계속 존재한다. 중국처럼 문화가 가족을 규정하는 사회에서 죽음에 대한 담론과 의식은 고든 스튜어트의 사례와 근본적으로 다르다. (아무리 스튜어트가 집에서 부모님과 친구들이 지켜보는 가운데 죽음을 맞이했어도 그들이 스튜어트의 죽음에 미치는 영향은 중국과 비교해 훨씬 적다. 궁극적으로 죽음은 개인이 혼자 감당해야 하는 영역이기 때문이다. 중국인들은 미국 사회의 이러한 측면을 이상하고 불쾌하게 여긴다.) 나의 이러한 결론은 내가 스튜어트도 잘 모르고 송 박사의 죽음을 지켜보지 못했다는 사실에서 비난을 받을 수도 있다. 인정하는 바다. 하지만 다른 사례와 자료들을 읽고 종합해본 결과, 나는 북미 문화와 중국 문화 간에 큰 차이가 있다는 것을 확신하게 되었다.[23]

23 이를 뒷받침하는 증거는 심리학자, 정신과 의사, 사회과학자, 역사학자들의 글에서 찾을 수

줄리안 데이비스는 죽음에 대한 또 다른 반응을 나타낸다. 바로 두려움과 공포다. 데이비스 부모의 죽음이 그가 보이는 반응에 강한 영향력을 미친 건 사실이나 여기엔 다른 요인들도 있다. 데이비스 부부는 감응성 정신병(folie à deux, 가족 등 밀접한 관계를 맺고 있는 두 사람에게 동시에 일어나는 정신병)처럼 데이비스의 상태에 대해 암묵적으로 같은 생각을 품고 있었다.[24] 심각한 우울증이나 다른 정신적인 문제 때문인지 몰라도 데이비스는 자신이 죽을 것이라 확신했다. 그는 삶을 포기했으며 끔찍한 공포감에 시달렸다. 현재 정신적 죽음을 간과하는 병리학 메커니즘에 많은 논란이 일고 있다.[25] 물론 심각한 심장질환을 앓고 있는 환자에게는 치명적인 부정맥, 폐색전, 급성 심부전 증상 또는 심장질환 자체가 직접적인 원인이 되는 문제가 발생할 수 있다. 이러한 요소들이 독립적으로 발생해 돌연사로 이어질 수도 있지만, 심장 전문의인 라운과 그의 동료들은 대개 심리생리학적 요소들이 원인이 된다는 것을 밝혀냈다. 부검을 진행하지 않았으므로 데이비스의 사인이 정확히 무엇인지는 알 수 없다. 하지만 심리적이고 자기 본위적이며 부두교 혹은 마술적 죽음을 다루는 의학과 인류학 문헌을 두

있다. 중국 문화에서 죽음에 관한 전통적인 개념과 반응은 대인관계와 연관돼 있다는 점에서 깊이 연구되어 왔으며 왓슨에 의해 철저히 분석되었다. 하지만 내가 아는 한, 개인적인 경험으로써 중국인들의 죽음과 애도는 아직 연구되지 않았다.

24 감응성 정신병은 두 명 이상의 사람들 사이에서 공유되는 망상 체계이며, 더 정확하게는 공유된 정신병이다.

25 이 논란은 (특히 자신의 의지가 반영되거나 미신과 종교의 영향을 받은) 심인성 사망이 실제로 일어나는가에 대한 문제로까지 확대된다.

고 논쟁이 벌어지고 있는데, 이는 개인이 사회 집단 사이에서 공유되는 개념인 사회적 죽음을 믿게 되고 그로 인한 심리생리학적 반응으로 죽을 수도 있음을 암시한다. 로체스터 대학에서 연구 중이었던 엥겔은 심각한 만성질환 환자에게 나타나는 원인을 알 수 없는 돌연사와 관련하여 "자포자기giving-up, given-up" 복합체가 있다는 사실을 확인했다. 메사추세츠 종합 병원 의사인 해킷과 와이즈먼에 따르면, 자신이 죽는다고 굳게 믿었던 수술 환자들이 실제 다른 수술 환자들보다 훨씬 더 높은 비율로 사망했다고 한다. 데이비스는 자신의 죽음을 확신하고, 삶을 포기하며, 죽음에 대한 병적인 불안을 겪는 등의 몇 가지 증후군이 겹쳐서 나타난 것으로 보인다.

나는 위 사례들이 만성질환 의미에서 특히 중요한 한 가지 측면을 나타낸다고 본다. 질병은 죽음의 위협 혹은 죽어가는 경험을 의미할 수 있다. 내 경험상, 죽음에 대한 공포는(데이비스처럼 병적으로 집착하는 수준은 아니더라도) 만성질환자와 그 가족들이 흔히 겪는 일이다. 질병이 말기에 접어들거나 증상이 심각하게 악화될 때 만성질환을 앓는 환자들에게 공포는 모호하고 실체가 없는 형태로 다가온다. 그런데 만성질환자 대부분은 생명에 치명적인 증상을 보이지도 않으며 만성질환으로 죽는 환자는 거의 없다는 사실을 잊지 말아야 한다. 실제로 의사들 사이에서는 만성질환 경험만큼 사람에게 장수하는 법을 효과적으로 가르쳐 주는 것은 없다는 말이 돈다. 일부 환자의 죽음에 대한 확신이나 자포자기하는 심정은 그들이 처한 현재 상황에 대한 망상적 인식이 아니라, 어쩌면 잠재의식에서 치명적인 신체 변화를 초기에 예감하거나 아주 민감하게 감지한 것일 수도 있다. 심각하지만 생명엔 지장이 없는 만성질환이라는 회색지대에서 이러한 자각은 비상한 심리생리학적 감각이 정확하게 반영된 결과일지도 모른다. 하지만 이러한 육감은 대개 정서적 반응, 성격, 생활 환경, 심지어 문화적 배경에 반응한 것이다(일례로 유대인은 영국 혈통에 청교도적 배경을 가진 뉴잉글랜드인보다 증상과 죽음의 위협을 더 두려워하는 것으로 나타났다).

질병이 우리에게 가르쳐 줄 수 있는 삶과 관련된 귀중한 교훈한 가지는 언젠가 우리 모두 죽는다는 사실을 받아들이고 그것에 대응하는 태도다. 이는 10장에서 패디 에스포지토가 전한 메시지와 같다. 나는 여러 번 만성질환을 보편적인 인간의 조건에 관한 완고한 진리이자 윤리적 메시지로 언급해 왔다.[26] 죽음을 받아들이는 환자의 모습은 내가 전달하고자 하는 바를 가장 효과적으로 나타낸다. 고든 스튜어트의 경험에서 알 수 있듯이 죽음은 복잡한 현실이며, 간단하게 한 가지 정답으로 정리할 수도, 그렇게 해서도 안 된다. 그의 마지막 말을 통해 배울 수 있는 건, 우리는 죽음이라는 놀라운 과정을 통해 우리를 가장 우리답고 인간답게 만드는 요소를 생각하고 표현함으로써 삶의 의미를 재정립한다는

---

26 10장과 11장이 죽음을 앞둔 환자의 사례를 집중적으로 다루고 있긴 하지만 죽음은 이 책에 나온 많은 환자의 삶에서 중요한 문제다. 역사적으로나 전 세계적으로 죽음과 죽어감을 다룬 훌륭한 책과 글이 많다. 이러한 인류학적, 역사적 자료들은 죽음을 생각하고 이에 반응하는 방식이 무척 다양하다는 사실을 말해 준다. 그뿐 아니라 당혹감과 고통을 비롯한 경험에서 나타나는 심리생물학적 과정의 문화적 특수성에 대한 제약과 사회적 세계의 핵심 조건을 대변해야 하는 사회 질서 등 여기서 언급된 비슷한 문제들에 관해서도 밝히고 있다.

사실이다.[27]

27 다른 예도 살펴보자. 스웨덴의 종양 전문의 스티언스워드의 논문에 언급된 스위스 법학자 놀은 다음과 같이 말했다. "제가 암에 걸렸다는 건 알고 있었습니다. 병원에서 수술을 권유했지만 전 거절했어요. 영웅주의 때문이 아니라 삶과 죽음에 대한 제 생각과 일치하지 않았기 때문입니다. 달리 방법이 없었습니다. 의사들은 제 방광에 방사선 치료를 했을 텐데 이 모든 조치에도 저의 생존 가능성은 35%에 불과할 겁니다. 그마저도 망가진 몸으로 사는 시한부 삶이에요. 우리는 모두 죽습니다. 누구에게는 그 시기가 매우 빨리 찾아오고, 누구에게는 훨씬 나중에 찾아올 뿐이에요. 제 경험상 시한부 삶이라도 있는 그대로 즐긴다면 더 나은 삶을 살 수 있습니다. 게다가 영원히 세상에서 사라지게 될 때 얼마나 오래 살았느냐는 별로 중요하지 않습니다."

12

치유자들

처방전을 쓰는 건 쉽지만, 사람들과 소통을 하는 건 어렵다.
– 프란츠 카프카

의사로서 나는 무력하고 상처 입은 사람들에게 공감하는 것이
얼마나 진이 빠지고 위험한 일이 될 수 있는지 알고 있다.
나는 사람들이 운명이라는 거센 파도에 맞서고자 쏟아낸 힘과 에너지가
무력해 보일 때 공감하는 마음을 잃지 않는 것이 얼마나 힘든지도 안다……
환자로서 나는, 지금 내가 생각하는 수준보다 훨씬 더 외롭고 무력했으며,
더 공포에 질려 있었고, 더 분노에 차 있었다.
– 주디스 알렉산더 브라이스

눈에 보이는 것 이상을 보지 못하는 사람들은
건강을 삶의 부속품으로 여기고 자신의 병세와 투쟁하지만,
인간의 가장 깊은 내면을 봐왔으며
그 뼈대가 얼마나 연약한 실에 의존하고 있는지 알고 있는 나는,
우리가 항상 그렇지 않다는 사실에 놀라곤 한다.
그리고 죽음에 이르는 천 개의 문을 생각하며
오직 한 번만 죽을 수 있다는 것에 신께 감사드린다.
– 토머스 브라운, 『의사의 종교』

의사 8명의 이야기

지금부터 소개할 의사 8명의 간략한 이야기가 만성질환자들의 치료를 위해 의사들이 하는 다양한 일들, 혹은 매일 만성질환자들과 만나는 수많은 의사들의 삶을 완전히 대표한다고 보긴 어렵다. 의사들이 겪을 수 있는 모든 경험을 충분히 다루려면 책 한 권을 따로 써야 할 것이다. 하지만 이 책의 짧은 설명만으로도 만성질환자를 돌보는 것은 힘들지만 굉장히 보람되며, 의사가 어떤 사람인지는 환자의 성격만큼이나 치료에 중요한 요소고, 만성질환자들을 돌보는 행위는 우리 사회에 팽배한 의료 서비스의 기술적이고 경제적인 이미지와 크게 다르다는 인식을 심어줄 수 있다.

치료 경험에 대한 사회과학 연구는 의과대학 및 레지던트 교육에서 의사의 사회화 또는 환자 진료 시 의사의 직업 규범과 개인적 선입견의 영향력 중 하나를 다루는 경우가 대부분이다. 학자들은 의사들이 불확실성이나 실패에 대처하는 방법, 기술 적용에 따른 문제, 진료 현장의 도덕적 딜레마, 돌봄의 언어, 교과서 지식이 현장의 실무 기술 지식으로 바뀌는 과정 등을 연구한다. 환자의 '질병 경험'에 관한 연구와 마찬가지로 의사의 '치료 경험'에 관한 연구 역시 주로 외부 요인, 즉 실제 치료의 작용 양상보다 사실상 더 강력한 힘을 지닌 사회적 요인의 영향력에 더 관심을 보인다. 돌봄이 주제가 되어야 환자와 의사의 관계가 주목을 받을 수 있다.

의사들은 이렇게 외부 이야기에 중점을 둔 학술 연구가 탁월한 분석력을 갖추고 있다 해도 자신들이 굉장히 중요하다고 여기는 부분을 빠트렸다고 생각한다. 바로 내부 이야기인 치료 경험, 즉 치유자healer가 되는 것에 관한 이야기다. 의사들은 임상의의 내면 세계를 알리고자 소설과 에세이로 눈을 돌렸다. 의사의 치료 경험에 관한 민족지학적 연구는 환자의 질병 경험을 현상학적으로 설명한 연구보다 훨씬 뒤처져 있다. 우리는 의사보다 환자의 이야기를 더 많이 알고 있으며, 의사의 치료 경험의 본질을 제대로 포착해낸 연구조차 찾아볼 수 없다. 의사가 가장 중요하다고 생각하는 것이자 진료 현장과 가장 밀접하게 관련 있는 주제가 우리의 불완전한 분석 틀에 잡히지 못한 채 빠져나가고 있는 것이다.

만성질환의 의미를 다루는 데 치유자의 목소리, 즉 의사의 이야기가 빠진다면 위험할 정도로 불완전한 연구가 될 것이다. 5장, 6장, 11장에서 나는 만성질환자의 치료에 도움을 줬거나 방해가 됐던 의사들을 잠깐씩 다뤘다. 지금부터는 의사의 관점에서 보는 치료와 돌봄 이야기를 하려 한다. 나도 비슷한 경험을 공유하고 있다는 측면에서 이는 나의 시각이기도 하다. 의사들의 관점을 제대로 파악한다면, 만성질환자를 돌보는 것이 가슴 벅찬 성공이 되기도 하고 맥 빠지는 실패가 되기도 하는 이유를 이해할 수 있는 높은 안목을 얻게 될 것이다.

상처 입은 의사, 그리고 도움이 되어야 한다는 욕심

52살의 폴 새뮤얼스는 미국 중서부 지역 대도시에서 내과 전문의로 일하고 있다. 그는 세 명의 다른 동료와 함께 평일은 물론 저녁, 주말, 휴일 진료를 분담했다. 그는 매일 병원과 진료실에서 25-35명 사이의 환자들을 봤다. 그의 일과는 오전 6시 30분 회진으로 시작해 오후 7시 진료실에서 끝났다. 매주 토요일에는 오전 진료만 보았다. 수요일 오후에는 의과대학 종합 병원에서 학생들을 가르쳤고 그 후엔 도서관에서 최신 의학 논문과 관련된 자료들을 섭렵했다. 매달 4일 저녁과 주말엔 모든 집단 진료(여러 분야의 전문가가 함께 협동해서 질병의 진단, 치료, 예방을 하는 진료) 대상 환자들을 위해 당직을 섰다.

폴 새뮤얼스의 주된 관심은 심각한 만성질환을 앓는 환자들을 보살피는 것이었다. 이 환자들은 거의 폴이 맡았다. 폴이 만성질환에 관심을 갖게 된 이유는 당뇨병에 걸린 아버지를 보고 자랐기 때문인데 폴의 아버지는 그가 12살 때 당뇨로 인한 합병증으로 돌아가셨다. 그리고 자신이 12살부터 천식을 앓아온 경험 덕분에 폴은 만성질환자에게 더 공감하고 도움이 되는 의사가 될 수 있었다고 생각했다.

"아버지가 돌아가시던 해에 갑자기 천식이 생겼습니다. 그 이후부터는 쭉 천식과 함께 살아왔지요. 천식이 저의 첫 임상 선생님이라고 할 수 있겠군요. 사실, 전 제 병과 아버지의 병을 보고 자란 경험이 절 의사로 만들었다고 생각합니다. 의대가 절 의사로 만든 게 아니라요. 하지만 이러한 경험 덕분에 전 치유자가 될 수 있었죠.

제 병을 완전히 통제할 수 있기까지는 수년이 걸렸습니다. 사춘기 시절 저는 천식 때문에 다른 사람이 된 기분이었습니다. 줏대 없고 허약한 사람 말이죠. 처음에는 이를 받아들일 수가 없었습니다. 아픈 게 창피했으니까요. 그리고 아버지의 죽음을 맞았을 때처럼 고통과 상실을 겪었습니다. 그러다 마침내 해냈습니다. 병이 아직 사라지진 않았지만 제가 이겼다는 걸 알았죠. 이 경험에는 몇 가지 중요한 교훈이 담겨 있다고 생각합니다. 첫째로 자신감과 통제감에 위협이 되는, 인생의 무거운 짐으로 작용하는 질병에 대해 알게 되었습니다. 그리고 질병과 함께 살아가는 법을 배웠지요. 충분히 휴식을 취하고 질병과 공존하는 삶을 계획하며 증상을 악화시킬 만한 요소들은 피할 것. 윌리엄 오슬러(William Osler, 현대 의학의 아버지라 불리는 캐나다 의사)가 만성질환자는 장수하는 법을 안다고 말했을 때 바로 이런 점을 염두에 두었을 것입니다. 마지막으로 전 타인을 돌보는 데 필요한 아주 중요한 교훈을 배웠습니다. 치유자는 스스로 상처를 겪어봐야 고통이 무엇인지 알 수 있다는 겁니다. 직접 질병을 겪어보는 것보다 더 나은 훈련은 없습니다. 그리고 제가 병을 앓고 아버지를 돌본 경험과 관련해서 하고 싶은 말이 하나 더 있습니다. 바로 도움이 되고 싶은 욕구입니다. 쓸모 있다는 느낌은 제가 누구인지에 대한 감각을 일깨워주었습니다. 어찌 보면 도덕적 자아를 제 정체성의 중심에 둔 셈이죠. 그 이후로 쭉 그래왔습니다."

새뮤얼스 박사의 동료들은 다같이 입을 모아 환자에 대한 그의 헌신과 노력을 칭찬했다. 한 동료 의사는 이렇게 말했다.

"폴은 전통적인 의사 개념에 딱 들어맞는 사람입니다. 그는 진료에 헌신하는 삶을 살고 있죠. 의사로서의 역량을 키우려 열심히 노력하고, 제가 아는 그 누구보다도 환자들과 많은 시간을 보내고 있어요. 심지어 환자의 집에 찾아가기까지 합니다. 그리고 자신을 찾아온 모든 환자를 가능한 한 오래 보기 위해 필요한 시간만큼 늦게까지 병원에 머무릅니다. 폴은 우리 대부분이 지쳐서 하지 못하는 일에 열정을 보이는 것 같습니다. 제게 폴은 의학계에서 가장 모범이 되는 인물입니다. 그렇다고 해서 그가 외계에서 온 존재처럼 한 치의 실수도 없이 완벽하다는 건 아닙니다. 오히려 저는 그의 인간성이 특별하다고 생각합니다. 폴은 그 자신이 만성질환을 앓고 있어요. 만성질환을 앓는다는 게 어떤 건지 스스로 너무 잘 알고 있죠. 환자가 증상을 잘 표현하지 못하더라도 환자의 요구를 충족시키기 위해 노력하는 그의 모습을 보면 알 수 있습니다."

다른 동료 의사도 덧붙였다.

"제가 중병을 앓게 된다면 폴이 제 주치의가 되었으면 좋겠어요. 그는 정중하고 조용하며 섬세한 사람입니다. 실력도 좋으면서 이런 성품을 가진 의사를 어디서 또 볼 수 있겠습니까? 폴의 인품 덕분에 환자들은 의사가 자신을 특별히 신경 써준다는 느낌을 받을 겁니다. 저희 모두 그렇게 하긴 합니다만, 폴이 환자에게 미치는 영향력이 더 크죠. 폴의 환자들에게 물어보세요. 직접 이야기해줄 거예요. 폴이 특별한 이유는 환자들이 그가 자신들을 위해 모든 것을, 아니 그보다 더 많은 것을 할 것으로 생각하기 때문입니다."

나는 폴의 환자 몇 명과도 이야기를 나눴는데 당뇨병을 앓고 있는 35살의 건설업자는 이렇게 이야기했다.

"새뮤얼스 선생님 말씀이시죠? 그분의 어떤 점이 그렇게 좋냐고요? 잘 모르겠지만, 병원은 그분을 소중히 여겨야 합니다. 그분은 참된 의사이시거든요. 새뮤얼스 선생님은 환자 이야기를 경청하고 환자가 무슨 일을 겪고 있는지 압니다. 잘은 모르겠지만, 느낌이, 왜, 응급실에 실려갈 만한 나쁜 상황을 겪는 동안에도 선생님이 옆에 함께 있어 주는 기분이 듭니다. 선생님은 우리가 낫기를 진심으로 바라세요. 가끔은 반드시 나아야 한다고 말씀하시는 듯한 느낌이 들 때도 있어요."

암을 앓고 있는 한 여성 환자는 이렇게 말했다.

"뭐라 말해야 할지……. 선생님이 하는 행동보다 하지 않는 행동이 더 중요한 것 같네요. 새뮤얼스 선생님은 조급해 하지 않으세요. 전 선생님이 짜증 내거나 차갑게 구는 모습을 한 번도 보질 못했습니다. 지금 생각해 보면, 제 경험상 병원의 90퍼센트는 이런 문제를 안고 있더군요. 접수 직원부터 간호사와 의사까지, 그들은 항상 시간이 없죠. 그런데 새뮤얼스 선생님은 정반대입니다. 제 말은, 선생님을 찾는 환자가 무진장 많아 엄청 바쁘세요. 시간이 별로 없으시죠. 하지만 환자와 함께 있는 시간에 하는 일을 아주 특별하고 중요하게 생각하시는 것 같습니다. 새뮤얼스 선생님은 환자에게 무슨 일이 일어나는지 신경 써주시고, 무슨 일을 겪었는지도 기억하세요. 선생님과 함께 있으면 그냥 기분이 좋습니다. 어떨 땐 선생님과 전화 통화만 해도 기분이 나아진다니까요. 선생님에게 진료받는 것만으로도 증상과 통증이 사라집니다."

폴 새뮤얼스는 큰 키에 몹시 마른 체형의 소유자로, 머리는 다 빠져 있으며 수염은 짧게 깎고 다녔다. 그는 가족(아내와 사춘기에 접어든 네 자녀, 늙으신 부모님, 그리고 형제 세 명과 그 가족들)과 환자 이외의 일에는 별 관심을 두지 않는 가장이었다.

"의학은 사람들만큼 제게 흥미로운 주제가 아닙니다. 사실, 전 의대를 중퇴할 뻔했습니다. 학교에서 배우는 모든 과학 지식이 지루하고 삶과 무관하다고 생각했거든요. 전 실제 사람들을 돌보고 싶었지, 화학 방정식이나 현미경 슬라이드에 시간을 뺏기고 싶지 않았어요. 그럼에도 전 최신 의학 지식을 따라잡기 위해 열심히 노력합니다. 의술로 최고가 되고 싶거든요. 어쨌든 그게 환자가 바라는 부분이기도 하니까요. 하지만 이는 치료와 돌봄의 기술적 측면에 지나지 않습니다. 제 생각에 진짜 중요한 건 인간적인 면입니다. 이 부분이 훨씬 더 힘들고 그만큼 더 보람차죠. 치유자가 된다는 건 정말 큰 특권입니다. 환자의 삶으로 들어가 그들의 통증에 귀기울이고, 환자가 본인이 겪는 고통을 이해할 수 있게, 질환이라는 무거운 짐에 대처할 수 있게 돕는 것. 이 모든 게 제 일을 보람되게 만듭니다. 솔직히 전 이 일을 하지 않는다는 생각을 할 수가 없습니다. 어찌 보면 전 치유자가 될 운명이고 다른 사람들에게 도움을 줘야 할 사람입니다. 이게 제 자아상입니다. 박사님께선 이게 제 정체성이라고 말씀하실 것 같네요. 틀림없이 이는 제가 아버지를 도울 수 없었던 죄책감과 관련이 있습니다. 어쩌면 저의 자기 효능감과 관련 있을지도 모르겠군요. 사춘기 때 저는 마음이 아주 불편했고, 아니 불안했습니다. 길을 잃은 것 같았죠. 의사가 되고 나서 모든 게 바뀌었다고 생각합니다. 제 인생에서 가장 의미 있는 결정이었죠. 낭만적이거나 향수에 젖은 것처럼 말하려는 의도는 아니지만, 의사는 제겐 단순한 직업이 아닙니다. 삶의 방식이자 도덕적 수양입니다."

폴 새뮤얼스의 아내 리타는 다른 표현을 써서 환자에 대한 남편의 헌신 때문에 가족들이 겪은 어려움을 일부 토로하기도 했지만 그녀 역시 폴의 자아상을 인정했다.

"우리, 그러니까 아이들과 저는 남편이 환자들의 문제를 다루는 방식 때문에 많이 화가 나곤 했습니다. 그리고 그 중 몇몇엔 꼭 문제가 생기더군요. 제 말은 폴은 다른 의사들처럼 그냥 모른 체하질 못해요. 남편은 항상 환자들을 걱정합니다. 환자들은 그이에게 소중한 존재예요. 어쩌면, 적어도 제가 생각했던 바로는, 너무 소중한 건지도 모르죠. 가끔 전 환자들이 없었다면 그이는 길을 잃었을지도 모른다고 생각합니다. 은퇴 후 생활에 대해서도 상상할 때가 있는데, 전 그이가 은퇴하지 못할 것 같아요. 그러면 남편은 삶의 기반이 되는 무언가를 잃게 되기 때문이죠. 그건 우리 가족에게 무슨 일이 생겨도 마찬가지일 거예요."

번아웃에 빠진 의사

통통한 체격에 웃는 인상의 앤드류 M. 스피어는 46살의 내과 의사로 대도시에서 병원을 운영하고 있는 위장 질환 전문의다. 그는 원래 의학 연구에 몸담고 있었지만 6년 전 경제적인 이유로 병원을 개원했다. 여전히 그는 자신을 동료 의사들보다 학문 지향적이라고 생각했으며, 남는 시간에는 전 연구소 동료들과 함께 만성 간질환에 대한 임상 역학 프로젝트에 참여했다.

"솔직히 말해 전 임상 일에서 벗어날 안식년이 필요합니다. 그러면 학문 연구를 다시 시작할 수 있겠죠. 지금은 연구하는 데 필요한 시간이 없을 뿐이니까요. 게다가 전 임상의로 근무하면서 번아웃에 빠진 것 같습니다. 온갖 문제부터 전화, 환자와 그 가족들까지, 참는 데에도 한계가 있어요. 개업을 결정할 때 이런 일을 예상하진 못했습니다. 이렇게 힘들 줄 몰랐죠. 주말이 끝나가면 더는 못 참겠다는 생각이 듭니다. 확실히 전 임상의를 하려고 의대에 진학한 게 아닙니다. 전 학문적 연구를 선호합니다. 이곳에서의 전 흡사 비싼 몸값의 기계공과 간호사가 하나로 합쳐진 모습입니다. 돈만 아니었다면 여길 벗어나서 실험실의 연구 프로젝트로 다시 돌아갔을 거예요. 여기서 벗어나려 할수록 환자 가족들에게서 걸려오는 전화도 없고 사람들의 불평을 온종일 들어야 할 필요도 없던 그때가 정말 행복했다는 생각이 듭니다. 모두 제게 뭔가를 기대하고 있는 것 같아요. 전 환자들과 엮인 제 자신을 보호해야 할 필요성을 느낍니다. 할 수만 있다면 전 진료만 하고 환자 가족 등 모든 혼란스러운 일은 다른 사람에게 맡기고 싶습니다. 환자들이 제 진을 다 빼가는 것 같아요. 다들 너무 많은 걸 원해요. 이 일을 계속하다간 1-2년 내로 번아웃이 오거나 환자와 저 스스로에게 위험한 일이 벌어질지도 모르겠습니다."

환자의 삶 속으로 들어가야 하는

히람 벤더는 65살의 가정의학 의사다. 불그스름한 얼굴에 행동이 굼떴던 그는 뉴잉글랜드 토박이로 이곳에서 거의 40년간 의사로 일해 왔다. 벤더 박사는 필명으로 에세이와 단편 소설도 썼으며, 의료 행위의 도덕적 교훈에 관해 오랫동안 고심해온 지식인이었다. 지역에서 뛰어난 이야기꾼이기도 했던 벤더 박사는 어느 날 나와 긴 겨울밤을 함께 보내며 다루기 힘든 질병의 인간적 속성에 관해 이야기한 적이 있었다. 그는 현재 벌어지고 있는 의료 체계의 위협적인 변화에 관해서도 말했다. 그의 주장에 따르면, 치유는 태곳적부터 시작된 인간의 노력에 뿌리를 두고 있으며, 샤머니즘과 사제 기능, 인간 영혼의 어두운 면에 대한 시적인 통찰과 같이 고대 의술의 형태는 과학보단 종교, 철학, 예술의 특징을 더 많이 가지고 있었다고 한다. 이 같은 주장을 뒷받침하기 위해 그는 의사로서 풍부한 경험이 녹아 있는 머릿속 거대한 저장고에서 수많은 주옥같은 명문들을 꺼내 선명하게 묘사했다.

"오해하진 마십시오. 전 과학에 반대하는 게 아닙니다. 그와는 정반대라 할 수 있죠. 지난 40년간 얻은 깨달음은, 바로 우리 의사들이 할 수만 있다면 모든 과학 지식을 습득해야 한다는 것입니다. 하지만 의료 현장의 현실은 이와는 달랐고, 지금도 다르죠. 제가 위대한 의사이자 시인으로 꼽는 윌리엄 카를로스 윌리엄스William Carlos Williams의 글을 읽어보세요. 그는 정확하게 알고 있었습니다. 돌봄은 거의 항상 두려움과 열망, 의사로서의 욕심을 포함해 인간의 다채로운 면이 아주 자극적으로 얽히고설킨 관계로 우리를 끌어당깁니다. 그곳은······ 깊은 감정과 인간의 행동이 뒤섞인 골치 아픈 세계입니다. 우리 같은 지식인들은 교과서에 나오는 모델을 인간의 행동 모델로, 질병을 이론으로 다루는 게 더 편합니다. 뭐, 이론이 질병을 파악하는 데 중요한 건 맞습니다. 하지만 질병은 통증과 출혈, 심장 박동, 쉽게 표현할 수 없는 두려움, 공황, 극심한 공포 등에 관한 것입니다. 질병은 생각이 아닌 행동의 영역이지요."

몇 주 후 운 좋게도 하루 동안 벤더 박사의 진료를 지켜볼 수 있는 기회가 생겼다. 나는 진료 시간 사이 짬이 날 때마다 돌봄에 관한 그의 생각을 물었고 피곤한 하루가 끝나갈 무렵에도 질문을 멈추지 않았다. 다음은 벤더 박사와 내가 오랜 시간 동안 나눈 대화에서 발췌한 내용이다.

"전 만성질환의 모호함과 불확실성을 견딜 수 있는 의사에겐 더는 실패의 위협이나 죽음의 위협은 없다고 생각합니다. 오히려 인간 본성을 깊이 이해할 수 있는 기초가 생겼다고 보죠. 환자와 몇 번 대면하다 보면 온갖 감정과 더불어 환자의 인생사를 들어야 하는 도덕적 딜레마에 빠지곤 합니다. 환자마다 다 사정이 있어요. 의사는 숲에서 길을 잃은 나그네처럼 환자의 이야기 속으로 들어가 환자의 남은 인생보다 더 빠르게 길을 찾는 법을 배웁니다. 한 사람의 인생사를 생생하게 들여다볼 수 있다는 건 의사라는 직업이 줄 수 있는 위대한 선물이지요. 처음엔 황달로 시작합니다. 그러다 췌장암, 즉 췌장의 두부에 생긴 암이 담관을 막고 있다는 사실을 알게 되고, 그다음엔 환자의 생활고에 대해 알게 됩니다. 그러면 이제 그들은 단순한 암환자가 아니라 줄리아 존스, 존 스미스, 빌 슈워츠가 되고 그들의 가족, 결혼, 직장, 희망, 공포, 삶에 대해 알게 되는 거죠. 의사라는 이름을 내려놓고 한 사람의 인생으로 들어가는 거죠. 의술은 환자를 살리는 기술입니다. 하지만 심각한 질병은 우리에게 이런 질문을 던집니다. 당신은 무엇을 위해 사느냐고요.

우리는 의학의 도덕적 측면을 항상 염두에 둬야 합니다. 몇십 년 동안 한결같이 이 일을 진심으로 대하는 사람을 어디서 찾겠습니까? 아, 제 말은 의사가 도덕적으로 모범이 되는 사람이라는 뜻이 아닙니다. 오히려 그 반대죠. 의사도 다른 사람들과 똑같습니다. 탐욕스럽고, 시기 질투하고, 쉽게 위협을 느끼며, 삶의 절박함 때문에 너무 위기에 몰리면 위험해지는 존재이지요. 하지만 인간을 돌보는 일은 곧 인간이 되는 일입니다. 상처받고 두려워하는 사람들 혹은 그저 도움이 필요한 사람들을 돕기 위해 무척 애쓰고 있는 우리 인간의 성공과 실패, 한계를 모두 볼 줄 알아야 합니다. 여기서 얻을 수 있는 도덕적 교훈은 우리 삶이 본디 그런 것이며, 그렇기에 준비를 해야 한다는 것입니다. 제 생각에 이 말은 모든 사람에게 해당하는 인생의 단순한 현실을 이야기하고 있습니다. 현실이 정확히 그렇거든요. 단순하고 적나라하죠.

가끔 제 일이 싫을 때도 있지만, 대체로 전 지금의 제가 될 수 있게 해주고 인간 사회에 대한 특별한 시각을 얻을 수 있게 해준 이 일을 삶의 방식으로 받아들이고 있습니다. 항상 이렇게 우아한 생각을 하는 건 아닙니다. 완전히 부정적인 생각에 사로잡힐 때도 많습니다. 하지만 제가 읽고 들었던 어느 것보다 시적인 방식으로 영감을 주는 만큼 자주 이런 생각을 합니다. 우리가 의사라는 직업을 굉장히 기술 중심적으로 만들고 의료 환경을 원가 계산과 관료주의, 환자들과의 적대적 관계 등이 팽배해지도록 만들고 있으므로 앞으로 의료계에 무슨 일이 닥칠지 모르겠습니다. 현대 사회의 다른 영역들과 마찬가지로 우린 이 오래된 직업의 가장 좋은 면을 없애고 있는 건지도 모릅니다. 우리는 직관, 감정, 도덕적 열정을 철저한 합리성으로 대체하고, 죽음, 장애, 고통과 같은 삶의 마지막과 관련된 질문들을 전부 기술적인 질문들로 바꾸고 있어요. 우리는 어떻게 될까요? 저도 잘 모르겠습니다. 제가 알고 있는 의학, 가치 있다고 여기는 의학은 이제 끝났다는 생각이 듭니다. 그런데 또 이렇게 선생님은 옛날과 다른 현재 모습에 적응하지 못하고 짜증을 내는 노인과 이야기를 나누고 있군요. 전 몸이 가려운데 가려운 부분을 찾지 못해서, 지독하게 타는 듯이 아픈데 상처가 정확히 어디인지 짚을 수 없어 짜증이 난 노인이나 마찬가집니다. 인간 내면의 어두운 상처가 우리를 궁지로 내몰고 있어요."

몇 달 후 벤더 박사는 나를 찾아왔고 우리는 마지막으로 대화를 나눴다. 헤어지기 직전, 그는 내게 다음 이야기가 의사라는 직업에 대한 자신의 최종 입장이라고 했다.

"어디선가 나이 많은 랍비 한 명이 우리가 세상에 마음을 빼앗기지 않는다면 세상은 평화로울 테지만, 세상에 마음을 빼앗기게 되면 세상은 아주 끔찍해질 것이라고 했습니다. 의사가 되자 그 말은 제게 현실이 되는 것 같았습니다. 질병 경험뿐 아니라 치료 경험에서도요. 우리는 아는 게 너무 적어요. 우리는 두 경험에서 멀리 떨어져 있는 시간이 필요합니다. 엄밀히 말하자면, 우리를 압도할 수 있는 것들로부터 거리를 두려면 의사라는 가면, 의사로서의 페르소나가 필요하다고 말할 수 있겠군요. 질병이 존재하는 현실 세계에서 환자를 볼 때 우리는 이런 생각을 할 수 없습니다. 행동을 보여야 하고, 어려운 결정을 내려야 하며, 끔찍한 사실을 이야기해야 하죠. 의사라는 자리에서 환자들에게 도움이 되는 만큼 고통스러운 일들도 해야 합니다. 하지만, 음, 밤이 되면 우리는 생각하기 시작합니다. 그땐 페르소나도 가면도 없습니다. 그러면서 개인의 비극적인 현실과 행동이 낳은 사회적 결과가 의사 개인의 감수성에 위협을 가하면서 모든 게 복잡하게 얽혀 몰아칩니다. 자정이 지나면 직업적 보호 장치마저 사라집니다. 우리는 아주 외롭고 상처받기 쉬운 상태에 놓이죠. 우리의 행동과 결정에 따른 도덕적 효과의 크기는 우리를 잠 못 들게 하거나 심지어 악몽과 같은 생각들이 끼어들면서 언짢은 이미지를 만들어 냅니다. 이때가 임상의에겐 진실의 시간입니다. 진정성을 가지고 진료에 임하는 의사들 대부분에겐 이 시간이 참 끔찍합니다. 직업과 제도라는 벽 뒤에 인간성을 숨기고 질병의 인간적인 면을 다루지 못하는 의사들에게도 끔찍하긴 매한가지입니다. 하지만 누구도 자신의 자존감에 가해지는 이 공격, 의사로서 부족한 역량을 자책하는 것보다 훨씬 더 골치 아프고 떨쳐내기 힘든 이 감정에 어떻게 대비해야 할지 가르쳐 주지 않습니다."

"그들을 죽이는 건 그들이 사는 세상입니다!"

레노어 라이트는 열정적인 29살의 내과 전문의로 중상류층 흑인 가정 출신이며 도심 빈민가에 있는 병원에서 일하고 있다. 그녀의 임상 경험은 그녀가 '우리의 흑인 하층민'이라고 부르는 사람들과 지속적으로 접촉하면서 처음 시작되었다.

"흑인 하층민들은 가장 가난하고, 비참하고, 혼란스럽고, 억압 받는 존재이자 우리가 모두 어디에서 왔는지를 강제로 떠올리게 합니다. 진료 경험을 통해 저는 개혁적으로 바뀌었습니다. 그것은 죽음, 질병, 우울을 초래하는 사회적 요인과의 획기적인 만남이었 어요. 더 많이 깨달을수록 그동안 제가 얼마나 무지했는지, 질환 을 일으키는 사회적 경제적 정치적 요인에 대해 얼마나 무감각했 는지 소름이 끼치더군요. 의대에서는 이런 것들에 대해 추상적으 로 배웠어요. 하지만 여기 삶의 현실은 의료 지옥입니다. 우리에 게 필요한 건 예방이지, 내면의 깊은 상처에 온종을 붙여야 하는 반창고가 아닙니다.

오늘 전 비만으로 고혈압을 앓는 엄마들을 6명이나 봤습니다. 남편은 물론 가족의 지원도, 직업도 없었어요. 그들에겐 아무것도 없었습니다. 잔인한 폭력과 빈곤, 마약, 10대 임신, 그리고 그냥 평범하고 지루한 위기들이 계속해서 이어지는 세상이에요. 제가 뭘 할 수 있을까요? 저염식을 권하고 혈압을 조절하라고 충고하는 게 무슨 소용이 있겠어요? 그녀들은 이미 밖에서 엄청난 압박에 시달리고 있는데 몸 안의 혈압이 뭐 대수겠어요? 그 사람들을 죽이는 건 그들의 몸이 아니라 '그들이 사는 세상'입니다. 사실 그들의 몸은 그들이 사는 세상의 산물이에요. 그녀들이 엄청난 과체중이고 정상이 아닐 정도로 몸집이 거대해진 이유는 그들이 세상에서 살아남은 생존자인 데다 자원도 부족하며, 소비하고 성공하라는 잔인한 메시지를 듣고 세상의 한계에 분노를 느끼지 않을 수 없기 때문입니다. 그녀들에게 필요한 건 약이 아니라 사회 혁명이에요.

저희 병원 응급실에 오셔서 술과 관련된 폭력, 약물 남용, 독성, 수년간 방치된 만성질환, 몸을 망가뜨리는 습관 등으로 오는 환자들, 분열되고 소외된 삶을 사는 사람들을 한 명씩 살펴보세요. 정말 와서 봐 보세요. 제가 할 수 있는 일은 퇴근 후 집에서 울면서, 다음 세대가 이런 현실에 굴복하는 것을 막고 아이들을 구할 방법이 반드시 있다고 스스로 다짐하는 것뿐입니다. 이런 경험을 통해 저는 다른 사람으로 바뀌고 있어요. 프란츠 파농[28] 같은 인물도 이런 세상에서 나왔을 거예요."

---

28 『대지의 저주받은 사람들 The Wretched of the Earth』을 비롯해 혁명적인 책들을 쓴 프란츠 파농은 프랑스에서 교육받은 알제리인 정신과 의사로 알제리 독립 전쟁을 겪으면서 급진주의자가 되었다.

냉소적인 의사

벤저민 윈터하우스 4세는 미국 북동부 큰 교외 지역의 부유한 소아과 의사로, 청소년 전문의다. 뉴욕의 유서 깊은 의사 집안 출신으로 4대째 의사인 벤은 망설임 없이 자신을 냉소적인 사람이라고 소개했다.

"네, 전 의학의 역할에 냉소적입니다. 어떻게 안 그럴 수 있죠? 의료-법률 간 위기 때문에 우리는 모두 겁에 질려 있습니다. 의료 과실 때문만이 아닙니다. 의약품에 대한 완전한 정보도 제공하지 못하고 있으며 개선의 여지까지 부족한 상황이지요. 세상 참 잘 돌아갑니다. 모두가 더 나아진 삶을 기대해요. 누구도 만성질환자가 되거나 병약자가 되거나 죽어선 안 되죠. 솔직히, 전 완전히 질려버렸습니다. 이렇게 나쁜 시기에 할 수 있는 일은 머리를 숙이고, 어떠한 파란도 일으키지 않으며, 실수하지 않으려 죽기 살기로 열심히 노력하는 것뿐입니다. 만약 실수하거나 실수를 했다는 생각이 들면 최대한 뒷수습을 하는 거죠. 한편으로는 동료들의 심사에, 다른 한편으로는 혹시 모를 배심원 재판에 대비해 차트에 변호할 내용을 기록해 둬야 합니다. 환자들이 해코지할 수 있으니 그들을 화나게 하지 마세요. 원칙대로 하십시오. 이는 환자보단 제약회사, 컨설턴트, 보험회사, 변호사들과 주고받는 서류와 전화에 더 많이 신경 써야 한다는 뜻입니다. 고위험군에 속하는 환자들을 세어보고 그들을 최대한 다른 병원으로 보내세요. 제 말은 그들은 다툼이나 법적 조치의 측면에서 위험 부담이 크다는 겁니다. 의사 노릇 하기가 쉽지 않아요. 제가 이렇게 배운 것도 아닐 뿐더러 이는 의사 집안인 제 가족의 전통에도 어긋납니다. 하지만 이렇게 해야만 살아남을 수 있습니다.

선생님이 말하는 만성질환에 대해 말하자면, 모두 뭔가를 요구하고 있는 느낌입니다. 과민성 대장증후군을 앓는 학생들을 예로 들어보죠. 전 정말이지 수많은 사례를 봐왔습니다. 한 소아과 의사는 스트레스가 원인이라 하고, 또 다른 의사는 일반적으로 음식 알레르기와 식이요법이 문제라고 합니다. 가족 문제나 학교 문제라고 말하는 사람도 있어요. 소아정신과 의사가 한 마디 하면 위장병 전문의들은 또 다르게 말합니다. 확고한 믿음을 가진 의사라면 치료법은 하나라고 스스로를 설득할 겁니다. 그게 돈 버는 방법이에요. 적절한 술책을 쓰세요. 사실 원인은 아무도 모릅니다. 발병 과정도 불확실하고요. 치료법은 더더욱 불확실하죠. 환자들에게 솔직하게 말하면 그들은 실망감을 느끼고 최신 치료법을 쓰는 다른 병원으로 떠납니다. 전 이런 경우를 많이 봤어요. 긴장성 두통, 요통, 천식, 감기몸살 등 얼마든지 말해 보세요. 습진을 예로 들어볼까요. 전 피부과 의사에게만 십여 가지의 각기 다른 이론을 들었습니다. 게다가 심리학 이론도요! 이 동네 사람들은 심리학, 전인의학, 마사지, 집단 치료, 몸과 마음은 하나라는 주제의 강의, 정신 신경 면역학, 침술 등에 관심이 많습니다. 그들은 심리분석학과 행동의학 이론은 물론 한 번도 들어본 적 없는 이론까지 알고 있어요. 이런 상황은 저를 몹시 회의적이고 부정적인 사람으로 만들었습니다."

"네, 전 냉소적인 인간입니다. 인생의 많은 것들에 대해서도 냉소적이죠. 전 환자들, 특히 환자의 부모들이 하는 말을 믿지 않습니다. 사회복지사들도 굉장히 위험합니다. 그들은 모든 사람을 아동 학대자로 생각하죠. 제약회사 영업사원들은 마약상들처럼 과다활동을 부추기는 최신 알약들을 들이밀고, 검사실 직원들은 모든 환자에게 최신 혈액 검사를 받게 하라고 들들 볶고, 심지어 컴퓨터가 채점하는 심리 테스트도 있더군요. 정말 누구 말을, 무엇을 믿어야 할지 모르겠습니다. 전 불평을 늘어놓는 환자들을 많이 보는데 그들이 하는 이야기는 믿지 않습니다. 그 사람들은 너무 물러 터지고 약합니다. 조그마한 불편도 참질 못해요.

아시다시피, 상황은 계속 나빠지고 있습니다. 전 가끔 의사를 그만두고 다른 분야에서 일하는 상상을 합니다. 자식들에게도 말했습니다. 의대 가지 말라고. 예전 같지 않다고요. 사람들이 원하는 건 기술자나 사업가지 의사가 아니라고요. 독자들에게 제 말을 꼭 들려주세요. 의학은 사회의 나머지 부분들과 함께 망해가고 있어요. 이젠 지긋지긋합니다."

"전 고객이 아니라 환자를 돌보고 싶습니다."

39살의 정신과 전문의 헬렌 맥노튼은 서부 해안 지역 대형 종합 건강관리기구(HMO, 민간 보험회사에게 일정 연회비를 내고 의료 서비스를 제공받는 미국의 민영 의료 보험 제도 및 그에 속한 의료 집단) 소속으로

1차 진료 병동에서 매우 바쁘게 일하고 있다. 높은 전문성과 더불어 남부 지방 특유의 반듯한 품성을 갖춘 맥노튼은 HMO의 제도적 구조가 만성질환자들을 위한 '좋은 치료'에 방해가 된다는 우려 때문에 HMO를 떠나 자신의 병원을 열어야 할지 고민하고 있었다. 애써 재연하려 한 건 아니지만 그녀는 부드러운 미시시피 억양이 섞인 느릿느릿한 말투로 살짝 더듬거리며 말했는데, 이 말투가 그녀의 이야기를 매력적으로 만들었으며 그녀의 인상까지 돋보이는 효과를 주었다.

"돌봄을 생각해 보세요. 이제 돌봄은 의사가 해야 하는 일입니다. 그런데, 음, 돌봄이 하나의 상품이 돼버렸어요. HMO의 '제품'인 셈이죠. 그들은 의사들의 돌봄을 평가하고, 그에 대한 비용을 분석하고, 마케팅을 합니다. 즉 과도하게 사용되거나 제값을 못 받는 일이 생기고 있는지 체크합니다. '너희 의사들은 돌봄을 제공하는 대신 너무 과하게 베풀진 말라'고 말합니다. 네, 알아요. 비용이야 아낄수록 좋죠.

HMO 시스템에서 환자가 의사를 만나려면, 몸값과 진료비가 비싼 전문의인 우리를 보호하기 위해 병원 시스템이 마련한 접수원, 간호사, 사회복지사, 심리학자, 보조의사(physician assistant, 의사 면허 없이 의사로서 가능한 업무 중 일부를 위임받아 진료 보조를 수행하는 인력)라는 일련의 장애물을 뚫어야 합니다. 아무튼 이 모든 과정을 거쳐야 환자가 의사를 만날 수 있다는 건 (사실 그러지 않아야 했는데 말이죠) 시스템이 고장났다는 의미입니다. 왜 그럴까요? 우리 의사들이 진료를 하게 되면 HMO 입장에서는 비용이 나가게 되니까 우리는 가급적 환자를 멀리해야 하는 거죠. 만성질환자들이 병원에 가지 않는 이유는 진료비가 많이 들기 때문이에요. 그리고 보건소에 가면 저임금 의사에게 치료를 받게 됩니다. 비용이 제일 중요해요. 이 관념이, 이 언어 자체가 돈 문제를 말하고 있어요. 뭐, 당연히 질 좋은 의료 서비스는 비쌉니다. 하지만 돈이 의료 서비스 수준을 정확히 말해 주진 않아요. 오히려 왜곡하죠.

정신과 수련을 할 때 저는 제가 할 수 있는 최선을 다해 환자들을 돌보는 법을 배웠습니다. 마법 같은 경험이었죠. 마치 예술가가 아틀리에에서 완벽한 작품을 완성하기 위해 천천히 작업하는 것처럼요. 정말 황홀했습니다. 하지만 이젠 환멸을 느낍니다. 조립라인에서 표준화된 제품을 생산하는 공장 노동자가 된 기분이에요. HMO가 환자들과 저를 가로막고 있습니다. HMO 때문에 환자들과 멀어지게 된 셈이죠.

그리고 환자는 상태가 나아지지 않으면 왜 그들에게 책임을 돌릴까요? 환자는 상태가 나아지길 간절히 바라진 않아요. 그들은 의욕이 없어요. 네, 환자 잘못이죠. 심신미약, 이게 원인입니다. 그런데 이 말이 지금처럼 잘못된 의미로 쓰였던 때가 있었을까요? 아무튼 그건 환자의 책임이지, 우리 책임이 아닙니다. 전 하루의 절반을 오해를 불러일으킬 수 있는 이 바보 같은 개념을 바로잡는 데 쓰고, 나머지 절반은 말도 안 되는 심리학 용어로 정체를 숨기고 있거나 사회복지사와 간호사는 진단할 수 없는 내과 환자의 정신질환이 치료 가능한지 판단하는 데 쓰고 있습니다.

병원은 환자들을 '고객client'이라 부릅니다. 하지만 HMO 시스템이 유일하게 좋아하는 고객은 보험료만 내고 병원에 오지 않고 HMO를 귀찮게 하지 않는 고객이에요. 환자를 빨리 내보내는 방법, 선생님, 그게 이곳의 의제입니다. 솔직히 전 관료주의 분위기가 덜하고, 더 인간적인 곳에서 일하고 싶어요. 모두 저를 몽상가라 부르겠지만 전 돌봄의 형태가 지금보다 훨씬 더 나아질 수 있고, 또 그래야 한다고 생각합니다. 전 자살 충동을 느끼는 환자에게 병원이 수용할 수 있는 인원의 한계를 넘었다는 이유로 입원하지 말라고 하고 싶진 않아요. 전 고객 관리가 아니라 환자를 돌보고 싶습니다. 관료주의에 찌든 레지던트들이나 보조의사들 뒤로 숨고 싶지도 않고요. 전 환자를 돌보는 일을 하고 싶어요."

두려운 초보 의사

비즐리 윌은 임상 의학 입문 과정을 시작한 23살의 의대생이다. 그는 이제 막 자신의 세 번째 환자(폐암을 앓고 있는 55살의 노동자)와 면담을 마친 상태였다.

"환자 이야기를 들으면 너무 안타까워요. 제 말은 이야기를 듣고 있으면 정말 무슨 말을 해줘야 할지 모르겠다는 겁니다. 진단하는 덴 아무 문제가 없어요. 환자들에겐 따로 치료 대안이 없으니까요. 이 사람, 이 불쌍한 남자는 결국 죽게 될 것이고, 본인도 그걸 알고 있습니다. 화학요법은 암을 건드리는 대신 그를 독성에 취하게 했어요. 그의 이야기를 들으니 너무 안타깝더군요. 그는 울기 시작했고, 저도 그럴 뻔했어요. 제 감정을 보여선 안 된다고 스스로를 다그쳤습니다. 저도 덩달아 무서웠습니다. 만약 저나 부모님이 폐암에 걸리면 어떡해야 할까요? 말기 환자에겐 무슨 말을 해야 할까요? 전 너무나도 무력하고 외로웠으며 도무지 감당할 수 없었습니다. 제가 너무 예민한가요? 그 환자의 이야기를 듣고 나니 기분이 너무 안 좋아지더라고요. 아마 그래서 의사들이 환자 말을 잘 안 듣나 봅니다. 선생님은 매일 이런 상황을 어떻게 견디세요?

음, 전 환자와 함께 있을 때 경외감을 느낍니다. 그들은 정말 힘든 일들을 겪더라고요. 반면에 전 그저 이야기를 듣고 배우고 관찰하는 사람이지 할 수 있는 게 아무것도 없어요. 이 무기력함을 상쇄하려고 더 열심히 경청하고, 환자들의 경험을 이해한다는 걸 보여주려 애쓰고 있습니다. 초보 의사의 욕심이 환자들에게 부담을 줄까 걱정되기도 합니다. 물론 이런 경험을 한 덕분에 언젠가 환자들에게 힘이 될 수 있다는 걸 알고 있어요. 하지만 여전히 학생인 제게 도움을 준 환자들에게 보답하고 싶어요.

레지던트 선배들은 저희가 너무 순진하고 감정적으로 취약하다고 생각하실 거예요. 고통에 익숙해진 선배들은 농담도 던지고 침착해 보이거든요. 언젠가 저도 그렇게 되겠죠. 듣기론 곧 그렇게 될 거라고 하더군요. 하지만 그렇게 되면 중요한 무언가를 잃어버린 기분이 들 것 같아요. 이제 의대 2학년이기 때문에 환자들에게 친밀감을 느끼는 걸 수도 있지만요. 제 말은, 아직은 완벽한 의사가 아니라는 뜻입니다. 바쁜 레지던트 생활을 할 땐 이런 기분을 느끼면 안 될 것 같아요. 그런데 사실 좀 무섭습니다. 나도 진짜 선배들처럼 되고 싶은 건가? 제가 의대에 들어간 건 아픈 사람들을 돕고 싶어서지, 그들을 깔보거나 사회 문제를 피하고 싶어서가 아니니까요. 하지만 제 환자 사례에서 보셨다시피, 이런 사회 문제는 너무 거대하고 위협적이에요. 선생님은 이 문제를 어떻게 해결하실 수 있으신가요? 우리 사회는 지금보다 나아져야 해요."

다른 세계의 치유자

구 팡웬은 49살의 전통 중의학 의사로, 고대 예술과 과학의 전문가라 할 수 있다. 머리가 전부 벗겨진 그는 우아한 얼굴과 웃는 눈을 가지고 있다. 피부는 창백하고 몸은 허약했으며 극도로 예민했던 구 박사는 중국 남부의 한 대형 병원에서 한약과 침술 클리닉을 운영하고 있었다. 그는 스트레스 관련 질환에 기공(전통적인 호흡 운동) 치료를 활용하는 전문가였으며 만성질환자를 치료하는 의사로 유명했다. 구 박사는 7대째 중의학 의사를 배출해낸 가문의 자손으로, 그의 아버지와 할아버지는 소문난 진찰 전문 의사였다.

"중의학 고전을 보면 위대한 의사들은 맥박으로 복잡한 질병을 진단하는 경우를 볼 수 있습니다. 그들은 병력을 보지도 않아요. 오히려 맥박을 통해 환자와 가족들에게 어떤 병을 앓고 있는지 말해 줍니다. 하지만 이건 말도 안 되는 이야기라 생각합니다! 중의학 의사든 서양 의학 의사든, 질병의 원인이 된 사건이나 배경을 먼저 이해하지 않고는 환자를 도울 수 없습니다. 의사는 먼저 환자의 병력부터 살펴봐야 해요. 전 의사가 된 지 거의 30년이 다 되어 가는데 이게 제가 터득한 교훈입니다. 만성질환은 치료하는 데 오랜 시간이 걸려요. 따라서 천천히 주의 깊게 살펴봐야 합니다. 환자의 신체와 그가 사는 세상은 균형과 조화를 이뤄야 해요. 식생활, 운동, 일, 휴식, 가족, 인간관계 등 모든 것이 조화로워야 하죠. 그렇지 않으면 새로운 장애가 생기거나 기존의 질환이 악화되기 십상입니다. 심지어 감정도 건강에 영향을 미칠 수 있어요. 만성질환자를 위한 치료는 이 모든 요소를 고려해야 합니다. 물론 치료는 어렵습니다. 만성질환을 앓는 환자를 치료한다는 건 절대 쉽지 않아요. 환자의 질병을 깊이 들여다보듯 환자의 상태 역시 깊이 살펴야 합니다. 겉으로 드러나는 장애만 치료하는 것으론 부족해요. 전통 중의학에서는 모든 치료법이 개인에 따라 다릅니다. 질환은 같을지 몰라도 사람은 다르니까요. 선생님도 환자마다 치료법을 다르게 하셔야 합니다.

사실 전 서양 의학에 대해 아는 것이 별로 없습니다. 하지만 중의학에서 우리는, 건강을 위해 환자가 자신의 주치의가 될 수 있게 해줘야 한다고 배웠죠. 이 역시 쉽진 않습니다. 환자에게 설명하고 그들의 이야기를 경청하는 법을 배워야 하니까요. 환자를 너무 세게 다그쳐서도 안 돼요. 그러면 의사의 말을 듣지 않거나 심하면 병원에 다시 안 올 수도 있습니다. 그렇다고 해서 의사가 가만히 있어서도 안 됩니다. 그러면 환자에게 아무런 도움도 줄 수 없으니까요. 의사는 환자의 몸과 삶에서 모순을 찾아야 합니다.

이게 바로 변증법입니다. 이 모순을 해소해야 자연의 조화를 되찾을 수 있고, 따라서 건강해지는 길이 열립니다.

선생님께선 제 마지막 환자를 보셨습니다. 그녀는 음의 기운이 부족하고 심장과 비장의 관계가 불균형을 이루고 있습니다. 게다가 성격상의 문제도 있고요. 그녀는 남편과 아이들에게 분노를 품고 있어요. 반면 가족들은 그녀에게 전혀 공감하지 못합니다. 가족 관계의 조화가 깨진 것이지요. 그녀는 감정도 불균형 상태에 있습니다. 이 모든 게 환자의 신체가 겪고 있는 모순의 한 부분입니다. 그녀를 치료하려면 앞서 말한 문제를 전부 해결해야 합니다. 물론 식이요법과 강장제, 한약이 가장 중요하긴 하지만요. 어쨌든 쉽지 않을뿐더러 시간도 오래 걸릴 거예요. 이 환자의 사례는 확실히 어렵습니다. 치료 결과도 여전히 불확실하고요.

환자가 치료를 지속하고 희망을 포기하지 않도록 설득하려면 의사는 치료법의 효과를 믿어야 합니다. 우리는 환자에게 바뀔 수 있다고 설득하려 노력하죠. 그동안 만 명이 넘는 환자들을 치료해 왔는데도 이 여성의 치료에 성공할 수 있을지 잘 모르겠습니다. 그녀는 자신이 병에 걸렸고 좋아질 수 없다고 확신하고 있어요. 이는 위험한 생각입니다. 이런 생각이 문제를 심화시킵니다. 질병과 건강 상태에 관해 환자에게 제가 잘 알려줘야겠지요. 그녀 역시 균형 상태를 되찾으려 노력해야 하고요. 하지만 지금은 그녀의 문제를 치료하는 제 방법이 전혀 만족스럽지 않네요.

학생이었을 때 전 의학 고전을 익히고 나면 진료는 쉬울 것으로 생각했습니다. 하지만 진료는 언제나 녹록지 않아요. 경험이 많이 쌓일수록 좋은 의사가 되어 효과적인 치료법을 제공하기가 어렵다는 걸 깨닫습니다. 만성질환은 어떤 것도 명확하지 않습니다. 실수를 피하려 모든 역량과 지식을 총동원하죠. 의사의 일은 진료에 대한 우리의 신념을 매번 달라지는 경험에 적용하는 일종의 투쟁입니다. 이 역시 의학의 변증법입니다.

우리에게 의학은 직업 이상의 의미입니다. 삶의 한 방식이자 삶의 지혜이고, 지식과 행동, 개념과 경험이 합쳐진 개념이죠. 환자를 치료하는 법을 이해하려면 평생 걸릴 겁니다. 치료법이 좋으면 의사들도 똑같이 느낍니다. 선생님도 경험으로 알고 계실 거예요. 자연스러운 치료 방법은 얼마든지 있어요. 우리는 환자를 치유하는 겁니다. 그리고 치료법이 좋으면 의사도 몸과 감정, 환자와의 관계에서 자연스럽게 느낍니다. 치료가 잘 이뤄지지 않으면 뭔가 막혔다는 느낌을 받는 건 환자뿐 아니라 의사도 마찬가지예요. 그녀의 병이 낫지 않는 건 제게도 영향을 미칩니다. 선생님도 같은 경험을 하지 않았습니까? 옛날 중국에서는 의사들이 약초와 고대 민간요법에 관한 비법을 알고 있다고 주장했습니다. 하지만 제 생각에 그 비법은 환자를 이해하고 환자가 의사와 다른 사람들과 맺은 관계를 이해하는 데 있습니다."

:: 해설

폴 새뮤얼스, 히람 벤더, 헬렌 맥노튼, 구 팡웬에게 의료 행위는 앤드류 스피어가 생각하는 전문 직업 이상의 의미를 지닌다. 치유는 새뮤얼스 박사의 삶을 지탱하는 중력의 중심이다. 그의 이야기에 따르면, 의사가 됨으로써 그는 청소년기 발달 과정과 성인이 된 후 인격 형성에서 나타나는 주요 갈등을 해소했다. 비서구 사회에서 치유자들을 연구하는 인류학자들 역시 유사한 결론을 도출할 때가 많다. 질병 경험이 강렬했던 환자가 치유자가 되는 경우도 왕왕 있다. (일례로 11장에서 해들리 엘리엇은 교통사고로 죽을 고비를 넘긴 후 호스피스 병동에서 일을 시작했다.) 폴 새뮤얼스는 자신이 만성 질환을 겪으면서 고통의 경험에 민감하게 반응하게 되었다. 그리고 환자에게 도움이 되고 싶다는 욕심도 있다. 이런 욕심은 아주 개인적인 사정을 바탕으로 하며, 따라서 그의 성격까지 치료 행위의 일부가 되었다. 수천 킬로미터 떨어진, 완전히 다른 문화와 사회에서 구 팡웬 역시 그 근원과 개념은 다소 다르지만 개인 경험을 기반으로 치료에 관한 섬세한 감성을 보여주었다. 히람 벤더 박사의 이야기는 이러한 경험적 치료의 핵심은 도덕적 영역이며, 환자와 의사의 관계를 표현할 때는 현재 유행하는 기술적 및 경제적 은유로 축소될 수 없다는 내용을 암시한다. 벤더 박사는 모든 환자에겐 각자의 삶이 있으며, 치료는 환자의 삶이라는 특정한 세계로 들어가는 것이라 여겼다. 헬렌 맥노튼은 자신이 근무 중인 기관에서 그녀의 치료 기술에 제한을 두는 것에 관해 깊게 고민하고 있었다. 그녀는 치유자의 예술을 단순한 기술로 바꿔버리고, 돌봄을 돈벌이 상품으로 어설프게 둔갑시키는 세태를 한탄했다.

완전히 다른 사회적 비유와 문화적 표현으로 자신을 묘사한 구 팡웬은 히람 벤더 박사와 비슷한 말을 했다. 두 의사 모두 스스로를 인간 본성을 연구하는 학생이자 도덕적 지혜의 교사로 여겼다.[29] 그들은 직업상 갖춰야 하는 과학적 지식과 이론의 중요성을 부정하지 않았다. 하지만 기술의 도덕적 측면을 똑같이 중요하게 생각했다.

반면 앤드류 스피어의 시각은 다르다. 그에게 개인 진료는 거의 견딜 수 없는 짐과 같았고 거기서 벗어나고 싶어 했다. 그는 만약 진료를 계속하게 되면 번아웃에 빠지게 될 뿐 아니라 환자와 자기 자신에게도 위험해질까 두려워했다. 그의 주요 관심사는 질병 생물학이었다. 돌봄의 심리사회적 측면은 그가 개인적으로 선호하고 또 직업상으로도 적절하다고 생각하는 과학적 접근법을 견딜 수 없을 정도로 침해했다. 우리는 앤드류 스피어의 환자들이 (5장에서 다룬 리처드 박사의 환자 플라워스 부인과 존스 박사의 환자 롤러 부인처럼) 그의 치료와 돌봄에 대해 폴 새뮤얼스의 환자들과는 다르게 이야기할 것이라고 짐작할 수 있다. 내 경험상 의사들 대부분은 앤드류 스피어스도, 폴 새뮤얼스도 아니다. 오히려 '질환을 치료'하는 과학을 최우선 관심사로 두는 사람과 '질병을 치유'하는 기술이 중요 관심사인 사람 사이에 연속적으로 분포한다. 효과적인 치료에는 이 두 가지 기술이 모두 필요하지만, 후자에 관한 관심이 상대

---

29   나는 벤더 박사와 구 박사가 언급한 임상적 지혜clinical wisdom의 개념이 이사야 벌린이 설명하는 "우리의 활동을 에워싸고 있는 불변적 매개체를 감지할 수 있는 능력이자 '불가피한 흐름', '측정할 수 없는 것', '만물의 존재 방식'을 의식적으로 무시할 수 있는 능력이다. 지혜는 과학적 지식이 아니라 우리가 처해 있는 환경을 파악할 수 있는 뛰어난 예민함"이라고 생각한다. 주로 의학적 기술을 일컫는 지혜가 아니라 삶이라는 경험과 그 의미에 대한 통찰을 뜻하는 셈이다.

적으로 적으면 특히 만성질환자 치료에서 문제를 일으킬 수 있다.

벤저민 윈터하우스와 헬렌 맥노튼의 충격적인 경험은 미국 의학계의 사회적 변화가 어떻게 치유자의 역할을 기술자, 공무원, 심지어 적대자로 전환하는 관료주의와 법적인 제약을 만들어 냈는지 보여준다. 폴 새뮤얼스, 히람 벤더, 헬렌 맥노튼 등이 이러한 변화에도 치유자로서의 마음가짐을 잃지 않았다는 사실은 벤저민 윈터하우스가 냉소적으로 변한 게 사회적, 정치적, 경제적 요인보다 개인적인 이유가 더 크다는 점을 시사한다.

의대생 비즐리 윌의 이상주의가 어떻게 벤저민 윈터하우스의 신랄한 냉소주의로 바뀌었을까? 이런 상황을 방지할 수 있을까? 말하기 부끄럽지만, 교육자로서 나는 의료계 종사자들을 양성하는 시스템의 한 부분이 이 바람직하지 않은 가치 변화의 원인이라 의심하게 되었다. 벤저민 윈터하우스도 23살의 나이에는 틀림없이 비즐리 윌처럼 말했을 것이다. 물론 그녀가 아직 그만큼 많은 환자와 의사들을 만나진 못했지만 말이다. 하지만 헬렌 맥노튼은 자신과 정반대의 관점에 있는 강력한 제도적 압력에도 이런 자기 패배적인 냉소주의에 빠지지 않았으며, 자신의 비판적 의견을 인간적인 보살핌을 제공하는 데 유리한 의료 환경을 연구하는 동력으로 삼았다. 그녀의 이야기는 벤저민 윈터하우스의 길이 반드시 필연적인 건 아니라는 걸 상기시키며 우리에게 용기를 불어넣는다.

레노어 라이트는 벤저민 윈터하우스와 같은 중상류층과는 완전히 다른 정치적 입장을 취하게 되었다. 이 젊은 흑인 의사는 사회적 빈곤 계층의 가난하고 힘없는 사람들에 대한 돌봄이 제대로 이뤄지지 않아 막을 수 있었던 질병과 죽음이 얼마나 만연하게 되었는지 깨달은 뒤 급진적으로 바뀌었다. 의사가 치료에만 너무 초점을 맞추면 의료의 목적을 독점적인 경제적 이익 추구 혹은 허무주의 관점으로 보는 것만큼 돌봄의 중요한 공중보건 요소를 효과적으로 보지 못할 수 있다. 레노어 라이트의 경험을 통해 우리는 의학과 사회는 서로 뗄 수 없는 관계이며, 의사는 특정한 사회적 환경에 뿌리를 두고 있으며 이는 직업 문화와 개인적 가치만큼 의사의 가치관 형성에 영향을 준다는 것을 인정해야 한다.

이처럼 다양한 생각을 지닌 의사들에게 치료를 받으러 간다면 어떨까? 개인적 신념과 직업적 가치관의 표현이 반드시 치료 행위와 이어지는 것은 아니지만 치료 시 발생할 수 있는 잠재적인 문제에 대해 우리가 어떤 걱정을 해야 할지 보여준다. 우리는 모두 아플 때 폴 새뮤얼스와 같은 의사를 찾아가고 싶어 한다. 하지만 그런 의사를 만나게 되는 사람은 거의 없다. 이 책에서 의사들이 이야기했듯이, 우리의 의료 시스템과 의학 교육 제도에 작용하는 사회적 힘 때문에 폴 새뮤얼스와 같은 의사가 새로 나타나거나 계속 있을 가능성은 점점 작아지고 있다. 우리가 폴 새뮤얼스와 히람 벤더, 헬렌 맥노튼, 구 팡웬을 본보기로 삼아 다른 사람들에게 그들의 태도를 가르쳐줄 수 있을까? 의학 교육과 진료 환경에 뭔가 조치를 취하면 의사들이 앤드류 스피어스나 5장에 등장한 제임스 블랜차드처럼 되지 않도록 막을 수 있을까? 벤저민 윈터하우스의 태도와 헬렌 맥노튼이 근무하는 곳이 과연 효과적인 치료를 저해할까? 의료 전달 체계를 바꾸면 환자와 그 가족, 의사들의 번아웃과 냉소주의, 치료의 상품화를 초래하는 부정적인 영향을 막을 수 있을까? 레노어 라이트의 정치적 신념과 비즐리 윌의 이상주의가 우리의 의료 시스템을 좀 더 평등하고 인간적인 돌봄이 가능하도록 바꾸는 데 도움이 될 수 있을까? 다음 두 장에서 이러한 문제들에 관해 이야기해 보겠다.

논의를 마치기에 앞서, 만성질환자들을 돌보는 것이 세상에서 가장 세심하고 유능한 의사들에게조차 어렵고 부담스러운 일이라는 점을 강조하고 싶다. 정신과 의사 슬라비와 글릭스만은 다음과 같이 썼다.

"우리는 모두 의사들이 세심하고 따뜻한 사람이면서 전문적이기를 바란다. 의사들은 우리의 비극적인 현실에도 그렇게 행동해야 한다. 하지만 우리는 의사들에게 두 가지 면을 모두 완벽히 갖추길 기대할 순 없다. 뛰어난 전문성이란 어느 정도는 가면이다. 뛰어난 전문의의 가장 바람직한 모습은 가면을 쓴 의사들이 자신들이 가면을 쓰고 있단 사실을 항상 자각하는 것이다. 떨리는 손으로 가면을 잡을지는 몰라도 가면의 필요성은 의사들도 알고 있다. 그들은 객관적으로 데이터를 평가하고 빠른 결정을 내려야 하며, 가장 두려운 위기 상황과 심지어 죽음의 순간에도 자신감을 잃지 않고 문제에 직면해야 한다."

원칙상 전문적인 훈련을 통해 의사들은 개인적으로 특정 환자에게 자극을 받았든 혹은 위험한 상황에서 일하든 간에 기술적으로 유능하면서도 인간적인 치료를 제공할 수 있어야 한다. 하지만 전문적인 훈련의 어떤 측면들은 의사들을 무력하게 만드는 것 같다. 직업적 가면은 환자들의 요구에 압도당하지 않도록 개별 의사들을 보호해줄 수 있지만 환자의 질병 경험과 단절될 수도 있다. 올바른 태도를 심어주는 의료 교육이 있다 해도 의료 전달 체계의 구조가 그 가치를 훼손하여 치료 과정을 복잡하게 만들고 질병의 만성화를 초래할 수 있는 셈이다.

만성질환자를 돌보는 일은 왜 이렇게 어려운 것일까? 증상이 좋아졌다 나빠지기를 반복하고 신체 기능상 미미한 문제가 장애로 커지는 일이 계속되기 때문일 것이다. 원하는 결과를 얻지 못한 채 갖가지 치료를 계획하면서 느끼는 좌절감은 의사를 환자만큼 지치게 한다. 급성질환 치료와 만성질환의 악화라는 응급 상황에 굉장히 중요한 의사의 강박적 책임감은 장기간에 걸쳐 만성적인 짜증과 정신적 탈진을 일으킬 수 있다. 반복된 치료 실패는 의사의 능력을 시험하게 되고, 결국 시간이 흐르고 실패 경험이 늘어날수록 의사의 자신감은 위태로워진다. 불확실성과 일관성 부족, 두려움, 상실감, 분노. 이 모든 게 타격을 준다. 이 책에 나오는 사례들이 의사들이 직면하는 문제들을 잘 보여준다. 의사와 환자 혹은 의사와 환자 가족 간 궁합이 좋지 않거나 제도적 환경으로 그렇게 되면 문제는 더 커진다. 히람 벤더가 밤에 하는 무시무시한 생각에서 직업적 실패와 패배에 대한 암시가 아닌 개인적으로 배울 교훈을 끌어내는 데에는 용기가 필요하다. 의사의 변명은 자기 파괴적인 부정주의 혹은 본인과 자신의 가족들 모두 자유로울 수 없는 직업적 거리감이라는 감옥으로 이어질 수 있다. 번아웃은 예전부터 있었던 현상을 지칭하는 최신 용어다. 구 팡웬의 사례를 통해 만성질환자를 돌보는 어려움이 서구 사회와 비서구 사회라는 엄청난 차이조차 뛰어넘는다는 것을 알 수 있다. 하지만 폴 새뮤얼스와 히람 벤더, 헬렌 맥노튼, 구 팡웬의 성공은 효과적이고 세심한 치료가 얼마든지 가능함을 보여준다. 성공적인 치료 시스템을 도입해 그것을 이해하고 배우고 습득하고 실제 의료 현장에 녹아들게 하는 것이 중요하다.

13

만성질환자 치료 방법에 대하여

장애인이든, 정상인이든, 의료진이든,
우리 모두는 인간적인 모습을 유지하는 데 더 힘써야 한다.
– 다발성 선천적 기형을 가진 중증 장애 환자

의사는 다른 무엇보다 자신의 존재가
환자와 그 가족들에게 미치는 도덕적 영향력으로 움직인다.
– 윌리엄 제임스

의학계에는 유명 의사들이 환자 치료에 관한 통찰이 담긴 책을
쓰는 오래된 전통이 있다. 20세기 초 엄청난 영향력을 끼친 북미
의사 윌리엄 오슬러 경은 임상 경험이 담긴 아포리즘을 썼는데 지
금까지도 호평을 받으며 의학 수업에 인용되고 있다. 비록 이 전
통이 20세기 후반에 들어 많이 사라졌지만 여전히 초보 의사에게
보내는 예외적인 글들이 있으며, 여기에는 인도적 치료에 헌신해
온 의사들의 이야기가 담겨 있다. 하지만 의학계에서는 이런 종류
의 글쓰기가 점점 '의학의 기술'이라는 이름으로 나오고 있는데,
이는 양면적이면서 심지어 의학계가 선호하는 자아상이 과학적인

이미지라는 것을 확실하게 보여주는 불명예스러운 용어다. 나는 이 장을 조금 다른 시각으로 풀어나가려 한다. 하지만 인도적 돌봄humane care을 장려하는 목표는 변함없다.

15, 16장은 질병 서사의 의미에 대한 나의 분석을 바탕으로 질병 경험 이론을 서술하고 있다. 이 장에서는 만성질환자 치료에 현실적인 임상 방법론을 설명하고자 한다. 이 방법론의 본질을 '공감하며 듣기empathic listening', '번역translation', '해석interpretation'이라는 단어로 표현할 수 있는데, 나는 이 세 가지를 질환뿐 아니라 질병까지 치료하는 의사의 역량이라 생각한다. 의사들이 겪는 문제는 앞장에 충분히 설명되어 있다.

하지만 먼저 몇 가지 주의사항이 있다. 이 임상 방법론은 질환이 진행되는 과정에서 치료에 대한 생물의학적 접근 방식이라는 표준을 바꾸려는 게 아니라 이를 보완하고 균형을 맞추려는 것이다. (사실 질병은 병리 현상에 대한 기술적 통제를 극대화할 수 있는 가능한 모든 조치가 이뤄질 때만 치료할 수 있다.) 또한 내가 제시하는 접근법이 질병 관리의 만병통치약으로 보이게 하려는 것도 아니다. 내가 앞에서 분명하게 말했길 바라지만, 세상에 그런 건 있을 수 없다. 오히려 이 방법론은 사회적이든 개인적이든 인간의 경험으로서 질병의 고유성을 치유자가 중점적으로 바라보도록 하기 위한 일종의 틀이라고 할 수 있다. 시인 존 휴잇은 치유자의 경험을 다음과 같이 표현했다.

두 손을 짚으며 열심히 기어간다.

불확실성의 세계로.

불확실성은 환자의 경험과 마찬가지로 의사의 경험에서도 중심이 되어야 한다. 완벽한 심리사회적 치료 및 돌봄 시스템을 만들려는 시도는 환자와 그 가족, 의사가 마주하게 되는 심각한 딜레마 상황 하나하나에 전부(심지어 표준화된 방식으로!) 대응해야 한다고 주장하는데 이는 치료 경험만큼 엄연히 존재하는 질병 경험을 왜곡하는 위험한 자만심을 드러낼 수 있다. 따라서 정신분석이든 행동 분석이든 혹은 다른 것에 기반을 두든 이 같은 치료 시스템을 의사들이 경계하는 건 당연하다. 아픈 사람을 치료하는 인문과학은 이 선천적인 불확실성을 존중해야 한다. 그리고 인간의 질병은 지나치게 단순화한 공식과, 환자와 그 가족들을 감정이 메마른 마네킹처럼 대하는 기계적인 행동으로는 해결할 수 없음을 인지해야 한다. 그럼에도 환원론적이지도 기계론적이지도 않은 임상 방법을 고안해낼 수 있다.

게다가 급성질환자의 치료와 달리 이 방법은 시간의 제약이라는 구속으로 실행 가능성이 작아질 이유도 없다. 의사와 만성질환자들은 대개 오랜 시간 여러 번 만나며 상호작용한다. 따라서 다양한 임상 작업을 수행할 시간이 충분하다. 이번 주가 아니면 다음 주나 다음 달에 하면 되고, 의사가 (물리적으로나 실존적으로) 환자와 오랜 기간 함께하는 한 다음에 설명된 방법론의 다양한 구성요소들을 치료 과정에 적용할 수 있다.

환자와 가족들은 여기에 제시된 전략들을 의료진이 실제로 사용하는 전략과 비교해볼 수 있다. 한편 의사들은 이미 익숙해진 접근법들과 비교할 수 있다. 나는 이런 식의 비교가 협력을 끌어낼 수 있는 유의미한 논의로 이어져 성공적인 치료 관계의 원천이 될 수 있길 바란다. 이 임상 방법론의 목표 중 하나는 사실상 협력 관계와 다름없는 환자와 가족 대 의사의 관계를 더 단단하게 만드는 것이다.

우리는 만성질환이 정의상 완치될 수 없으며, 완치를 목표로 한다는 건 사실 의사와 환자 모두를 불행하게 만드는 위험한 생각이라는 전제하에 논의를 시작해야 한다. 완치라는 말이 단계적으로 고통을 줄여나가는 행동 치료에서 환자의 주의를 흩트려 놓을 수 있다. 획기적으로 질환을 치료할 수 있는 것도 아닌데 말이다. 환자와 의사 모두 치료의 주된 목표는 진행 중인 질병 경험에서 장애를 줄이는 것임을 받아들여야 한다. 즉 목표는 만성질환을 앓는 동안 증상이 악화되는 강도와 빈도를 가능한 범위까지 줄이는 것이어야 한다. 폐활량을 기준으로 하면 환자는 평생 천식을 앓게 될 수도 있다. 하지만 천식이 환자의 삶에서 최소한의 불편함만 일으키는 정도라면 치료는 진정한 성공을 거뒀다고 말할 수 있는 것이다. 환자뿐 아니라 가족들도 치료의 목적을 받아들일 수 있어야 한다. 그들에게 만성질환 치료의 의의를 납득시키려면 의사는 완치될 수 있다는 신화를 버려야 한다. 그리고 질병 경험이 조금만 개선되어도 유의미한 결과로 받아들일 수 있게 노력해야 한다. 하지만 의사들 사이에서 환자가 만성질환을 앓고 있다는 말이 피할 수 없는 장애를 확언하는 뜻을 지녀선 안 된다.

사실 의사는 질병의 만성화로 환자가 사회적 및 심리적 불편함을 겪지 않도록 힘써야 한다.[30]

민족지학 연구와 환자의 질병 치료

민족지학ethnography은 일반적으로 인류학자가 본인과 다른 사회에 속한 사람들의 생활과 삶을 기록한 것이다. 전통적으로 민족지학자는 외국을 방문해 그 나라의 언어를 배운 다음 그곳의 사회 환경, 즉 경험과 상호작용의 맥락이 어떻게 바뀌는지를 체계적으로 기술한다. 또한 생태학적 배경을 관찰하고 그 사회의 신화를 해석하고 가족, 종교, 경제, 정치, 심지어 의학 제도까지 설명한다. 그들은 우선 그곳 사람들의 관점에서 이해하려고 노력한다. 이를 위해 자신에게 낯설게 느껴질 수 있는 사람들의 경험과 사고방식에 집중적이고 체계적이며 창의적으로 공감하는 연습을 하는데, 결국 그 낯섦을 이해하고 인간적으로 관심을 보이게 된다. 민족지학자들은 마사이족 전사, 부시맨 채집가, 음부티 피그미족 사냥꾼, 야노마미족 주술사 등 토착민들과 똑같이 생활하려고 하진 않는다. 대신 그들의 관점에서 보는 법을 배우고 그들이 경험하는

---

30 물론 나는 치유자에게 환자들이 비관적인 태도를 가질 수 있게 장려하라고 권하는 게 아니다. 정신분열증 비교 문화 연구에 따르면, 서구 사회가 과도하게 부정적으로 정신분열증의 만성화를 예상한 결과 실제 만성화로 이어졌다는 몇 가지 근거도 있다. 이것이 만성적 의학 장애에 해당한다는 확실한 증거는 없지만 영향력이 있다고 의심할 만하다. 따라서 '완치에 대한 신화'는 경제적으로나, 개인적으로나, 임상적으로나 부정적인 결과가 예상되는 아주 큰 문제다.

세계에 들어가기 위해 애쓴다.

관찰을 수행할 수 있는 신뢰와 협력 관계 구축과 마찬가지로 관찰은 민족지학의 핵심 과제다. 민족지학은 인터뷰를 진행하거나 토착민들의 일상 및 특수 활동에 참여하고 사용 가능한 데이터 소스(인구 조사, 가정, 금융, 가계도, 생활사 등)를 수집하는 방식으로 관찰을 수행한다. 인류학자는 토착민의 관점을 기술한 후 이를 정치, 경제, 사회 세계의 변화라는 문맥 속에 배치한다. 그리고 해당 지역의 관습을 다른 문화와 비교할 수 있는 전문 용어로 번역한다.

이러한 작업의 산물이 바로 민족지학이다. 즉 인류학자가 관찰한 결과를 사회적으로나 심리적으로 중요한 주제에 비추어 해석한 기록이다. 민족지학은 사회적 맥락과 관련된 지식을 활용해 사람의 행동을 이해할 수 있게 해준다. 즉 신화, 의례, 일상 활동, 문제 등을 설명하며, 인류학자가 관찰한 사람들에 관한 이야기를 들려주는 것이다. 민족지학 연구가 제대로 이뤄졌는지는 관찰의 정확성과 해석의 적절성으로 판단할 수 있다. 이때 민족지학자가 한 쪽 발은 연구 중인 문화에, 다른쪽 발은 그 사회 바깥에 담그고 있을 때 유용한 해석이 나올 수 있다. 외국인으로서 그는 토착민들이 당연하게 여기는 사회 구조와 개인 경험의 다양한 측면들을 볼 수 있지만, 그 사회에 깊이 뿌리 박힌 문화적 원리와 교묘하게 위장한 사회정치적 영향력에 노출될 수도 있기 때문이다. 다시 말해 민족지학자의 해석은 자신이 연구하는 토착민들이 기존의 고정관념과는 다를 것이라는 내용의 문화적 해체, 즉 해독decoding을 목표로 한다. 사실 민족지학자의 해석은 일반 상식에 반할 때가 많다. 민족지학은 해석의 과정을 명시함으로써 같은 문화권의 다른 학자들이 자유롭게 이의를 제기하거나 내용을 발전시키거나 교정하게 할 수 있다. 민족지학자가 하는 해석은 그의 개념적 개입과 직업적 편견에 강한 영향을 받을 수 있으므로 좋은 민족지학은 학자의 시각에 대한 일종의 자기비판 과정을 거쳐 이러한 우려를 말끔히 해소한다. 즉, 민족지학자는 더 정확한 이해를 위해 같은 사건에 대해서도 서로 다른 관점을 취하게 된다.

이러한 원근법주의는 인류학적 접근법의 강점 중 하나다. 민족지학자는 대안적 해석, 특히 정보원의 해석을 깊이 존중하며, 본인이 다른 사람의 해석을 비판하듯 자신의 해석 또한 비판에서 비껴가게 하지 않는다. 하지만 정보원이 공유하는 해석이 가장 타당할 것이라 기대하지도 않는다. 그는 그곳의 현실을 보여주는 정보가 (보통은 그렇지 않지만) 그곳에 사는 사람들에겐 숨겨져 있을 수도 있다는 걸 알고 있다.

뛰어난 민족지학자들과 의사들은 하는 일이 상당히 다르지만 그럼에도 비슷한 감성을 공유하는 경향이 있다. 둘 다 경험 우위를 믿으며, 실험 과학자보다는 관찰 과학자에 가깝다. 시인과 화가처럼, 그들은 대상을 세밀하게 살피는 것에 강하게 끌린다. 대상을 정확하게 인식하기 위해 정밀한 의사소통이 이뤄지도록 힘쓰지만, 숨겨진 근본적 의미를 찾지 못하거나 사회적 관습과 사람들의 방어적인 태도로 왜곡된 경험을 하기도 한다. 모든 것이 기호가 될 수 있고 기호 간 관계가 더 넓고 깊은 의미의 암호라는 기호학의 핵심 진리는 인류학자뿐 아니라 숙련된 의사들에게도 유용하게 쓰일 수 있다. 사회적 관계를 기반으로 하는 지역 정치와 경제에서 개인의 입장을 견지하는 것 역시 두 사람 모두에게 주어진 일이다.

물론 민족지학자들은 문화적 차이에 더 관심이 있고, 의사들은 인간의 보편성에 더 관심을 보인다. 민족지학자는 스스로를 직업상 외국을 돌아다니며 어디에도 얽매이지 않는 공정한 이방인으로 생각하지만, 사실 그 지역 사회와 제보자들에 관한 실질적 및 윤리적 책임을 피할 수 없으므로 행동을 조심할 수밖에 없다. 그와는 대조적으로 의사에게는 환자 대신 결정을 내리고 행동할 수 있는 치료 권한이 있다. 하지만 의사들은 본인을 응용 과학자, 패턴과 관계의 중요성을 알고 있는 관찰자로 인식한다. 이러한 통찰은 의사의 임상 경험 재료가 되며, 새로운 이론을 밝히고 연구 보고서를 만들고 제2의 직업으로 에세이나 소설을 쓰도록 자극한다. 더욱이 의사와 인류학자 모두 사람들의 삶을 응축해 놓은 현대 사회의 실질적 문제와 관련된 사회 구조, 즉 이 책에서 소개한 몇몇 환자들이 언급했듯이 인생을 '지긋지긋한 일의 반복'으로 만드는 삶의 절박한 위기를 연구한다.

다른 모든 직업적 차이에도 불구하고 의사의 일과 민족지학 기술 사이의 유사성을 보다 보면 이 둘의 공통점을 완벽하게 끌어냄으로써 뭔가 유용한 결론을 얻을 수 있겠다는 생각이 든다. 나는 이 두 직업의 유사성에 100퍼센트 동의하지는 않지만, 적어도 임상 실무의 한 가지 측면에서 만성질환 치료가 민족지학 연구를 어느 정도 포함한다고 생각하면 도움이 된다는 걸 알게 되었다.

짧게나마 민족지학에 관한 이야기를 하는 목적은 의사가 환자의 질병 경험에 공감할 수 있도록 하기 위해서다. 할 수 있는 한 의사는 환자가 받아들이고 인지하고 느끼는 질병 경험을 이해하려 (상상을 통해 비슷하게 인지하고 느낄 수 있는 수준까지) 노력해야 한다. 앨리스 올콧, 루돌프 크리스티바, 헬렌 윈드롭 벨, 윌리엄 스틸 등과 같은 질병 경험을 겪는 건 어떤 느낌일까? 환자의 가족과 환자가 인간관계에서 중요하게 여기는 사람들의 위치에 자신을 놓음으로써 의사는 환자들처럼 그들의 질병에 공감할 수 있다. 이러한 경험적 현상학은 환자의 삶으로 들어가는 문이다. 환자의 삶이라는 본질로 처음부터 한 번에 바로 들어가는 방법도 있다. 일례로, 의사가 환자의 통증 경험과 환자의 표현 방식의 세세한 변화를 공식적으로 기록하기 위해서는 질병의 현상학을 제대로 알고 있어야 한다. 이러한 기록은 증상 변화를 더 엄격하게 평가할 수 있는 기초가 되며, 그 자체로 발병 과정에서 주요 원인과 결과를 파악하는 데 필수적이다.

앞에서 살펴본 것처럼 저학년 의대생들은 종종 처음 환자들 몇 명의 이야기를 듣고 경외심을 느끼는데, 이는 그들이 환자의 질병 서사에 진정으로 공감할 수 있도록 도와준다. 이후 학생들에게 이 독특한 경험은 일상적인 치료 경험으로 바뀌게 된다. 초심자의 접근법이 안정적이고 지속적이라면 임상 민족지학에 도움이 되는 유용한 정신 체계 모형이 되었을 것이다. 숙련된 의사의 경험 중 일부 요소도 임상 민족지학에 도움이 된다. 경험이 많은 의사는 이미 몸에 밴 태도와 기술 덕분에 임상 민족지학에 대해 제대로 배울 수 있으며, 일단 완전히 배우고 나면 평상시 치료에도 적용할 가능성이 크다.

간단한 수준의 민족지학 연구는 우선 환자의 질병 경험 서사를 재구성한다. 해당 이야기에 나타나는 네 가지 유형의 의미(증상의 상징, 문화적으로 낙인찍힌 장애, 개인 및 대인관계에서의 의미, 환자 및 그 가족 설명 모델)를 해석하는 것은 풍부한 설명을 제공하고 환자의 고통의 경험에 대한 의사의 이해를 높여 준다. 환자의 이야기를 분석하면 환자와 그들의 가족에게 위험한 것이 무엇인지를 명확히 알 수 있다. 질병 서사 구조(환자가 특정 사건들을 모아 하나의 이야기로 통합할 때 사용하는 수사적 장치 및 플롯)를 해체하여 살펴보면 환자가 말로 표현하지 않았던 감춰진 걱정거리가 드러날 수 있다. 또한 환자의 이야기 속에서 특정 사건이 어떤 의미를 형성하고 있는지도 밝힐 수 있다. 다시 말해 의사는 환자가 만성질환을 앓으면서 겪게 되는 인지적, 정서적, 도덕적 문제 때문에 그들의 질병 서사가 부분적으로 경험을 만들어 낸다는 사실을 깨닫게 된다.

환자가 고통의 핵심 경험으로 가고 있다는 걸 느낀 의사는 다음으로 환자의 개인 생활과 사회적 세계에서 질병이 가져온 주요 결과를 더 체계적으로 인지하고 분류하기 시작한다. 그 과정에서 의사는 환자의 질병이 가족과 직장을 비롯한 사회적으로 중요한 부분에 미치는 영향에 대한 정보를 도출해 낸다. 다른 형태의 정보 또한 수집할 수 있다. 위협적인 삶의 변화라든지 사회 지원망의 붕괴 혹은 대처의 실패가 질병의 원인, 특히 증상 악화의 원인이 되었는가? 의사는 이러한 질문에 신속하고 유용한 판단을 내리도록 훈련받을 수 있다. 환자의 삶에 질병이 나타나게 되는 과정을 설명함으로써 의사는 환자와 그 가족의 반응뿐 아니라 환자의 삶에서 주로 어떤 일이 지속되며 어떤 변화가 일어나는지 알게 된다. 다시 말해, 의사는 환자가 사는 지역 사회 시스템과 더불어 질병이 사회에 미치는 영향과 사회가 질병에 미치는 영향을 대략 이해할 수 있다.[31] 이러한 정보는 더 엄격한 판단이 이루어지고 평상시에도 활용할 수 있도록 공식적으로 기록되어야 한다.

다양한 인터뷰 기술뿐 아니라 엄선된 질문지의 활용은 환자의 삶과 그 속에 자리 잡은 질병에 관한 민족지학적 그림을 그리는 데 도움이 될 것이다. 나는 질병의 영향을 평가하는 척도, 사회적 기능에 관한 설문지, 스트레스와 사회적 지원 및 대처 능력을 평가하는 간단한 임상 척도 사용을 염두에 두고 있다. 임상 교수 카셀은 의사가 인터뷰 중 환자가 사용하는 언어에서 유효한 추론을 얻는 데 사용할 수 있는 수많은 효율적인 기법을 설명한다. 또한 의사에게 도움을 줄 수 있는 전문적인 간행물도 많다. 무엇보다 우리의 설명 모델이 설문 조사 연구가 아닌 민족지학이라는 걸 기억하는 게 중요하다. 내 경험상 정량적 사회적 평가는 때론 그 철저함이 실질적인 도움으로 이어지기도 하지만 대체로 피상적인 정보

---

31 여기서 내가 강조하는 것은 개인적 맥락이다. 하지만 의사는 더 광범위하며 변화를 거듭하는 정치적, 경제적, 제도적 맥락에도 민감해야 한다. 그것들은 지금까지 살펴본 것처럼 1차적으로 환자와 의사 자신의 경험을 제약하기 때문이다. 환자의 삶을 목격하고 실질적으로 도움을 주는 의사의 일은 사회 곳곳에서 더 많이 보여야 한다. 사회적 세계와 그것이 일신에 끼치는 영향력에 대한 의사의 인식과 이처럼 거대한 힘을 바꾸기란 불가능하다는 사실 사이의 긴장은 결정적으로 의사의 헌신과 공감의 원천이 된다.

를 제공하는 경향이 있다. 여기서 사용되는 기술 자체보다 훨씬 더 가치 있는 것은 의사를 대신해서 진정한 관심을 보이는 것과 사회적 맥락에서 질병과 환자의 역사를 알아내려는 진지한 고민이다. 이러한 민족지학적 태도가 내가 말하는 방법론의 핵심이다.

다음 단계는 의사가 질병과 그 치료와 관련된 주요한 현재 심리사회적 문제들을 기록하는 것이다. 이 문제에는 표준 범주 목록으로 분류될 수 있는 결혼 및 기타 가족 간 갈등, 여러 가지 방법으로 하위로 분류될 수 있는 직장 문제, 경제적 문제, 학업 문제 및 시험 실패, 일상에서 활동을 조율하는 문제 등 다양한 어려움이 있다. 환자에게 중요한 문제가 되는 장애에 대한 심리적 반응(사기 저하, 불안, 공포 회피, 부적응 부인 등)도 목록에 포함되어야 할 것이다.

질병 문제 목록을 작성하는 것은 학문적인 활동이 아니다. 오히려 생물의학적 질환 문제의 목록 작성과 함께 이뤄져야 하며, 이 목록은 적절한 치료를 체계적으로 시행하기 위해 사용되어야 한다. 일례로 16장에서 나는 앨리스 올콧의 질병이 그녀의 삶에 미치는 영향을 설명했다. 올콧 부인을 치료하는 의사는 그녀가 앓고 있는 당뇨병의 심리사회적 요인을 기록해 시간이 지남에 따라 그녀의 질병 상태를 평가할 수 있는 수단으로 활용할 수 있었으며, 또 그렇게 해야 했다. 앨리스 올콧의 문제 목록에는 신체 이미지, 기능, 활동 수행 능력 상실 등을 비롯하여 깊은 슬픔과 사기 저하, 완치될 수 있었던 합병증 치료를 지연시킨 그녀의 광범위한 치료 거부, 그녀의 질병이 가족의 삶에 일으킨 실질적 문제들이 기록되었다. 1장에 등장한 하워드 해리스의 질병 문제 목록에는 허리에 대한 병적인 집착, 수동적이고 의존적인 대처 방식, 심각한 활동 제약, 침잠과 고립, 실직의 두려움, 소원해진 아내와 자녀와의 관계 등 이러한 문제들이 직장 생활과 가족에게 미치는 부정적인 영향이 열거되었다. 이 책에서 질병 경험을 다룬 환자들은 모두 이런 방식으로 평가될 수 있다.

의사는 질병 문제 목록과 더불어 환자가 문제를 해결하거나 그 강도를 줄이는 데 도움이 될 만한 치료 개입 목록도 작성해야 한다. 치료 개입에는 단기 지원 심리치료, 가족 상담, 사회복지 상담 혹은 직업 상담 추천, 일상에서의 활동 또는 더 구체적으로는 업무 수행과 관련된 정식 재활 치료, 법률 지원 등이 포함될 수 있다. 치료 개입의 또 다른 형태는 식습관과 운동, 생활양식에 관해서뿐 아니라 생활에 큰 부담을 주는 까다로운 치료 요법과, 좌절과 분노를 유발하는 의료 시스템에 현명하게 대처하는 방법 등을 조언해 주는 것이다. 의사가 생물의학적 치료 개입 효과를 추적하여 기록하듯이 이 같은 질병 치료 개입 효과 역시 기록해야 한다. 실제로 전체적인 결과를 판단하려면 질환 치료의 효과뿐 아니라 질병 치료 개입의 효과에 대한 평가도 포함되어야 한다. 질병 치료 개입의 부작용에 관해서는 약물의 독성을 기록하는 것과 똑같은 방식으로 명시되어야 한다. 만성질환을 치료하는 긴 시간 동안 임상 기록을 위와 같이 작성한다면 발병 과정, 환자와 그의 삶에 미치는 영향의 본질과 그 심각성의 변화, 심리적 및 사회적 치료의 적절한 활용과 남용을 의사가 정확하게 이해하는 데 도움이 될 것이다. 게다가 만성질환 치료의 바람직한 목표는 신체 기능 이상이 장애로 발전할 가능성을 낮추는 것임을 고려할 때 이러한 기록 방식은 재활의 성공 여부를 더 체계적으로 측정할 수 있는 척도가 될 것이다.

환자의 인생사

환자가 그동안 살아온 삶은 민족지학 연구와 밀접하게 관련 있다. 환자의 삶은 병원에서 초보 의사들이 맡아 병력에 자세하게 기록하곤 했는데 지금도 여전히 몇몇 병원에서는 그렇게 하고 있다. 이때 임상의는 환자와 그 가족에게 환자의 삶이 어떠했는지 간단히 이야기해 달라고 요청하는데 환자의 태도와 성격, 삶의 주요 목표와 방해물과의 상관관계와 변화, 그리고 질병과 다른 심각한 증상에 대처한 관련 경험 등을 주로 살펴본다. 2장과 3장에서 나는 시간이 지나면서 질병에 영향을 미칠 수 있는 삶의 주요 문제를 밝히려고 환자의 삶을 '현재' 질병 문제와 당장 연관 지을 필요는 없다고 밝혔다. 예를 들어 2장에서 루돌프 크리스티바가 현재 겪고 있는 삶의 문제는 계속 바뀌지만, 그의 삶 전체를 돌아보면 장기적으로 질병 경험 형성과 관련이 있다는 걸 알 수 있다. 3장에서 안티고네 파제트의 질병 경험은 그녀의 삶에서 개인적 자유에 대한 욕망과 두려움이라는 일관된 의미를 나타내는데, 이는 언뜻 보면 그녀의 목 통증과는 직접적인 관련이 없다는 인상을 줄 수 있다. 이러한 이유로 나는 의사가 명백한 관련성에 제한받지 않고 광범위하게 환자의 삶을 살펴봐야 한다고 생각한다.

의학의 가장 큰 특권 중 하나는 환자가 의사에게 자신의 삶에 깊숙이 접근할 수 있는 권한을 부여한다는 점이다. 이 특별한 접근은 치료에 실질적으로 효과가 있다는 점 외에도 적어도 두 가지 다른 의미를 지니고 있다. 첫째, 환자의 인생사가 치료의 한 부분이 되고 나면 치료 과정에서 환자를 비인간적으로 대우하고 환자의 질병 경험에서만 나타나는 특성을 무시할 확률이 훨씬 낮아진다. 둘째로 그에 못지않게 중요한 건 환자의 살아온 이야기를 들으면서 의사가 환자 문제에 적극적으로 관심을 보일 수 있다는 사실이다. 이 책의 몇몇 사례에서 나타나듯 의사는 만성질환자들을 돌보는 과정에서 쉽게 좌절하고 사기가 떨어지며 지루함을 느낄 수 있다. 환자의 삶에 집중하고 질병과의 연관성을 해석하는 데 관심을 보이는 일은 때로 의사에게도 활력을 불어넣을 것이다. 의사는 도덕적 행위자로서 환자와의 교류를 통해 사기를 회복할 수 있다.

환자의 인생사를 짧게 기록함으로써 의사는 전기 작가와 역사가의 기술도 터득할 수 있다. 환자의 이야기를 정확하게 묘사하려면 풍부한 어휘력과 사소한 부분까지 놓치지 않는 눈이 필요하다.[32] 따라서 의사는 질병의 개인적 맥락을 더 철저하게 살펴봐야

---

32 카셀은 환자의 말버릇과 목소리 톤, 논리, 자아 표현을 설명하기 위해 의사들이 구사해야 하는 형용사들을 열거하고 있다. 비슷한 목록이 통증의 특성과 다른 증상들을 묘사하기 위해 개발되었다. 성격 목록과 대처 척도는 환자의 묘사를 풍부하게 만들어 줄 수 있다. 의사들은 부분적으로 서술 능력이 사람마다 굉장히 다양한데, 그 이유는 체계적으로 묘사하는 기법을 교육받은 사람이 거의 없기 때문이다.

한다. 문서로 기록하지 않으면 놓치기 쉬운 중요한 연관성과 독립 요인이 그 안에 담겨 있기 때문이다. 기록하는 과정 자체로도 의사는 비판 능력을 향상시킬 수 있으며, 환자의 삶이 의사의 기억에 일련의 짤막한 장면으로만 머무르면 쉽게 놓칠 수 있는 관계와 패턴도 한발 물러서서 볼 수 있게 해준다. 전기 작가가 된 의사가 환자의 삶에서 일관된 형태를 발견하게 되는 순간은 매우 짜릿하다. 불안불안한 관계가 위험하게 반복되는 상황에서도 패턴을 이해하고 있으면 의사(궁극적으로는 환자)는 질병 경험을 더 효과적으로 통제할 수 있다.

게다가 환자의 인생사는 환자의 정서적 특성과 성격을 더 깊게 파악하기 위해 의사가 해석해야 할 텍스트를 의미한다. 만성질환에 대한 다음의 두 가지 정서적 반응, 즉 불안과 우울증은 굉장히 일반적인 데다 영향력도 강해서 이 두 반응을 지켜보는 건 의사가 진찰하는 과정에서 흔히 일어나는 일일 것이다. 불안과 우울증은 만성질환의 증상이자 심지어 정상적인 반응으로, 오르락내리락 변동이 심한 만성질환의 정신생리학적 장애 중 하나다. 이 두 가지 반응이 치료해야 하는 증상인지 확인하려면 의사는 환자의 성격 특성과 질병 상태를 구별할 수 있어야 한다. DSM-3 기준에 따라 진단된 주요 우울장애, 공황장애, 일반적인 불안장애는 만성질환 진행 과정에 악영향을 미칠 수 있다. 불안증과 우울증은 발견되고 치료되어야 한다. 만약 의심이 많고 이러한 정신질환의 주요 증상을 평가하는 질문을 평소에도 하는 의사라면 그렇게 할 수 있을 것이다. 하지만 만성질환은 이와 같은 정신질환을 바로 진단할 수 있는 몇 가지 증상을 보인다. 이런 이유로 만성질환자에게 정신과 상담이 필요할 수 있으며, 5장에 등장한 윌리엄 스틸의 사례와 같이 상담이 지체되어서는 안 된다.

환자들이 사기 저하와 두려움을 느끼는 이유를 이해하면 의사는 그들에게 더 효과적인 상담과 지원을 제공할 수 있을 것이다. 마찬가지로 환자의 특정한 성격과 대처 방식 혹은 방어법에 대해 알고 있으면 의사는 환자가 만성질환에서 가장 문제라고 느끼는 부분을 극복하는 데 도움을 줄 수 있을 것이다. 내과와 가정의학과에서는 1차 진료 의사가 간단한 정신질환을 진단할 수 있도록 최소한의 기초 정신의학 교육을 받아야 한다는 인식이 점점 커지고 있다. 만약 의사가 적절한 치료를 제공할 수 없다면 도움이 필요한 환자들에게 다른 전문가를 추천해 주면 된다.

설명 모델과 조율

환자의 시각을 제대로 파악하고 환자가 치료에서 무엇을 원하는지 확인하려면 의사는 환자(가능하다면 환자의 가족들까지)의 설명 모델을 도출해 내야 한다. 나는 5장에서 설명 모델을 언급하면서 의사와 환자의 설명 모델이 (보통 겉으로 드러나진 않지만) 얼마나 자주 충돌하는지 보여주었다. 여기서는 환자의 모델에 접근하여 의사가 비전문가 모델과 생물의학 모델 간 갈등을 환자와 조율할 수 있도록 진료 과정에서 밟을 수 있는 몇 가지 단계를 간단히 설명하고자 한다.

첫 번째 단계는 환자와 가족의 설명 모델을 도출해 내는 것이다. 보통 의사들은 형식적으로 간단하게 "어디가 불편하세요? 원인이 뭔가요? 어떻게 하면 좋겠어요?"라고 묻는다. 질문의 범위를 넓히면 특정 시간에 증상이 나타나는 이유, 증상을 유발한 원인에 대한 환자의 생각, 예상되는 진행 과정과 심각성의 정도를 추가로 물어본다. 의사들은 또한 "이 질병이(혹은 치료가) 당신의 삶에 주로 어떤 영향을 끼쳤나요? 이 질병(혹은 치료)의 어떤 부분이 가장 두려운가요?"와 같은 질문을 하기도 한다. 이러한 질문을 하는 이유는 위험성, 취약성, 치료 의지, 치료 만족도에 대한 환자 혹은 환자 가족의 생각을 알기 위해서일 수도 있다. 여러분은 16장에서 앨리스 올콧의 설명 모델을 통해 그녀의 두려움을 엿볼 수 있을 것이다. 그녀는 당뇨병이 자신을 죽음의 내리막길로 가차없이 이끌 것이며, 심각한 합병증에 시달리다 결국 병약자가 되거나 죽게 될까 걱정했다. 그녀는 확실한 치료 효과도 보지 못했을뿐더러 가장 절망적인 시기에 재활 치료도 받지 못했다. 그녀의 절망과 용기는 모두 이 설명 모델에 나타나 있다. 1장에서는 하워드 해리스의 설명 모델을 통해 그가 자기 자신을 굉장히 나약한 사람으로 인식한다는 것과 무엇을 위협으로 생각하는지 명확하게 알 수 있었다. 또한 9장의 어니 스프링거와 필립스 빙먼의 설명 모델은 질병 경험의 핵심인 그들의 위험한 성격을 나타낸다. 따라서 두 사람의 두려움을 먼저 다루지 않는 치료법은 그들의 문제를 해결하는 데 아무 소용이 없을 것이다.

여기서 한 가지 주의사항이 있다. 의사는 환자의 설명 모델이 불완전하다는 사실을 기억해야 한다. 주로 의사가 질문한 문제에 대해 말할 때만 환자의 설명 모델은 애매한 생각에서 명확한 진술로 확정된다. 진술은 종종 모순을 포함하며, 시간이 지나면서 상황이 달라지면 내용이 바뀌기도 한다. (따라서 치료 과정에서 서로 다른 시기에 설명 모델을 도출해 내는 것이 유용하다.) 설명 모델은 단순한 인지적 표현이 아니며, 질병을 초래하는 심각한 정서 불안에 기반을 두고 있다. 그러므로 환자와 가족들이 의사의 질문에 거의 대답을 안 하거나 심지어 거짓말을 하는 것은 전혀 놀랄 일이 아니다. 말로 표현되지 않은 내용, 감춰진 내용, 조작된 내용 등을 세심하게 파악하려면 의사는 환자의 비언어적이고 은유적인 의사소통 경로를 해석해야 한다. 설명 모델은 환자가 실제로 내뱉은 말을 그대로 받아들이는 것이 아니라 환자의 진짜 생각이 무엇인지 의사의 시각에서 해석하는 것이다. 따라서 환자와 그 가족의 설명 모델을 이해하려면 의사는 민족지학 연구로 되돌아갈 수밖에 없다.

설명 모델 기법의 두 번째 단계는 의사의 설명 모델을 제시하는 것이다. 환자에게 생물의학적 모델을 설명하는 방법을 배운 의사는 없다. 하지만 이는 진료 과정에서 꼭 필요한 작업이며, 적어도 서구 사회에서는 의사들이 잘 설명해 주길 바라는 환자들의 기대가 점점 커지고 있다. 생물의학 모델을 제시하는 것은 의사에게 일종의 번역 행위라 볼 수 있다. 자신의 설명이 제대로 이뤄졌다면 의사는 정확한 정보를 알고 있는 환자와 치료 과정에 도움이 될 수도 있는 환자 가족의 덕을 크게 볼 수 있다. 하지만 설명이 제대로 이뤄지지 않으면 임상적 의사소통에 심각한 문제가 생길 수 있으며, 환자와 의사 간 관계 또한 불안해져 결국 치료에 방해가 된다. 의사의 설명 기술은 쉽고 간단한 환자의 언어로 말할 수 있는 능력과 더불어 환자의 이해 수준과 알고 싶은 욕구를 의사가 얼마나 섬세하게 인지하고 있는지와 관련 있다. 이 기술을 숙달한 의사들은 환자의 은유적 표현과 심지어 환자의 설명 모델을 활용하여 환자에게 생물의학적 정보를 명확히 전달하고 그와 관련된 판단을 설득력 있게 제시할 수 있다. 그렇게 환자들에게 설명할 때 쓰는 수사적 표현이 생기면서 환자와 동료 의사들에게 자신의 임상적 판단을 설득력 있게 제시하는 의사의 능력과 기술도 큰 차이를 보이게 된다. 앨리스 올콧의 의사들은 그녀의 우울증이 안 그래도 굉장히 힘든 상황을 더 복잡하게 만들었다는 점을 인식한 것 말고는 그녀의 설명 모델을 대부분 받아들였다. 그들은 그녀가 장애를 부인하는 행동을 순순히 인정했고, 그녀가 비극을 수용한 사실을 적극적으로 부정했다. 이 책에서 소개한 다른 환자들은 의사들의 손을 통해 상태가 많이 호전되었다. 하지만 5장에 나온 멜리사 플라워스와 다른 몇몇 환자들은 치료의 중요한 의사소통 기능이 사실상 완전히 붕괴되는 경험을 겪었다.

모든 의사는 위험성과 취약성, 장애와 치료에 관해 알고 싶은 환자의 실질적 욕구와 매우 복잡한 개념 및 의학 연구 결과의 간극을 번역해야 하는 필요성에 직면한다. 한 환자는 내게 다음과 같이 말했다.

"우리 환자들은 뭐가 위험한 상황을 초래하는지 더는 알 수가 없습니다. 너무 다른 이야기를 수없이 들었으니까요. 평범한 사람들이 그걸 어떻게 이해하겠어요? 선생님은 무얼 드시고 무얼 안 드시나요? 세상은 너무 위험해 보입니다. 제 암의 원인을 누가 단언할 수 있겠어요? 치료법도 마찬가지입니다. 선생님, 전 간단한 설명조차 이해하기 힘들어요."

일반 대중에게 과학 지식이 알려지는 속도보다 과학의 확장 속도가 더 빠르므로 대중과 전문가의 사고방식의 차이를 번역하는 문제는 적어도 단기적으로 봤을 땐 더 어려워질 수밖에 없다. 미디어는 혼란을 가중시키고 부적절한 기대를 부채질하는 어마어마한 양의 잘못된 정보를 생산한다.[33] 의사들은 과학적인 사고방식과 일반적인 사고방식 사이의 접점에 서 있다. 즉 과학의 발전을 설명하고 매일 마주하는 잘못된 정보를 수정하고 그것이 틀렸음을 밝혀야 하는 필요성을 마주하고 있다. 오늘날 북미 사회의 대중들은 모든 질환이 치료 가능해야 하며 어떠한 진료도 부정적인 결과를 초래해선 안 된다는 비현실적인 기대를 품는다. 이러한 부적절한 기대는 의료 과실뿐 아니라 치료상 문제가 없는 이상 반응까지 소송에 휘말릴 가능성이 증가하는 등 의사에게 엄청난 부담이 가해지는 분위기를 조성한다.

---

33 예를 들어 암의 생리적인 측면을 이해하는 데 있어 최근 진행된 연구 개발의 실용화를 언론에서 과도하게 강조하고 있는데 그 중 극소수만 실용화가 가능할 것이며 나머지 대부분은 사람들을 헷갈리게 할 뿐이다. 최근에는 정신과 의사들이 환자들을 진단할 때 곧 호르몬 프로파일을 사용할 수 있을 것이라는 뉴스도 있다. 현재 어떤 정신질환을 특정할 수 있는 호르몬 검사가 단 하나도 없다는 사실과 정신질환의 생화학적 분석이 서로 모순되고 근거 없는 주장들로 진퇴양난에 빠져 있다는 사실을 사람들이 알게 된다면 이는 깜짝 놀랄 이야기다.

이런 환경에서 의사는 환자가 위험성과 취약성을 어떻게 생각하는지, 또 치료에 대한 기대가 어떤지에 반응할 수밖에 없다. 하지만 많은 의사들이 아직도 단순히 사람들의 의학 지식이 부족하다고 여긴 구시대적 보건 교육 접근법에 맞춰 대응한다. 실제로 이 문제는 훨씬 더 심각하다. 창조론 논란이 불길하게 번지는 것처럼 대중은 단지 과학 지식이 부족한 게 아니라 다른 형태의 지식을 습득하고 있다. 오늘날의 의료 기술과 다른 분야의 과학적 기초를 완벽하게 이해하는 전문가가 과연 얼마나 될까? 의사들 대부분은 자신의 분야와 크게 관련 없는 주제에 관해선 오해할 수 있다. 의사들의 머릿속에도 과학적으로 부정확하고 상업적으로 조작된 상식과 잘못된 정보가 마구 뒤섞여 있을 수 있다.

의사들은 더 정확한 설명이 필요한 질문을 가려내기 위해 먼저 환자의 생각을 유추한 다음 자신의 설명 모델을 제시해야 한다. 또한 환자의 설명 모델과 마찬가지로 의사의 설명 모델 역시 공식적으로 전달되기 전까진 불안정하며 시간이 지남에 따라 내용이 바뀐다. 이 과정에서 또 무언의 오해와 갈등이 생길 수도 있다. 설명 모델이라는 틀은 이 문제를 해결하는 데 잠재적으로 유용한 도구다. 게다가 설명 모델 접근법은 의사가 본인과 환자들의 머릿속에 있는 이념 지향적 메시지와 불필요하고 비인간적인 값비싼 물건을 구매하라고 부추기는 상업적 메시지를 바로잡는 데 도움이 될 수 있다. 하지만 이러한 목적을 달성하려면 의사들은 교육받은 적도 없고, 일부는 아예 관심조차 없는 환자와의 의사소통 및 해석 기술을 습득해야 한다. 다음 장에서 이 교육 문제에 대해 언급하도록 하겠다.

이제 의사는 환자와 그 가족들과 이견을 조율할 준비가 돼 있다. 의사가 가진 모든 기술 중에서 이보다 효과적으로 환자의 사기를 높여 주는 건 없다. 조율하는 행위가 가짜로 꾸며내는 것이 아닌 진심으로 하는 행동이라면 최소한 의료진이 환자의 생각을 존중한다는 태도를 보여줘야 한다. 의사에게 진정한 도전은 치료라는 공동 작업에 참여하는 동료로서 환자와 이견을 조율해 나가는 것이다.[34] 의사는 환자의 설명 모델과 전문가의 생물의학적 설명 모델을 명확하게 비교하고 설명하면서 치료를 시작한다. 의사는 정보의 허점이나 의견상의 차이가 대응 가능한 수준인지 판단할 수 있다. 그리고 환자와 그 가족들이 의사의 설명 모델에 반응하도록 격려해야 한다. 다시 말해 의사는 환자와 가족들의 비판을 들을 준비가 되어 있어야 하며, 환자와 가족 간 갈등이 일어나는 부분을 조율할 수 있도록 적극적으로 도와야 한다. 의학 교육의 전통적인 특성을 고려할 때 후자가 훨씬 더 어려울 것이다. 이조율 과정에서 의사는 대중적이고 상업적인 이미지에 비판적으로 대응해야 할 뿐 아니라 자신의 불확실성과 이해의 한계도 드러내야 한다. 자신의 설명 모델이 어디에서 바뀌었는지도 분명히 밝혀야 한다. 조율은 환자의 입장을 더 많이 반영할 수도 있고 의사의

---

34 나는 만성질환을 치료할 때 환자들과 많은 협력 작업을 거친다. 다양한 형태의 임상적 상호 작용이 각기 다른 질병의 단계에서 다양한 개인적 및 문화적 성향을 지닌 환자들에게 적절히 이뤄져야 한다는 사실을 기억할 필요가 있다. 급성으로 심각하게 병세가 악화된 환자는 권위적인 형태가 더 효과적일 때가 많다. 반면 전통을 중시하는 집단에 속한 환자들은 평등주의적인 스타일을 오해하고 받아들이지 못할 수도 있다. 이는 예리한 의사라면 살펴봐야 할 사항들이다.

입장을 더 많이 반영할 수도 있으며, 전문가의 시각과 대중의 시각을 서로 이해하기 쉽게 설명해 주는 결과를 낳을 수도 있다.

　만약 기술적 혹은 윤리적 이유로 환자와 타협할 수 없다면 다른 의사에게 부탁할 수도 있다. 하지만 내 경험상 조율은 대부분 모든 당사자가 수용할 수 있는 효과적인 타협안을 내놓을 것이다. 이는 16장의 앨리스 올콧에게도 해당되는 일이다. 그녀는 포기를 멈추고 최근에 일어난 상실을 다시 받아들였다. 결국 그녀의 정신과 의사들과 주치의들은 그녀의 치료 거부를 수용했는데, 그들은 이 결론이 최선이지만 여전히 부족하다고 생각했다. 5장의 윌리엄 스틸의 사례에서는 주치의가 타협을 거부하자 결국 환자와 그의 아내가 주장한 대로 최종 합의가 이루어졌다. 이 무언의 갈등 때문에 효과적인 치료를 제때 받지 못했고 이것이 환자의 상태를 악화시켰다고 해도 무리는 아닐 것이다. 검진 결과의 정확성을 타협안으로 받아들이지 못한 9장의 건강염려증 환자들 몇 명은 불필요한 비싼 검사를 받고 자신들의 요구를 잘 들어주는 의사를 찾아다녔는데, 이는 결국 환자와 의료진 모두를 깊은 좌절의 늪에 빠뜨렸다.

　설명 모델 패러다임이 중요한 마지막 이유는 의사에게 본인의 설명 모델의 바탕이 되는 관심사, 편견, 감정 등을 되돌아볼 기회를 주기 때문이다. 앨리스 올콧의 이야기에 나와 있듯, 히스패닉계 미국인 의사 토레스 박사는 뉴잉글랜드 사람들이 차갑고 냉정하며 무심하다는 인종적 편견을 바꿀 수 있었다. 정신과 의사는 반대 증거에도 불구하고 그녀의 정신질환이 치료 가능하다고 우기면서 완치될 수 있다는 상상으로 앨리스 올콧에게 항우울제를 투여하려 한 자신의 강박을 극복해야 했다. 토레스 박사와 외과의들은 무력감과 그로 인한 분노와 슬픔 등 혼란스러운 감정을 다루었다. 윌리엄 스틸과 멜리사 플라워스의 사례에서 내과의는 치료에 부정적인 영향을 미치는 뿌리 깊은 편견을 인지하지 못한 채 치료를 진행했다. 거스 에체베라가 스스로 병을 키웠다는 사실을 알았을 때 의료진은 너무 격분해서 그가 당장 퇴원하기를 바랐으며 그를 치료하는 정신과 의사와 협조하는 것조차 거부했다. 의료진의 분노는 이해할 수 있지만 그로 인해 환자의 치료가 복잡해졌다. 환자에 대한 반응 중에서 분노는 의사가 다루기 가장 어려운 감정이다. 내 경험상, 분노를 포함해 의사가 환자에게 보일 수 있는 아주 감정적이고 윤리적인 반응을 통제하는 효과적인 방법은 치료에 관한 생각에 영향을 미치는 불쾌한 감정과 무언의 도덕적 판단이 자신의 설명 모델에 녹아 있는지 면밀히 살피는 것이다.

의사는 자신의 설명 모델을 검토한 다음 개인적 혹은 직업적 편견이 치료에 악영향을 미치는지 평가해야 한다. 이는 임상 업무에서 하나의 루틴이 되어야 한다. 그런 안 좋은 경우가 흔치는 않지만, 그럼에도 많은 의사가 불확실한 상황에서도 치료적 판단에 분명한 지침이 되어줄 설명 모델을 고안하려 노력 중이다. 오늘날 1차 진료 의사들은 발린트 그룹(Balint groups, 의사들이 환자와의 관계에서 정신역동적 요소를 논의하기 위해 모인 집단: 옮긴이)과 임상 윤리 회의를 통해 자신이 까다로운 환자들에게 감정적 및 도덕적으로 보이는 반응을 살필 수 있는 훈련을 받는다. 그 결과 의사들은 치료 관계에 해로운 영향을 미칠지도 모르는 반응을 통제하고 효과적인 치료와 개인의 자기 계발에도 도움이 될 수 있는 태도를 기를 수 있다.

환자의 사기 회복과 의학적 심리치료를 향해

만성질환자와 그 가족들에게 희망을 심어주고 불러일으키는 행위는 그 효과가 제대로 기록되진 않지만 임상에서 필수적인 부분이다. 물론 단기 심리치료 모델도 있다. 하지만 이 치료 모델이 만성질환 치료에까지 폭넓게 쓰이지는 않는다. 1차 진료 의사 대부분은 훈련 없이 일종의 심리치료를 진행하는데 본인이 심리치료를 하고 있다는 걸 인지하지 못할 때도 많다. 만성질환자의 심리사회적 욕구를 돌보는 건 사람의 흔적이 드문 땅을 지나는 일과 같다. 고대 지도에서 미개척지가 "여기서부터 용 출몰, 주의!"라는 불길한 경고를 뜻하는 것처럼 말이다.

　나는 환자의 사기를 북돋아 주는 치료 기술을 의학적 심리치료로 보는데, 이는 임상의가 질병 의미를 깊게 파고들면서 시작된다. 민족지학적 연구, 환자가 살아온 삶에 대한 해석, 설명 모델의 도출과 조율은 모두 내과적 심리치료 과정의 주요 단계다. 이 활동들은 모두 의학적 심리치료에 도움이 되는 한편 심리치료의 사기 회복 효과에 대한 끊임없는 관심은 앞서 말한 핵심 임상 과제를 수행하는 데 일조하기도 한다. 다시 말해 이 과제들은 그 자체로 의학적 심리치료를 위한 틀이라고 할 수 있다. 예를 들어 민족지학 연구에 필요한 공감 능력은 이해받고 싶고 자신의 짐을 다른 사람들과 나누고 싶은 모든 환자와 환자 가족의 중요한 욕구를 채워준다. 심리학자 윌리엄 제임스는 다음과 같이 썼다. "우리는 공감, 오직 자신만을 위한 의사소통을 갈망한다."

폭넓은 만성질환 치료 경력을 가진 숙련된 의사 스피로는 플라세보 효과(의사가 효과 없는 가짜 약 혹은 꾸며낸 치료법을 환자에게 시도했는데, 환자의 긍정적인 믿음으로 인해 병세가 호전되는 현상)가 성공적인 치료의 특이성을 명확하게 이해하는 데 방해가 되기 때문에 의학 연구에서 멸시를 받고 있지만, 사실은 효과적인 임상 치료의 본질이라고 이야기한다. 플라세보 효과는 모든 임상의가 평상시 진료 과정에서 달성하고자 부지런히 노력해야 하는 대상이다. 의학 연구에 따르면 이 같은 비특이성 치료 효과의 효능은 10-90퍼센트로 그 편차가 굉장히 심한데 이는 일반적인 진료 과정에서도 마찬가지일 가능성이 크다. 따라서 의사들이 가능한 가장 높은 플라세보 효과율을 달성하는 게 매우 중요하다. 이를 위해 의사들은 환자의 건강을 진심으로 걱정하고 공감하는 관계, 즉 환자와 그 가족이 실질적으로 도움이 되고 상징적으로도 중요하다고 믿는 관계를 구축해야 한다.

나는 정신분석, 행동 치료, 인지 치료, 상담, 가족 등 전통적인 심리치료의 방향에 대해 회의적이다. 물론 모두 도움이 될 수 있다. 하지만 기계적으로 요리책을 보듯이 적용한다면 치료 효과가 떨어질 수도 있다. 의사가 본인이 하는 일을 진정으로 믿고, 환자와 그 가족도 의사의 치료를 전적으로 믿는 것이 중요하다. 어느 시점에 이르면, 치료자와 환자(가족)의 상호작용은 치료 결과가 아니더라도 관계 자체에서 환자가 기대하는 바를 적극적으로 충족시켜줘야 한다. 이는 극단적인 낙천주의를 말하려는 게 아니다. 의사와 환자는 적어도 환자가 현실적인 이야기를 견딜 수 있다고 말하는 한 현실적으로 행동해야 한다. 환자와 그 가족에게 힘을 실어줘야 하며, 의사 역시 환자와의 관계를 통해 개인적으로 좋은 영향을 받는다고 느껴야 한다. 나는 의학적 심리치료를 협력 관계로 보며, 이 관계 속에서 질병의 의미를 탐구하는 기술이 카타르시스, 설득, 실질적인 문제 해결, 심리치료 메커니즘의 변화를 이끌어낼 수 있다고 생각한다.

심리치료를 어떻게 정의하든, 그것은 깊은 도덕적 관계를 수반한다. 의사는 고통받는 환자와 함께하려고 한다. 환자는 의사와 함께하는 동안 자신의 세계를 활짝 내보인다. 이때 의사는 판사도 조종자도 아닌 도덕적 증인이 된다. 환자는 수동적으로 치료받는 사람이 아니라 능동적인 동료가 된다. 둘 다 경험을 통해 배우고 변화한다. 앞에서 살펴본 환자와 가족, 의사 모두를 수용하는 데 필요한 다양한 형태의 관계를 생각해 보라. 4장에서 이야기한 중국인 환자는 평등한 관계를 기대하지도 받아들이지도 못할 것이다. 반면 안티고네 파제트에게 권위적인 관계는 파괴적인 결과를 초래할 것이다. 이러한 관계에서 볼 수 있는 독특한 목적을 생각해 보라. 심리사회적 돌봄에 필요한 기술은 고유의 삶, 고유한 질병 서사에 나타난 특별한 요구를 충족시키는 독특한 관계를 만들어 나가는 데 있다.

환자를 지지해 주고 그의 정서적 욕구에 관심을 가지며 진실한 관계를 바탕으로 이견을 조율해 나가는 치료 방식을 적용하고 있다면 의학적 심리치료를 어떻게 하는지 물어볼 필요가 없다. 그게 바로 의학적 심리치료이기 때문이다.

구체적으로 예를 들면 우울하고 패배적인 생각에 젖었던 환자의 사기를 회복시키는 것이다. 여기서 환자는 앨리스 올콧, 윌리엄 스틸, 하워드 해리스, 루돌프 크리스티바, 안티고네 파제트 혹은 내가 이야기한 다른 환자 중 한 명일 수 있다. 이들은 의료진에게 문제적 환자 취급을 받던 사람들이다. 이들의 치료 목적은 각자 다르다. 장애를 확실하게 줄이거나, 불안감을 억제하거나, 단순히 좋은 죽음을 맞이하는 것일 수 있다. 민족지학 연구와 환자가 살아온 삶에 따라 구체적인 목표와 방법이 결정되므로 환자마다 사기 회복의 형태는 달라질 것이다. 안티고네 파제트는 카타르시스에, 하워드 해리스는 가족 상담과 행동 수정에 치료의 방점이 찍힐 수 있다. 앨리스 올콧에게는 정서적 지지가 실존적 공감의 형태를 띤다. 11장에서 고든 스튜어트가 마지막 날 그랬던 것처럼 말이다. 윌리엄 스틸을 비롯한 다른 환자들에게는 의사가 정신적 고통을 증폭시키는 악랄한 사회적 관계에서 벗어날 수 있도록 도와주는 사회요법이 필요하다. 거스 에체베라의 경우 심각한 성격 장애에 초점을 맞춰 집중적으로 정신분석이 이뤄지는 심리치료를 제대로 실행하지 않았는데, 그의 사례만큼 심각한 환자를 내과 전문의가 치료할 수 있을 것 같진 않다. 환자를 정신건강 전문의에게 보내야 하는 시점을 아는 것도 굉장히 중요하다. 하지만 많은 환자와 그 가족들이 필요로 하는 조치는 그렇게 까다롭지 않다. 성공적인 치료 관계를 만들어 나가면서 의사의 성격과 의사소통 기술을 수사적으로 활용해 환자에게 힘을 주고 위기에 성공적으로 대처할 수 있도록 그를 설득한다면 틀림없이 치료에 효과를 볼 수 있다. 게다가 만성질환자를 돌보는 일을 너무 진지하거나 우울하게 생각할 필요는 없다. 재치와 유머, 풍자와 모순의 여지가 얼마든지 있다.

심각한 만성질환을 앓고 있는 환자들은 상실을 마음껏 슬퍼할 수 있게 도와주는 애도 작업을 통해 효과를 볼 수 있는데, 이는 우리가 살펴본 바와 같이 치료에서 매우 큰 역할을 한다. 마음 놓고 슬퍼할 수 있게 도와주는 법을 배워 치료 과정에서 환자가 슬퍼할 권리를 적극적으로 인정해 주는 것은 만성질환자를 치료하는 사람이라면 능숙하게 할 줄 알아야 한다. 호로위츠를 비롯한 정신의학자들이 제시한 것처럼 '애도 치료'라는 단기 심리치료 모델은 준전문가와 일반 상담가들 사이에서도 활용되고 있다. 애도 치료를 진행하는 게 불편한 의사들에게는 제대로 교육받은 애도 상담가들을 적기에 추천해 주는 것도 유용한 대안이 될 수 있다. 하지만 만성질환자와 함께 치유자가 되기를 원하는 의사들이라면 애도 작업은 반드시 습득하고 수행해야 하는 기술이다.

의사들은 매주 대여섯 회 정도 애도 치료 세션을 진행할 수 있을 것이다. 시간은 세션당 30~40분으로 계획하면 된다. 먼저 심각하게 사기 저하를 겪고 있는 환자들을 적절히 선별한 후 그들에게 사전 동의를 받아야 한다. 첫 번째 세션에서는 환자가 만성질환으로 인해 개인적으로 느끼는 커다란 상실을 인지하고 표현할 수 있게 돕는다. 두 번째와 세 번째 세션에서는 환자가 여러 가지 상실에 관해 이야기하고 각각의 상실에 따른 감정적 경험을 설명할 수 있게 격려한다. 다시 말해 의사는 환자가 슬퍼할 수 있도록 돕는 것이다. 이 같은 치료 세션을 통해 의사는 애도 과정을 방해할 수 있는 분노나 두려움 같은 다른 감정적 반응을 환자가 표현할 수 있도록 한다. 네 번째 세션은 환자가 자신의 죽음이나 앞으로 다가올 중요한 의미의 상실에 대해 애도할 수 있게 이끌어주면서 치료를 완성할 수 있다. 마지막 한두 번의 세션에서는 슬픔을 뒤로하고 일상으로 복귀하는 시간을 마련한다. 일련의 치료 세션을 종료하면서 의사는 환자에게 환자와 의사 간 관계를 계속 유지할 수 있으며, 개인적으로 친분이 있는 관계 및 지금까지 살아온 삶 역시 이어나가야 한다고 강조해야 한다. 장기간 환자와 맺은 관계를 통해 의사는 치료 개입의 결과를 관찰할 수 있으며, 가끔 필요성이 느껴질 때 다시 애도 작업으로 돌아갈 수 있다. 많은 치료자들의 경험에 따르면, 치료 과정이 끝난 후 환자가 새로운 통찰력을 받아들이고 스스로 변화할 시간이 충분히 지나야 치료법은 효과를 발휘할 수 있다. 따라서 일반적으로 의사는 세션이 종료된 후에 환자의 사기가 회복된 모습을 볼 수 있을 것이다.

치료를 받은 후 환자는 이전의 감정 상태에서 어느 정도 거리를 두게 된다. 그들은 엄청난 카타르시스를 경험했다고 생각할 것이다. 하지만 환자들이 어떤 새로운 관계를 맺게 되든 그들의 질병은 하나로 규정될 수 없으며 환자별로 처한 상황과 성격만큼이나 다양할 것이다. 내 경험상 이런 식의 애도 작업은 많은 환자의 사기를 회복시키는 데 효과적이다. 그뿐 아니라 의사의 사기를 북돋아 주거나 적어도 환자를 치료하겠다는 의사의 열정을 되살리는 데도 도움이 될 것이다. 의사가 포기하지 않고 환자와 그 가족이라는 깨지기 쉬운 희망을 붙드는 데 필요한 건 사실 그게 다일 때가 많다.

이외에도 다양하고 효과적인 애도 작업 수행 방법이 많을 것이라 확신한다. 나는 환자와 의사가 함께 이 경험을 하는 것이 얼마나 중요한지 다시 한 번 강조하고 싶다. 방법은 중요하지 않다. 목표는 만성질환으로 겪는 실제 상실과 상징적 상실에 대해 환자와 의사가 진심으로 슬퍼하는 것이다. 나는 효과적이고 인간적인 치료 관계 회복에 이만한 방법이 없다고 생각한다. 수단보다 목적을 강조한 중국의 위대한 현인 장자의 이야기가 떠오른다. 한 어부가 물고기를 잡기 위해 정교하게 그물을 만든다. 그는 복잡한 모양의 그물을 짜려 애쓴다. 어부는 항상 그물에 대해 걱정하고 더 좋은 그물을 만들려 노력하며 그물에 많은 시간을 할애한다. 그런데 일단 물고기가 잡히면, 어부는 그물에 관해 새까맣게 잊어버린다.

반복해서 언급했듯이 의료진들은 만성질환자를 문제적 환자라 생각한다. 환자의 성격 장애와 생활고뿐 아니라 급성질환 중심의 의료 시스템을 향한 부적절한 기대와 의료진의 좌절감 역시 이러한 생각의 원인이 된다. 환자의 사기가 회복되는 과정은 시스템을 향한 기대를 바꿀 수 있으며, 문제를 해결하기보단 방관하는 성향이 강한 의료진의 행동 패턴을 흔들 수도 있다. 내가 제시한 방법론은 이 두 가지 모두를 목표로 한다. 만성질환자 치료에서 중요한 변화는 극단적인 게 아니다. 보통 증상에 대한 인식과 고통의 허용치가 조금 바뀌는 수준이다. 감당할 수 있는 정신적 고통과 무너져 내릴 듯한 좌절감의 간극은 대부분 그렇게 크지 않다. (의사의 자신감과 좌절감의 간극도 마찬가지다. 작은 차이가 의사의 사기를 높이거나 꺾을 수 있다.) 게다가 같은 환자를 치료하는 데도 어떤 주는 성공하고 어떤 주는 성공하지 못할 수 있다. 만성화된 질병과 장애가 초래하는 삶의 문제에 손쉬운 해답이란 없을 것이다. 돌봄은 질병 경험 그 자체와 마찬가지로 인내와 실험을 위한 끊임없는 투쟁이다. 성공적인 결과가 나올지 어떨지는 매우 장기적인 문제다. 성공적인 치료 관계를 맺고 있다면 잠깐의 위기는 견딜 수 있다. 실제로 그 진가는 일련의 시련을 통해 판단될 것이다.

치료 과정에서 더 논의해야 할 한 가지 요소가 있다. 바로 환자의 가족에 대한 지원이다. 앞에서 살펴봤듯이 만성질환은 거의 항상 가족과 다른 가까운 인간관계에 영향을 끼치는데 실제로 그 영향력이 매우 심각할 때가 있다. 질환은 개인이라는 하나의 유기체 안에서만 유효할 수 있으나 질병은 환자의 사회적 관계까지 포함한다. 민족지학을 연구하고 가족의 설명 모델을 도출하는 과정에서 사회적 네트워크 속 갈등과 분열뿐 아니라 지지의 원천도 알게 될 것이다. 사기 저하와 두려움이 환자에게만 국한되는 경우는 드물다. 환자 가족들은 환자의 만성질환이 기존의 갈등을 악화시키는 동시에 새로운 갈등까지 만들어 내는 상당히 부담스러운 상황에 계속 놓이게 된다. 의사는 온 가족을 핵심 치료 대상으로 볼지도 모른다. 의사는 가족의 역할에 구체적으로 무슨 문제가 있는지 판단하고 적정선에서 대응하길 원할 것이다. 이 대응에는 정기적인 평가와 가족 문제에 대한 후속 상담, 필요하다면 가족 치료 전문가를 추천하는 것까지 포함되어야 한다.

가족 구성원의 설명 모델 도출은 갈등을 표출하는 유용한 방법으로 쓰이곤 한다. 생물의학적 모델뿐 아니라 환자의 설명 모델과도 충돌이 일어나기 때문이다. 그리고 치료 중 가족 구성원들이 맡을 수 있는 가장 적절한 역할에 대해 환자와 가족이 의견을 나눌 수 있는 유용한 방법이기도 하다. 어떤 가족은 이 문제가 중요할 수 있으나 또 어떤 가족은 그렇지 않을 수 있다. 위기의 시점에서 의사는 아픈 사람을 지원하기 위해 남은 힘을 모두 다 써버린 가족들을 도와줄 필요가 있다. 환자뿐 아니라 가족들도 자신의 이야기를 듣고 인정하려는 의사의 모습에 위안을 얻는다. 그들은 질병과 관련된 문제를 실질적으로 해결할 수 있는 도움이 필요할지도 모른다. 또 카타르시스를 느낄 기회와 특히 불안감에 대해 구체적인 형태의 정서적 지원이 필요할 수도 있다. 때론 분노를 조절해 주고 힘을 비축하기 위해선 주기적으로 쉬어야 한다고 말해줄 누군가가 훨씬 더 많이 필요한 사람은 환자가 아닌 환자 배우자일 수도 있다. 질병으로 인한 상실에 애도를 표하는 것 또한 의사들이 도와줄 수 있는 보편적인 가족 경험이다. 환자와 마찬가지로 가족들에게 의사가 자신들의 요구사항을 세심하게 살피는 데다 실력까지 뛰어나다는 깨달음만큼 위안이 되는 건 없다.

나는 의사가 가장 잘할 수 있는 일이 환자의 질병 경험과 그것의 심리적 및 사회적 영향력에 대한 현상학적 평가를 바탕으로 치료를 체계화하는 것이라고 확신한다. 이를 위해서는 현재 의학 교육과 의료 시스템에서 우선시하는 것과는 상당히 다른 태도와 지식, 기술에 대한 교육이 필요하다. 나는 다음 장에서 이러한 시각이 현대 의학에 남기는 주요 시사점에 대해 고찰하려 한다.

하지만 어딘가 불안한 느낌이 드는데 독자 여러분과 이 감정을 공유하고 싶다. 의사들을 교육하는 게 가능하기나 할까? 영국의 시인 필립 라킨은 다음과 같이 썼다.

> 진실한 동시에 다정한 말,
>
> 혹은 진실하지 않은 것도 아니고 다정하지 않은 것도 아닌 그런 말을 찾아서.

어쩌면 이는 의사의 내면에 깊이 내재하는 태도로, 교육을 통해서는 배울 수 없으며 자신이 겪은 고통스럽고 힘든 경험과 남을 돕고 싶은 절박한 심정을 통해서만 배울 수 있는 걸지도 모른다. 어쩌면 의사의 성인 발달 단계가 현재 어느 위치에 있느냐에 따라 달라질 수도 있다. 사별을 경험하지 않은 사람도 다른 사람의 슬픔에 충분히 공감하며 그를 도울 수 있을까? 아마도 이 지혜를 터득하는 길은 실제로 질병을 경험하거나 진료를 해보는 방법 외엔 없을 것이다.

14

의학 교육과 진료 현장을 위한
의미 중심 모델의 과제

의사의 진찰을 받기로 한 결정은 해석에 대한 요청이다……,
환자와 의사는 공유된 이야기 속 사건들의 의미를 함께 재구성한다……,
일단 모든 것이 제자리에 맞아떨어지고 나면
경험과 해석이 일치하는 것처럼 보이고,
환자가 일관성 있는 설명을 하며 더는 스스로를 설명할 수도,
통제할 수도 없는 무언가의 희생양으로 생각하지 않으면,
증상들은 대부분 사라진다.
― 레온 아이젠버그

지미를 알게 된 지도 벌써 9년이나 되었는데 신경심리학적으로 그는
조금도 호전되지 않았다. 여전히 그는 심각하고 파괴적인
코르사코프 증후군(Korsakov's syndrome, 심각한 기억력 장애로, 주로 새로 발생하는
일들을 기억하지 못하는 순행성 기억상실증)을 앓고 있고 바로 몇 초 전 일도
기억하지 못하며, 기억 상실로 1945년 이후 일도 거의 기억하지 못한다.
그러나 인간적인 혹은 정신적인 면에서 보면 그는
완전히 다른 사람처럼 보인다. 쉽게 흥분하고 지루함이나 초조함,
불안함으로 어쩔 줄 몰라 하며 두서없이 사는 것이 아니라,
세계의 아름다움과 영혼에 마음을 기울이는 인간,
즉 키에르케고르가 나눈 범주인 예술적, 윤리적, 종교적, 극적인 모든 것을
풍요롭게 누리는 사람처럼 보였다. 경험과학, 즉 경험주의는 영혼에 대해서,

개인의 인격을 형성하고 결정하는 것이 무엇인지에 대해서
아무런 설명도 하지 않는다. 어쩌면 여기에는 진료와 관련된 교훈뿐 아니라
철학적인 교훈도 포함될 수 있다. 코르사코프 증후군이나 치매 혹은
이와 비슷한 심각한 질병, 아니 이보다 더 심각한 병에 걸리더라도……
예술이나 교감, 영혼의 접촉을 통한 재통합의 가능성은
사라지지 않고 남아 있다. 처음에는 신경학적으로 도저히 희망이 없는
절망적인 상태로 멈춰 있는 것처럼 보이더라도 말이다.

– 올리버 색스

다음 질문에 답해 보자. '의학의 목적'은 무엇인가? 우리가 미
국과 같은 현대 산업 사회의 거대 의료 기업을 조사해 본다면 이
처럼 기본적인 질문에도 쉽게 대답하기 어려울 것이다. 이 엉뚱
한 질문은 복잡하게 나뉜 사회 구조를 지나치게 단순화하고 있다.
따라서 여러분은 의료 기관의 수만큼 각자 수많은 목적이 있을 거
라 대답하고 싶을 것이다. 그런데 왜 하필 '의학'이냐고 묻지 않는
가? 물론 이 질문도 엉뚱하게 들릴 것이다.

하지만 우리가 의학의 목적에 관해 질문하지 않으면 전문가와
의사에게 책임을 물을 수가 없다. 또한 환자가 어떤 의료 서비스
를 요구해야 하는지도 알 수 없다. 더욱이 현시대를 지배하는 경
제적 고정관념, 즉 의사와 환자 관계는 서비스 제공자와 고객이라
는 상업적 관계 그 이상 그 이하도 아니며, 병원도 시장 점유율 관
리를 목적으로 하는 기업이라는 주장에 의문을 제기하지 않음으
로써 이를 묵인하고 있다. 물론 의학은 경제학과 밀접하게 관련되
어 있지만 이런 식으로 단순하게 바라봐선 안 된다.

모든 사회에는 의학의 중심 목적인 치유에 대한 윤리적 핵심 가

치가 있다. 이 구조는 질병 경험과 환자와 의사 관계에서 요구되는 사항을 통해 명백히 드러나지만 치유의 비치료적 특성에 대한 좁은 시각에 가려지기도 한다. 이 책의 내용은 질병의 경험과 그 의미가 진료의 중심이라는 것을 보여준다. 의학의 목적은 환자의 질환 진행 과정을 통제하고 질병 경험을 치료하는 것이다. 만성질환과 그것을 치료하는 의료 시스템의 관계보다 분명한 건 없다. 의료 시스템은 질환 통제의 의미를 제한하며, 신체 장애로 인해 발생하는 생활 속 문제들을 해결하는 것을 가장 중요하게 여긴다.

만성질환을 앓는 사람들의 입장에서 볼 때 질병의 의미를 해석하거나 친밀한 관계에서 느끼는 깊은 감정을 다루는 일은 지엽적인 과제가 아니다. 이런 행위들은 오히려 의학의 핵심을 담고 있으며 의사가 해야 하는 활동들이다. 이 같은 문제를 다루지 못한 진료는 근본적으로 결함이 있다고 볼 수 있다. 바로 이 관점에서 우리는 현대 생물의학에 대해 다음과 같이 말할 수 있다. 질환 통제 부분에서는 비약적인 발전을 이뤘지만 의학의 목적에는 등을 돌렸다고 말이다. 의료계라는 내부 요인만큼 사회라는 외부 요인에서 비롯된 이 왜곡 현상은 만성질환자와 그들의 가족뿐 아니라 그들을 치료하는 의사에게도 큰 부담을 안겨준다.

의학의 중심에 돌봄을 두려면 우리는 의학 교육에 대해 다시 생각해 봐야 한다. 의대생들과 레지던트들은 앨리스 올콧, 하워드 해리스, 안티고네 파제트, 패디 에스포시토, 고든 스튜어트를 포함하여 이 책에 나온 환자들에게 꼭 필요한 치료를 수행할 수 있도록 교육받아야 한다. 게다가 의료 전달 시스템과 더 넓게는 위에서 언급한 치료를 방해하는 사회 구조 속 장애물에 맞서야 한다. 마지막으로 급성질환 통제에는 굉장히 인상적인 성과를 보이는 데 반해 만성질환 경험으로 인한 문제들은 무시하는 듯한 의학 연구 기업과 타협해야만 한다. 다시 말해, 의학 연구가 만성질환 치료의 핵심 목적에 어긋난다고 판단되면 그것은 부적절한 연구라 볼 수 있다. 질환보다 질병이 우리의 주된 관심사가 되고 나면 지금은 낯설다고 느껴지는 방향, 즉 의료계 내부 이익과 외부 관찰자의 비판에 모두 반(反)하는 방향으로 의학을 재고하게 될 것이다. 이런 관점에서 의학은 문제의 일부인 동시에 해결책이라 할 수 있다.

의학 교육

학생들은 보통 의사가 되어서 환자들에게 어떤 도움을 줄 것인지에 대한 높은 이상을 가지고 의대에 입학한다. 하지만 의과대학을 졸업할 즈음이면 많은 이들이 이런 이상을 잃어버린다. 전문화 과정은 그들의 마음속에 자리 잡은 치유에 관한 생각을 지나치게 낭만적이고 순진한 이미지에서 전문 기술과 높은 수입에 대한 냉소적이고 실용적인 직업적 기대로 바꿔놓는다. 만성질환자를 돌보는 데 있어 현재 의학 교육은 참담한 수준이다. 의사들에겐 질병보다 질환이 더 중요하다. 질병의 심리사회적 및 문화적 측면에 관한 지식이 아닌 생물학적 지식만 있으면 된다고 믿으려 하기 때문이다. 그들은 임상 환경에서 플라세보 효과를 사용하는 건 구시대적이라고 배웠다. 심리치료 역시 시대착오적이고 정신과 의사만 배우면 된다고 생각한다. 의학 교육에 사회과학적 측면과 인문학적 요소가 있어야 한다는 게 이 책의 핵심 주제인데 이렇게 생각하는 의대생들은 거의 없을 정도로 그 인식이 열악하다. 10장에서 설명했듯, 레지던트 수련이라는 혹독한 시기를 거치면서 의사들은 비인간적으로 변할 수 있으며, 이는 심리적으로 민감한 치료를 해야 하는 의사들을 교육하는 데 어떠한 도움도 되지 않는다.

내가 내린 결론은 가혹하다. 물론 기존의 틀을 깨는 의사들도 많다. 사실 지역 사회에서 숙련된 1차 진료 의사가 되기 위해서는 경험을 통해 수련 기간에 얻게 된 직업적 편견에서 벗어나야 한다. 특히 더 진보적이라고 할 수 있는 가정의학과, 1차 진료 내과, 소아과 병동에는 내가 치유자라면 반드시 생각해 봐야 한다고 말한 고민을 집중적으로 다루는 훈련 프로그램이 있기도 하다. 그리고 정신의학은 주류 의학에 속하진 않아도 환자가 살아온 삶과 오랫동안 관계를 맺어 왔다. 하지만 전체적으로 볼 때 유감스럽지만 내 판단이 옳다고 믿는다.

이런 한심한 상황을 바꾸려면 환자와 그 가족의 질병 서사를 교육 과정에서 더 중점적으로 접할 수 있도록 해야 한다. 그래야 의사들이 만성질환의 고통을 민족지학 연구로 다루거나 말기 환자의 마지막을 지지해 주거나 다른 민족이 생각하는 가족의 가치를 서로 이야기할 수 있는 적절한 태도, 지식, 기술을 터득할 수 있을 것이다. 그러면 어떻게 해야 이런 변화를 가져올 수 있을까?

내 생각에 효과적인 개혁 방법은 의학 교육 프로그램의 수준을 밑에서 위로 끌어올리는 것뿐이다. 그렇게 하지 않으면 가치관과 행동은 변하지 않을 것이다. 학생들에게 환자의 질병 서사를 해석하고 그들의 질병 경험을 평가하는 방법을 가르치는 커리큘럼을 만드는 데 시간을 쏟아야 한다. 시작은 의료 사회과학과 인문학 강좌로 하는 한편 의사와 환자 간 관계를 가르치고 의대생들의 임상 경험을 감독할 새로운 방법도 필요하다. 13장에서 다룬 핵심 임상 과제 수행에 필수적인 태도는 학생들이 교수와 임상의가 이 기술을 실제로 중요하게 생각한다는 사실을 알게 되면 자연스럽게 배울 것이다. 교수들마다 만성질환자 치료 모델이 있어야 한다. 의대 입학 기준도 심리사회와 문화, 도덕적 탐구 영역에 관심과 배경이 있는 학생을 우선하여 선발할 필요가 있다.

민족지학 연구에 필요한 역량은 학생들이 강의실과 병원 밖으로 나가 환자들의 사회적 배경을 연구함으로써 터득할 수 있다. 그들은 집에 있는 환자의 모습과 의료 서비스나 사회복지사 또는 사회 복지기관에서 환자를 다루는 모습을 관찰할 수 있다. 경험상 학생들이 환자의 직장에 초대받는 일은 드물지만 대부분 환자의 가족이나 친구, 이웃과는 만날 수 있다. 또 해당 지역 사회에 친숙한 사회과학자의 연구는 환자의 민족지학적 맥락이라는 의미 있는 그림을 완성하는 데 도움이 된다. 그다음엔 임상 교수가 학생들의 연구 결과를 검토해야 한다. 이는 논문의 질을 비판하기 위해서가 아니라, 임상적으로 관련이 있는 세부 정보를 주의 깊게 관찰할 뿐 아니라 환자가 처한 특정한 사회적 맥락에 비추어 세부 정보를 세심하게 해석할 수 있는 학생의 능력을 평가하기 위해서다. 환자와 그 가족의 설명 모델을 도출하고 생물의학적 모델을 대중이 이해할 수 있는 용어로 설명하는 능력은 전문 임상의의 감독하에 이러한 활동을 할 기회를 자주 얻어야 키울 수 있다. 환자들의 인생 이야기를 기록하는 방법에 관한 유용한 자료들도 있는데, 여기에는 학생들이 환자가 살아온 이야기를 털어놓도록 유도하여 간단한 인생사를 쓸 수 있도록 하는 다양한 전략들이 담겨 있다. 하지만 그 삶의 주요 의미를 해석할 기회가 학생들에게 자주 주어져야 한다는 게 가장 중요하다. 환자들의 삶이 녹아든 전기와 소설을 읽음으로써 학생들의 경험은 풍부해질 수 있다.

게다가 의대 교수진은 이러한 학습 경험의 중요성을 명시적으로 지지해야 한다. 질병을 이해하는 것이 의학 교육의 중요한 부분이라고 학생들을 설득하려면 관련 역량을 갖추었는지 시험을 보면 된다. 민족지학적 연구를 제대로 수행하지 못하거나 적절한 태도나 지식을 보여주지 못하는 것을 심장학, 외과 수술, 산부인과에서 질환 과정을 이해 못하고 검사하지 못하는 것과 똑같이 취급해야 한다. 학생들은 보충 공부를 하고 재시험을 봐야 한다. 필요한 태도와 지식, 기술을 계속해서 보여주지 못한다면 퇴학으로 이어질 수밖에 없다. 만성질환자에게 심리사회적 치료를 제공하는 법을 제대로 습득하지 못한다면 졸업을 할 수 없다는 인식만큼 의대생과 레지던트들의 관심을 끌어모을 방법은 없을 것이다.

의대 교수진은 일반의(전문의 이전 단계) 수련 과정 시 질환만큼 질병도 중요하다는 시각을 교수진들 사이에서 공유하고 있음을

행동으로 보여줘야 한다. 이런 식으로 방향을 전환하려면 승진을
통한 철저한 학문적 보상 제도와 의학의 심리사회적 영역을 가르
치는 게 교수진의 중요한 임무라는 사실에 대한 존중과 함께 교수
진의 재교육이 필요하다. 심리사회적 가치를 지향하는 의사의 본
보기가 되어 주는 사람이 있다는 건 굉장히 중요하다.

레지던트들의 수련 과정은 더욱 심각하다. 현재 많은 수련 과정
이 환자에게 인간적인 치료를 제공하자는 생각과는 정반대의 가
치와 행동을 암묵적으로 주입하고 있다. 매우 화가 나지만, 이러
한 현실을 있는 그대로 인식하는 작업부터 시작해야 한다. 기존의
수련 프로그램에 심리사회적으로 중요한 요소들을 보충하는 것
만으로는 부족할 것이다. 왜냐하면 수련 과정의 전체 구조가 이러
한 요소들이 효과적으로 스며드는 데 방해가 되기 때문이다. 일례
로 만성질환자들을 돌보는 것은 임상의가 지역 사회의 사회 복지
기관 네트워크와 협력해야 하는 외래 환자의 경우가 대부분이다.
하지만 많은 수련 프로그램이 급성환자의 입원 치료는 강조하고
만성질환자의 외래 진료는 경시한다. 그리고 수련의를 지역 사회
와 떼어놓으며, 만성질환자는 치료가 어렵고 의사의 관심을 자주
필요로 하는 문제적 환자라는 인상을 심어준다. 더욱이 수련 프로
그램은 레지던트들을 지치게 만들고 그들을 버티는 존재로 전락
하게 하는 위험한 사고방식을 조성함으로써 인간적인 돌봄을 배
우지 못하는 바로 그 환경을 영구화한다. 이러한 환경을 바꾸려면
환자의 치료에 대한 걱정보다는 저렴한 의료 노동력에 대한 수요
로 움직이는 경우가 더 많은 병원 수련 프로그램을 근본적으로 바

뛰야 한다. 의도치 않게 환자를 비인간적으로 대하는 젊은 의사들을 막으려면 그들이 비인간화되는 것을 막아야 한다.

레지던트들에게 온 만성질환자는 1명당 5-10분만 진료를 보라고 가르치거나 품이 많이 들어가는 면담이나 대화 치료 기술보다는 고가의 전문 치료를 강조하는 프로그램은 그 방향이 잘못되었다. 잘못된 방향을 되돌리려면 새로운 우선순위 시스템과 다양한 의료 전달 지침이 모두 필요하다. 환자의 치료는 비용 효율성이라는 굉장히 편협한 수치만으로 평가될 수는 없으며, 의사가 환자의 질병 경험과 그 의미의 관점에서 환자의 문제를 어떻게 다루었는지도 평가에 포함되어야 한다. 하지만 결과적으로 치료 비용은 전면에 등장할 수밖에 없다. 의사가 30분 동안 집중 상담을 진행해 벌 수 있는 것보다 10배의 수익을 내시경 검사를 통해 15분 만에 얻을 수 있다면 심리사회적 교육이 진료 행위에 유의미한 영향을 미칠 가능성은 거의 없다. 다시 말해 치료 자금 조달에는 환자가 질병 경험에 대처하는 데 도움이 될 수 있는 적절한 수준의 재정적 지원이 포함되어야 한다. 심리사회적 개입이 진료 비용뿐 아니라 장기적으로는 신체 장애가 나타날 확률까지 줄일 수 있다는 자료를 고려할 때, 의사들이 보상 제도 개혁을 요구하는 건 당연한 일이다.

적절한 제도적 뒷받침이 없다면 의과대학과 레지던트 과정에서 배우는 것이 실제 진료 현장에 적용될 가능성은 매우 낮다. 즉 의사는 심리사회적으로 뛰어난 치료를 제공할 준비가 됐고 관련 역량도 갖출 수 있지만, 의료 제공 시스템이 그러한 치료를 장려할 준비가 되어 있지 않을 수도 있다. 오히려 의료 시스템이 적극적으로 거부 반응을 보일 수도 있다. 12장에서 헬렌 맥노튼이 지적한 바와 같이 병원 관리자들이 의료 서비스를 '상품'처럼 보는 경향이 강해지고 있다. 이 시대의 의료 기관뿐 아니라 가치 지향점까지 지배하게 된 현대 자본주의의 우선순위 시스템에 따라 돈은 이 상품의 가격을 올려 더 많은 돈을 벌 수 있도록 한다. 따라서 오늘날 중요한 건 만성질환자들의 고통을 의사가 얼마나 효과적으로 치료할 수 있는가가 아닌, 얼마나 많은 시간과 돈을 들이고 얼마나 많은 이익을 남기는가이다. 고품질 의료 서비스가 항상 비용 측면에서 효율적인 것은 아니다. 적어도 비용의 의미가 현대의 지배적인 정치적 한계로 협소하게 통용된다면 말이다. (다른 정치적 성향은 이러한 한계의 본질을 바꾸어 우리 모두가 지금보다 바람직한 치료 방법을 재고할 수 있게 할 것이다.)

미국과 다른 선진국의 의료 시스템은 개혁되어야 한다. 상황이 급속도로 악화되고 있기 때문이다. 현대 의학을 비판하는 사람들은 돌봄 접근성의 불평등과 돌봄으로 이익을 얻는 사람들의 부당함이라는 핵심 쟁점들을 밝혀냈다. 이 문제들은 당연히 중요하다. 하지만 비평가들이 제시한 해결책은 내가 파악한 문제를 해결하진 못할 것이다. 그 문제는 아마 현대 사회의 가치와 그 가치를 구현하는 직업을 이야기하는 문화적 딜레마로 가장 잘 설명될 수 있다. 이 시대의 세속 신화와 직업이 된 성직자들은 아픈 사람에게 위안이 되지 못한다. 의사들이 잘하고 있는 것처럼 보일지 몰라도 이들의 궁극적 임무는 심각한 문제에 처해 있고, 이 임무를 수행하는 사람들은 심각하게 분열되어 있으며, 고객과는 굉장히 불안한 관계를 맺고 있다. 우리에겐 다름 아닌 의학을 생각하는 방식의 변화가 필요하다.

의료 시스템

자, 이제 환자의 질병 경험을 치료하는 일을 주로 하는 기업으로서 의료 시스템을 다시 생각해 보자. 사회 어느 분야에서 질병을 관리하는가? 즉, 어떤 의료 시스템이 질병과 관련된 문제들을 다루고 있는가?

보건 시스템 설계자나 공중보건 전문가들은 의료 시스템의 지도를 그릴 때 병원, 클리닉, 요양원, 재활 시설 등 대개 생물의학 시설만을 고려한다. 만약 인류학자에게 사회 보건 제도를 계획하라는 요청이 들어온다면 다양한 시설들을 포함한 훨씬 광범위한 의료 시스템을 고안할 것이다.

놀랍게도 질병은 생물의학 기관이나 전문의가 아닌 가족이 치료하는 경우가 대부분이다. 악화된 질병은 가족 혹은 민간 치료 영역에서 가장 먼저 발견되고 치료된다. 휴식, 식습관 변화, 보양식, 마사지, 처방전 없이 살 수 있는 약, 처방전이 필요한 약, 가습기부터 특별한 장치에 이르는 수많은 기기, 정서적 지원, 종교 활동 등 무수한 종류의 치료법이 자가 치료와 가족 치료의 일환으로 활용될 수 있다. 이 민간 치료 영역에는 무엇을 해야 하는지, 언제 어떤 병원을 가야 하는지, 현재 전문 의료인의 조언을 따라야 하는지, 주치의를 바꿀지 등에 대한 친구와 다른 사람들의 조언도 포함된다. 동네 약국과 건강식품 매장은 이 민간 치료 영역에 빈번히 등장한다.

만성질환자를 맡은 의사에게 환자 가족이 수행하는 돌봄은 매우 중요하다. 11장에서 설명한 중국인 암 환자 사례에서 보았듯이, 실제로 특정 소수민족과 비서구권 사회에서는 치료 결정의 책임을 개인이 아닌 가족이 맡기도 한다. 하지만 가족 치료의 맥락에 대해 체계적으로 알고 있거나 가족이 환자의 질병에 미치는 영향력을 평가할 수 있는 의사는 거의 없다. 반면 제약회사들은 그렇지 않다. 약값에 큰 부분을 차지하는 제약회사의 미디어 광고는 민간 의사로서 일반 가정을 주요 고객으로 삼고 있다. 민간 치료 영역은 소비의 큰 축이자 의사들을 뛰어넘는 거대한 산업이다. 의료의 상업화는 유용한 치료에 대한 환자 가족의 접근성이 좋아진 장점도 있지만, 유감스럽게도 부적절하고 불필요하며 솔직히 위험한 의료 행위를 너무 많이 초래했다.

의료 개혁 과제는 의사의 감수성을 발달시켜 돌봄/간병 서비스의 적응적 측면을 서서히 받아들일 수 있도록 하는 것이다. 그러면 의사는 효과적인 자가 치료를 할 수 있게 해주는 지식과 기술적 자원에 환자와 가족들이 더 쉽게 접근할 수 있도록 도와줄 수 있다. 객관적인 정보에 입각한 자가 치료를 장려하는 의사들의 마음은 치료에 꼭 필요한 약물인데도 환자가 접근하지 못하게 제한하는 법률을 개혁하려는 움직임으로 이어져야 한다. 그래야 환자와 가족들은 혈압을 측정하고 아이들의 외이도(귀의 입구에서 고막에 이르는 관)를 확인하고 소변을 검사하는 장비를 살 수 있다. 치료에 필수적인 약을 환자와 가족들은 왜 처방전 없이는 구매할 수 없으며 자격을 갖춘 사람의 감독하에서도 사용할 수 없는 것일까? 만성질환자는 본인의 질병 경험에 대해 그 누구보다 잘 아는 전문가다(혹은 그렇게 될 수 있다). 그는 자신의 질환을 치료하는 데 필요한 몇 가지 전문 기술을 개발할 수도 있다. 바로 이럴 때 녹화 테이프와 서면 기록이 필요하다. 공식적으로 환자와 가족을 의료진의 일원으로 인정하는 건 상징적으로나 실질적으로 그들에게 용기를 불어넣는 중요한 메시지다. 환자를 동료로, 치료를 협업으로 여기는 생각은 환자와 의사 간 관계의 질을 크게 향상시킬 것이다. 나는 우리가 우여곡절을 겪으면서도 천천히 이와 같은 방향으로 변해 가고 있다는 느낌이 든다. 지금은 근본적인 변화가 조직적으로 이뤄지는 게 필요하다.

이게 간단한 말로 들리지만, 이런 유형의 의료 개혁은 골치 아픈 문제들로 인해 제약을 받고 있다. 의료 개혁은 정치적, 법적, 의학적 변화가 동시에 이뤄져야 하므로 이상주의로 치부되기 쉽다. 하지만 나는 이를 안타까운 실수라고 생각한다. 북미 사회에서는 이미 대대적으로 자가 치료 운동이 일어나고 있는데, 이 운동의 인기는 의사의 권력에 저항하는 하나의 형태이자 의학적 한계에 관한 대중의 명확한 인식을 나타낸다. 보조의사나 다른 의료 보조인들의 교육을 목적으로 개발된 기술은 가족 치료 영역에 사용될 수도 있다. 정치인들은 의료비를 절감하고 갈수록 커지는 의료진을 향한 환자의 적대감을 해소할 수 있다는 가능성 때문에 이러한 변화에 관심을 보일 것이다. 공중보건 설계자와 보건 교육 전문가들은 환자와 그 가족들의 자가 치료를 합법화할 수 있는 수단을 적극적으로 마련하게 될 것이다. 덧붙여 비전문가의 결정과 치료 행위를 더 면밀하게 검토하려면 사회 조사와 민족지학적 정보가 필요할 것이다. 그리고 이 같은 변화의 법적, 입법적, 윤리적 측면을 제대로 이해해야 할 것이다. 만성질환자와 그 가족들은 치료에 필요한 자원과 관련된 더 큰 권한을 이런저런 형태로 점점 더 많이 요구할 것이며, 궁극적으로는 그렇게 될 것으로 나는 생각한다.

민간 치료 영역은 가족 치료 영역에서 한 발짝 떨어져 있다. 민간 치료사는 비전문적이고 보통은 비제도화된 매우 다양한 분야의 전문가들을 일컫는다. 그들은 준의료 보조인에서 종교적 치유사, 비전문적인 심리치료사에서 합법과 불법의 경계가 모호하거나 아예 불법적인 엉터리 약을 파는 장사꾼, 소수민족의 전통 치유사에서 건강식품 상담사, 마사지 치료사, 주류 사회 구성원들에게 손을 뻗치는 TV 출연자들에 이르기까지 다방면에서 활동하고 있다. 북미 사회의 민간 치료 역사는 길다. 사람들의 예상과 달리, 민간 치료사들은 우리 사회가 기술적으로 발전함에 따라 줄어들기는커녕 오히려 더 늘어났다. 일례로 사회학자 맥과이어는 뉴욕시 근교의 중산층 가정에서 사용하고 있는 100가지 이상의 민간 치료법을 소개했는데, 종교와 같은 전통적인 방식에서 극성요법, 홍채 진단법, 공동치료(co-therapy, 슈퍼바이저와 수련생인 상담자가 개인

상담이나 집단상담에서 공동치료자로 함께 작업하는 것) 등 최신식의 민간 치료까지 형태가 무척 다양했다. 한의학 의사, 요가 수행자, 기독교와 유대교의 다양한 정신 치료사, 약초학자, 무술 및 기타 형태의 운동 전문가, 그리고 부도덕한 사기꾼으로 묘사되곤 했던 인물들은 이 책에 언급된 일부 환자의 치료에 적극적이었다.

민간 치료사가 도움이 되는 경우도 많지만 생물의학 치료를 방해하고 그 자체로 위험한 치료법을 처방하고 조언할 때도 있다. 의사는 자신의 환자가 민간 치료사들의 도움을 받고 있는지 아닌지 잘 알지 못한다. 환자가 치료를 거부하고 차도를 보이지 않는 이유를 아는 데 필요한 정보인데도 말이다. 환자는 의사가 경멸한다고 생각하는 비생물의학 치료사에 관해 이야기하길 꺼린다. 의사들은 단순히 민간 치료에 대해 생각하거나 궁금해 하지 않는다. 민간 치료사들이 제3세계뿐 아니라 현대 서구 사회에서도 중요한 자리를 차지하고 있음을 의사들이 인식하는 것이 생물의학의 한 과제다. 민간 치료사들은 어디에나 있으며, 만성질환자들은 어떠한 도움이라도 받고 싶어 하므로 병을 앓는 동안 환자들이 민간 치료를 받을 확률이 높다는 걸 의사들은 당연하게 생각해야 한다. 환자의 시각을 존중하려면 소위 대체 의학의 역할에 관해 배우려는 의지도 있어야 한다. 이는 의사가 언제 민간 치료사들의 도움을 받아야 하며, 언제 민간 치료가 유용하고 잠재적으로 악영향을 끼칠 수 있는지 판단하려 노력해야 함을 의미한다. 의사의 평가는 환자의 설명 모델을 조율할 때 필수적인 요소이기 때문에 의사는 자신의 의견을 환자와 공유해야 한다.

북미 의료 시스템의 전문 의료 영역에도 다양한 사람들이 있다. 지압 요법, 안마 치료, 자연 요법 등 대안 치료와 관련된 전문 직업인들이 있으며, 그들은 자신들만의 전문 조직과 면허 제도 및 시험, 학교, 교재를 갖추고 연구를 수행하고 있다. 안과 의사들은 안경 처방이 필요한 환자들을 확보하기 위해 검안사와 경쟁한다. 정신과 의사들은 가족 상담사와 사회복지사와 경쟁한다. 어떤 곳에서는 출산으로 산부인과 의사들과 조산사들이 경쟁을 벌이곤 한다. 생물의학 기관들에서는 보통 의사들이 결정권을 갖지만 의사가 아닌 사람들이 주로 고용되어 있다. 간호사, 보건 전문가, 심리학자, 물리치료사, 작업치료사, 치위생사, 호흡기 및 방사선 기사, 보조의사, 실험 기사, 구급차 운전자, 정신건강 보조사, 통역사, 영양사, 보형물 장착 전문가, 병원과 요양원의 수많은 지원 인력 등 생물의학 기관 직원의 95퍼센트 이상을 이러한 사람들이 차지한다. 만성질환자들이 의사를 방문할 때도 접수원과 간호사를 포함한 다양한 준전문가와 마주치게 된다. 하지만 의사들은 이 사람들의 영향력을 저평가하는 경향이 있다. 이들이 진료 지연과 무감각한 의사소통, 치료로 인한 환자의 좌절감에 일조한다는 걸 의사들이 인식하지 못하듯, 이들이 돌봄에 기여하고 있다는 사실 역시 의사들의 인정을 받지 못할 때가 많다.

경험상 의사들이 심리사회적 이슈에 민감하게 반응한다 해도 진료실 직원들과 더불어 그들과 협력하는 준전문가들은 그렇지 않을 수 있다. 실제로 내가 만난 단순하고 기계적이며 무신경한 의료진 중 일부는 상대적으로 하급 직원이거나 기술자들이었으며 자기 일이 환자의 치료 경험의 일부가 된다는 것을 모르는 눈치였다. 확실히 의료계에 종사하는 모든 구성원은 환자의 고통을 존중하고 인도적으로 질병 경험에 참여할 수 있도록 교육받아야 한다.

전문 의료 기관들은 환자 중심이라기보단 의사 중심이다. 사회학자 제루바벨은 병원이 환자나 그 가족의 필요성보다는 병원 직원들의 근무 시간과 필요성에 맞춰서 시간을 운용한다는 사실을 통해 이를 보여주었다. 게다가 이 사실은 공간 배열 방식에도 적용된다. 여러 진료과를 돌아다니다 보면 환자들은 혼란스러워진다. 이용객들이 병원 구조를 이해할 수 있는 약도도 거의 없다. 진료과들끼리 원활한 의사소통도 이뤄지기 어렵다. 만성질환자들은 삶의 많은 시간을 병원에서 보내므로 어떤 구조적 장애물과 불필요한 관료주의 조치들이 자신들의 시간과 에너지를 갉아먹으며 좌절과 쓰라림을 선사하는지 의사들보다 더 잘 알고 있다. 하지만 관료제 실패에 대한 내부 구성원의 시각은 병원 조직을 환자의 필요에 맞추는 과정에서 거의 고려되지 않는다. 바로 이게 문제다.

전문 의료 기관들은 특히 환자와 그 가족의 질병 문제를 해결하는 데 관심 있는 의사들에게 좌절감을 안긴다. 나는 시간 제약과 임상 진료의 보상 구조가 만성질환자 치료에 가장 유용한 치료 개입을 어떻게 방해하는지 이미 언급했다. 특히 의료법 분쟁으로 이어질 수 있다는 걱정이 골치 아프다. 의사는 진료로 발생할 잠재적인 법적 결과에 계속 주의를 기울여야 하는데, 이 때문에 혁신적인 치료법이 외면받으며 동시에 의료진들이 몸을 사리고 의사 정신이 아닌 관료주의의 통제를 고수하게 된다. 만약 환자나 그 가족이 저지른 실수로 의사가 수백만 달러가 얽인 법적 소송에 휘말릴 위험에 처하게 될까 두려워한다면 환자의 자가 치료 효과를 키울 수 있는 치료법을 개발하려 할까? 예를 들어 질병 말기에 생명을 연장하려면 얼마나 많은 돌봄 인원이 필요한지에 관한 윤리적 문제를 법원이 해결하도록 두는 분위기는 (심지어 환자와 가족이 치료를 끝내고 싶어 하는데도 말이다) 의사의 사기를 떨어뜨리며, 의사의 인간적인 면모가 가장 필요한 만성질환 진행 단계에서 그들을 망설이게 하고 의심하게 만든다. 또 관료제에 따른 엄청난 양의 서류 작업은 다양한 정부 기관의 규제를 통해 의사의 행동을 통제하겠다는 뜻이다. 이런 상황에서 의사는 환자와 보내면 좋았을 수많은 시간을 빼앗긴 채 절망감을 느낀다. 의료의 관료화는 확실히 만성질환자들이 의료 기관에서 의사와 서로 다른 의견을 조율하면서 겪게 되는 문제들을 악화시켰다. 관료주의는 질 좋은 의료 서비스의 적이 될 수 있으며, 보통 그렇기 때문이다. 12장에서 몇몇 의사들이 이야기하듯 가장 어려운 과제는 생물의학 기관에 어떻게 인도주의를 불어넣을 것인가이다.

최근 만성질환의 심리적 및 성적 문제와 가족 문제를 해결할 수 있는 특별한 전문 기술을 갖고 있다고 주장하는 비전문 및 전문 치료사가 급증하면서 환자와 의사의 혼란이 커지고 있다. 의사가 점점 더 복잡한 기술적인 문제에 집중한다면 상담은 다른 전문가에게 양보해야 하는 영역인가? 만약 그렇다면 의사의 역할을 이렇게 철저하게 분리할 때 의학의 심리사회적 요소는 생물의학적 요소와 아주 멀리 떨어지게 되는 것일까? 이 분열은 의사를 고립시키고 인간성을 잃게 할 것인가? 만약 의학적 심리치료가 의사의 핵심 임상 과제로 통합된다면 그 질을 어떻게 보장할 것인가? 어떻게 자금을 조달하고 평가할 것인가? 이처럼 해결하기 어려운 수많은 현실적 문제들이 현대 사회의 전문 의료 영역을 에워싸고 있다. 지금까지 북미 사회에서 복지 논의는 대규모 정책 질문 위주로 진행되었다. 하지만 나는 진정한 의료 개혁이 일어나려면 우리 의료 시스템의 소규모 임상적 특징에 관한 질문들도 중점적으로 다뤄야 한다고 주장하고 싶다.

질환을 치료하고 질병을 돌보는 행위를 통합하는 것이 중요하다. 하지만 이 같은 통합을 장려하는 프로그램은 거의 드물다. 그 이유는 의학이 발전함에 따라 질병과 질환을 더 철저히 구분하려하고 있으며 전문가와 관료제의 우선순위에서 이 목표가 밀려났기 때문이다. 이상적인 모습은 의료 기관이 이러한 비전을 의료 서비스 전달 구조에 반영하여 새롭게 다시 태어나는 것이다. 하지만 현실 세계에서 완전히 다시 태어나기란 불가능하다. 그런데 개혁은 그렇지 않다. 개혁은 의료 시스템을 떠받치는 가치의 변화라고 봐야 한다. 현재 의료 시스템은 주로 재정적인 이득, 제도적 효율성, 전문의 경쟁, 질환 중심의 굉장히 협소한 진료 패러다임과 관련돼 있다. 이런 식의 가치 서열체계를 바꾸려면 앞서 언급한 사회 전반에 걸친 논의, 즉 정치적 효과를 불러일으킬 수 있으며 의료 시스템 개혁에 필요한 압력이 가해질 수 있도록 대중과 의사들의 변화를 함께 끌어낼 수 있는 논의가 필요하다.

의료 사회과학과 의료 인문학

질병과 관련된 환자의 요구사항을 잘 돌보는 것을 목표로 하는 진료 패러다임을 제대로 개발할 수 있게 의료 개혁을 학문적으로 지원하려면 의학 연구에 상호 변화가 있어야 한다. 우리는 의학이 생물 과학, 임상 과학, 의료 사회과학, 이렇게 세 가지 위대한 학문으로 이뤄져 있다고 봐야 한다. 지금까지 앞의 두 연구 분야는 엄청난 지원을 받아 탄탄한 비즈니스가 되었다. 하지만 세 번째 연구 분야의 발달은 아직 부족하다. 인류학과 사회학, 심리학, 역사학, 윤리학, 문학(의료 인문학)이 의학의 실질적인 연구 분야로 자리 잡기 전까진 우리는 환자의 질병 경험과 의미를 체계적으로 개념화하는 데 필요한 지식이 부족할 것이다. 우리에게 이러한 지식이 채워지지 않는 한 새로운 진료 패러다임과 효과적인 치료 전략 개발은 지연될 것이며, 질환 문제와 관련하여 연구 기업의 엄청난 불균형 상태 또한 계속될 것이다.

우리는 의과대학과 의료 기관에 소속된 뛰어난 의료 사회과학 및 인문학 연구 센터가 필요하다. 그곳에서 연구자들은 새로운 지식을 발견해 이를 글로 정리하고 기존 지식을 비판하며 병원에서 활용할 수 있는 방법론을 개발할 수 있다. 이 목표를 달성하려면 사회과학 연구를 위한 더 많은 자금과 의료 사회과학자와 인문학자들을 위한 더 많은 연구직이 필요할 것이다. 의료 인문학을 단순하게 인도주의적 치료로 생각해서는 안 된다. 하지만 의사들이 의학의 사회적 및 도덕적 측면을 강조하는 교육을 받는다면 의료

인문학 연구에 필요한 태도와 지식, 기술을 갖출 확률은 더 높아진다.

다시 말하지만 제한된 자원과 실제 쓸 수 있는 자원에 대한 상반된 주장을 고려할 때, 앞서 이야기한 변화를 가져오려면 의학계 내외부 모두에서의 압력이 필요할 것이다. 그런데 의학의 학문적 담론이 분자와 약이라는 언어를 넘어 경험과 의미의 언어로 확장되기 전까지는 의학의 시야가 확대되기보단 오히려 질병 문제에 대한 의사의 저항을 키울 수 있다. 질병의 인간적 속성을 외면하는 연구는 의사와 의사라는 직업을 제한된 지식의 쇠사슬에 얽매이게 한다. 그런 상태로는 의학과 의사들이 만성질환자를 치료할 때 어려워도 꼭 해야만 하는 질문들을 다룰 수 없다. 의사는 환자의 질병을 개인적으로 이해하지 못하게 되고, 의학은 고통에 도덕적 지식을 적용하지 못하게 된다.

나는 지금과는 굉장히 다른 이미지를 상상하며 이 책을 썼다. 전쟁은 전적으로 장군의 손에 맡기기엔 너무 큰 문제고, 정치 역시 전적으로 정치인에게 맡기기엔 너무 중요한 문제다. 그렇다면 질병과 돌봄 역시 전적으로 의료 전문가들, 특히 우리의 인간성을 구속하는 제도에서 이러한 본질적인 문제를 만들어낸 사람들의 손에 맡기기엔 너무 중요한 문제다. 설사 그렇지 않더라도 만성질환자의 주치의는 경험의 영역에서 환자와 그 가족들과 함께 고통을 나눠야 한다. 의사는 환자와 가족들의 고통을 함께 겪으면서 가능하다면 질환의 진행 과정을 의학적으로 관리할 수 있게 도움을 줘야 한다. 그뿐 아니라 최악의 시기에 치료 개입이 어렵다면 환자와 그 가족이 생각하는 질병 경험과 도덕적으로 동등한 경험을 해야 한다. 이타주의를 무너뜨리고 품위를 직업적 행위로 바꾸는 우리 시대의 상업화된 자아상에 맞서는 치유자의 경험은 인간의 지혜, 관용과 용기의 모델, 선의 형태, 인간성의 본질에 대한 교훈을 탐구하는 하나의 과정이 될 수 있다.

15

질병이 질환이 되어버릴 때

실재하는 모든 것은 의미를 지닌다.

– 마이클 오크쇼트

대다수 미국인에게 질환은 그것을 규정하는 메커니즘을 뜻한다.
암의 정의조차 우리가 아직 알지 못하는 이 메커니즘을 의미할 때가 많다.
하지만 어떤 이들에겐 암의 의미가 이런 식의 메커니즘과
암을 이해하려는 의학적 역량의 최대치를 초월할지도 모른다.
그들에게 암은 자본주의와 기술적 진보라는 해악을 의미하거나
어쩌면 의지력의 실패를 뜻할 수도 있다.
우리는 복잡하고 파편화된 세계에 살며
질병을 바라보는 몇 가지 다양한 틀을 형성한다.
그러나 여전히 다음 두 가지 핵심 요소가 밑바탕을 이루고 있다.
하나는 현존하는 혹은 잠재적인 의학적 통찰에 대한 믿음이고,
다른 하나는 개인의 책임감이다.

– 찰스 E. 로젠베르크

질병과 질환의 차이

이 책에서 질병illness은 질환disease과 근본적으로 다른 의미로 쓰

인다. 나는 질병이라는 단어를 사용해 인간으로 태어나서 자연스럽게 경험하는 증상과 고통을 상기시키려 한다. 질병은 환자와 그 가족, 더 넓게는 사회가 환자의 증상과 장애를 어떻게 인지하고 있으며, 어떻게 이에 대응하며 살아가는지 나타낸다.[35] 또한 질병은 호흡 곤란, 복부 경련, 코막힘, 관절통과 같은 신체적 과정을 평생 관찰하는 생생한 경험이기도 하다. 질병은 이러한 신체적 과정이 예상했던 수준인지 심각한 수준인지, 아니면 치료가 필요한 수준인지를 판단하는 것과도 관련 있다. 질병 경험은 앞서 말한 병리학적이고 생리학적인 과정에서 발생하는 정신적 고통의 형태를 사회 집단 내 모든 사람이 이해할 수 있는 상식적인 표현으로 설명하고 분류하는 과정까지 포함한다. 그리고 질병을 이야기할 땐 정신적 고통과 이로 인해 일상에서 마주하게 되는 실질적 문제들을 해결할 수 있는 가장 효과적인 방법에 관한 환자의 판단을 반드시 포함해야 한다. 질병 행동은 식이요법과 신체 활동 조

---

35 이 책에서 나는 아픈 사람sick person과 환자patient의 개념을 혼용해 쓰고 있다. 그런데 사실 환자보단 아픈 사람이라는 단어가 내가 말하려는 바를 더 정확하게 전달한다. 환자라는 말은 병원의 이미지와 냄새를 강하게 연상시키고 의사가 하라는 대로 따르는 수동적인 사람, 즉 치료 대상이라는 잔상을 남긴다. 하지만 만성질환을 앓는 사람들은 아픈 가족, 아픈 직원, 아픈 자아로 살아온 시간이 훨씬 많다. 나는 적극적으로 치료를 받는 사람이자 행위의 주체를 의미하는 '아픈 사람'에 방점을 찍고 싶다. 사실 만성질환 치료는 대개 자가 치료로 이뤄지며, 치료에 관한 결정은 의료진이 아닌 아픈 당사자와 그 가족이 내리기 때문이다. 그리고 돌봄의 형태를 설명할 때도 아픈 사람이라는 개념이 더 적합하다. 만성질환 치료는 의사가 환자를 위해 처방을 내린다기보다 환자와 함께 치료법을 조율해 가는 과정에 가까우며, 또 그래야 한다. 환자와 의사는 상호 간 책임을 지는데 이는 돌봄의 형태를 설명하는 13장에서 자세히 다루었다. 그런데 이 같은 합당한 이유에도 환자라는 단어를 사용하지 않으면 굉장히 인위적인 느낌이 든다. 따라서 수동적인 '환자'보다 주체적인 '인간'에 더 초점을 맞춰 두 단어를 같은 뜻으로 혼용해 쓰기로 했다.

절, 특별식 섭취, 휴식, 운동, 일반 의약품 또는 전문 의약품 복용 등으로 치료를 시작하는 것과 전문 의료진 또는 대체 전문가의 도움을 받을 시기를 결정하는 것으로 이뤄진다.

질병으로 발생하는 문제는 실생활에서 주로 증상과 장애 때문에 생기는 불편함을 말한다. 예컨대 침실로 가는 계단을 오르지 못하거나 사무실에 앉아 있는 동안 허리 통증으로 일이 손에 잡히지 않을 수 있다. 두통이 심하면 과제나 집안일에 집중하기 어려울 수 있고 이는 실패감과 좌절감으로 이어진다. 게다가 발기 부전은 이혼 사유가 될 수도 있다. 통증은 눈에 보이지 않으므로 내가 겪고 있는 장애를 객관적으로 밝힐 수 없으며, 여기에 우리는 분통을 터트릴지도 모른다. 결국 아무도 나의 호소를 믿어주지 않는다고 여기는 상태에서 우리는 계속 통증에 시달리고 있음을 증명해야 하는 엄청난 부담을 느끼게 된다. 게다가 의욕을 잃거나 나아지리란 희망을 잃어버리거나 죽음에 대한 공포 혹은 병약자가 된다는 두려움에 우울해질 수도 있다. 또한 잃어버린 건강과 바뀐 신체상, 위험할 정도로 낮아진 자존감으로 슬픔에 잠기거나, 외모적 결함으로 자괴감을 느끼게 된다. 이 모든 게 질병으로 발생하는 문제에 해당한다.

한 사회의 문화적 지향점은 우리가 살면서 배워온 일정한 사고 방식과 행동양식으로 그 나라의 사회 구조를 그대로 반영하며, 질병을 이해하고 치료하는 방법에 관한 사회적 통념도 형성한다. 즉 질병 경험은 항상 문화적인 맥락에서 만들어진다고 말할 수 있다. 역설적으로 들리겠지만, 이런 이유로 사회가 적절하다고 생각하는 정상적인 질병과 예외적인 질병이 생긴다. 하지만 질병에 대한 사회 통념은 다양한 사회적 상황과 함께, 특히 거미줄처럼 복잡하게 얽힌 인간관계가 맞물리면서 변화한다. 질병 행동 역시 개인의 고유한 삶의 형태에 따라 천차만별이다. 따라서 질병 경험은 언제나 개별성을 띤다고도 말할 수 있다.

호소 증상은 환자와 그 가족이 의사에게 전달하는 내용을 말한다. 실제로 사회에서 공유되는 질병 표현은 환자와 의사가 첫 대면에서 서로를 이해할 수 있도록 공통 기반을 마련해 준다. 의사 역시 특히 자주 접하게 되는 질병 경험에 익숙하다. 한편 질환은 의사가 신체 기능 장애를 설명하는 의학 이론을 토대로 질병을 재구성하여 나타낸 것이다. 즉 질환은 의사들이 수련을 통해 의학이라는 특정한 이론적 관점에서 관찰하려는 대상이다. 다시 말해, 의사는 환자와 그 가족들이 겪는 질병의 문제를 '좁은 범위의 기술적 문제', 즉 질환의 문제로 치환한다. 환자는 업무를 방해하는 통증에 시달리다 끝내 해고당할 수 있다. 과도한 다이어트와 중증 위장병은 학업 스트레스를 증폭시킬 위험이 있다. 심장마비로 죽을지도 모른다는 두려움은 사회적 위축을 유발하고 심하면 이혼으로 이어질 수도 있다. 하지만 내과의는 혈당 수치가 높으면 인슐린 투여량을 늘리고, 통증의 원인을 알 수 없으면 진단 검사를 하고, 주요 우울장애에는 항우울제를 처방할 뿐이다. 신경외과 의사든, 가정의학 의사든, 척추 지압사든, 새롭게 등장한 심리치료사든, 치료자는 질환이라는 새로운 진단적 실체의 이름을 정하고 분류하는 질병 분류학 관점에서 건강상의 문제를 해석한다.

질환은 의사의 관점에서 보는 문제다. 생의학적 모델이라는 좁은 생물학적 용어로 더 정확하게 설명하자면, 질환은 생물학적 구조나 기능상의 변화만을 일컫는다. 가슴 통증이 치료 가능한 급성 대엽성 폐렴(lobar pneumonia, 허파의 대엽에 염증성 변화가 미친 폐렴)으로 분류될 때 이 생물학적 환원주의는 대성공이라 할 수 있다. 하지만 가슴 통증이 만성 관상동맥 질환으로 분류될 때, 진단 과정에서 환자가 느끼는 공포와 가족의 좌절, 직장 내 갈등, 발기 부전, 경제적 어려움 등의 문제는 고려되지 않은 채 칼슘 차단제와 니트로글리세린만 처방된다면 이는 실패나 다름없다. 시야를 넓혀 현재 1차 진료에서 진전을 보이고 있는 '생물심리사회 모델'에 따르면, 질환은 신체와 자아, 사회가 연결되어 나타나는 상징적인 네트워크로 해석된다. 하지만 '생물의학 모델'에서는 바로 위의 사례의 경우 질환은 관상동맥 폐쇄 상태에 불과하다. 하지만 생물심리사회 모델에서 이 질환은 심혈관계의 변화(고혈압 또는 관상동맥 부전), 심리 상태(공황 또는 무기력), 환경적 상황(중년의 위기, 실패한 결혼, 같은 병으로 사망한 부모 등) 사이의 역학 관계를 의미한다. 질병을 질환으로 재해석하는 의사의 행위를 거치면서 만성질환 경험은 그 본질적 특성을 상실한다. 이 때문에 만성질환은 중요한 임상 대상으로 인정받지 못할 뿐 아니라 제때 치료조차 받기 어렵다. 질환 과정에서 증상의 개선 여부만을 기술적으로 평가하는 치료법은 환자와 그 가족들이 질병으로 발생한 문제를 치료하기 위한 판단을 할 때 혼란을 줄 수 있다. 결국 완치가 어려워 질병을 계속 안고 살아가야 하는 만성질환자를 위한 임상 치료의 중심에 잠재적인(하지만 많은 경우 실질적인) 갈등의 씨앗이 내재하는 셈이다.

전체 그림을 완성하기 위해 세 번째로 사회적 질병이란 단어를 소개하려 한다. 사회적 질병은 정치, 경제, 제도라는 거시적인 힘과 관련하여 일반적으로 어떤 집단이 겪는 장애의 개념으로 정의할 수 있다. 다시 말해 가난 및 영양실조와 결핵이 보이는 상관관계처럼 특정 인구 집단에서 해당 장애가 발생할 위험이 클 때 우리는 결핵을 사회적 질병이라 부른다. 이와 유사하게 북미에서는 담배업계와 그들의 정치적 후원자들이 폐암 발병에 미치는 흡연의 역학적 영향을 이야기할 때 폐암을 사회적 질병이라 표현한다. 학자들뿐 아니라 환자와 그 가족, 치유자들도 질병의 개념에 정치적 억압, 경제적 박탈 혹은 고통을 유발하는 다른 사회적 요인들이 반영된 장애라는 아픔을 더함으로써 사회적 질병의 의미를 추론할 수 있을 것이다.

당연한 말이지만, 질병의 결과는 사람마다 다르다. 어떤 이는 삶에서 아주 잠깐 불편을 겪는 정도지만 어떤 사람은 심각한 고통을 호소하는데, 이들의 증세가 호전되기까지는 오랜 시간이 걸린다. 그런데 우리가 이 책에서 관심 있게 살펴본 사람들의 경우 결코 증세가 사라지지 않는다. 게다가 만성질환의 종류는 굉장히 다양하다. 어떤 질병은 신체 기능을 절망적인 수준으로 떨어트려 환자를 거의 아무것도 할 수 없는 상태로 만든다. 어떤 질병은 그보다 덜 심각하지만, 가족에게서 받을 수 있는 모든 자원이 바닥나 환자가 보호시설에서 생활해야 할 수도 있다. 다른 질병들 역시 궁극적으로 환자의 인생을 망가뜨린다. 예를 들어 24시간 내내 호흡 보조 장치를 단 채로 신체 기능을 수행하며 일상생활에 필요한 모든 과정을 도움받아야 하는 사지가 마비된 청소년 환자를 상상해 보라. 혹은 천식을 앓고 있다는 사실을 아내와 자녀들만 알고 있어 다른 사람들이 눈치채지 못하도록 여가 생활과 육아, 부부관계를 상당 부분 포기해야 하는 기업 임원을 떠올려보라. 유방암 덩어리와 함께 자존감까지 도려낸 근치수술(전이가 예상되는 주위의 림프절 등까지 포함해서 가능한 한 완전히 암을 절제하려고 시도하는 수술)로 외모는 망가지고 암세포 전이 징후는 죽음의 징조가 된다는 생각에 망연자실하여 실의에 빠진 젊은 여성의 처지는 어떠한가. 첫 번째 청소년 환자의 문제는 생체 기능에 지속해서 가해지는 위협과 꾸준한 치료의 필요성을 둘러싼 피할 수 없는 상황이 총체적으로 맞물리면서 발생한다. 두 번째 기업 임원 환자의 문제는 정상인으로 생활하는 직장과 환자로 인정받는 가정, 이 두 세계를 분리해 유지하려는 헛된 노력과 신체적 약점 및 통제력 상실을 스스로 받아들이지 못하는 데서 비롯된다. 반면에 세 번째 유방암 환자가 겪는 문제의 핵심은 외모 손상의 의미와 때 이른 죽음에 대한 두려움이다.

만성질환은 증상이 악화되었다 완화되기를 반복하는 경향이 있다. 지금까지 수많은 자료에 따르면, 심리적 및 사회적 요인이 반복되는 증상 악화에 결정적인 역할을 한다. 심리적 요인에는 참을 수 없는 불안과 자포자기 상태 등이 있다. 사회적 요인에는 매우 위협적인 삶의 변화, 사회적 지지 부족, 억압적인 관계 등이 있는데, 모두 심리생리학적 항상성을 저해하는 악순환의 원인이 된다. 한편 반복되는 증상의 완화는 신체 내부의 건강 관리 시스템의 일종으로 학계의 주목을 덜 받았는데, 대부분 충분한 사회적 지지, 높은 자기 효능감, 다시 불붙은 열정 등과 관련 있어 보인다. 또한 증상 완화 기간에는 불안과 우울감이 감소하고 통제감이 증가하기도 하는데, 이는 주로 환자가 완치에 대한 맹목적 믿음을 버리고 질병을 관리하며 장애를 극복해 나가는 현실적인 치료 방식을 수용한 덕분이다.

물론 증상이 악화되었다 완화되거나 혹은 그 반대의 경우가 반드시 심리적 및 사회적 영향으로 일어나는 건 아니다. 생물학적 변화가 원인이 되는 경우도 많다. 결론은 증상의 악화와 완화의 원인이 불확실하다는 것인데, 유감스럽게도 이런 불확실성 때문에 증상의 강도 변화에 명백하게 영향력을 미치는 심리적 및 사회적 요인을 간과하게 된다. 결국 만성질환이 이렇게 영향을 받는다는 사실을 의사와 환자와 환자 가족 모두가 부인하게 되는데, 내 경험상 이는 비관주의와 수동적 자세로 이어지는 결정적 계기가 된다. 그렇게 되면 결과는 당연히 나빠질 수밖에 없다.

질병의 의미를 무시할 때

앞서 언급한 사례에서 알 수 있듯 각 개인의 질병은 여러 관점에 따라 다양한 의미를 내포하며, 각각의 의미는 충분히 살펴볼 가치가 있다. 인류학과 임상학의 시각에서 질병은 일종의 다의어다. 질병 경험은 대체로 한 가지 이상의 의미를 나타내거나 혹은 반대로 숨기고 있다. 어떤 의미는 겉으로 드러나지 않고 숨어 있는 셈이다. 오랜 기간 만성질환을 겪어야만 나타나는 의미도 있다. 하지만 상황과 관계가 변하면서 달라지는 의미도 있다. 우리 삶의 많은 부분이 그러하듯, 이 같은 모호성은 질병의 다양한 의미에 타당성을 부여한다. 당면한 문제에 따라 그 의미가 이렇게도 저렇게도 해석될 수 있기 때문이다. 만성질환은 질병을 안고 살아가는 과정에서 발생하는 여러 특정 사건들의 합 그 이상이다. 만성질환과 특정 사건 사이에서 상호작용이 일어나는 것이다. 즉 만성질환은 한 사람의 삶과 궤도를 같이하며, 아주 긴밀하게 얽혀 그 사람의 인생에서 떼려야 뗄 수 없는 존재가 된다. 그러므로 변형성뿐 아니라 연속성도 질병의 의미를 이해하는 데 필요하다.

질병의 의미는 '관계' 안에서 파악해야 한다. 여기서 말하는 관계에는 환자의 배우자, 자녀, 친구, 의료진과 더불어 환자 자신도 포함된다. 이런 이유로 질병의 의미는 대개 관계 자체만큼이나 두루뭉술하다. 하지만 오랜 기간 아팠다 나아지기를 반복하는 만성질환의 특성상 환자를 비롯한 그 가족들과 의사들은 질병에 담긴 의미에 따라 증상의 강도가 심해지거나 약해지고, 장애의 범위가 부풀려지거나 축소되며, 치료가 잘 풀리거나 지연될 수 있음을 깨닫는다. 그럼에도 뒤에서 설명하게 될 여러 가지 이유로 질병의 의미는 연구되지 않는 경우가 많고, 감춰진 현실을 나타내는 무언의 상징으로 남아 간접적으로 다뤄지거나 혹은 아예 다뤄지지 않는다. 질병의 의미에는 강렬한 이해관계와 더불어 강렬한 감정이 따라온다.

사회적 현실은 아주 명백히 드러나기 때문에 우리가 매번 사회 구조를 분석하지 않듯 우리는 일상에서 질병의 의미를 탐구하지 않는다. 사실 평상시 의료 교육과 의료 전달 체계의 우선순위 구조는 근본적으로 질환의 '생물학적 메커니즘'이라는 물질주의적 가치를 추구하기 때문에 질병 의미 탐구에 방해가 된다. 이로 인해 환자와 그 가족의 관심뿐 아니라 임상의의 시선은 질병의 핵심 의미를 파악하는 것에서 멀어지고, 결국 환자는 실생활에 불편을 끼치는 문제들이 잠재적으로 치료 가능하다는 사실을 인지하는 데 어려움을 겪는다. 생물의학 구조상 심리적 및 사회적 영향력을 향한 관심은 증상 조절에 관한 기술적인 연구로 대체되는데, 전자는 주관적이라는 이유로 과소평가를 받고 후자는 객관적이고 과학적이라는 이유로 과대평가를 받는다. 이런 식의 악의적인 가치 전환은 곧 현대 의학의 심각한 실패를 나타낸다. 치유자를 무능한 사람으로 만들고 만성질환자를 무력화시키는 것이다. 개선에 대한 진지한 관심을 촉구하기 위해서라도 생물의학은 이 같은 실패에 대한 책임을 져야 한다. 머지않아 대안적인 접근법에 기반한 치료가 강력한 힘을 발휘할 것이기 때문이다.

　환자가 앓고 있는 질병의 특정한 의미를 파악하면 정신적 고통을 증폭시키는 악순환을 끊을 수 있다는 걸 보여주는 증거가 있다. 질병에 내포된 다양한 의미를 이해하면 환자에게 더 효과적인 돌봄을 제공할 수 있을 뿐 아니라 장애 때문에 환자가 좌절할 일도 줄어들 것이다. 게다가 이 중요한 임상 과제는 고통스러운 신체적 과정에 병적으로 사로잡힌 마음과 기술적 문제에 함몰돼 치료 과정을 비인간적으로 바라보는 시각이라는 각기 다른 감옥에서 환자와 의사를 해방시킬지도 모른다. 13장에서 나는 만성적으로 아픈 사람들에게 더 효과적이고 인간적인 치료를 제공하기 위해 의사들이 치료 과정에서 적용할 수 있고 적용해야 하는 임상법에 관해 설명했다. 이 대안적인 치료 접근법은 고통이라는 환자의 실존적 경험을 의사가 공감의 눈으로 바라보는 행동이자 질병 경험의 만성화라는 위협을 내포하는 주요 심리사회적 위기에 대한 현실적인 대응 방안으로 의료 행위를 재인식하는 것에서 출발한다. 이때 의사의 역할은 환자와 그 가족들에게 질병과 관련된 이야기를 들려 달라 조심스럽게 부탁하고, 만성질환의 맥락이 바뀌는 과정과 관련된 민족지학적 자료를 수집하며, 치료에 대한 일반인의 시각과 전문의의 시각을 적절히 조화시키고, 계속되는 갖가지 위기와 상처로 만성질환 증상이 심각하게 악화된 경우 간단한 심리치료를 진행하는 것까지 아우르게 된다.

결론적으로 질병의 의미를 연구하는 이유는 이 연구가 환자와 환자 가족뿐 아니라 의사들에게도 적지 않은 도움을 줄 수 있기 때문이다. 물론 항상 그런 건 아니며 평소엔 잘 느끼지 못할 수도 있다. 하지만 의미 있는 변화를 일으킬 정도는 될 것이다.

증상의 의미

우리가 가장 먼저 고려하고 충분히 검토해야 할 질병의 의미는 증상에 따른 표면적 의미다. 이는 요통, 두근거림, 호흡 곤란과 같은 증상을 장애나 정신적 고통으로 명시하는 관습적 의미라 볼 수 있다. 우리는 이런 식의 자명한 의미를 자연스럽다고 여기는 경향이 있다. 하지만 이 자연스러움의 개념은 특정 문화권의 공통된 이해를 기반으로 하며 사회 집단별로 그 의미가 종종 바뀌기도 한다. 집단의 범주가 사회에 투영되듯 증상의 의미는 한 사회의 문화 체계 안에서 '표준화된 진실'을 뜻하며 그 안에서 발견되기 때문에 자연스럽다고 불린다. 다시 말해 우리는 "가슴에 난 혹이 암으로 발전할 수 있다", "열이 나면 차가운 음료를 삼가해야 한다", "구릿빛 피부가 건강한 피부다", "뚱뚱한 것보다 마른 게 낫다", "하루에 한 번 대변을 보는 게 정상이다" 등과 같이 사회에서 통용되는 상식을 당연하게 받아들인다. 그리고 이러한 상식들은 질병이란 무엇이며 일정한 패턴의 몸짓과 표정, 소리, 단어 등으로 질병 경험을 표현하는 환자의 행위가 무엇을 뜻하는지에 대한 우리의 공통된 인식을 형성한다.

그 결과 우리가 통증을 이야기할 때 주변 사람들은 우리의 말을 이해할 수 있다. 하지만 표면적이라 해도 상당히 미묘한 의미상의 차이가 나타날 수 있다. 예를 들어 각국의 문화와 역사적 시기에 따라 두통을 표현하는 방법은 천차만별이다. 그리고 여기서 비롯된 차이가 주변 사람들이 환자에게 반응하는 방식의 차이를 만든다. 북미 사회에는 "머리가 아프다", "머리가 깨질 듯이 아프다", "머리가 지끈거린다", "편두통 증상이 나타난다", "긴장성 두통일 뿐이다", "관자놀이에 묵직한 느낌이 든다", "이마가 쪼이듯이 아프다", "부비강(콧구멍이 인접해 있는 뼈 속 공간)에 통증이 느껴진다", "두피가 따끔거린다", "고개를 움직일 때마다 눈앞이 깜깜해지면서 어지럽다" 등 두통을 호소하는 다양한 표현이 있다. 각 표현은 '두통'이라는 무미건조한 단어에 색과 음영을 넣어준다. 평생 만성두통으로 고생하는 환자와 그 가족들에겐 이러한 표현들이 겪어보지 않은 사람은 절대 이해할 수 없는 특별한 의미로 다가온다. 이처럼 관습적이면서 다채로운 질병 표현을 얼마나 효과적으로 사용하는지는 개인마다 다르다. 어떤 이들은 타인의 행동에 잠재적으로 영향을 미칠 수 있는 이러한 표현을 수사적으로 능숙하게 사용해 주변인의 지지를 받거나, 사람들과 거리를 두거나, 혹은 혼자만의 시간을 보내거나, 분노를 전달하거나, 수치심을 감추는 등의 목적을 달성한다.

증상의 첫 번째 의미에 내포된 것은 신체와 자아 그리고 이 둘의 관계와 더불어 신체와 자아가 우리 삶의 깊숙한 부분과 맺고 있는 관계에 관한 일반적인 형태의 지식이다. 서구 사회에서 우리 몸은 개별 독립체이며 생각과 감정에서 분리된 객체이자 기계 같은 존재다. 그런데 많은 비서구 사회에서 우리 몸은 자아와 사회적 관계를 맺고 있는 열린 개체, 즉 전 우주와 서로 연결된 요소들 사이에서 생명의 균형을 이루고 있는 상태라 여겨진다. 따라서 감정과 인식도 신체 과정으로 통합된다. 신체 자아는 개인의 세속화된 사적 영역이 아니라 종교와 사회라는 세계와 얽혀 있는 유기체이자 신을 포함한 외부 존재와 교류하는 하나의 의사소통 체계라는 것이다.

예를 들어 전통을 중시하는 중국 사회에서 우리 몸은 사회뿐 아니라 우주와도 공명하는 상징적 의미의 소우주라 여겨진다. 우리 몸의 기(생명 에너지)가 주변 환경의 에너지 흐름과 조화를 이룬다고 생각하는 것이다. 신체-자아를 구성하는 음양의 기운은 서로 반대되는 성질인 동시에 상호 보완적이며 사회와 자연에 내재된 음양의 기운과도 상호작용한다는 것이다. 감정은 신체 구성 요소와 밀접하게 관련돼 있으며, 따라서 날씨와 시간, 물리적 환경, 정치사회 질서와도 긴밀하게 연결된다. 질병의 개념은 이렇게 통합적이고 변증법적인 시각을 바탕으로 이해해야 한다.

인도에서는 신체-자아가 사회적 상호작용을 거쳐 실체와 상징에 스며든다고 말한다. 건강은 신체 기질과 외부 세계의 구성 요소가 균형을 이루는 상태이며, 음식과 더불어 순수와 타락이라는 관점에서 세상을 체계적으로 범주화한 견고한 사회적 위계질서의 영향을 받는다고 본다. 또 아이는 월경 중인 어머니의 손길이 닿으면 더럽혀진다고 여기는데 인체의 수많은 구멍으로 생리혈이 유입될 수 있기 때문이라고 한다. 마찬가지로 계층이 낮은 사람에게서 건네받은 음식이 몸에 섞이면 신체는 내부에서부터 더럽혀진다고 생각한다. 또한 우리 몸은 초자연적이고 신비로운 힘의 영향을 받기도 한다고 믿는다.

아메리칸 인디언인 나바호족은 자신들의 육체가 나바호 보호지역의 물리적 환경과 미적으로나 윤리적으로 완벽한 조화를 이루고 있다고 생각한다. 몸은 환경을 상징하며, 환경은 몸을 상징한다고 여기는 것이다. 중국을 비롯한 다른 나라에서도 비슷한 개넘을 찾아볼 수 있다. 이런 문화권에서는 신체적 장애가 윤리적 문제가 되기도 한다. 즉 신체적 장애는 사회적 관계와 문화적 기풍과 조화를 이루지 못해 발생한다는 것이다. 히포크라테스의 의학 서적을 살펴보면, 비록 몇몇 개념들은 완전히 다른 뜻이긴 하지만, 신체와 자아, 외부 세계를 통합적이고 변증법적으로 보는 비슷한 시각이 고대 서구 사회에도 존재했음을 알 수 있다.

사회종social kind이라는 개념은 우리의 신체 과정과 경험에 각인돼 있다. 글자 그대로 '몸에 각인'되기도 하는데, 예를 들어 할례를 비롯한 요도 절개, 타투, 음핵 절제, 손가락 관절 절단, 난절법(피부에 다수의 작은 표면성 찰상 또는 자상을 만드는 것) 등 다양한 신체 훼손 행위는 인생의 전환기와 집단 및 개인의 정체성을 몸에 새겨 넣는 것이라고 볼 수 있다. 호주 원주민들은 난절법 의식을 통해 자신들의 토템을 피부에 수놓는다. 그렇게 함으로써 자신이 속한 사회 집단과 개인의 지위를 나타내는 피부를 갖게 되는 것이다. 사회 경험은 우리가 신체 상태를 느끼고 경험하는 방식과 우리의 모습이 타인에게 비치는 방식으로 구체화된다. 꽉 조인 코르셋을 착용한 과거 유럽 여성의 몸은 여성을 바라보는 특정한 시각과 그들의 사회적 역할을 나타낸다. 많은 사회에서 여성성을 신체의 왼쪽 부분과 결부 짓는다는 사실을 포함하여 여성성이 주로 타락, 어둠, 습기, 사악한 마음과 더불어 남성성이자 신체의 오른쪽 부분과 대조되는 부정적 개념을 상징한다는 사실을 통해 사회적 범주만큼 신체 경험에 젠더의 윤리적 의미가 담겨 있다는 걸 알 수 있다. 북미 사회가 무결점 피부, 체취가 나지 않는 젊고 탄탄한 몸, 관능적인 몸매와 몸짓에 큰 관심을 보이는 것은 상업화를 상징하는 자본주의 체제의 확산에 따른 결과이며, 모든 사회 제도가 그러하듯 이는 사람들이 신체 및 자아 경험과 집단의 우선순위 및 기대치에 스스로를 맞추게끔 한다. 실제로 이렇게 체화된 가치를 통해 사회적 통제가 내면화되고 정치적 이데올로기가 우리 몸의 감정과 생리 욕구로 발현된다. 따라서 증상과 질병의 의미를 이해하려면 먼저 육체라는 규범적 개념을 자아와 외부 세계와 관련 지어 이해해야 한다. 사회 체계를 구성하는 핵심 요소들은 우리가 어떻게 감정을 느끼고 일상의 신체 과정을 인지하며, 어떤 식으로 이 둘을 이해하는지 보여준다.

우리는 우리 몸과 내면세계를 새롭게 발견하는 게 아니다. 인간은 누구나 신체 과정을 관찰하는 방법과 질병 상태를 포함해 자신의 몸 상태를 나타내는 언어적 혹은 비언어적 표현을 배운다. 사람마다 먹고 썻고 울고 웃는 방식과 구토, 기침, 소변, 배변, 월경 등의 일상적인 신체 기능을 수행하는 방식이 다 다르다. 그리고 개인의 생활방식은 질병 표현에도 영향을 미친다. 우리는 통증을 인지하고 그에 대응하는 법과 통증을 분류해 어디가 어떻게 아픈지 표현하는 법을 배운다. 우리가 배우는 표현은 다른 문제를 전달할 때도 많이 쓰인다. 가슴 통증은 불안이나 협심증 혹은 폐렴의 신호이거나 가족의 사별이 원인일 수도 있다. 긴장성 두통은 극도의 피로감, 경추 부위의 만성 염증, 급성 상기도염(코, 인두, 후두 등 상기도의 감염성 염증 질환), 혹은 당뇨병 악화로 인한 정신적 고통에서 실직 혹은 직장 생활에 대한 압박, 의도적인 부부관계 회피로 인한 고통까지 수많은 상태를 의미할 수 있다. 드물지 않게 신체 관용구가 이러한 유형의 정신적 고통을 일부 표현하기도 한다. 생리적 스트레스 반응 혹은 만성질환으로 특정한 생물학적 기질이 나타나는 경우엔 체력 저하, 호흡 곤란, 가슴 통증, 복통 등을 포함한 증상이 지속해서 이어질 수 있으며, 다양한 정신적 고통을 호소하는 상황으로까지 확장될 수 있다. 따라서 증상의 핵심을 들여다보면 생리적, 심리적, 사회적 의미가 긴밀하게 얽혀 있음을 알 수 있다.

질병 표현은 신체 과정과 문화적 범주, 경험과 의미 사이에서 역동적인 변증법적 과정을 거쳐 결정된다. 세픽 지방의 뉴기니 원주민 사회에서 질병은 환자의 극적인 침잠을 가리킨다. 환자는 몸에 흙과 재를 뒤집어쓰고 음식을 거부하며 스스로 고립되는 방식으로 질병 경험의 강도를 표현한다. 어떤 문화권에서는 질병 표현이 더 사회적이고 평범할 수 있으며, 다른 곳에서는 침묵이라는 절제된 형태로 나타날 수 있다. 일례로 인도의 몇몇 지역 사회에서 질병은 그 사회의 핵심적인 계층 관계를 반영해 순수와 타락이라는 독특한 비유로 표현되는데, 이는 누구에게 증상을 설명하고 누구에게서 음식과 약을 처방받을지를 결정한다. 전통적인 브라만 계급의 어머니들은 월경 시 아들을 더럽힐 수 있다는 두려움 때문에 아들이 아플 때조차 아들을 만지지 못하거나 아들에게 너무 가까이 오지 말라고 경고를 받을 수도 있다. 다른 나라와 마찬가지로 인도에서 질병 행동과 치료는 음식을 나눠 먹는 행위와 식단 조절이라는 형태로 나타난다. 식단 조절은 체액의 불균형을 올바르게 맞춰주며, 가족들이나 친구들에게서 전달받은 특별한 음식과 토종 약재들은 민간요법으로 환자를 치료하는 데 쓰인다. 한편 알래스카의 이누이트족이나 뉴기니 고원의 칼룰리족 등 소규모 원시 부족 사회에서 질병은 사회 구성원 간 균형 잡힌 호혜주의로 나타나는데, 이는 각 원시 부족 사회를 떠받치는 핵심 구조다. 호혜주의는 누가 누구를 위해 무엇을 했는지 혹은 해야 했는지에 따라 누가 누구를 위해 무엇을 할 것인지를 결정한다.

북미 사회에서도 이와 비슷한 신체와 자아, 증상의 관습적 의미를 찾아볼 수 있다. 하지만 북미 사회는 생활방식을 포함해 인종, 종교적 배경, 교육과 직업 그리고 경제적 수준 등의 다양성이 두드러진다는 점에서 일반적으로 널리 알려진 의미와 특정 하위 집단 안에서만 통용되는 의미를 구분해야 한다. 따라서 우리가 증상을 어떻게 생각하는지 보여주는 인식 및 관계에 대한 각 지역의 시스템을 이야기하는 게 더 현명하다. 하지만 이는 사회마다 상당히 큰 차이를 보일 수 있다. 각 지역 시스템 안에서 통용되는 의미는 서로 다른 영향력을 행사하는 개인이 각자 자신의 정신적 고통의 강도가 더 세기 때문에 더 많은 자원이 필요하다고 다른 이들을 설득하는 과정을 거쳐 조율될 것이다. 이때 그 구성원들은 명백한 이상 징후의 의미를 부인하려 하거나 치료 과정에 중요한 타인을 참여시키려 할 수도 있다. 분명한 건 고통을 수사학적으로 표현하는 능력이 개인마다 다르다는 사실이다.

대중이 질병을 어떻게 이해하느냐는 비언어적 의사소통뿐 아니라 언어적 의사소통에도 영향을 미친다. 고통을 호소하는 표정이나 몸짓, 목소리에는 우리가 어떤 문제를 겪고 있다는 걸 다른 사람들이 인지할 수 있을 만큼의 보편성이 충분히 담겨 있다. 하지만 과거 경험과 현재 주요 고민거리, 문제를 해결하는 실질적 방법 등을 이야기할 땐 미묘하게 차이가 나기도 한다. 이러한 특이점들은 대부분 사회적 인식에서 비롯되므로 우리가 공유하는 생활방식에 이질감을 느끼는 사람들은 이를 이해하기 어렵다. 더군다나 이 같은 독특한 표현들은 정신적 고통의 경험과 서로 영향을 주고받는다.

사람들은 내게 편두통 또는 과도한 스트레스로 인한 긴장성 두통으로 머리가 아프다고 말하거나 "끔찍하다", "지독하다", "지끈거린다", "욱신거린다", "진저리난다", "쑤신다", "터질 것 같다", "눈앞이 캄캄하다", "우울하다", "죽을 것 같다"라고 표현한다. 그러면 나는 그 경험의 의미와 함께 환자의 느낌과 환자가 내게 전하려는 감정을 해석한다. (환자 역시 자신의 질병 표현과 내가 보이는 반응을 해석하는데, 이는 나중에 환자의 증상에 영향을 미치게 된다.) 우리가 증상이라는 단어의 표면적 의미를 광범위하게 받아들인다는 건 문화간 미묘한 의미 차이가 있다는 사실을 방증한다. 예를 들어 나이지리아의 정신과 환자들은 종종 개미가 머릿속을 기어 다니는 느낌이 든다고 호소하는데, 이는 그들의 문화적 특수성을 반영한 표현이다. 나는 갈레노스 의학이 말하는 뜨거운 몸과 차가운 몸 그리고 서양 민속 문화에서 볼 수 있는 체액의 균형과 불균형의 개념을 명확하게 이해하지 못할 수도 있다. 하지만 감기에 걸리면 따뜻한 음료가 마시고 싶고, 추위로부터 감기 걸린 몸을 지키기 위해서는 따뜻한 옷을 입어야 한다는 건 잘 알고 있다. 우리는 거대한 문화적 관습에 기초하여 의미를 이해하므로 사회에서 통용되는 지식을 모르는 사람은 "감기에 걸렸을 땐 잘 먹어야 하고 열이 날 땐 음식을 삼가야 한다"는 옛말을 이해하지 못할 것이다.

하지만 표면적 수준의 의미는 불확실할 수밖에 없다. 여러분이 "머리가 깨질 것 같다"고 말할 때 나는 그게 정확히 무슨 뜻인지 완벽하게 이해하진 못한다. 여러분의 아픔을 완전히 이해할 만큼 여러분을 잘 알지 못한다고 생각하기 때문이다. 여러분은 평소에 엄격하고 신경질적이며 지나치게 건강을 염려하는 사람인가? 환자가 어떤 사람인지 파악하는 것은 내가 환자의 호소를 해석하는 방식에 영향을 미친다. 여러분과 나의 관계는 내가 여러분이 호소하는 두통에 어떻게 반응할지 알려줄 것이다. 이 관계는 현상황에 대한 상호이해와 함께 그동안 서로가 서로에게 반응해온 방식을 포함한다. 만성질환의 경우 이미 수백 번 같은 설명을 들어온 상황과 반응 패턴까지 포함한다. 병을 앓는 동안 환자와 의사인 내가 어떻게 상호작용을 해왔는지가 여러분이 말하는 정신적 고통을 해석하는 나의 방식을 결정 짓는다. 실제로 여러분이 증상을 호소할 때 쓰는 언어는 평상시 소통할 때 쓰는 언어와 겹친다. 다시 말해 증상의 표면적 의미조차 상호작용을 통해 우리가 스스로를 재창조하는 과정을 포함해 우리의 일상 세계를 구성하는 의미와 관계에 녹아들어 있는 것이다. 이는 가벼운 증상을 다양한 형태의 의사소통에 풍부하게 활용할 수 있는 은유적 표현으로 만들어 주기까지 한다.

증상의 의미는 필연적으로 진단에 관한 증후학으로 이어진다. 의사는 환자의 불편함(질병의 증상)을 질병의 징후로 해석해야 한다. 예를 들어 의사는 환자의 가슴 통증을 협심증, 즉 관상동맥 질환의 징후로 본다. 진단은 철저히 증후학에 기반한 활동이다. 즉 한 가지 상징 체계를 분석한 후 다른 체계로 변환하는 것이다. 또한 증후는 증상 간의 상호작용을 통해 또 다른 장애를 유발하는 증후군(시간이 지나면서 함께 진행되는 여러 증상의 무리)으로 해석되기도 한다. 의사는 특정 질환의 원인이 되는 병인성 징후(잘 드러나지 않는 이상 행동에 대한 명백하고 확실한 증거)를 찾는다. 이처럼 임상 진단의 해석 편향은 환자와 의사의 상호작용이 의사의 일방적인 질문으로 이루어져 있다는 사실을 의미한다. 환자의 생각보다 의사의 말이 더 중요한 셈이다. 1차 진료에서 내리는 진단의 80퍼센트가 과거 기록을 참고한 것이므로 의사가 환자의 이야기를 종합해 놓은 병력 기록은 대단히 중요하다. 환자의 호소는 진단자인 의사가 해독해야 할 텍스트가 된다. 하지만 의사들은 사색을 통해 고유한 의미 체계를 파악하는 훈련을 받지 않는다. 추리 소설가 대실 해밋의 작품에 등장하는 탐정 샘 스페이드처럼 그들은 의대라는 울타리 안에서 증상을 질환의 단서, 자연적 작용의 증거, 발견해야 할 물리적 실체라 믿는 순진한 현실주의자로 전락해 버린다. 의사들은 생물학적 과정이 혼란스러운 생리학만큼 경험을 제약하는 사회적 범주를 통해서만 알려져 있다는 사실을 거의 배우지 않는다. 이는 불안과 회의에 찬 의학계보다 지식의 체계가 잡힌 자연과학에 더 어울리는 사고방식일지도 모르겠다.

질환의 실체를 자연적인 일 혹은 딱 떨어지는 결괏값으로 생각하도록 훈련받은 의사들은 만성질환을 골치 아프고 위협적인 존재라 여긴다. 의사들은 환자의 질병 서사와 그 속의 인과관계를 의심하도록 교육받았다. 환자의 이야기와 설명 형태는 발병 과정을 암시할 수도 있고, 잘못된 방향으로 흘러갈 수도 있다. 정량화 과정을 거쳐 객관성이 확보되기 전까진 환자의 주관적 설명을 믿지 않는 의사의 진단 방식은 만성질환자 치료에 큰 혼란을 초래할 수 있다. 예상컨대 의사는 만성질환자들을 치료에 문제가 있는 환자로 여길 것이고, 반대로 환자들은 치료 과정에서 의료 시스템의 문제를 경험하게 될 것이다. 생물의학 전문의들은 환자들의 질병 경험을 인정하지 않는데, 그 이유는 환자의 질병 경험이 병의 생리적 변화를 추적하기 어렵게 만든다고 생각하기 때문이다. 하지만 만성질환자 치료에 실질적인 도움을 주는 의료진들에게 환자의 질병 경험은 곧 돌봄의 대상이자 질병을 대표하는 상징이다. 만성질환자를 돌볼 때는 환자의 질병 경험을 인정하는 것, 즉 환자의 경험에 권위를 부여하고 공감하며 듣는 행위가 가장 중요한데, 만성질환 치료에 필요한 꾸준함과 일관성, 인내심을 유지하며 이를 실천하기란 매우 어렵다. 질병의 만성화 과정에서 나타나는 증상을 해석하는 것은 변화하는 의미 체계를 해석하는 것과 같다. 이때 의미 체계는 환자가 살아온 경험을 통해 구현되며, 의미의 관계적 맥락에 대한 민족지학적 평가, 의미가 지칭하는 대상의 속성, 의미가 경험되는 과정의 역사를 통해 이해될 수 있다.

질병의 문화적 의미의 중요성

질병은 시대와 사회에 따라 특정 증상과 장애가 문화적 특징으로 나타난다는 점에서 또 다른 의미가 있다. 특정 증상과 질병 범주에는 아주 강력한 문화적 함의가 담겨 있는데, 이는 소위 말하는 사회적 낙인이 되는 경우가 많다. 북미 사람 중 나병leprosy을 보거나 들어본 이는 거의 없다. 하지만 서양인의 집단의식에 잠재된 이 병을 둘러싼 근거 없는 믿음은 너무도 끔찍해서 자기 자신 또는 가까운 지인이 나병에 걸렸다는 이야기를 들었을 때 혐오감을 느끼거나 까무러치지 않을 사람은 거의 없을 것이다. 이 무시무시한 병명이 불쾌감을 유발하지 않는 한센병Hansen's disease으로 바뀐 건 어쩌면 당연한 일이다.

중세 후기 흑사병(선페스트)은 놀랍게도 유럽 대륙의 인구 4분의 3을 감소시켰다. 이로 인해 흑사병은 악마와 공포의 상징이자 신의 분노, 죄와 고통으로 타락한 인간, 불멸의 영혼을 초월하는 죽음을 의미하게 되었다. 흑사병의 종교적 의미가 무엇이든 간에 사회는 고통받는 사람들과 그들의 가족들을 가리키는 이 흑사병이라는 용어의 어마어마하게 강력하고 사실적인 의미에 압도되었다. 이 병명을 사용해 가정과 마을을 사회에서 격리하고 고립시켰으며, 거주민들을 사회에 심각한 위험을 가하는 저주받은 추방자로 몰았다. 현재는 페스트라는 단어가 어떤 중요한 의미도 지니지 않는다는 사실은 철학자 푸코가 서구 사회의 광기를 예로 들어 설명한 것처럼, 특정 질병이 그로 인해 고통받는 사람들에게 남기는 문화적 낙인의 속성은 실질적으로 바뀔 수 있다는 의미의 변화 과정을 나타낸다. 전염병 페스트의 소멸은 이러한 의미 변화의 원동력이 되었음에 틀림없다.

19세기 말 미국의 대호황시대에는 히스테리로 인한 공허함과 무기력증, 신경쇠약, 직업과 가족 부양에 대한 자신감의 위기로 발생하는 신경성 불안 등이 시대의 산물이라 여겨질 정도로 굉장히 흔했다. 이는 아직 18세기의 이상과 교외 혹은 작은 마을에서 사는 삶을 벗어나지 못한 북미 사회를 급격하게 20세기 산업 자본주의 사회로 바꾸려는 사회적 변화를 향한 중산층의 불만이 만연했다는 걸 의미했다. 당시 이 거대한 사회적 변화가 개인(대개 부르주아 계급의 상류층 남녀)에게 미치는 영향에 대한 우려가 상당했음에도 사람들은 양면적인 태도를 보였다. 자신의 병을 국가가 완전히 산업화되는 과정에서 사회 구성원이 치러야 할 대가라고 여긴 것이다.

문화적 특징을 나타내는 질병의 또 다른 예를 살펴보자. 바로 마법이다. 초기 뉴잉글랜드 청교도 사회의 마법을 향한 비난에는 일탈, 자기중심성, 반사회적 행동, 성적 문란함 등의 위협을 비롯한 그 시대의 핵심적인 공포가 대부분 담겨 있었다. 이는 시기와 질투를 통제하려는 집착과 엄중하고 정의로운 신이 다스리는 세상에 불운과 해악이 존재하는 이유를 설명하려는 강박을 의미했다. 21세기 아프리카 부족 사회에서 마법은 시기, 질투, 불행의 근원 등에 대한 유사한 두려움을 상징하지만, 사탄보다는 인간의 악행을 강조한다. 또한 아프리카에서 마법은 생식 능력과 마을 통합을 위협하는 존재에 대한 두려움을 담고 있다. 양쪽 사회에서 마법은 진짜 마법처럼 변칙적이고 예측 불가한 악성 질병을 설명하는 주요 모델이 되었다.

한편 중국 사회에서 정신이상이라는 꼬리표가 붙는 중증 정신질환은 수천 년 동안 매우 중요한 의미를 지녀왔다. 현재까지도 정신이상은 환자 본인뿐 아니라 가족 전체에 낙인을 찍는다. 전통적으로 결혼 중매인은 가족 구성원의 정신병력에 관해 물었고, 정신병력이 있는 집안에선 좋은 배우자감이 나올 수 없다고 생각해 해당 가족을 배제했는데, 이는 가족 중심적인 중국 사회에선 재앙과도 같다. 현재 중국과 대만에서뿐 아니라 전통을 중시하는 미국 내 중국인들조차 조현병과 조울증을 앓고 있는 환자의 가족은 여전히 엄청난 수치심을 느끼고 있으며 사회적 낙인으로 부정적인 일들을 겪고 있다. 이러한 가족주의 문화의 구성원들은 보통 환자가 보호시설에서 지내거나 집에서 떨어져 사는 것이 바람직하다고 여긴다. 중국인들에게 정신질환 판정은 워낙 충격적인 일이었기에 1980년대에도 서구와 비서구 사회에서는 유행이 한참 지난 신경쇠약증이라는 완곡한 표현이 널리 쓰였다. 이 단어는 부적절하고 받아들일 수 없는 정신질환을 감추는 망토 역할을 하며 적법한 신체질환이라는 이름표를 제공했다. 1980년과 1983년에 아내와 나는 중국에서 수행한 연구를 통해 신경쇠약증이 보이지 않는 다른 문제들을 유발하며, 특히 심각한 정치적 위기 혹은 직장과 가정 내 위기로 무력감과 소외감을 초래할 수 있다는 사실을 밝혀냈다. 중국에서 연구한 신경쇠약증 사례는 질병의 문화적 의미를 설명한 4장에서 자세히 다루었다. 중국의 사례는 19세기 후반과 20세기 초반 북미와 유럽 사회가 신경쇠약증을 다루는 모습과 놀랄 만한 비교가 된다. 일반적으로 생물학적, 심리적, 사회적 문제가 각 사회의 고유한 의미를 결정 짓지만 신경쇠약증이라는 질병에 담긴 사회적 상징은 동일한 의미를 전달하는 경우도 많다.

　서구 사회에서 상징적 의미나 파급력이 가장 센 이 시대의 질병은 암, 심장병, 그리고 새로운 성병인 헤르페스herpes와 후천성면역결핍증후군AIDS일 것이다. 여전히 악명 높고 무작위로 발생하며 대체로 통제 불가한 질병인 암은 20세기 후반 미국 사회의 주요 가치에 직접적으로 위협을 가했다. 그 내용을 구체적으로 살펴보면, 혼란스러운 인간의 문제를 도덕적 목적과 관련된 개방형 질문이 아닌 기술적 수단으로 관리할 수 있는 실용적인 폐쇄형 문제로 전환하는 것을 일컫는다. 암은 예측 불가능성과 불확실성, 불공정(모두 가치와 관련된 문제다)이라는 인생의 냉혹함을 상기시키며 우리를 불안하게 한다. 암은 우리가 자기 자신을 비롯한 다른 사람의 죽음을 완벽히 통제할 수 없다는 사실을 깨닫게 한다. 그리고 우리가 세상의 많은 부분을 이해하고 설명하는 데 실패했음을 강조한다. 근본적으로 암은 과학이 설명할 수 없는 "왜 하필 나인가?"라는 질문의 도덕적 의미를 갈구하는 우리의 욕심을 상징할 것이다. 암은 이온화 방사선이나 심지어 우리가 먹는 음식의 화학 성분과 같이 보이지 않는 오염 물질의 위험성을 의미하기도 한다. 이와 같은 위험성에는 오래전부터 이어져 내려온 오염에 대한 공포와 독성 폐기물로 인한 환경오염이라는 인간이 자초한 재앙이자 현대 사회의 커다란 위협 요소가 섞여 있다. 이 모든 건 기술의 영향력을 통제하지 못한 우리의 무능력함을 여실히 드러낸다. 항암제를 독약으로 보는 대중의 시각은 위험의 이미지를 병의 원인에서 치료로 확장시킬 뿐 아니라 생물의학 기술마저 이 위험에 포함시키는 듯하다.

앞선 전제와 달리, 우리가 더 많이 배울수록 환경은 더 위협적인 존재가 된다. 심장병 역시 암과 마찬가지로 우리의 삶의 방식, 즉 우리가 무엇을 먹고 무엇을 하는지를 암시한다. 심장병은 현대 경제가 그 어느 때보다도 빠른 기술 변화와 그에 따른 생리적 장애를 초래하며 미친 속도로 돌아가고 있음을 가리킨다. 이는 우리의 인격(사실은 자본주의 체제에서 가장 큰 성공을 이룰 수 있도록 정교하게 만들어진 나르시시즘적 성격)이 위험에 처했다고 말하는 셈이다. 심장병은 생활에서 항상 긴장감을 유발하며 친밀한 사회적 유대관계를 무너뜨리고 일상에서 즐기던 여가 활동 및 지속적인 신체 활동을 못 하게 만든다.

각 질병을 둘러싼 사회 전반의 대응은 미국 사회의 가치 구조에 대해 많은 것을 알려주기도 한다. 우리는 정신적 고통과 질병이라는 사회적 요인에서 비롯된 증상을 그저 건강상의 문제로 관리한다. 생활방식의 변화라는 이념을 들먹이며 환자를 탓한다. 또 흡연, 발암 물질 노출, 문란한 성생활, 피할 수 없는 스트레스(인류학자 타우시그는 이를 현대 사회의 '신경계'라 부른다) 등 공중보건에 대한 우려의 밑바탕에 존재하는 난해하고 가치 판단적인 질문들을 회피한다. 암과 심장병 모두 우리 시대의 위험과 인간이 만들어낸 수많은 고통의 원천에 대한 우리의 인식을 높이고 있다. 하지만 정부의 대응은 질병이 사회 질서에 뭔가 문제가 있음을 의미한다고 보는 시각에 혼란을 주어 질병을 편협한 기술적인 문제로 대체(의료화)하는 데 목적이 있다. 우리의 모습을 이렇게 잘 보여주는 거울이 또 있을까?

암과 심장병처럼 성병인 헤르페스와 에이즈도 개인에게 특정한 문화적 의미를 부여한다고 말할 수 있다. 앞선 시대에서 매독과 임질(임균의 감염에 의하여 일어나는 성병)이 그랬듯, 헤르페스와 에이즈 역시 환자에게 성적인 죄를 저질렀다는 끔찍한(에이즈라면 더욱더 치명적인) 오명을 씌운다. 동시에 이 두 가지 질병에 보이는 반응을 통해 후기 자본주의 사회에 상품화된 성적 이미지가 만연한 현상에는 개인의 권리와 소비자의 가치를 대표하는 성적 자유분방함과 성병에 가해지는 강력한 도덕적 비난이라는 굉장히 위선적인 이중 잣대가 숨어 있다는 것을 알 수 있다. 이러한 질병들은 각각 진단과 함께 복수의 의미를 지니게 된다. "그녀는 유방암에 걸렸어. 아마 죽게 될 거야!" "나는 관상동맥 질환에 걸려 더는 직장 생활을 하지 못할 거야!" "그녀의 남자친구는 헤르페스에 걸렸는데도 미리 말하지 않아 결국 그녀를 감염시켰어!" "세상에 글쎄, 아랫동네에 사는 사람이 에이즈에 걸렸대! 그게 무슨 뜻인지 알지?!" 이 모든 말은 명백히 환자를 아주 '특수한 의미의 감옥'에 가두는 셈이며 환자뿐 아니라 주변 사람들까지 이를 감내해야 한다. 여기서 말하는 '특수한 의미'에는 시간을 오래 끌다 갑작스럽게 맞는 죽음에 대한 두려움, 신체를 훼손하는 치료로 신체상과 자아상을 상실할지도 모른다는 위협, 자업자득으로 걸린 질병이라는 오명, 동성애자를 향한 차별 등이 포함된다. 또 '감옥'은 질병의 강력한 문화적 의미, 즉 일단 사람에게 적용되고 나면 개인의 정체성을 철저히 망가뜨리며 쉽게 지워지지 않는 지배적인 사회적 표상을 뜻한다.

문화적 의미가 덜 심각한 예는 고혈압에 대한 북미 사회의 일반적인 시각에서 찾아볼 수 있다. 블럼하젠 박사의 연구는 대학 교육을 받은 시애틀의 중산층 환자들이 고혈압에 대해 어떻게 생각하는지 설명한다. 사람들은 고혈압의 본질을 생물의학적 의미인 높은 혈압이 아닌 지나친 긴장 상태라고 생각한다. 블럼하젠 박사에 따르면, 고혈압이라는 질병을 대중이 어떻게 이해하느냐가 곧 북미 민간 모델이며, 이는 약물의 복용 방법을 준수하지 않는 환자의 비율이 높은 이 병의 특징을 설명해 준다. 의사들은 이런 행동이 효과적인 고혈압 관리를 방해하는 주요 원인이라 생각한다. 환자들은 극도의 긴장을 느끼면 혈압이 높아졌다고 생각해 약을 먹는다. 긴장이 느껴지지 않으면 고혈압이 아니라고 단정 짓고 약을 먹지 않는다. 여기서 말하는 질병 모델은 질환 모델과 정반대다. 치료의 목적은 매일 혈압을 관리하는 것이지 스트레스나 긴장과는 무관하다. 이런 식으로 치료에 큰 영향을 미칠 수 있는 민간 모델은 병원과 미디어의 보건 교육 캠페인에도 불구하고 북미 사회에 널리 퍼져 있는 듯하다. 이것이 얼마나 지속되느냐가 문화적 의미의 저력을 측정하는 척도가 된다.

가치 판단의 영향을 받는 건 병의 이름뿐만이 아니다. 증상 역시 문화적 의미를 내포할 수 있다. 예컨대 고대 중국의 의학 문서를 보면 '두통', '어지러움', '쇠약'이 유달리 이목을 끈다. 현대 중국의 임상 환경에서도 환자와 의사가 이와 똑같은 증상을 강조한다. 고대 인도-유럽 사회가 세 개의 계급으로 나뉜 현상과 증상의 관계를 밝힌 프랑스 언어학자 뱅베니스트의 도발적인 초기 연구에 따르면 상처, 실명, 그리고 체력 저하 및 탈진, 심신쇠약이 복합적으로 나타나는 증세는 서구 사회에서 특별한 의미를 지니는데 각각 군사, 종교, 농업 기능과 관련이 있다. 북미 사회에서 유행하는 만성통증 질환 역시 만성통증에는 현대 사회만의 독특한 의미가 담겨 있으며 신경쇠약증의 증상인 체력 저하와 탈진이 만성통증으로 넘어왔음을 시사한다. 개인의 자유와 행복 추구라는 북미 사회의 이념은 많은 이들에게 고통을 겪지 않을 자유의 보장을 의미할 것이다. 하지만 이 의미는 통증이 삶의 예상 가능한 요소이고 침묵 속에서 통증을 견뎌야 한다고 생각하는 많은 비산업화 사회와 거세게 충돌한다.

특정 증상만이 특정한 문화적 및 역사적 상황에서 특별한 주목을 받는 건 아니다. 앞서 언급했듯이 신체와 병리적 현상에 대한 사회적 인식에 따라 모든 증상의 의미가 달라진다. 그 결과 중국 지역 사회에서 쇠약은 중국의 전통 민족 의학 이론의 중심 주제인 생명 에너지(기) 손실을 의미한다. 자위 혹은 지나치게 왕성한 부부관계 때문에 발생하는 과도한 정액 손실은 항상 중국인들에게 엄청난 불안감을 불러일으켰다. 그 이유는 정액에 정기라는 기의 정수가 있어 사정 시 이 정기가 사라지기 때문이다. 중국 의학 이론에 따르면 정액 손실은 잠재적으로 생명을 위협하는 질병인 셈이다. 이러한 믿음 때문에 전통을 중시하는 중국 청소년과 젊은이들은 몽정이나 다른 형태의 사정이 초래할 결과를 몹시 두려워한다. 중국인들의 이 같은 시각은 같은 현상을 긍정적으로 평가할 가능성이 큰 오늘날 서구 사회의 시각과 현저한 대조를 이룬다. 한편 아유르베다 의학(우주와 인간을 상호 연관지어 고찰하는 고대 인도의 전통 의학) 이론에 따라 남성과 여성 모두에게 정액이 있다고 여기는 남아시아에서는 백혈병이 여성에게 똑같은 두려움을 유발한다. 생물의학적으로 여성의 정액 손실은 불가능하다는 말은 질병과 질환의 커다란 의미 차이를 보여준다.

인류학과 문화 간 정신의학을 비교한 문헌에 따르면, 문화적으로 특별한 증상들이 멕시코를 비롯한 여러 아시아 국가에선 영혼의 상실을 초래하는 공포로, 북미와 남미에선 불안으로, 동남아시아에선 음경이 쪼그라들 정도의 두려움으로, 말레이시아에선 놀람 반사와 관련된 모방 및 반향 행동(라타latah)으로 나타난다. 소위 문화적 의미가 얽혀 있는 증상들이 매우 다양하게 존재하는 것이다.

증상이 사회 전체뿐 아니라 계급, 인종, 나이, 성별로 구분되는 생활양식에 따라서도 특별한 의미를 지닌다는 건 북미 사회의 다원주의가 그만큼 뚜렷하다는 증거다. 갱년기 증상은 중산층 백인 여성들의 주요한 관심사다. 하지만 다른 문화권 출신의 여성들은 대부분 심각한 증상 없이 갱년기를 지나가며 이 인생의 전환기를 질병이라 생각하지도 않는다. 그런데 갱년기 증상은 경제적 이유로 언론과 의학계의 주목을 받았다. 젊음과 성적 매력이 상업적으로 중요한 사회에서 갱년기는 나이 들고 성적 매력을 상실해 간다는 두려움의 지표로 북미 대중문화에 편입되었다. 마찬가지로 월경전증후군 역시 세계의 많은 나라와 미국 내 전통적인 민족 집단 사이에서는 전례 없는 증상의 집합체이지만, 북미의 백인 중산층에선 점점 흔해지고 있다. 비서구 사회의 의사들은 월경전증후군을 중산층 서양인들이 제한적이고 예상 가능한 어떠한 통증이나 고통도 견디지 않으려는 하나의 예로 간주한다. 서구 사회의 여성들에게 월경전증후군의 문화적 의미는 출산이라는 전통적인 기능과 여성성과 관련하여 강한 양면성을 띨 것이다. 시골에 사는 흑인과 애팔래치아 지역에 사는 가난한 백인들은 '고혈', '당' 등의 단어로 북동부 도시 지역에선 거의 중요성을 갖지 않는 질병들을 호소하는데 이는 그들이 쓰는 사투리만큼이나 그들이 속한 집단을 정의한다. 로스앤젤레스의 멕시코계 미국인 노동자들이 말하는 영혼 상실(수스토susto), 뉴욕의 푸에르토리코인들이 말하는 영의 지배(빙의), 보스턴의 아이티 이민자들이 말하는 흑마술, 마이애미의 쿠바 노동자들이 말하는 공기와 열기와 냉기의 불균형, 최근에 라틴 아메리카 출신 난민들이 말하는 악마의 눈 모두 비슷한 기능을 수행한다. 바로 인종, 계급 및 최근의 이민자 신분을 표시하는 것이다. 그리고 보건 전문가들에게 세심하게 평가해야 할 주요한 문화적 차이를 알려준다. 하지만 이는 인종과 관련된 오래된 고정관념을 자극하는 일이 너무 잦아 치료에 해로운 영향을 끼칠 수도 있다.

질병의 주요 문화적 의미는 시간과 공간에 따라 유지되거나 바뀌기도 한다. 북미 사회에서 유방에 난 혹은 더는 부유하고 고등교육을 받은 여성들만의 병이 아니며, 흡연자의 기침이나 호흡 곤란이 암시하는 생리학적 의미는 과거보다 현재에 훨씬 더 중요하게 인식된다. 한편 피 섞인 가래, 소모열 홍조, 우아함을 풍기는 창백한 얼굴 등 19세기 서양 문학 독자들에게 널리 알려진 결핵의 징후들은 대중적인 문화 범주에서 그 의미가 퇴색되었다. 에티오피아인들과 보스턴 출신의 사람들에게 이 질병들은 각기 다른 의미로 다가올 것이다. 급성질환과 기아, 유행성 전염병이 만연한 곳에서는 질병 감염률과 사망률의 주요 원인이 전염병에서 만성질환으로 옮겨간 사회만큼 만성질환 증상이 그 지역 사람들의 집단의식에 강력한 힘을 발휘하진 못할 것이다.

중년 남성의 탈모와 발기 부전, 사춘기 소년의 여드름과 작은 체구, 사춘기 및 젊은 성인 여성의 비만과 섭식 장애(폭식증, 거식증), 늙어가는 외모에 대한 노인들의 걱정 등은 문화적 의미가 도드라지는 현상으로, 이는 현대 서구 사회가 나르시시즘에 보이는 집착을 나타낸다. 집 밖에 나서기를 두려워하는 광장공포증은 집 안에 갇혀 지내는 증상을 통해 서구 여성들이 직장을 다니는 삶과 가정주부로 사는 삶을 선택할 때 보이는 양면성을 표현해 왔다고 볼 수 있다. 현재 알츠하이머병의 치매 증상이 북미 사회에서 대중의 관심을 사로잡고 있는데, 이는 개인의 자율성을 훼손하는 노화의 최후 일격을 받아들일 수 없다는 사람들의 생각을 반영한다. 또한 알코올 중독을 질병으로, 아동 학대를 가족 병리학의 증상으로 바라보는 움직임은 서구 사회에서 의료화 과정이 광범위하게 진행되고 있음을 보여준다. 과거엔 윤리, 종교 혹은 범죄의 영역으로 분류하고 관리했던 문제들을 질병으로 재정의해 전문적인 치료를 통해 다스리는 것이다. 이러한 문제들은 서구 사회를 나타내는 창이 되어 서구 사회의 주된 문화적 관심사와 갈등 요소를 보여준다.

간단히 요지를 말하자면, 문화적 의미는 환자에게 바람직하지도 않고 쉽게 피할 수도 대항할 수도 없는 편견을 씌워 환자를 특징짓는다. 이러한 선입견은 낙인 효과나 사회적 죽음을 불러일으킬 수도 있다. 비록 그 의미가 모호할 수도 있고 환자가 지역 사회에서 차지하는 위치에 따라 결과가 크게 바뀔 수도 있지만 어느 쪽이든 우리는 문화적 의미에서 벗어날 수 없다. 질병의 문화적 의미에 저항하거나 그것을 바꾸는 데 이용할 수 있는 자원은 사람마다 다르다. 문화적 의미는 질병 자체만큼이나 환자와 그 가족, 의사에게 난제가 된다.

질병의 문화적 의미에 대해 마지막으로 언급해야 할 사항이 있다. 질병의 문화적 의미는 고통을 독특한 도덕적 혹은 정신적 괴로움의 한 유형으로 만든다. 고통이 절망을 표출하는 의례든 (욥의 경우처럼) 통증과 상실을 감내하는 방법을 모범적으로 보여주는 도덕적 패러다임이든 혹은 무의미한 세상에 홀로 존재한다는 인간의 실존적 딜레마든 간에, 한 사회의 문화적 제도는 근거 없는 믿음의 이론적 틀과 의례 행위에 대한 확고한 규약을 제시하며 개인의 고통을 집단이 인정하는 상징적 형태로 바꿔 놓는다.

독일의 현상학자 플레스너는 고통을 다음과 같은 문화적 관점으로 바라본다. 그는 현대 유럽이나 미국에서 환자는 질병을 통해 서구 사회에서 분열된 상태에 놓인 인간 속성에 대한 근본적인 측면을 인지하게 된다고 단언한다. 즉, 우리는 육체 그 자체로 존재하는 동시에 육체를 소유하고 경험한다. 이 표현에 따르면 환자는 아픈 육체 그 자체이며, 동시에 자아와 구별되는 아픈 육체를 소유하고 타인의 몸을 보듯 자신의 육체를 관찰한다는 사실을 인지한다. 따라서 환자는 자신이 앓는 질병인 동시에 질병과 철저히 분리된 존재다. T. S. 엘리엇이 "감수성의 분열"을 말했을 때 이 점을 염두에 두었을지도 모른다. 현대 서구 사회의 문화적 지향은 실제 경험 그 자체와 우리 각자가 관찰하는 자아로서 그 경험에 연루되는 과정 사이의 상호 관계를 통해 우리가 경험하는 고통에 영향을 미친다. 생리학적 과정으로 즉각 구현되는 질병과 인간 현상으로 매개된(그러므로 의미가 부여된) 경험 사이의 공간을 문화가 채운다고도 말할 수 있다. 예를 들어 신체-자아의 소외된 부분으로서, 초월성을 전달하는 수단으로서 혹은 당혹감이나 슬픔의 근원으로서 말이다. 신체와 자아가 맺는 상호 관계가 종교적, 도덕적 혹은 영적인 종류의 문화적 상징으로 매개되는 방식 때문에 질병은 고통이라는 의미를 획득한다. 20세기를 거치면서 서구 사회의 신체와 자아라는 이분법적 경험이 근대화의 심리적 요소로 전 세계에 수출된 만큼, 경험과 의미의 구분은 적어도 서구적 가치에 강한 영향을 받은 사람들에게 전 세계 질병의 보편적 특징으로 받아들여질 것이다.

이 주제를 사회학적 용어로 다시 설명해 보자. 사회학자 슈츠에 따르면, 우리는 일상 속 사건에 대해 상식적인 관점을 취함으로써 사회 속 개인을 세계 속 행동하는 존재로 볼 수 있다. 이 관점은 사회적 현실을 이해하고 모방하는 방법으로 받아들여진 지역사회의 문화 시스템에서 비롯된다. 예를 들어 사용 가능한 자원의 불평등한 분배 혹은 삶의 예측 불가능성과 통제 불가능성으로 발생하는 장애물처럼 실생활에서 현실적인 저항에 부딪히는 과정을 통해 우리는 경험의 의미를 발견할 뿐 아니라 생성하기도 한다. 자녀나 부모 혹은 배우자의 죽음, 실직이나 가족의 해체, 심각한 질병, 중증 장애 등 타격이 큰 삶의 경험에서 비롯된 저항에 직면할 때 우리는 세상을 바라보는 상식적인 관점에 충격을 받게 된다. 이때 우리는 경험을 다르게 바라보는 관점을 택해야 하는 과도기적 상황에 놓인다. 우리는 당면한 문제의 윤리적 측면이라는 불편한 부분을 설명하고 통제하기 위해 도덕적 관점을 취할 수도 있고, 불행을 이해하고 초월하기 위해 종교적 관점을 취할 수도 있으며, 점점 커지는 정신적 고통에 대처하기 위해 의학적 관점을 취할 수도 있다. 전통 사회에서는 삶의 위기 경험을 바라보는 도덕적이고 종교적인 관점이 견고한 사회 통제 기관에 불안감을 안겨주고 복잡하게 얽힌 궁극적 의미에 위협을 가할 수 있다. 파편화되고 다원적인 현대 사회에서 불안은 점점 더 걷잡을 수 없이 퍼지고 있으며, 따라서 우리 조상들에게 고통의 경험을 설명해준 도덕적이고 종교적인 의미를 대체할 수 있는 개인만의 독특한 의미를 창조해 내는 과정을 필요로 한다. 일반적으로 고통을 해석하는 방법에 대해선 공인된 합의가 없으므로 현대 사회는 우리가 처한 곤경에서 빠져나가기 위해 이 같은 문제들을 의료화하고 보건 전문가들과 과학의 문화적 권위에 의지하려는 경향이 뚜렷하다. 하지만 의학적 혹은 과학적 관점을 취하는 건 고통의 문제를 해결하는 데 도움이 되지 않는다. 현대 생물의학 및 보건 분야에는 인간 조건의 본질로 보이는 좌절, 질서, 악의 문제와 관련된 고통의 요소들을 다룰 수 있는 질병에 대한 목적론적 관점이 없다. 대신 앞에서 살펴봤듯, 현대의 의료 관료주의 체제와 그 안에서 일하는 보건 전문가들은 고통을 기술적인 해결이 필요한 기계적 결함의 문제로 취급하려는 경향이 있다. 그들은 질병 문제에 의미 있는 도덕적 혹은 정신적 반응을 보이는 대신 질환 문제 해결에 필요한 치료상의 교묘한 조작을 준비한다.

게다가 임상 및 행동과학 연구에는 고통을 설명할 범주도 없고, 환자와 가족의 질병 서사에서 인간의 특성을 가장 세밀하게 나타내는 부분을 기록할 통상적인 방법도 없다. 증상의 척도와 설문 조사 및 행동 검사는 기능상의 장애와 심신 장애를 수량화해 삶의 질을 대체 가능한 것으로 만든다. 하지만 환자의 고통에 관해서는 침묵한다. 이러한 연구에서 반드시 언급되어야 할 환자와 가족의 이야기는 거의 찾아볼 수 없다. 축소된 그들의 이야기는 과학적으로는 복제가 가능할 수 있지만 존재론적으로는 효력이 없다. 인식론적 의미 없이 통계적 의미만을 지니기 때문이다. 한 마디로 위험하게 왜곡된 이야기라 볼 수 있다. 하지만 고통을 평가하려면 자기 보고 방식이나 표준화된 인터뷰에 몇 가지 질문을 추가하는 것 이상의 무언가가 필요하다. 그것은 환자의 질병 서사에서 유효한 정보를 얻는 방식이 완전히 달라져야만 알 수 있다. 민족지학, 전기, 역사, 심리치료 등은 개인의 고통의 세계에 대한 지식을 얻는 데 적절한 연구 방법이다. 이 방법들은 신체 통증과 정신질환 증상이라는 단순한 단어 이면에 숨겨진 상처, 절망을 비롯해 질병을 안고 사는 삶의 도덕적 고통과 승리를 표현하는 복잡한 내적 언어를 이해할 수 있게 해준다. 이처럼 인간에 대한 지식을 탐구하는 마음에 담긴 진정성은 내면 깊은 곳에서부터 어떤 감정이 울려 퍼지면서 우리에게 경외감을 심어준다. 이러한 실존적 특징을 이해하는 데 필요한 생물의학과 행동 연구의 지표는 무엇일까? 그리고 이에 대한 이해가 부족하다면 의학이 창출해낸 전문 지식이 환자와 가족, 의사들의 요구를 모두 충족시킬 수 있을까?

고통이라는 질병의 문제는 아픈 사람과 사회 집단에 다음과 같은 두 가지 근본적인 질문을 제기한다. "왜 하필 나인가?"라는 좌절감에 관한 질문과, "무엇을 할 수 있는가?"라는 질서와 통제에 관한 질문이다. 종교적이고 도덕적인 관점과 마찬가지로 사실상 모든 문화권의 치유 관점이 아픈 사람과 그 주변 사람들을 좌절감에 관한 문제로 향하게 하지만, 편협한 생물의학 모델은 (질환과 대조적인) 질병을 등지고 있는 만큼 고통의 이러한 측면을 회피한다. 따라서 임상의들은 생물심리사회 모델 혹은 정신신체 모델 등 다른 설명 모델을 포함해 의학의 틀을 확장하거나 상식 수준의 도덕관이나 특정한 종교적 관점을 수용함으로써 환자를 치료에 참여시키는 방법으로 개인과 집단의 좌절감에 대응해 생물의학의 한계를 뛰어넘으려 애써야 한다. 도덕적 빈틈을 채우기 위해 가치 체계를 환자와 의사 간 관계에 끌어들이는 건 어려움이 따를 수밖에 없다. 그렇게 할 때 문제가 해결되기보다 오히려 훨씬 더 많은 갈등이 빈번하게 발생할 수 있다. 의사에겐 중요한 가치가 환자에겐 아닐 수 있기 때문이다. 편협하고 배타적인 도덕적 혹은 종교적 관점은 도움이 되기는커녕 가족 관계를 소원하게 만들지도 모른다. 그렇다면 대안은 무엇일까?

　도덕적 혹은 종교적 관점이 공유되어 집단이 고통에 대응하는 방식의 기초를 형성하는 상황을 생각해 보자. 불교와 중세 기독교 신학이 지향하는 가치는 고통을 관리하거나 협상해야 하는, 완전히 부정적인 경험이 아닌 문화적 과정이라는 작업을 통해 통증과 죽음을 초월하는 기회로 해석한다. 앞서 언급했듯 14세기 유럽의 흑사병이 유럽 대륙의 인구를 전례 없는 수준으로 감소시켰을 때, 삶의 의미와 통제에 관한 질문으로 표현되었던 고통의 문제는 사회에 닥친 근본적인 위기였다. 사회는 당시 활용 가능했던 몇 안 되는 사회적이고 기술적인 통제를 적용했을 뿐 아니라 매우 악명 높은 전염병의 위협을 받았던 종교적이고 도덕적인 의미들의 핵심을 다시 분명하게 정립함으로써 위기에 대응했다. 지금도 인간이 초래한 재앙의 위협은 고통에 관해 비슷한 의문을 제기한다. 하지만 사회적 대응은 현실적인 문제들을 통제하기 위한 합리적이고 기술적인 조작에서 거의 끝나버리며 문제의 의미를 심층적으로 파악하는 것엔 그닥 주의를 기울이지 않는다. 실제로 대중이 위험에 관한 과학 담론을 오해하는 이유 중 하나는 사람들이 과학자들의 양적 용어이자 집단 내 위험의 무작위 분포를 나타내는 종

모양의 곡선을 질적이고 절대적이며 개인화된(임의적이지 않은) 용어로 재해석하려는 경향에 있다. 즉, 치료의 방정식에서 삶의 의미와 가치를 제거하려는 전문가와 사회의 시도에도 좌절이라는 위험의 문화적 의미에 관한 질문은 중요한 역할을 한다. 고통은 생물의학이 쉽게 무시할 수 있는 문제가 아니다. 고통은 환자의 질병 경험의 중심이자 임상 치료의 핵심 갈등으로 남아 있다.

16

질병의 개인적 의미와 사회적 의미

비과학적 언어는 이중적이고 함축적인 데다
의도치 않은 의미를 지닐 수 있는데, 실제로 대부분 그렇다.
게다가 넌지시 에둘러 말하기가 가능한데,
특히 특정한 톤의 목소리로 발화되는 경우 실제로는 표면적 의미와
정반대되는 의미를 내포할 수 있다.
– 찰스 리크로프트

타인의 행동을 성공적으로 파악하고 이해하려면
우리는 항상 특정 일화를 일련의 서사,
즉 관련된 개인과 그들이 행동하고 고통을 겪은 배경에 대한
서사적 맥락에 두는 방향으로 나아가야 한다.
– 알래스테어 맥킨타이어

삶이라는 세계에서 질병의 의미

질병에는 세 번째 의미가 있다. 이 의미는 만성질환을 이해하는
데 매우 중요하므로 이를 자세히 설명하고 치료적 의미를 확장하
는 일에 이 책의 대부분을 할애했다. 만성장애의 맥락에서, 질병

은 인생의 특정 궤도 안에서 구현되며 구체적인 삶의 세계에 둘러싸여 있다. 질병은 스펀지처럼 아픈 사람의 세계에서 개인적, 사회적 의미를 빨아들인다. 아픈 사람에게 의미를 부여하는 질병의 문화적 의미와 달리, 개인적 체험에 근거한 이 세 번째 유형의 의미는 환자의 삶에서 질병 경험으로 핵심 의미를 전달한다.

북미 사회에서 고령의 기업 오너에게 심장질환이 갑자기 재발한다면 6개월 전 떠난 아내와의 사별이 발병 원인일 수도 있다. 점점 심해지는 알코올 중독과 가업의 지배권을 둘러싼 자녀들과의 격렬한 갈등도 이 질병의 원인에 포함될 수 있다. 심장질환은 죽음에 대한 그의 두려움과 타락한 신앙인이 되는 것에 대한 죄책감에 더해, 잔인할 정도로 권위주의적이었던 자신의 아버지와의 괴로운 관계에서 비롯된 수동적인 의존성과, 타인에게 통제당하는 삶에 대한 두려움 등이 초래한 평생의 심리적 갈등을 반영한다. 그의 질병 경험의 핵심 요소가 된 이러한 두려움은 정상 생활이 불가능할 것이라는 심각한 위협과 요양시설에 들어가도록 그를 설득하는 자녀들의 노골적인 행동의 영향을 받아 재발했다. 그리고 삶의 막바지에서 자신의 인생 서사의 마지막 장을 써내려 가면서 주요 상실감을 이해하려는 강력한 욕구로 인해 그의 두려움은 강화된다. 다른 모든 것과 마찬가지로, 이 인생 궤도의 상세하고 경험적이며 상징적인 특징들은 각 개인의 만성질환 경험에 내부층이 겹겹이 쌓여 외부층을 이루는 다층적이고 독특한 질감의 의미를 형성한다.

이 세 번째 유형의 질병 의미는 사례를 통해 가장 잘 드러난다.

바로 뒤에서 질병 경험과 삶의 세계를 연결하는 의미망을 보여주는 한 사례를 짧게 설명하려 한다. 여기서 의미는 인생의 어떤 중대한 시점에서 병세가 악화되고 치료하기 힘든 합병증이 발생한 것과 관련 있다. 이때 핵심 의미는 만성장애에 공통으로 나타나는 상실이며, 치료와 돌봄은 그것을 슬퍼할 기회가 된다. 이 책에서 더 자세하게 소개된 사례들은 주로 이 세 번째 유형의 질병 의미를 나타내지만 해당 사례들은 주로 실생활에서 벌어지는 내용을 담고 있으므로 다른 유형의 의미도 포함한다. 하지만 나는 개인적 의미와 인간관계 속 의미가 임상에서 가장 중요하다고 생각한다. 사실 충분한 분량으로 상세하게 서술된 사례의 맥락을 통해서만 우리는 질병의 개인적 및 사회적 의미를 제대로 이해할 수 있다. 다음의 짧은 사례는 질병이 새로운 해석이 필요한 상황을 만들어내는 동시에 어떻게 삶의 의미를 흡수하고 강화하는지에 관한 피상적인 시각 정도만 제공한다.

신에게조차 화가 난 앨리스 올콧 부인

앨리스 올콧은 뉴햄프셔 출신의 46살 개신교 신자인 백인 여성으로, 심혈관 합병증으로 인한 소아 당뇨 병력이 있다. 그녀는 왼쪽 발에 생긴 괴저성 궤양으로 무릎 아래 다리를 절단하는 수술을 받은 후 회복하는 동안 담당 외과의의 추천으로 정신과 치료를 받게 되었다. 주치의와 가족들이 느끼기에 그녀는 만성질환의 영

향으로 예전의 모습을 찾아보기 힘들 정도로 슬픔과 비탄에 잠겨
있었다.

올콧 부인은 은행원 남편과 뉴햄프셔 주의 작은 마을에서 23년
간 결혼생활을 해왔다. 그녀의 가족 중 3대가 이 마을에서 태어나
고 자랐으며 그녀 역시 이 마을에서 태어나 이 지역의 학교를 다
녔다. 10살 때 당뇨병에 걸린 올콧 부인은 마을에 딱 하나 있는 의
료 단체에서 치료를 받았고 작은 지역 병원에 수시로 입원했다.
그녀는 어린 시절에 사귄 남자친구와 결혼하여 두 자녀(현재 아들
앤드류는 20살이고 딸 크리스틴은 17살이다)를 두었고, 지역 공공 도서관
과 역사학회, 조류 관찰 클럽의 이사를 맡는 등 지역 사회의 저명
인사가 되었다.

10살에서 18살 사이 올콧 부인은 당뇨 증상을 관리하느라 매
년 적어도 한 번은 병원 신세를 졌다. 이 밖에도 당뇨병 혼수로 두
번, 외인성 인슐린으로 인한 저혈당으로 여러 번 입원했는데, 그
녀는 이와 관련된 약을 35년 이상 복용해야 했으며 지금도 복용
중이다.

올콧 부인은 18살의 나이로 대학에 입학해 26살에 첫아이가 태
어날 때까지는 한 번도 입원하지 않았다. 그녀는 매일 자신의 증
상을 살피고 관리하는 법을 배웠는데 이는 그녀의 독립적인 성격
과 가족의 전통과도 일치한다. 올콧 부인은 임신으로 당뇨 증상이
악화될 수도 있다는 이야기를 들었고 실제로 두 번의 임신으로 상
당한 어려움을 겪었지만 두 아이 모두 무탈하게 출산했다.

30살에 올콧 부인은 시력에 이상이 생겼고 의사는 당뇨망막병

증(당뇨병 때문에 발생한 고혈당으로 인해 일어나는 말초 순환 장애가 원인이 되어 망막에 발생한 합병증) 진단을 내렸다. 오랫동안 그녀는 보스턴에 있는 병원에서 이 병을 치료해 왔으며 최근에는 레이저 광응고술도 받았다. 그녀는 시력이 점점 나빠졌지만 독서와 운전 등 거의 모든 일상생활은 가능했다. 40살에는 왼쪽 발가락에 괴저가 생겼고 그 발가락을 절단하는 수술을 받았다. 42살에는 다른 발가락도 절단술을 받았다.

그러다 2년 반 전, 올콧 부인은 빨리 걸을 때 양쪽 발에 통증을 느끼기 시작했다. 주치의는 간헐성 파행증(순환 부전으로 운동 시 다리에 느끼는 통증으로, 걸으면 다리가 아프고 저리며 쉬면 낫는 상태가 반복된다)을 진단했다. 이 문제는 운동 훈련 프로그램과 휴식, 꾸준히 오래 걷기를 통해 조절할 수 있었다. 나와의 첫 만남을 12개월 앞두고는 힘차게 걸을 때나 계단을 오를 때 가슴 통증(협심증)을 느꼈다. 80살의 그녀 노모가 3년 전 협심증을 앓았던 적이 있는데도 그녀는 처음에 이 증상의 의미와 본질을 부정했다. 하지만 그녀는 자신의 진행성 장애를 가족과 친구들이 눈치채기 시작하자 어쩔 수 없이 주치의를 찾았다. 그녀는 심전도와 운동부하 검사를 받았고 결과는 관상동맥 부전으로 나타났다. 하지만 올콧 부인은 관상동맥 촬영 권고를 거절했다. 대신 칼슘 차단제와 나이트로글리세린을 복용했는데, 칼슘 차단제는 피로와 체력 저하라는 심각한 부작용을 초래했다.

그녀를 20년 넘게 진료해 오는 동안 올콧 부인의 주치의는 처음으로 그녀가 짜증을 내고 우울해 하는 모습을 봤다. 그녀의 남편과 아이들, 부모 모두 주치의의 주장을 입증해 주었다.

올콧 부인이 처음으로 정신검사를 받기 6개월 전 그녀의 왼쪽 발목에 궤양이 생겼다. 정맥순환이 제대로 이뤄지지 않아 전에도 비슷한 증세를 보였는데, 당시 궤양은 보수적인 치료에도 잘 반응했다. 하지만 이때 궤양은 급격하게 악화되었고 결국 엑스레이 검사로 골수염(뼈의 감염)을 진단받았다. 다리 절단 수술 결정은 환자가 굉장히 주저하고 분노한 상태에서, 그리고 정맥에 다량의 항생제 투약을 시험한 끝에 이루어졌다.

앨리스 올콧과 처음 인터뷰를 진행했을 때 그녀는 병원 침대에 앉아 입술을 꾹 다문 채 분노와 슬픔이 섞인 표정으로 창문 밖을 뚫어지게 쳐다보고 있었다. 그녀는 물리 치료를 거부했으며 남편과 자녀, 부모와 두 자매에게 당분간 병문안도 오지 말라고 부탁했다. 의사가 전화를 걸어도 응답하지 않았다. 아침 회진 시간에 그녀가 조용히 울고 있는 모습을 담당 외과의가 발견했다. 올콧 부인은 담당 외과의나 병원 스태프에게 자신의 슬픔을 이야기하고 싶어 하지 않았다. 그녀는 간호사와 물리치료사가 치료 거부와 불이행이 초래할 수 있는 결과를 들먹이며 맞서자 결국 화를 내고 말았다. 그 결과 정신과 진단 요청이 이루어졌고 나는 앨리스 올콧의 병실로 들어갔다. 곧이어 나는 이것이 그녀의 세계로 들어가는 것임을 알게 되었다.

처음에 올콧 부인은 나와 대화하길 거부했다. 하지만 그녀는 분노에 차서 나의 방문으로 이어진 각종 우려를 일축하자마자 나에게 사과하며 도움이 필요하다고 인정했다.

"상실은 이게 마지막이에요. 더는 못 참겠습니다. 저에게 너무 과도한 처사예요. 누구나 그렇게 생각할 겁니다. 이젠 정말 포기하고 싶어요. 더는 노력하고 싶지 않아요. 다 무슨 소용인가요? 어릴 때부터 이 병과 싸워 왔습니다. 잇따라 끔찍한 일이 벌어졌죠. 전 모든 걸 잃었습니다. 제가 뭘 먹을 수 있고 뭘 할 수 있나요? 식이요법, 인슐린, 의사들, 병원, 그리고 제 시력, 걸음걸이, 심장, 그리고 이젠 다리예요. 여기서 뭘 더 포기해야 하나요?"

확실히 올콧 부인은 그동안 겪어온 수많은 상실로 슬퍼하고 있었다. 나중에서야 그녀가 마음속으로 '마지막 상실'이라 여긴, 얼마 남지 않은 죽음을 준비하고 있었다는 사실을 알게 되었다. 올콧 부인은 죽음이 두려운 게 아니라 병약자의 길로 가차없이 들어서는 듯한 발걸음이 두렵다고 이야기했다. 다리를 잃으면서 그녀는 이제 부분적으로 의존적인 삶을 살게 되었으며, 언젠가는 완전히 그렇게 될 것이라는 사실을 깨달을 수밖에 없었다.

5세대 미국인인 앨리스 올콧은 냉정하고 금욕적이며 엄격한 뉴잉글랜드 중산층 사업가 집안에서 자랐다. 그녀의 조상은 영국 요크셔의 자작농이었으며 남부 뉴햄프셔에 있는 작은 골짜기 마을 몇 곳에 정착했다. 그녀 집안의 문화적 배경인 칼뱅주의는 엄격한 개인주의, 자립성, 근면성, 인내심, 정신력이 가진 가치를 강조했다. 어린 시절 올콧 부인이 아플 때도 그녀의 조부모는 인격을 시험하고 단련할 수 있다는 이유로 고통은 참는 게 좋다고 말했다. 그녀가 초등학교에서 유일하게 당뇨병에 걸린 아이라는 사실에 자기 연민을 느낄 때도 조부모와 부모는 그녀가 나약하고 신이 주신 시험을 제대로 치르지 못한다고 꾸짖었다.

당뇨병과 잦은 입원에도 앨리스 올콧은 스포츠를 포함해 고등학교 때 여러 활동에 적극적으로 참여했다. 대학 재학 시절에는 당뇨 증상이 관리가 잘 되었기에 가끔 그녀는 이제 만성질환에서 벗어났다는 착각을 하곤 했다. 결혼했을 당시 올콧 부부는 그녀의 당뇨가 그들의 삶에 가져올 문제나 제약에 대해 생각지도 못했다. 앨리스 올콧은 주치의에게서 아이를 갖지 말라는 권고를 받았지만 이를 단호히 거절했다. 그녀는 질병에 성공적으로 대처한 경험이 있으니 또 그렇게 할 수 있다고 생각했다. 두 번의 임신 모두 당뇨병 관리에 문제가 되었지만 앨리스는 기꺼이 그 어려움을 받아들였다. 하지만 남편과는 두 명의 자녀만 낳기로 합의했다. 이후 그녀는 이것이 첫 번째 중대한 상실이라고 말했다. 사실 부부는 대가족을 원했기 때문이다.

20대 후반과 30대에 앨리스는 자신의 질환이 자녀 양육 계획에 큰 영향을 미치지 못하도록 애썼다. 또한 도서관 사서로서 지역사회에 봉사하며 아주 활기찬 삶을 살았다. 올콧 부부는 새 관찰을 즐겼고 야외 활동에도 관심이 많았다. 그들은 앨리스의 상태를 거의 신경 쓰지 않은 채 캠핑, 등산, 하이킹, 카누, 래프팅 등을 하러 다녔다.

이 모든 건 당뇨망막병증이 나타나면서 바뀌기 시작했다. 시력 문제는 올콧 부인의 도서관 업무에 지장을 줄 만큼 심각했다. 결국 그녀는 사서직을 그만두고 도서관 위원회의 명예 이사직을 맡았다. 특유의 성격상 앨리스는 자신의 증상을 부인했으며 망막증이 악화될 때까지 의학의 도움을 받지도 않았다. 안과 의사와 1차 진료 의사는 그녀의 이러한 행동을 경고하면서 망막증 진단을 더 일찍 받았더라면 치료하기도 쉽고 장애도 덜 진행되었을 것이라고 지적했다.

앨리스는 40살이 되던 해 또 치료를 미루면서 발가락 괴저증을 키웠다. 그녀는 감염된 발가락을 스스로 치료했는데 혼자서 인슐린으로 당뇨를 치료하고 혈액 및 요당 검사를 하는 일에 익숙했기 때문이다. 발가락의 상실은 충격으로 다가왔다. 앨리스는 이것이 더 심각한 문제의 시작에 불과하다는 불길한 느낌을 받았다고 말했다. 간헐성 파행증은 훨씬 큰 타격이었다. 그녀는 처음으로 야외 활동은 물론 활기찬 생활과 일을 더는 하지 못하리라 생각했다. 하지만 그동안 발생했던 많은 문제와 마찬가지로 이 문제 역시 통제할 수 있는 것처럼 보였다.

이후 협심증이 발생했다. 협심증이 미칠 영향에 겁을 먹은 앨리스는 당뇨의 초기 합병증에 대처했던 것보다 훨씬 더 강력하게 증상을 부인했다. 쇼핑을 하거나 도서관에 가거나 가족과 친구들과 외출할 때마다 앨리스는 통증을 경험했다. 동네 사람들 대부분 그녀에게 심각한 문제가 있음을 알게 되었다. 남편과 자녀들, 그리고 그녀의 부모는 앨리스가 병원에 가봐야 한다는 사실을 인정하게 하려고 갖은 애를 썼다.

"그때쯤 전 더는 현실을 마주할 자신이 없었어요. 토레스 박사님에게 당뇨가 심장에까지 손을 뻗었다는 말을 듣고 싶지 않았거든요. 아무것도 알고 싶지 않았어요."

앨리스는 의사의 말을 제대로 받아들이지 않았다. 그녀는 무력감을 느꼈고 사기가 저하되기 시작했다.

"제가 이 같은 제약을 어떻게 견디며 살았을까요? 가족과 친구들에게 얼마나 짐스러운 존재였겠어요. 전 동네에서 병약자로 취급받을까 두려웠어요. 아주 큰 죄책감도 느꼈고요. 전 줄곧 제 병이 저와 아이들과의 관계를 방해한다는 느낌을 받았습니다. 아이들과 보낼 시간이 항상 부족했어요. 아이들의 문제보다 제 자신의 문제에 사로잡혀 있었죠. 아이들에게 중요한 시기에 전 병원에 있었습니다. 이제 전 아이들에게 짐스러운 존재밖에 되지 못할 겁니다. 남편에 대한 죄책감은 더 심했어요. 가슴에 통증을 느낀 후부터 남편과 관계를 맺는 게 두려웠어요. 저흰 섹스리스 부부가 되었죠. 간헐성 파행증과 협심증은 전원에서 오래도록 걷기, 새 관찰하기, 등산, 스포츠 등 저희가 좋아하는 활동에 방해가 되었습니다. 억지로 사는 느낌이 들었어요. 제가 잘하는 거라곤 삶에 매달리는 것뿐이에요……."

처음엔 칼슘 차단제가 상황을 더 악화시켰다. 약의 부작용인 체력 저하와 극심한 피로감은 앨리스 올콧에겐 가슴 통증보다 훨씬 더 두려운 증상이었다.

"그때부터 전 아무것도 할 수 없게 되는 것이 얼마나 끔찍한지 깨닫기 시작했습니다. 그건 겉보기에 독립적인 제 모습과 통제력, 가족과 지역 사회에서의 역할까지 포기해야 한다는 뜻이었죠. 그나마 약의 부작용이라는 걸 알게 되어 얼마나 다행인지 몰라요. 약물 복용량을 줄였으니 부작용이 줄어들거나 제가 증상을 통제할 수 있게 되거나 둘 중 하나겠죠. 아무튼, 전 다시 예전으로 돌아가기 위해 싸웠어요. 또 예전 모습을 되찾아가고 있었고요. 죄책감과 회의감에 수없이 시달렸지만, 그래도 다시 아내와 엄마가 될 수 있었습니다. 그런데 이번엔 발목이 말썽을 부렸고, 저는 이젠 한계에 다다랐습니다. 더는 이 고통스러운 문제와 상실을 감당할 수 없어요. 앞으로 나아갈 수 없다는 생각이 들었습니다. 이제 남은 건 신장뿐이고 신장마저 망가지면 전 끝났다고 생각해요. 무력감이 쏟아지기 시작했고 자존감을 잃어버렸습니다. 전 산산조각이 나버렸어요. 제가 삶을 포기하기 전에 얼마나 더 견딜 수 있을까요?"

협심증이 나타났을 때 앨리스는 상당한 분노를 느끼기 시작했다. 당뇨병 치료를 위해 해야 하는 모든 조치(엄격한 식단 조절, 매일 인슐린 투약, 어릴 때부터 해온 혈액 및 요당 검사)를 다했다고 생각했다. 그녀는 알고 지낸 다른 당뇨병 환자들에게 나타났던 고혈압도 피해 갔다. 그렇게 위험 요인을 통제하려 애썼지만 여전히 아무 소용도 없었다.

"화가 치밀어 올랐어요. 의사들에게도, 제 자신에게도, 당뇨병에도 분노했죠. 신에게조차 화가 나더군요. 신은 왜 제게 이런 시련을 주셨을까요?"

다른 문제들도 점점 압박해 오는데 발마저 잃게 된 현실을 그녀는 버거워하는 듯 보였다. 올콧 부인은 삶의 의욕을 잃어갔다. 그녀는 이렇게 말했다.

"전 이미 포기했습니다. 건강과 삶 자체를 잃어버렸기에 가슴이 찢어지는 것 같았어요. 죽는 게 더 나을지도 모릅니다. 다른 사람들에게 의존해야 하는 병약자가 되는 건 확실히 안 좋아 보였어요. 매우 안 좋아 보였죠. 다른 방법이 없었어요. 불행에 몸을 내 맡기는 게 낫다는 생각이 들어요."

정신의학의 관점에서 보면 앨리스 올콧은 극심한 고통을 받고 있으며 만성질환으로 굉장히 우울해 했다. 하지만 그녀가 절망에 빠져 있다 해도 그녀의 상태가 임상적으로 주요 우울장애나 다른 심각한 정신질환 진단을 장담하진 않았다. 그녀의 문제는 정신질환이 아니라 내가 보기엔 대부분 고통과 장애 때문에 나타나는 당연한 반응이었다. 그 후 몇 년간 나는 그녀가 보스턴에 머물 때마다 주기적으로 그녀를 만났다. 그녀가 다리 절단 수술을 더 효과적으로 받아들이게 되자 그녀의 정서 상태 역시 개선되었다. 마침내 그녀는 자신의 삶을 이루는 많은 활동을 재개했다. 또한 뛰어난 적응력과 훌륭한 지원 체계 덕분에 눈에 띄게 회복되었다. 심리치료 초기에 상담은 여러 번의 상실로 인한 그녀의 슬픔에 초점을 맞췄다. 하지만 그녀가 기운을 차리자 다시 자신의 상황을 제대로 인식하지 못하는 특유의 모습이 나타났다. 얼마전 몇 번 만났을 때도 올콧 부인은 자기 자신의 문제를 제외한 아이들과 부모님 문제 등을 이야기했다.

나는 그녀가 입원했을 당시 세 번째 혹은 네 번째 만남에서 나에게 했던 말을 기억해 보았다. 그녀의 말은 내가 만성질환자를 진료하는 데 큰 영향을 미쳤다.

"선생님, 제겐 시간이 부족해요. 다른 사람들은 완치될 수 있다는 희망이 있겠지만 제 경우 이 병은 절대 나을 수 없습니다. 합병증이 점점 심해지고 있어요. 상실감도 점점 커지고 있고요. 지금이 아니라도, 곧 상실감이 너무 커서 제가 다시 회복하고 싶지 않을 순간이 올 거예요. 전 제 몸에 대한 자신감을 전부 잃었어요. 제 병이 빼앗아 갔죠. 지금이 아니라도 다음 주, 다음 달, 다음 해에 상황은 다시 나빠질 거예요. 그럼 그동안 제게 남은 일은 무엇일까요? 왼발은 없고 심장도 안 좋은 상태에서 멀쩡한 다리조차 혈액 순환이 안 되고 시력도 떨어지겠죠. 전 부모님도 돌보지 못하고 아이들에게도 도움이 되지 못합니다. 남편은 저만큼 지치고 낙담한 상태예요. 선생님, 전 기나긴 비탈길을 마주하고 있어요. 선생님과의 대화가 지금은 제게 도움이 될 수 있겠죠. 하지만 그렇다고 비탈길을 바꿀 수 있을까요? 전혀요! 전 다시 최선을 다해 싸우고 이 상황을 감당하려 노력할 겁니다. 하지만 결국엔 비탈길을 따라 내려가게 될 거예요. 선생님은 물론이고 누구도 절 위해 이를 막거나 통제하거나 이해할 수 없어요. 선생님, 제게 필요한 용기를 주시겠어요?"

앨리스 올콧의 사례에서 질병에 대한 냉정한(특히 심각한 질병일수록) 표현, 자신의 상황을 부정하는 특유의 성격, 특히 그녀에게 심각한 영향을 끼치는 증상들이 늘어나는 것은 질병의 첫 번째 의미를 보여준다. 오늘날 북미 사회에서 당뇨병은 특별한 문화적 의미를 띠지 않는다. 하지만 그녀는 친구들이 다른 만성질환과 비교해 당뇨병을 심각한 장애로 이어지지 않는 상대적으로 가벼운 병으로 여기는 것 같다고 털어놓았다. 이 잘못된 견해는 그녀를 화나게 했다. 그녀는 당뇨병이 매우 심각한 질병이 될 수 있으며 사람들의 오해가 부담을 줄뿐더러 거기에 대응해야 한다는 사실도 알았기 때문이다. 세 번째 질병 의미에서 보면 앨리스 올콧은 많은 상실에 사로잡혔다. 그녀는 신체의 일부, 신체적 기능, 신체상 및 자아상, 삶의 방식을 상실한 것에 슬퍼했다. 또한 그녀는 스스로의 죽음을 예상함으로써 이별을 경험했다. 그녀가 받은 심리치료는 애도 작업과 관련이 있었다. 내 경험상, 만성질환자들을 위한 심리치료는 이러한 종류의 애도 작업이 주로 차지한다. 하지만 환자의 사기를 진작시키는 임상 조치는 다른 여러 길을 따라갈 수 있다. 의사는 환자와 그 가족들이 공포를 통제하고 신체 기능의 제한에 따른 강렬한 분노를 다스릴 수 있도록 도와야 한다. 그리고 환자가 신체와 자아에 대한 자신감을 회복할 수 있게 도와야 한다. 치유자의 업무에는 환자들이 일상적인 활동을 하지 못하는 것에 대한 과도한 죄책감과, 심각한 장애를 겪지 않는 사람들을 향한 질투심에서 벗어날 수 있게 인도하는 것도 포함된다. 마지막으로 의사는 환자가 죽음을 준비하는 데도 도움이 될 수 있다.

환자의 내면세계 이해하기

분석을 목적으로 앨리스 올콧의 사례에서 나타나는 세 번째 유형의 질병 의미를 자세히 살펴보고자 한다. 세 번째 유형의 질병 의미는 개인의 경험에 기반한 사적인 내면세계에서 비롯돼 이후 개인을 사회적 세계와 결속시키는 복잡한 대인관계를 통해 밖으로 드러난다. 하지만 각 개인의 삶을 매끄럽게 완성해 주는 정서, 인지, 지역 사회 체제 간 상호 연관성을 왜곡하고 싶진 않다. 사회 구조는 내면 경험에 없어서는 안 될 부분이고 상상과 감정 모두 사회적 세계의 필수 요소이기 때문이다.

질병 혹은 인간의 내면세계를 탐구해온 20세기의 정신의학자와 심리학자의 독창적인 연구물들은 대개 만성질환의 독특한 개인적 의미에 관한 논문들로 나타났다. 프로이트는 자신의 비범한 비판적 사고 능력을 이 문제를 연구하는 데 바쳤으며, 그 결과 정신분석에 필요한 기초 임상 문제가 히스테리hysteria란 이름으로 가장하고 있었다는 게 드러났다. 프로이트의 제자 중 파울 실더, 프란츠 알렉산더, 펠릭스 도이치, 마이클 발린트, 게오르그 그로덱 등은 스승과 마찬가지로 정신과 신체 사이의 상징적인 연속체 작용에 굉장한 흥미를 느꼈는데, 각각은 의학에 대한 철저한 정신신체학적 접근에 대해 풍부한 치료적 의미를 내포할 수 있었다.

처음에 환자의 증상들은 초기 정신분석가들 사이에서 성적 갈등, 의존성과 수동성 문제, 통제와 지배 욕구 등 아주 개인적인 의미를 지칭하는 상징으로 해석되었다. 때로는 이러한 의미들이 심리적 갈등이 신체적 증상으로 나타나는 정신신체적 변환 과정을 거치면서 증상의 원인으로 여겨졌다. 이러한 증상들은 환자의 정신세계에서 억눌린 신경증적 갈등을 통해 무의식 속 핵심 주제를 상징적으로 표현한다고 생각되었다. 하지만 이 모델이 히스테리성 전환 장애(conversion disorder, 심리적인 원인에 의하여 주로 운동이나 감각 기능에 이상 증세 및 결함이 나타나는 질환)의 대표 증상을 설명하는 유용한 해석이라는 것은 입증되었지만 심신질환이나 만성질환에는 대부분 적용되지 않는 것으로 나타났다. 실제로 특정한 성격 유형 혹은 신경증적 갈등과 특정 신체적 증상 간의 연관성을 뒷받침하는 경험적 근거는 없다. 오히려 같은 심리 문제라도 심신질환과 만성질환 전체와 불특정한 방식으로 관련 있거나 아니면 이 문제와 전혀 관련 없는 것으로 보인다.

질병 의미를 해석하는 데 있어 제한적인 정신분석적 접근법은 모든 장점과 전망에도 불구하고 결론이 교착 상태에 빠져 연구 부재로 이어지는 탓에 따르기 매우 어렵고 복잡한 길이 되었다.

하지만 전환 장애의 몇몇 대표 사례를 보면 내면의 심리적 갈등이 포함되지 않은 질병 의미는 말 그대로 증상을 상징적으로만 나타낸다고 여겨질 수 있다. 이때 마음속 깊이 묻어둔 감정을 표현하거나 무의식적인 갈등을 상징적으로 해결하면 증상은 사라질 수 있다. 따라서 증상을 바라보는 새로운 시각이 계속해서 흥미와 호기심을 불러일으키는 것이다. 일례로 나는 급성 하반신 마비가 온 환자를 면담한 적이 있는데 신경과 주치의는 전환 장애를 의심했다. 신경 검사 결과 뚜렷한 병리학적 소견이 나오지 않았기 때문이다. 게다가 이 환자는 과거엔 육체적으로 건강했다. 면담이 이뤄지는 동안 환자는 아버지와의 승산 없는 싸움에서 이러지도 저러지도 못하고 있다고 털어놓았다. 20대 후반의 이 연약한 남성은 심각한 신경과민증적 갈등으로 극심한 고통을 겪고 있는 게 분명했다. 환자의 아버지는 아들이 가업을 이어받아야 한다고 주장했으며 화가와 조각가로 활동할 수 있게 해달라는 아들의 절절한 부탁을 단호하게 거절했다. 환자는 아버지의 고압적이고 무심한 태도와 아버지 때문에 꿈을 포기하게 될지도 모른다는 두려움을 이야기하며 울음을 터뜨렸다. 그는 아버지가 자신의 예술적 관심사를 우습고 남자답지 않은 것으로 치부하며 자신에게 늘 "남자가 여자처럼 약해 빠졌다"는 폭언을 했다고 한탄한 뒤 어린 시절부터 자신을 공포에 떨게 한 폭군 아버지와 평생 맺어온 절망적인 관계에 대해 다시 털어놓기 시작했다.

"전 아, 아, 아버지 앞에서 절대로 두 발로 이, 이, 일어설 수 없어요." 그가 더듬거리며 말했다. 잠시 후, 갑자기 그의 다리가 마비되었던 것처럼 다리 마비 증상이 갑자기 사라지기 시작했다. 30분이 지나자 마비 증상은 완전히 사라졌고 어떠한 신체적 흔적도 남기지 않았다.

이 사례에 나타난 상징적 의미는 엄청나게 복잡하거나 완전히 새롭지도 않았다. 환자의 다리 마비는 아버지의 권력에 저항하지 못하고 자신의 성인 자아상에 일치하는 직업을 자율적으로 선택하지 못하는 순수한 무력감을 사실적으로 표현한 것이다. 이 같은 마비 현상이 실제로 어떻게 발생하고, 카타르시스(무의식적으로 억압받고 있는 감정, 갈등, 욕구 등이 자유롭게 표출되는 것)와 소산(abreaction, 심리치료에서 고통스러운 정서적 경험을 재생시키는 것) 과정에서 어떠한 정신생리학적 매개 과정이 이 마비 현상을 해결할 수 있는지는 정신신체의학(psychosomatic medicine, 신체의 질환을 정신적 원인과 육체적 현상을 관련지어서 연구하는 의학의 한 분야로 심신의학이라고도 한다)이 풀어야 할 커다란 수수께끼다. 하지만 전환 증상은 심리적이고 사회적인 목적을 가진 신체적 상징이자 말 그대로 상충하는 의미들이 구현된 것으로 설명할 수 있을 만큼 충분히 알려져 있다. 여기서 근육의 마비는 환자의 의지가 담긴 현상임을 은연중에 나타내며, 그로 인해 발생하는 장애는 환자가 아버지의 요구 사항을 정당하게 거부할 수 있는 실질적인 효과를 지니지만, 환자가 원하는 것은 받아들여지지 않는다. 정신분석학적 해석의 문제점은 그 해석을 제시한 사람들이 이러한 수준의 분석에 만족하지 못하고 대개 임상적 혹은 과학적 근거가 거의 없는 더 심오한 의미를 찾으려 한다는 것이다. 현실을 오로지 정신분석학적으로만 탐구하려는 행동은 강박적으로 생물의학을 연구하는 무감각한 환원주의만큼 철저히 환자를 비인간화할 수 있다.

이 사례뿐 아니라 정신과 전문의에게 치료받은 다른 유사한 사례들에서도 증상의 시작은 질병에 내재되어 있는 특별한 의미들의 맥락에서 해석된다. 증상과 맥락은 상징과 텍스트로 해석될 수 있다. 텍스트는 상징이 의미하는 바를 확장하고 구체화하며, 상징은 텍스트의 잠재적 가능성을 결정 짓는다. 텍스트에는 수많은 잠재적 의미가 담겨 있지만, 증상이라는 상징에서는 오직 하나 혹은 몇 가지 의미만 유효하다. 물론 현재 증상이 나타내는 상징과 삶이라는 텍스트에 담긴 의미가 불필요하게 중복되고 있으며, 임상 연구에 해당하는 이 둘에 관한 해석 역시 불확실성과 모호성 때문에 실험 내용이나 현미경 슬라이드에 담긴 종양에 관한 해석보다 외국 사회의 종교적 의식에 관한 문학 평론이나 인류학적 분석에 가깝다. 그런데 질병을 질환으로 재구성하는 인간의 행동을 해석하는 과정에서도 임상 행동이 자연과학의 연구 방법과 구분된다는 비슷한 점이 있는데, 특히 인간의 행동이 질병이라는 긴박한 맥락과 고통을 완화하기 위해 개입해야 하는 치료적 의무에 영향을 받기 때문이다. 나는 질병 행동의 본질과(결국 환자와 그 가족도 적극적으로 해석에 참여하고 있기 때문에) 진료 과제에 관해 설명하고 있으며, 이 둘은 모두 현재 해석을 핵심 활동으로 보는 인문과학에 더 가깝다는 것을 시사한다.

앞의 히스테리성 마비 사례에서 드러나듯 일반적인 만성질환 사례를 보면 신체적 상징의 기여는 중요하지도 않고 그렇게 여겨질 필요도 없지만, 의료진들은 앨리스 올콧의 사례에서처럼 열정과 내적인 혼란이라는 개인적 영역이 어떻게 질병 경험을 악화시키는지 (보통은 우연히 직감적으로) 연구하는 데 익숙해졌다. 여기서 프로이트의 공헌은 환자의 인생사와 질병의 사회적 맥락에 관한 해석을 의사가 적절히 갖춰야 할 기술적 요소라고 인정한 것이다. 프로이트와 그 제자들은 질병이라는 텍스트를 온전히 해석하는 데 있어 부엌과 사무실, 교실 등에서 벌어지는 사건들이 전부 필요했다. 이러한 시각은 계속해서 정신과 의사, 심리학자, 1차 진료 의사, 간호사 등 수많은 관련 전문가들의 흥미를 끌고 있으며 질병의 아주 사적인 의미를 다루는 새로운 언어를 의료 서비스 전반에 구축하고 있다.

진찰을 받는 환자가 옷을 벗어 습진으로 인한 흉터 또는 건선으로 인한 각질과 홍반으로 덮인 몸을 드러내 보일 때 의사는 환자에게 수치심, 상처, 분노, 절망 혹은 다양한 감정이 일어날 수 있음을 인식해야 한다. 이러한 감정은 질병 경험의 핵심 요소로 환자의 일반적인 생활 경험과 질병 자체, 치료에 대한 반응 등에 영향을 미칠 가능성이 크다. 의료진의 역할은 환자의 아주 내밀한 비밀을 찾아내는 것(이는 위험한 관음증으로 쉽게 이어질 수 있다)이 아니라, 만성질환자와 그 주변 사람들이 그들의 삶과 치료 과정에 영향을 미칠 수 있다고 보이는 개인적인 의미를 받아들일 수 있도록(즉 수용하거나 관리하거나 변화시킬 수 있도록) 돕는 것이다. 나는 이것이 현재 환자에게 권한을 부여하는 개념의 본질을 구성한다고 생각한다.

설명과 감정의 의미

앨리스 올콧의 사례는 새로운 유형의 질병 의미를 보여주는데, 바로 질병과 치료의 다양한 측면을 이해하는 데 도움이 되는 설명 모델을 만들어 내려는 아픈 사람 당사자와 가족, 의사의 투쟁이다. 간략히 말하면, 이러한 설명 모델은 환자의 다음 모든 질문 혹은 일부 질문에 대답이 될 수 있다. 질병의 원인은 무엇인가? 언제, 왜 그 질병이 발병했는가? 그 질병이 내 신체에 미친 영향은 무엇인가? 현재 질병의 진행 과정은 어떠하며, 나는 앞으로 질병이 어떻게 진행될 것인지 예상할 수 있는가? 증상이 개선되거나 악화되는 원인은 무엇인가? 질병과 질병의 악화, 질병의 결과를 나는 어떻게 통제할 수 있는가? 질병이 내(우리) 삶에 끼친 주된 영향은 무엇인가? 내가 이 질병에 관해 가장 두려워하는 것은 무엇인가? 나는 어떤 치료를 받고 싶으며, 어떤 치료를 예상하는가? 나는 그 치료의 어떤 결과를 두려워하는가? 아픈 사람의 관점에서 질문하긴 했지만 이 질문들은 환자 가족의 고민이기도 하다. 의사들이 질병에 관한 환자의 시각을 이해하려면 이러한 고민에 대답해야만 한다.

이 질문들은 단지 정보를 얻기 위해 묻는 것이 아니다. 여기에는 깊은 감정이 담겨 있다. 표정, 목소리 톤, 자세, 몸의 움직임, 걸음걸이, 특히 눈은 장기간 만성질환에 시달릴 때 많이들 겪는 정서적 동요를 드러낸다. 분노, 절망, 죄책감, 근심 등 어려운 감정이 표현되고 처리되는 방식 역시 환자와 그 가족이 질병을 다루는 태도를 보여준다. 정서적 동요는 만성질환에 대한 반응이 아니라 만성질환의 예상 가능한 부분이다. 게다가 이러한 정서적 기복은 만성질환의 주요한 변화를 일으킬 수 있는 생리학적 변증법의 표현이다. 만성질환의 변화는 중요하지 않은 적이 없다. 만성질환자는 경계선에 살고 있다. 다시 말해 아주 작은 변화가 불만을 수용할 수 있는 고요한 상태와, 드물지 않게 위험한 상황을 초래할 만큼 참을 수 없이 고통스러운 증상이 폭발하는 상태라는 두 차이를 불러올 수 있다.

만성질환 행동은 속내를 감춘 미소나 뻣뻣한 윗입술로 기분을 감출 수 있다. 반면 콸콸 쏟아지는 눈물이나 좌절이라는 지독한 저주처럼 투명하게 드러날 수도 있다. 모차르트 음악은 모든 게 조용하고 통제된 것처럼 보이는 곳에서도 활화산 근처에 자리 잡은 이탈리아 정원처럼 여겨졌다고 한다. 만성질환의 그 바닥의 흐름은 화산과 같다. 그것은 사라지지 않는다. 위협적이고 통제 불가능하며 언제든 폭발할 수 있다. 그리고 지긋지긋하게 반복된다. 위기에 맞서는 건 전체 그림의 한 부분에 지나지 않는다. 나머지는 일상의 근심과 맞서 싸우는 일이다. 즉 연석을 넘어갈 수 있는지, 숨을 헐떡이지 않고 꽃을 볼 수 있는지, 화장실을 빨리 갈 수 있는지, 토하지 않고 아침을 먹을 수 있는지, 근무 시간을 견딜 수 있게 허리 통증 강도를 약하게 유지할 수 있는지, 밤새 잠을 잘 수 있는지, 성관계를 시도할 수 있는지, 휴가 계획을 세울 수 있는지, 아니면 삶을 부담스럽고 불편하고 자주 절망에 빠트리는 수많은 어려움을 있는 그대로 직시할 수 있는지 말이다. 내가 보기에 이러한 문제들과 그로 인한 감정을 매일 이겨내고 기나긴 질병 생활을 우아하고 기백 있고 심지어 유머스럽게 살아가는 데서 오는 일종의 온화한 영웅주의가 있는 것 같다. 다른 사람들은 이해하지 못하더라도 환자와 가족들은 이 용기가 무엇인지 잘 알고 있다.

만성질환은 또한 건강과 정상적인 신체 과정에 대한 자신감의 상실을 의미한다. 천식은 호흡이 원활하게 되거나 발작적인 기침을 빨리 끝내는 것 말고는 방법이 없다. 간질병 환자는 언제 발작이 올지 모르기 때문에 디모클레스의 검(신변에 늘 따라다니는 위험) 바로 밑에서 산다고 볼 수 있다. 만성 축농증 환자는 한쪽 비강이 부분적으로 막혔다가 양쪽 비강 모두 막히게 되고 결국엔 양쪽 비강이 완전히 막혀버려 박동성 이명(귀에서 맥박 뛰는 소리가 들리는 이명 증상)과 구강 호흡 증상이 나타나게 되는데, 이는 수면을 방해하고 기음증(공기를 무의식적으로 많이 마시게 되는 증상)과 더불어 배에 가스가 차거나 복부 경련과 같은 결과를 초래한다. 만성 축농증 환자에게는 비강 흡입제 또는 코막힘 완화제 처방 같은 치료적 개입이 이뤄진다. 비강 흡입제는 일시적으로는 도움이 되지만 시간이 지나면서 효과가 떨어지고 반동성 부비동 충혈이 발생할 수 있다. 또 코막힘 완화제는 복부 불편과 무기력증을 유발하고 천식을 악화시킬 수 있다. 증상의 재발을 막기 위해 환자는 이 모든 걸 감내하고 계산하며 신경 써야 했다. 게다가 증상의 주기가 시작될 때마다 환자는 보편적인 행복의 요소로 우리 인간에게 필요한 기본적인 신체 과정의 적합성과 신뢰성에 대한 믿음을 잃게 된다. 이 같은 자신감 상실은 최악의 상황에 대한 암울한 기대로 이어지거나 사기 저하와 절망감을 유발하기도 한다.

앨리스 올콧의 사례와 밀접하게 관련된 감정은 건강을 상실한 것에 대한 슬픔과 비참함, 즉 일상 행동과 자신감의 육체적 기반을 향한 애도이다. 신체 건강은 아주 기본적인 개념이라 우리는 이에 대해 전혀 생각하지 않는다. 신체 건강은 우리 일상생활의 확실한 기초가 된다. 만성질환은 이 기초적인 신뢰에 대한 배신이다. 그래서 불신, 불확실성에 대한 분개, 상실감에 포위당했다고 느낀다. 만성질환자의 삶은 이 육체적 배신과 밀접하게 관련된 감정들로 작용하는 것이다. 즉 혼란, 충격, 분노, 질투, 절망에 빠지는 것이다.

만성질환의 생리학적 측면은 설명 모델과 그것이 함축된 의미를 형성한다. 의료인류학자 헬먼에 따르면, 천식 환자와 궤양성 대장염 환자의 설명은 다음 두 가지 뚜렷한 병리학적 변화로 크게 달라진다. 즉 생명 활동에 갑자기 가해지는 위협과 만성적인 불편함이다. 의미와 생리적 경험이 뒤얽혀 두려움과 자기 패배적인 자아 개념이 증폭되고, 이는 이미 무너지기 직전의 생리적 과정을 자극한다. 여기서부터 상징이나 증상과 함께 악순환이 시작될 수 있다. 최악의 결과는 포기인데, 이는 환자의 설명 모델에서 쇠락에 관한 생각이 뿌리 깊이 박혀 있어 억제할 수도 굽힐 수도 없는 상태로 나타난다.

환자와 가족들은 수많은 개별 증상과 사건이 발생하는 하루하루를 감당하고 있다. 심각한 결과도 발생하는데, 어떤 결과는 피할 수 있고 어떤 결과는 피할 수 없다. 또한 증상이 잠깐 개선되거나 악화되는 시기도 있다(두 경우의 연관성을 알 수 있을 때도 있지만 도저히 설명 불가능할 때도 있다). 그리고 일상적인 활동, 특별한 행사, 직업, 인간관계뿐 아니라 아마도 가장 고통스러울 자존감에 대한 위협도 존재한다. 게다가 만성질환 치료는 다른 여러 어려움을 초래한다. 치료 비용이 상당하며, 병원을 오가는 데 수많은 시간을 써야 하며, 진료실에 앉거나 서 있는 채로 여러 가지 검사를 받고 병원 침대에 누워 기다려야 한다. 또한 시간은 식사, 라이프 스타일, 취미와 더불어 일상에서 당연시 여겨지는 활동에 큰 지장을 줄 수 있는 특수 치료에 속절없이 낭비된다. 접수 담당자, 간호사, 그리고 매번 다른 의사들에게 설명해야 하고 같은 질문도 반복해서 답해야 한다. 환자는 약사나 의사 혹은 보험사에서 전화가 걸려올 때까지 기다려야 한다. 이 모든 일은 사람을 지치게 만든다. 환자들에겐 좌절감과 짜증, 때로는 주기적으로 대놓고 불만을 폭발시키는 저급한 반발심이 생기기도 한다. 게다가 불안하고 예측 불가능한 약물의 부작용 또한 존재한다. 위험한 검사와 새로운 치료적 개입은 의사의 부주의에서 비롯된 결과를 가져오기도 한다. 만성 질환자 대부분은 건강식품, 침술, 자기 최면술 등 별의별 대체 치료를 시험 삼아 해본다. 대체 치료사들은 옛날 가짜 약을 판매하던 사람들처럼 정통 치료법의 무효능에 기대어 살지만 환자들에게 희망을 주기도 하고 때로는 도움이 되기도 한다. 자가 치료를 진행하거나 비전문가의 조언을 듣거나 여러 병원을 전전하는 일도 흔하다. 환자처럼 종종 좌절감과 무력감을 느끼는 의사와의 치료적 관계에서도 문제가 발생한다. 더욱이 시간이 지나면서 좌절감을 주는 원망과 분노가 다른 사람들에게도 퍼지게 된다. 그리고 정신 없이 바쁜 활동과 걱정, 불확실성의 이면에는 끔찍한 합병증과 때 이른 죽음의 위협이 어렴풋이 숨어 있다.

만성질환자에게는 디테일이 생명이다. 만성질환에 대한 대처법은 신체적 과정을 정기적으로 세심하게 관찰하는 것을 의미한다. 때로는 한 시간마다 증상 악화의 잠재적 원인이 될 수 있는 구체적인 상황과 사건에 조금도 방심하지 말고 집중해야 한다. 이미 밝혀진 자극 요인들을 통제하기 위해 매일 탐색이 이루어져야 한다. 기운이 빠지더라도 활동을 시작하거나 마칠 시기, 기본 의약품에서 2등급 의약품으로 전환할 시기, 전문가에게 도움을 요청할 시기도 결정해야 한다. 그리고 이 모든 것은 평범한 삶을 "짜증스럽고 윙윙거리는 혼란"으로 만드는 바로 그 압박, 위협, 예상 밖의 변화라는 삶의 맥락에서 일어난다. 기진맥진이 만성질환자의 공통된 경험 중 하나라는 사실이 놀랍지 않은가?

만성질환의 종류는 수백 가지가 있다. 한 사람당 서너 종류의 만성질환을 앓는 건 75세 이상의 노약자들 사이에선 흔한 일이다. 60세 이상의 사람들 역시 최소한 만성질환 하나 정도는 대부분 경험한다. 만성질환은 생애 주기의 다른 단계에서도 흔하게 발생한다. 즉, 우리는 어느 사회에나 존재하는 질병률이라는 엄청난 무게의 짐에 관해 이야기하는 것이다. 정신적 고통과 장애로 인한 개인적이고 경제적인 비용을 통해 만성질환은 모든 사회 단위에 영향을 미친다. 만성질환은 여러분이나 내가 아니더라도 부모님, 조부모님, 자녀, 형제자매, 친척, 친구, 이웃, 직장 동료 혹은 고객에게 나타날 수 있다. 누구에게나 일어날 수 있는 문제인데도 우리는 이렇듯 삶의 당연한 부분을 부정하며 꼭꼭 숨기고 있는 사회적 장치에 놀랄 뿐이다. 만성질환의 만연이라는 이미지는 자본주의나 사회주의 이념을 따르는 국가들이 원치 않는 그림이다. 국가는 소비를 장려하고 정부 캠페인에 사람들의 열정을 동원하려 하기 때문이다. 병약함과 장애에 대한 이미지는 많은 사회 시스템이 논의하길 꺼리는 도덕적 의문을 불러일으킨다. 이미지 메이킹이 정치의 본질이 되어버린 현시대에는 어떠한 정부도 이러한 현실을 드러내려 하지 않는다. 그렇게 되면 사회에서 유지되길 바라는 순진한 낙관주의가 위험에 처하기 때문이다.

지금까지 언급한 어려움에 제대로 대처하려면 원인과 결과에 관련된 질문과 질병을 효과적으로 관리하는 방법이 반드시 논의되어야 한다. 이 질문들에 대한 답은 아픈 당사자뿐 아니라 사회관계망이나 미디어, 정통 및 대체 치료 시스템에 몸담고 있는 모든 사람에게서 나올 수 있다. 그들의 설명은 만성질환이라는 거친 바다를 헤쳐나갈 수 있는 신속한 전략을 세우는 데 꼭 필요하다. 게다가 만성장애가 나타나는 과정에 더 깊고 강력한 영향을 미치는 기류를 평가하는 장기 전략에는 지속적인 관찰과 정보 수집이 필요하다. 즉 만성질환자는 과거의 사건을 최근의 변화에 비추어 재구성하는 수정주의 역사학자들과 비슷하다. (안타깝게도 그들은 역사를 배울 때에도 역사를 반복해야 한다는 비난을 자주 받는다.) 무슨 일이 일어났으며 왜 일어났는지 해석하고 앞으로 일어날 수 있는 일을 예측하는 것은 현재를 질병 의미와의 끊임없는 자기 성찰적 싸움으로 이해한다. 이 사건은 치료와 예방 조치라는 제방의 붕괴를 예고하는가? 그 경험은 더는 내가 이 대처 전략에 기댈 수 없다는 의미였는가? 앞으로는 1년 전처럼 증상이 악화될 것인가, 아니면 2년 전처럼 큰 문제 없이 지나갈 것인가?

만성질환자는 좋은 징조와 나쁜 징조를 해석하는 사람이다. 그들은 과거 경험들이 뒤죽박죽 섞인 기록을 연구하는 사람이다. 또한 현재 겪는 어려움과 성공의 기쁨을 세심하게 기록하는 작가이자, 옛 영토와 새 영토의 지도를 만드는 지도 제작자이다. 그리고 질환의 산물(가래의 색깔, 변이 무른 정도, 무릎 통증의 강도, 피부 병변의 크기와 형태 등)을 감정하는 사람이다. 끊임없이 이뤄지는 재검사에는 수많은 자기 인식의 기회가 있다. 하지만 부정과 환상은 우리 모두에게 일상 속 사건들이 그렇게 위협적이지 않으며 사람들의 지지가 계속 이어질 것처럼 보이게 할 준비가 항상 돼 있다. 인간의 보편적 특징인 신화 만들기는 자원이 실제 묘사보다 우리 욕망에 부합한다는 것을 확실히 보여준다. 요컨대, 자기기만은 만성질환을 견딜 수 있게 해준다. 환상과 신화가 그 자체로 생리적 증상을 개선할 수 있다는 낙관주의를 유지하는 데 유용하지 않다고 말할 수 있을까? 내 요점은 혼란스럽고 제멋대로인 '자연적' 현상을 어느 정도 길들이고 신화화하고 종교의식으로 통제하여 '문화적' 경험으로 바꾸기 위해 환자와 그 주변 사람들이 만성질환의 의미를 만들어 낸다는 것이다.

만성질환에 대한 환자의 설명 모델은 치료 과정에서 실질적인 행동 선택권을 열어 놓는다. 또한 환자가 증상을 관리하고 표현함으로써 상징적으로 통제할 수 있게 해준다. 만성질환자에 대한 효과적인 임상 치료의 핵심 과제 중 하나는 환자의 질병 경험을 비전문가의 설명 모델로 인정하고 해당 설명 모델에 사용되는 특정한 용어를 활용해 수용 가능한 치료 접근법을 조율하는 것이다. 하지만 우리는 이 과제의 가치를 너무 쉽게 과소평가한다. 또 다른 핵심 임상 과제는 환자가 살아온 이야기를 공감의 시선으로 해석하여 질병을 인생사의 소재로 바꾸는 것이다. 여기서 의사는 아픈 사람이 개인적으로 만들어낸 신화, 즉 질병에 형체를 부여해 다른 무서운 현실과 거리를 두는 이야기를 듣게 된다. 의사는 환자와 그 가족들이 겪어온 삶의 시련을 최종 변론하는 과정에 참여한다. 그들의 이야기는 불의와 용기, 역경을 딛고 일군 개인의 승리 등 삶의 핵심 주제를 강조한다.

따라서 환자들은 자신의 질병 경험(환자 본인과 배우자에게 질병이 어떤 의미였는지)을 개인적인 이야기로 규정한다. 환자의 질병 서사는 환자가 말하고 배우자가 다시 전하는 이야기로 개별 사건과 장기적으로 고통을 겪어온 과정에 긴밀한 연관성을 부여한다. 질병 서사를 구성하는 줄거리, 핵심 은유, 수사적 장치들은 유의미한 방식으로 질병 경험을 배열하고 그 의미를 효과적으로 전달하기 위한 문화적 및 개인적 모델에서 도출된다. 이러한 설명 모델은 만성질환을 앓는 기간이 장기화되면서 경험을 구체화하고 심지어 새로 만들기도 한다. 개인적 서사는 단순히 질병 경험을 반영한다기보다 증상과 고통의 경험을 유발한다. 환자와 그 가족의 경험을 온전히 이해하려면 임상의는 우선 환자와 환자 가족의 호소에 드러나는 질병 서사와 설명 모델을 종합해야 한다. 그런 다음 환자의 경험을 증상의 상징, 문화적 의미가 두드러지는 질병, 개인적 혹은 사회적 맥락 등 다양한 형태의 질병 의미에 비추어 해석해야 한다.

질병 이야기를 만들고 그것을 말하는 것은 특히 노인들에게서 흔하게 찾을 수 있다. 그들은 종종 질병 경험을 자신의 인생사에 매끄럽게 엮어내는 듯 보이지만, 사실은 자신의 이야기를 끊임없이 수정하고 있다. 인생의 마지막 시기에는 과거를 돌아보는 일이 현재의 대부분을 차지한다. 청소년기와 청년기에는 꿈을 만들어가는 것이 당연하듯, 삶의 길고 고된 여정을 되돌아보는 시선 역시 생애 주기의 마지막 단계에서 자연스러운 일이다. 기억은 정리되고 머릿속 적절한 위치에 놓인 후 다시 떠올려진다. 마찬가지로 기억이 다시 전달된다는 게 중요한데, 이때는 끝을 향해 급격히 달려가는 이야기로 여겨질 수 있다. 이것이 바로 노인의 이야기다. 적절한 결말이 있는 논리 정연한 이야기를 구성하는 것은 남겨진 모든 것들과 자기 자신과의 사별이다.

이 이야기에서 질병은 다른 불행과 마찬가지로 전형적인 고난과 결정적인 물리적 힘으로써 교훈적인 위치를 차지한다. 무시무시한 일이었으나 이제는 웃어넘길 수 있는 과거인 셈이다. 인생에 동화된 질병은 노인 환자가 살면서 좋았던 시절과 나빴던 시절을 이야기하는 데 도움이 된다. 이 발달 단계의 심리생물학적 변화에 중심을 차지하는 바로 이 이야기 엮기 과정은 노인 환자가 질병 및 과거와 현재에 보이는 반응의 필수 요소다. 이 이야기를 하는 것은 매우 중요하다. 왜냐하면 이야기 엮기 과정은 조언할 권위를 부여하고 젊은이들과, 환자가 죽은 후에도 그의 이야기를 이어가야 하는 사람들과의 유대를 재확인할 수 있도록 결정적인 전문 지식을 확립해 주기 때문이다. 의료진에게 중요한 것은 환자의 인생 이야기를 목격하고, 그 해석을 검증하고, 그 가치를 확인하는 일이다.

우리는 대개 중요하다고 여기는 사람들에게 자신의 생각을 말한 후 그들의 반응을 살핌으로써 자기 자신의 생각을 파악한다. 노인들이 우리에게 자신들의 이야기를 전달할 때도 이와 비슷한 일이 일어난다. 노령화로 인지 능력이 떨어지면서 대화가 점점 독백이 되긴 하지만 말이다. 삶의 끝에 닥친 비극 중 자신의 인생

이야기를 들어줄 사람이 아무도 없는 연약한 노인 환자의 비극만큼 의사의 마음을 아프게 하는 건 거의 없다. 실제로 노인 환자의 이야기를 대신 들어주는 것은 의사가 그들을 돌볼 때 할 수 있는 가장 훌륭한 역할이 될 수 있다.

질병이 비극적인 결말을 불러왔거나 그러한 결말을 가까스로 피한 상황에서 회고적인 이야기 엮기는 빈번하게 발생한다. 이 경우 질병 서사는 도덕적 목적을 지닐 수 있다. 핵심적인 문화적 가치가 공격받고 있음을 재확인하고 구조적 긴장이 고조된 사회적 관계를 다시 통합하는 종교의식에서 신화를 낭독하는 듯한 느낌이 드는 것이다. 질병 서사는 종교의식에서 활용되는 신화처럼 상실에 형체와 궁극성을 선사한다. 질병에 대한 이야기는 부당하다고 여겨지는 것과 개인적으로 경험한 억압을 비난하는 손가락질을 가리키는 정치적 논평의 기능까지 수행할 수 있다. 이러한 이유로 회고적 이야기 엮기는 질병 경험의 실제 사건(역사)을 쉽게 왜곡할 수 있다. 왜냐하면 회고적 이야기 엮기의 목적이 역사적 상황에 대한 충실도가 아니라 자신의 인생사를 만들어 가는 과정에서의 의미와 타당성 획득이기 때문이다.

불길한 종류의 회고적 이야기 엮기는 장애로 인한 소송이나 의료 과실 소송이라는 논쟁에 맞추어 질병과 치료에 관련된 이야기를 극단적으로 지어내면서 발생한다. 의사의 진료 기록엔 환자와의 상호활동이 나타나 있는데 동료들이 검토하거나 공식적인 기록 검사로 질환의 증상이 재구성될 수도 있기 때문이다. 그 기록은 관료제의 비판과 법적인 제재로부터 의사를 보호하는 역할을 할 수도 있다. 전례 없는 동료 평가의 압박과 의료 소송이 유행하는 시대에 우리는 질병 의미의 이러한 측면이 개인적 및 사회적 의미에 점점 더 위협이 될 것으로 예상할 수 있다. 물론 의사가 만드는 환자의 회고적 이야기 엮기는 종종 비전문가에게 설명을 보충하는 역할을 수행한다. 경고성 이야기, 도덕적 모범, 환자의 생애에 대한 최종 판단 등이 이에 해당한다. 모든 의사는 예측 불가능하고 통제가 어려운 만성질환의 갑작스러운 공격을 받더라도 자신의 전문적 능력을 믿어야 하므로 의료 종사자의 서사 창조는 무능함과 심지어 실패의 감정이 들지 않게 막아주는 일종의 문제 제기 기능을 할 수 있다.

환자와 그 가족의 질병 설명 모델과 의사가 특정 시간에 특정 상황에서 특정 장애를 앓는 특정 환자의 질병 행동에 관해서 하는 해석에는 유사성이 있다. 의사와 학자들은 질환을 인식하게 될 뿐 아니라 만성질환의 개인적 의미와 사회적 쓰임새를 파악한다. 하지만 의사들이 파노라마적 시각을 가진 건 아니다. 오히려 그들은 설명 모델의 다른 요소, 즉 사람, 배경, 질병, 질병 행동의 한 부분에 초점을 맞춘다. 모든 의사는 만성질환이 과잉 규정된 상태이며, 대개 '이것 아니면 저것'이 아닌 '이것과 저것과 그리고 그것'처럼 많은 의미를 전달한다는 걸 알고 있다. 이런 경우 의사는 각 의미의 우선순위를 어떻게 결정할까? 선택적 해석 과정은 관찰자인 전문가의 관심사와 만성질환자 치료라는 해석의 의도된 목적을 반영한다. 이처럼 실질적인 치료 방향은 환자와 그 가족의 관심사만큼 해석을 제한한다. 나는 5장에 기술된 질병 설명 모델에서 이 과정을 다루었고, 13, 14장에서는 이 주제를 확장해 질병 의미와 의사라는 직업 간의 관계에 대한 내 생각을 이야기했다. 여기서는 의사의 개인적 관심(역전이)과 직업적 관심(질환)이 질병 해석에 강한 영향을 미친다는 간단한 사실을 강조하고 싶다. 결국 의사의 해석은 대상으로서의 환자에게서 질병 의미를 수동적으로 관찰한 결과가 아닌 주체인 환자와의 대화를 통해 그 의미를 능동적으로 생성한 것이라 보는 편이 더 나을 수 있다.

다시 말해 질병은 치료, 과학, 직업, 경제, 개인 등 자신의 특정 관심사에 비추어 환자의 질병 이야기를 듣는 의사들에게 특별한 의미를 지닌다. 의사가 알 수 없는 질병을 정확한 질환으로 진단하기도 전에 환자의 질병 이야기를 받아들이는 바로 그 방식이 설명과 해석에 영향을 미친다. 환자들은 집, 병원, 개인 사무실, 장애 기관, 법정 등 각기 다른 환경에서 주어지는 요구 사항과 그것이 특정 방식으로 이야기를 전달하는 데 어떻게 도움이 되는지 알고 있다. 마찬가지로 의료진 역시 이 문제에 관해 곰곰이 생각해 본다면(위급 상황에서는 대부분 그러지 않는다) 환자의 이야기를 듣는 방식이 자신들의 말하기와 듣기를 구속한다는 걸 인지하게 된다. 응급실에서 바쁘게 근무하는 외과의, 회진 중인 산부인과 의사, 종합 병원에서 근무하는 내과의, 주립 병원 병동이나 개인 병원의 정신과 의사, 피로에 찌든 인턴, 생명 윤리에 관해 지적하는 교수 등 모두 각자의 방식으로 이야기를 듣는다. 고개를 끄덕이거나 이리저리 움직이는 등 환자를 바라보는 의사의 태도는 환자가 자신의 질병 이야기를 전하는 방식에 영향을 미친다. 게다가 의사는 우선순위에 따라 선별적으로 환자의 설명에 주의를 기울이게 되므로 어떤 이야기는(때로는 환자가 말하지 않아도) 집중해서 듣지만, 어떤 이야기는(심지어 환자가 반복해서 말하는데도) 말 그대로 귀에 들어오지 않는다. 게다가 의사들이 받는 교육은 은유적 의미를 이해해야 하는 이야기를 놓고 표면적 의미만 해석하려 하는 위험한 오류를 부추긴다.

나는 이 현상을 서로 다른 환경에서 서로 다른 환자와 상호작용하는 각각의 의료진이 저마다 다른 임상 현실(당면한 문제를 정의하고 사람들이 치료법에 거는 기대를 인식하는 것)을 구성하는 방식이라 본다. 자본주의 사회 어디에서나 가장 중요한 재정 문제는 환자와 의사의 임상적 만남에서도 이해관계를 숨기지 않으며 종종 임상적 의사소통과 의료 행위를 왜곡할 때도 있다. 임상의와 학자들은 수많은 개인적 및 문화적 편견으로 가득 찬 본인의 해석 체계를 분석해볼 필요가 있다. 또한 스스로 만들어낸 다양한 형태의 임상 세계를 다시 생각해 봐야 한다. 그리고 치료에 관한 관심이 이론 검증, 연구 논문 출판 혹은 단순한 생계 유지와 전문 경력 발전이라는 관심 쪽으로 바뀌고 있는 상황도 알고 있어야 한다. 특정 범주에 속하는 만성질환자를 향한 불쾌한 고정관념에 동조하는 직업적 편견("늙은이", "괴물", "항상 아프다고 하는 환자" 등)도 하나의 예가 될 수 있다. 우리의 관심은 환자의 이야기를 해석하는 사람으로 분류되는 의사들이 지속적인 자기 성찰을 통해 효과적인 치료에 걸림돌이 되는 행위인 질병 경험의 권위를 극단적으로 깎아내리는 해석을 하지 않게끔 하는 것이 되어야 한다. 이는 만성질환을 다루는 임상 실무와 연구에서 매우 중요한 문제인데도 아직 적절한 논의가 이뤄지지 않고 있다.

　네 번째 관점으로 질병 의미를 살펴보면, 앨리스 올콧의 주치의들은 그녀의 사기 저하 상황을 듣거나 보려 하지 않았다. 부정은 대체로 사회적 행위에 가깝다. 의사들은 병을 앓는 동안 자신이 끝없는 내리막길을 걷게 될 것이라는 올콧 부인의 암묵적인 설명 모델(그들이 말없이 나누게 된 생각)에 굉장한 위협을 느꼈다. 하지만 앨리스 올콧은 포기하지 않았고 심각한 상실에 다시 한 번 적응했다. 그녀는 자신의 포기하려는 성향과 그것이 가져올 위험한 결과에 대한 통찰력을 갖고 있었고, 그녀의 주치의들은 좌절과 무기력이라는 자신들의 감정을 받아들이게 되었다. 히스패닉계 미국인 의사인 토레스 박사는 차갑고 무감각하다는 영국 혈통의 뉴잉글랜드인에 대한 자신의 인종적 편견을 바꿀 수 있었다. 마침내 그는 앨리스 올콧이 두 가지 편견 어디에도 속하지 않는다고 생각했다. 그는 자신의 고정관념이 올콧 부인의 상태에 대해 애도하는 것을 피하기 위한 수단이었다는 사실을 깨닫게 되었다. 심리 상담을 병행하는 정신과 의사로서 나 역시 반대 근거가 있음에도 치료 가능한 정신질환(예컨대 주요 우울장애)이라는 진단을 해야 한다는 고집과 앨리스 올콧에게 멋대로 완치로 이어질 것이라 여긴 항우울제 약물을 투여하고 싶은 욕심, 이 두 가지를 모두 극복해야 했다.

　악화된 병세로 정상 생활이 점점 불가능해지는 환자의 사기 회복은 특별한 기술이 아니라 종합적인 임상 치료에서 비롯된다고 생각한다. 나는 공감의 시선으로 환자를 지켜보는 행동을 강조해

왔다. 이는 환자의 곁에 머무르며 환자가 자신의 경험을 이해하고 그 경험에 가치를 부여할 질병 서사를 구축하도록 장려하는 실존적 책무이다. 하지만 의사는 용기를 본보기로 삼고 다른 사람들에게서 그것을 보려 애쓰기도 한다. 또한 모순, 역설, 유머, 그리고 언제 멈춰야 하는지 아는 것을 포함해 지금까지 얻은 지혜를 바탕으로 고통을 이해한다. 나는 이것이 진료 행위와 질병 경험의 도덕적 핵심이라 생각한다. 치유자와 환자의 관계를 경제적 거래로 상품화하는 것은 이러한 관계의 측면을 정량화할 수 없으며, 이는 공유된 미덕으로서 비용/편익 방정식이나 재정적 손익에 의해 파악되지도 않는다. 이는 환자뿐 아니라 오히려 치유자에게 주는 선물이기 때문이다.

심리학자이자 철학자인 윌리엄 제임스는 에든버러에 모인 특별한 청중을 대상으로 한 1896년의 기포드Gifford 강연(이 강연 내용은 지금까지도 영향력을 발휘하는 그의 걸작인 『종교적 경험의 다양성The Various of Religent Experience』으로 출판되었다)에서 경험을 바라보는 현실적이면서도 개인적인 관점 두 가지를 이야기했다. 그는 고통의 문제와 더불어 유럽인을 세련된 사람으로, 미국인을 무지한 사람으로 보는 청중의 고정관념을 세심하게 신경 쓰며 두 관점의 특징을 '한 번 태어나기once born'와 '거듭나기twice born'로 묘사했다. 한 번 태어난 제임스는 일상과 종교를 표면적으로 보는 성향을 지닌 타고난 낙천주의자로, 희망적이고 긍정적이며 체계적이고 진보적이다. 이와 반대로 거듭난 사람들은 더 비관적이다. 그들은 경험의 어두운 이면에 집중하는 경향이 있다. 거듭난 사람들은 사회적 불평등과 개인의 고통에 관한 질문에 사로잡혔다.

만성질환 경험은 한 번 태어난 사람을 거듭난 사람으로 바꾸는 경우가 많다. 구소련의 반체제 인사이자 망명 시인인 이리나 라투신스카야는 어렵게 얻은 지혜에 대해 묵상하는 동시에 참혹했던 투옥 경험을 담은 자신의 시에 이를 역설적으로 다음과 같이 표현하고 있다.

이러한 축복은 생애 오직 한 번 일어날 수 있다,
어쩌면 딱 한 번만 필요할지도 모르겠다.

질병이 가르쳐 주는 도덕적 교훈은 살면서 감내해야 하는 원치 않는 부당한 고통이 있다는 것, 즉 만물의 자연적 이치에 무관심한 낙관주의라는 겉모습 이면에는 어둡고 가슴 아픈 부정적인 사건 사고들이 이어지고 있다는 깊은 불안이 존재한다는 것이다. 우리 몸 안에서 경험한 변화와 변덕, 혼돈은 우리가 존재한다고 믿게 된(믿어야 하는) 질서에 의문을 제기한다. 장애와 죽음은 우리의 삶과 세계를 다시 생각하게 한다. 내재적 변화든 초월적 변화든 인간이 바뀔 가능성은 때론 이 괴로운 통찰에서 싹트기 시작한다. 따라서 행동과 그 원인을 있는 그대로 받아들이는 사람들은 다채롭고 상징적이며 자기 성찰적인 세계관을 얻을 수 있다. 수요와 공급의 법칙을 경제적 인간이 추구하는 실리적 지혜로 만들어야 하는 합리적 계산법은 고통받는 사람이 자신을 이해하는 과정에서 겪는 어려움을 혼란스럽게 만들 것이다. 심각한 질병을 앓는 사람들에게 통찰력은, 빛날 때도 있지만 대개 암울했던 삶에서 신체적 통증과 마음고생을 겪으며 터득한 지혜의 결실일 수 있다. 환자의 가족과 의사에게 도덕적 통찰력은 연민과 공감이라는 감정적 경험에서 나올 수 있다. 바로 이 특별한 감각이 내가 만성질환과 돌봄에 내재한 도덕적 의미라고 생각하는 것이다.

네 가지 종류의 질병 의미와 이 장에서 다룬 다양한 하위 유형이 모든 것을 다 규명해 주는 건 아니다. 분명 다른 유형의 의미도 존재할 것이다. 하지만 나는 가장 중요한 유형을 다루었다고 생각한다. 나의 목적은 만성질환자의 실제 사례를 분석해 15, 16장에서 언급된 쟁점들을 종합하는 데 사용할 수 있는 이론적 기준을 세우는 것이었다. 질병의 인간적인 맥락에서 볼 때 경험은 문화적 범주와 개인적 의미 간 대립으로 빚어지기도 하며, 무질서한 생물학적 과정의 잔혹한 성질에서 비롯되기도 한다. 생리학에 관한 서술과 이야기에 관한 병리학의 반복적 효과는 인생에서 겪은 경험의 형태와 무게의 근원이다. 우리가 경험한 세계는 감정과 생각, 신체 과정을 질병의 지속성과 변화의 기반이 되는 단일한 핵심 구조로 결합한다. 이처럼 인간적인 변증법을 받아들이면 만성질환에서 비롯되는 골치 아픈 삶의 문제와 가장 효과적인 해결 방법을 이해하는 우리의 방식이 바뀐다. 또한 의학과 의료 서비스에 관한 우리의 인식도 변화한다.

감사의 말

나는 이 책의 대부분을 하버드에서 안식년 기간 동안 썼다. 내가 집필에만 전념할 수 있도록 배려해준 많은 기관과 사람들에게 깊은 감사의 마음을 전하고 싶다. 하버드 의과대학 사회의학과 학과장 레온 아이젠버그 교수, 하버드 대학교 인류학과 학과장 스탠리 탐비아 교수, 케임브리지 병원 정신의학과 과장 마이런 벨퍼 교수, 하버드 의과대학 학장 대니얼 토스테슨 교수, 하버드 대학교 문리학부 학부장 마이클 스펜스 교수에게 감사함을 전한다. 록펠러 재단, 미국국립과학재단, 미국사회과학연구위원회, 전미과학아카데미 산하 학술협력위원회 등에서 받은 지원금은 대부분 미국과 중국에서 만성통증과 만성질환을 앓고 있는 환자들을 연구하는 데 쓰였다. 또한 만성질환자에 관한 나의 설명 일부는 하버드 의과대학이 주관한 '의학 교육의 새로운 길'이라는 세미나에 참석한 학생들을 위한 교재로 작성되었는데, 학생들과 동료 교수들의 비판적 논평 덕분에 내용을 더 발전시킬 수 있었다. 나는 케임브리지 병원 및 워싱턴 대학 병원에서 10년 동안 1차 진료 의사와 정신의학과 레지던트들을 가르치기도 했는데 이때 만성질환이 임상의에게 미치는 문제를 더욱 명확하게 이해할 수 있었다. 미국국립정신건강연구소의 지원으로 '인류학의 임상적 적용'이라는 연구 프로젝트에 참여 중인 박사후 과정 및 박사 과정 연구생들을 지도하면서도 돌봄의 민족지학적 맥락에 대한 인식을 넓힐 수 있었다. 만성질환을 앓는 환자들과 그 가족들을 연구하고 돌본 경험은 이 책에 쓴 내용 대부분을 내게 가르쳐 주었다. 환자들과 가족들에게 이 자리를 빌어 은혜와 감사를 표할 수 있어 영광이다.

이 책의 주제에 관한 특별한 통찰은 내가 직접 겪은 만성질환 경험(천식)과 함께 가브리엘 스밀크스타인과 찰스 아템이라는 훌륭한 두 의사에게서 받은 돌봄 경험에서 비롯되었다.

우리 가족이 프랑스에서 성공적인 안식년을 보낼 수 있도록 적절한 장소를 제공해준 프란시스 짐머만 교수와 S. B. 라미 부인에게도 감사 인사를 표한다.

베이직 북스의 편집자 세 명에게도 감사하다. 스티브 프레이저는 원고를 꼼꼼하게 검토해 주었고, 놀라 힐리 린치의 교정 교열은 탁월했으며, 폴 골롭은 이 책이 무사히 제작될 수 있게 이끌어 주었다.

지난 몇 년간 나는 놀라울 정도로 유능한 어시스턴트 조앤 길레스피와 함께 일하는 행운을 누려왔다. 실제로 조앤이 이 책에 들인 노력은 어마어마했으며, 나는 조앤이 일하는 과정에서 보여준 성실함과 따뜻함에 가장 고맙다는 인사를 전하고 싶다.

최근 몇 년간 나는 일정 수준의 독자들에게 널리 읽힐 수 있는 글을 쓸 준비가 되어 있다고 생각했지만, 실제로 해보니 이는 상상 이상으로 어려운 작업이었다. 다른 많은 부분에서도 그렇듯, 아내 조앤 클라인먼 덕분에 포기하거나 굴복하지 않을 수 있었다.

참고문헌

Alexander, L. 1981. The double-bind between dialysis patients and their health practitioners. In *The relevance of social sciences for medicine*, edited by L. Eisenberg and A. Kleinman, 307 – 29. Dordrecht, Holland: D. Reidel.

———. 1982. Illness maintenance and the new American sick role. In *Clinically applied anthropology*, edited by N. Chrisman and T. Maretzki, 351 – 67. Dordrecht, Holland: D. Reidel.

American Psychiatric Association. 1980. *Diagnostic and statistical manual of mental disorders*. 3d ed. (DSM-III). Washington, D.C.

Ariès, P. 1981. *The hour of our death*. Translated by Helen Weaver. New York: Alfred A. Knopf.

Balint, M. [1957] 1973. *The doctor, his patient and the illness*. New York: International Universities Press.

Barme, G., and B. Lee, eds. and trans. 1979. *The wounded: New stories of the cultural revolution*, 1977 – 78. Hong Kong: Joint.

Barnes, D. M. 1987. Mystery disease at Lake Tahoe challenges virologists and clinicians. *Science* 234:541 – 42.

Bate, W. J. 1975. *Samuel Johnson*. New York: Harcourt Brace Jovanovich.

Beeman, W. 1985. Dimensions of dysphoria. In *Culture and depression*, edited by A. Kleinman and B. Good, 216 – 43. Berkeley: University of California Press.

Bellah, R., et al. 1984. *Habits of the heart*. Berkeley: University of California Press.

Benveniste, E. 1945. La doctrine medicale des indo-européens. *Revue de l'histoire des religions* 130:5 – 12.

Berkman, L. 1981. Physical health and the social environment. In *The relevance of social science for medicine*, edited by L. Eisenberg and A. Kleinman, 51 – 76. Dordrecht, Holland: D. Reidel.

Berlin, I. 1978. The hedgehog and the fox. In *Russian thinkers*, 22 – 81. Harmondsworth, England: Penguin.

Black, D. 1980. Inequality in health: A report. London: Department of Health and Social Security.

Bloch, M., and W. Parry, eds. 1982. *Death and the regeneration of life*. New York: Cambridge University Press.

Blumhagen, D. 1980. Hyper-tension: A folk illness with a medical name. *Culture, Medicine and Psychiatry* 4:197 – 227.

Bokan, J., et al. 1981. Tertiary gain in chronic pain. *Pain* 10:331 – 35.

Bond, M. 1986. *The psychology of the Chinese people.* Hong Kong: Oxford University Press.

Bosk, C. L. 1979. *Forgive and remember: Managing medical failure.* Chicago: University of Chicago Press.

Boswell, J. [1799] 1965. *Life of Johnson.* London: Oxford University Press.

Brandt, A. 1984. *No magic bullet.* New York: Oxford University Press.

Brice, J. A. 1987. Empathy lost. *Harvard Medical Alumni Bulletin* 60(4):28 – 32.

Briggs, J. 1970. *Never in anger: Portrait of an Eskimo family.* Cambridge, Mass.: Harvard University Press.

Brown, G., and T. Harris. 1978. *The social origins of depression.* New York: Free Press.

Browne, T. 1643. *Religio medici.* London: Andrew Crooke.

Burton, R. [1621] 1948. *The anatomy of melancholy.* Edited by F. Dell and P. Jordan-Smith. New York: Tudor.

Bynum, C. 1985. Disease and death in the Middle Ages. *Culture, Medicine and Psychiatry* 9:97 – 102.

Cassell, E. J. 1976. Disease as an "it": Conceptions of disease as revealed by patients' presentation of symptoms. *Social science and medicine* 10:143 – 46.

———. 1985. *Talking with patients.* Vol. 1, *The theory of doctor-patient communication.* Cambridge, Mass.: MIT Press.

Chen, J. 1978. *The execution of Mayor Yin and other stories from the great proletarian cultural revolution.* Bloomington: Indiana University Press.

Cohen, S., and L. Syme, eds. 1985. *Social support and health.* New York: Academic Press.

Conrad, J. [1915] 1957. *Victory.* Garden City, N.Y.: Doubleday Anchor Books.

Crick, B. 1980. *George Orwell: A life.* Boston: Little, Brown.

Daniel, V. 1984. *Fluid signs.* Berkeley: University of California Press.

Dressler, W. W. 1985. Psychosomatic symptoms, stress and modernization. *Culture, Medicine and Psychiatry* 9:257 – 94.

Drinka, G. F. 1984. *The birth of neurosis: Myth, malady and the Victorians.* New York: Simon and Schuster.

Ebigbo, P. O. 1982. Development of a culture specific (Nigeria) screening scale of somatic complaints indicating psychiatric disturbance. *Culture, Medicine and Psychiatry* 1:29 – 43.

Eisenberg, L. 1981. The physician as interpreter: Ascribing meaning to the illness experience. *Comprehensive Psychiatry* 22:239 – 48.

Ekman, P. 1980. Biological and cultural contributions to body and facial movement in the expression of emotion. In *Explaining emotions*, edited by A. O. Rorty, 73 – 201. Berkeley: University of California Press.

Engel, G. 1968. A life setting conducive to illness: The giving-in given-up complex. *Annals of Internal Medicine* 69:293 – 300.

—. 1971. Sudden and rapid death from psychological stress. *Annals of Internal Medicine* 74:771 – 82.

—. 1977. The need for a new medical model: A challenge for biomedicine. *Science* 196:129 – 36.

Enright, D. J., ed. 1983. *The Oxford book of death*. New York: Oxford University Press.

Erikson, E. 1958. *Young man Luther*. New York: W. W. Norton.

Fanon, F. 1968. *The wretched of the earth*. New York: Grove.

Favazza, A. R. 1987. *Bodies under seige: Selfmutilation in culture and psychiatry*. Baltimore: Johns Hopkins University Press.

Feinstein, H. 1984. *Becoming William James*. Ithaca, N.Y.: Cornell University Press.

Fitzpatrick, R. 1984. Lay concepts of illness. In *The experience of illness*, edited by R. Fitzpatrick et al., 11 – 31. London: Tavistock.

Foucault, M. 1966. *Madness and civilization*. Translated by Richard Howard. New York: Mentor Books.

Fox, R. C. 1959. *Experiment perilous: Physicians and patients facing the unknown*. New York: Free Press.

Frankenberg, R. 1986. Sickness as cultural performance: Drama, trajectory, and pilgrimage. *International Journal of Health Services* 16(4):603 – 26.

Freidson, E. 1986. *Professional powers: A study of the institutionalization of formal knowledge*. Chicago: University of Chicago Press.

Frolic, M. 1981. *Mao's people*. Cambridge, Mass.: Harvard University Press.

Geertz, C. 1986. Making experiences, authorizing selves. In *The anthropology of experience*, edited by V. W. Turner and E. M. Bruner, 373 – 80. Urbana: University of Illinois Press.

Goffman, E. 1963. *Stigma*. New York: Simon and Schuster.

Good, B. J. 1977. The heart of what's the matter: The semantics of illness in Iran. *Culture, Medicine and Psychiatry* 1:25 – 28.

Gottfried, R. S. 1983. *The Black Death: Natural and human disaster in medieval Europe*. New York: Free Press.

Groddeck, G. V. 1977. *The meaning of illness*. Translated by George Mander.

London: Hogarth Press.

Groopman, L. 1987. Medical internship as moral education. *Culture, Medicine and Psychiatry* 11:207 – 28.

Hackett, T. P., and A. D. Weisman. 1960. Psychiatric management of operative syndromes. *Psychosomatic Medicine* 22(4):267 – 82.

Hahn, R., and A. Gaines. 1985. *Physicians of Western medicine*. Dordrecht, Holland: D. Reidel.

Hahn, R., and A. Kleinman. 1983. Biomedical practice and anthropological theory: Frameworks and directions. *Annual Review of Anthropology* 12:305 – 33.

Hampton, J. R., et al. 1975. Relative contributions of history taking, physical examination and laboratory investigation to diagnosis and management of medical outpatients. *British Medical Journal* 2:486 – 89.

Heaney, S. 1980. *Preoccupations: Selected prose, 1968–78*. New York: Farrar, Straus, Giroux.

Heaney, S., and T. Hughes, eds. 1982. *The rattle bag*. London: Faber and Faber.

Heilbroner, R. 1986. *The nature and logic of capitalism*. New York: W. W. Norton.

Helman, C. 1978. "Feed a cold, starve a fever": Folk models of infection in an English suburban community. *Culture, Medicine and Psychiatry* 2:107 – 37.

———. 1984. *Culture, health and disease*. Boston: Wright.

———. 1985. Psyche, soma and society: The cultural construction of psychosomatic disease. *Culture, Medicine and Psychiatry* 9:1 – 26.

———. 1987. Heart disease and the cultural construction of time. *Social Science and Medicine* 24:969 – 79.

Horowitz, M. J., et al. 1984. Brief psychotherapy of bereavement reactions. *Archives of General Psychiatry* 41(5):438 – 48.

Hsu, F. 1971. Psychosocial homeostasis and jen: Conceptual tools for advancing psychological anthropology. *American Anthropologist* 73:23 – 44.

James, W. [1890] 1981. *The principles of psychology*, vol. 1. Cambridge, Mass.: Harvard University Press.

———. [1899] 1958. *Talks to teachers*. New York: W. W. Norton.

Janzen, J. 1978. *The quest for therapy in Lower Zaire*. Berkeley: University of California Press.

Johnson, T. H., ed. 1970. *The complete poems of Emily Dickinson*. London: Faber and Faber.

Kafka, F. [1919] 1971. A country doctor. In *The collected stories*, edited by N. N. Glatzer. New York: Schocken.

Karasu, T. B., and R. I. Steinmuller, eds. 1978. *Psychotherapeutics in medicine*. New York: Grune and Stratton.

Katon, W., and A. Kleinman. 1981. Doctor-patient negotiation. In *The relevance of social science for medicine*, edited by L. Eisenberg and A. Kleinman, 253 – 79. Dordrecht, Holland: D. Reidel.

Katon, W., et al. 1982. Depression and somatization, parts 1 and 2. *American Journal of Medicine* 72:127 – 35, 241 – 47.

Kaufert, J. M., and W. W. Coolage. 1984. Role conflict among "culture brokers": The experience of native American medical interpreters. *Social Science and Medicine* 18(3):283 – 86.

Kaufert, P., and P. Gilbert. 1986. Women, menopause and medicalization. *Culture, Medicine and Psychiatry* 10:7 – 22.

Keyes, C. 1985. The interpretative basis of depression. In *Culture and depression*, edited by A. Kleinman and B. Good, 153 – 74. Berkeley: University of California Press.

Kleinman, A. 1980. *Patients and healers in the context of culture*. Berkeley: University of California Press.

——. 1982. Neurasthenia and depression: A study of somatization and culture in China. *Culture, Medicine and Psychiatry* 6:117 – 89.

——. 1986. *Social origins of distress and disease: Depression, neurasthenia and pain in modern China*. New Haven: Yale University Press.

Kleinman, A., and J. Gale. 1982. Patients treated by physicians and folk healers in Taiwan: A comparative outcome study. *Culture, Medicine and Psychiatry* 6:405 – 23.

Kleinman, A., and B. Good, eds. 1985. *Culture and depression*. Berkeley: University of California Press.

Kleinman, A., and J. Kleinman. 1985. Somatization. In *Culture and depression*, edited by A. Kleinman and B. Good, 429 – 90. Berkeley: University of California Press.

Kleinman, A., and T. Y. Lin, eds. 1982. *Normal and abnormal behavior in Chinese culture*. Dordrecht, Holland: D. Reidel.

Langness, L. L., and G. Frank. 1984. *Lives: An anthropological approach to biography*. Novato, Calif.: Chandler and Sharp.

Lasch, C. 1977. *Haven in a heartless world: The family besieged*. New York: Basic Books.

——. 1979. *The culture of narcissism: American life in an age of diminishing expectations*. New York: W. W. Norton.

Lazare, A. 1987. Shame and humiliation in the medical encounter. *Archives of*

Internal Medicine 147:1653 – 58.

Legge, J., trans. [1891] 1959. *The texts of Taoism*. New York: Julian Press.

Leigh, H., and M. Reiser. 1980. *The patient: Biological, psychosocial and social dimensions of medical practice*. New York: Plenum.

Levy, R. 1973. *Tahitians: Mind and experience in the Society Islands*. Berkeley: University of California Press.

Lewis, G. 1975. *Knowledge of illness in a Sepik society*. London: Athlone.

————. 1977. Fear of sorcery and the problem of death by suggestion. In *The anthropology of the body*, edited by J. Blacking, 111 – 44. New York: Academic Press.

Lewis, I. M. 1971. *Ecstatic religion: An anthropological study of spirit possession and shamanism*. Harmondsworth, England: Penguin.

Li, Y. Y., and K. S. Yang, eds. 1974. *Zhongguo ren de xingge* (The character of the Chinese). Taipei, Taiwan: Academia Sinica.

Liang, H., and J. Shapiro. 1983. *Son of the revolution*. New York: Alfred A. Knopf.

Lin, T. Y., and L. Eisenberg, eds. 1985. *Mental health planning for one billion people*. Vancouver: University of British Columbia Press.

Lin, T. Y., and M. C. Lin. 1982. Love, denial and rejection: Responses of Chinese families to mental illness. In *Normal and abnormal behavior in Chinese culture*, edited by A. Kleinman and T. Y. Lin, 387 – 401. Dordrecht, Holland: D. Reidel.

Link, P. 1983. *Stubborn weeds: Popular and controversial Chinese literature after the Cultural Revolution*. Bloomington: University of Indiana Press.

Lipkin, M. 1974. *The care of patients: Concepts and tactics*. New York: Oxford University Press.

Lipowski, Z. J. 1968. Review of consultation psychiatry and psychosomatic medicine. *Psychosomatic Medicine* 30:395 – 405.

————. 1969. Psychosocial aspects of disease. *Annals of Internal Medicine* 71:1197 – 1206.

Littlewood, R., and M. Lipsedge. 1987. The butterfly and the serpent: Culture, psychopathology and biomedicine. *Culture, Medicine and Psychiatry* 11:337 – 56.

Longhofer, J. 1980. Dying or living? The double bind. *Culture, Medicine and Psychiatry* 4:119 – 36.

Lown, B., et al. 1980. Psychophysiological factors in cardiac sudden death. *American Journal of Psychiatry* 137(11):1325 – 35.

Lu Xun. 1981. A madman's diary. In *The collected stories of Lu Xun*, translated by Yang Xianyi and G. Yang, 26 – 38. Bloomington: University of Indiana Press.

MacIntyre, A. 1981. *After virtue*. South Bend, Ind.: University of Notre Dame Press.

Madan, T. N. 1987. Living and dying. In *Non-renunciation themes and interpretations of Hindu culture*, edited by T. N. Madan, 118–41. New Delhi: Oxford University Press.

Mayr, R. 1982. *The growth of biological thought, diversity, evolution and inheritance*. Cambridge, Mass.: Harvard University Press.

McGuire, M. B. 1983. Words of power: Personal empowerment and healing. *Culture, Medicine and Psychiatry* 7:221–40.

McHugh, S., and T. M. Vallis, eds. 1986. *Illness behavior*. New York: Plenum.

McKinlay, S., and J. McKinlay. 1985. *Health status and health care utilization by menopausal women*. New York: Plenum.

Mechanic, D. 1986. Role of social factors in health and well being. *Integrative Psychiatry* 4:2–11.

Metzger, T. 1982. Selfhood and authority in neo-Confucian China. In *Normal and abnormal behavior in Chinese culture*, edited by A. Kleinman and T. Y. Lin, 7–28. Dordrecht, Holland: D. Reidel.

Mishler, E. 1984. *The discourse of medicine: Dialectics of medical interviews*. Norwood, N.J.: Ablex.

Mitchell, W. E. 1977. Changing others: The anthropological study of therapeutic systems. *Medical Anthropology Newsletter* 8(3):15–20.

Moerman, D. E. 1983. Anthropology of symbolic healing. *Current Anthropology* 20(1):59–80.

Mumford, E., et al. 1984. A new look at evidence about reduced cost of medical utilization following mental health treatment. *American Journal of Psychiatry* 141:1145–58.

Munn, N. D. 1973. *Walbiri iconography*. Ithaca, N.Y.: Cornell University Press.

Myers, G. E. 1986. *William James: His life and thought*. New Haven: Yale University Press.

Nations, M., et al. 1985. "Hidden" popular illnesses in primary care: Residents' recognition and clinical implications. *Culture, Medicine and Psychiatry* 9:223–40.

Navarro, V. 1986. *Crisis, health and medicine*. London: Tavistock.

Needham, R. 1972. *Belief, language and experience*. Chicago: University of Chicago Press.

———, ed. 1973 *Right and left: Essays on dual symbolic classification*. Chicago: University of Chicago Press.

Nichter, M. 1982. Idioms of distress. *Culture, Medicine and Psychiatry* 5:379–408.

Noll, P. 1984. *Diktate über Sterben und Tod*. Zurich: Pendo Verlag.

Oakeshott, M. [1933] 1978. *Experience and its modes*. Cambridge: Cambridge University Press.

Obeyesekere, G. 1985. Depression, Buddhism and the work of culture in Sri Lanka. In *Culture and depression*, edited by A. Kleinman and B. Good, 134–52. Berkeley: University of California Press.

Osterweis, M., et al. 1984. *Bereavement*. Washington, D.C.: National Academy Press.

Osterweis, M., et al. 1987. *Pain and disability: A report of the Institute of Medicine, National Academy of Sciences*. Washington, D.C.: National Academy Press.

Parish, W., and M. K. Whyte. 1978. *Village and family in contemporary China*. Chicago: University of Chicago Press.

Plessner, H. 1970. *Laughing and crying: A study of the limits of human behavior*. Evanston, Ill.: Northwestern University Press.

Porkert, M. 1974. *The theoretical foundations of Chinese medicine: Systems of correspondence*. Cambridge, Mass.: MIT Press.

Potter, J. 1970. Wind, water, bones and souls: The religious world of the Cantonese peasant. *Journal of Oriental Studies* (Hong Kong University) 8:139–53.

Ratushinskaya, I. 1987. Two poems from prison, translated by F. P. Brent and C. Avins. *New York Review of Books*, May 7, 19.

Reid, J., and N. Williams. 1985. Voodoo death in East Arnhem Land: Whose reality? *American Anthropologist* 96(1):121–33.

Reiser, D., and D. Rosen. 1984. *Medicine as a human experience*. Rockville, Md.: Aspen.

Reiser, S. J. 1978. *Medicine and the reign of technology*. Cambridge: Cambridge University Press.

Rieff, P. 1966. *The triumph of the therapeutic*. New York: Harper and Row.

Roethke, T. 1982. *The collected poems*. Seattle: University of Washington Press.

Rosaldo, M. 1980. *Knowledge and passion: Ilongot notions of self and social life*. Cambridge: Cambridge University Press.

Rosen, G., and A. Kleinman. 1984. Social science in the clinic: Applied contributions from anthropology to medical teaching and patient care. In *Behavioral science and the practice of medicine*, edited by J. Carr and H. Dengerink, 85–104. New York: Elsevier.

Rosenberg, C. 1986. Disease and social order in America. *Milbank Memorial Quarterly* 64(Suppl. 1):34–5.

Rycroft, C. 1986. *Psychoanalysis and beyond*. Chicago: University of Chicago Press.

Sacks, O. [1985] 1987. *The man who mistook his wife for a hat*. New York: Harper and Row.

Sandner, D. 1979. *Navaho symbols of healing*. New York: Harcourt Brace Jovanovich.

Scarry, E. 1985. *The body in pain*. New York: Oxford University Press.

Schieffelin, E. 1976. *The sorrow of the lonely and the burning of the dancers*. New York: St. Martin's Press.

———. 1985. The cultural analysis of depressive affect: An example from New Guinea. In *Culture and depression*, edited by A. Kleinman and B. Good, 101 – 33. Berkeley: University of California Press.

Schutz, A. 1968. *On phenomenlogy and social relations*. Chicago: University of Chicago Press. 9781541647121_PBFP.indd 298 8/11/20 4:52 PM

Showalter, E. 1985. *The female malady: Women, madness, and English culture, 1830–1980*. New York: Penguin.

Shweder, R. 1985. Menstrual pollution, soul loss and the comparative study of emotions. In *Culture and depression*, edited by A. Kleinman and B. Good, 82 – 215. Berkeley: University of California Press.

Sicherman, B. 1977. The uses of diagnosis: Doctors, patients and neurasthenics. *Journal of the History of Medicine and Allied Sciences* 32(1):33 – 54.

Simons, R., and C. Hughes, eds. 1985. *Culture bound syndromes*. Dordrecht, Holland: D. Reidel.

Slaby, A. E., and A. S. Glicksman. 1987. Adaptation of physicians to managing life threatening illness. *Integrative Psychiatry* 4:162 – 72.

Spiro, H. 1986. *Doctors, patients and placebos*. New Haven: Yale University Press.

Starr, P. 1982. *The social transformation of American medicine*. New York: Basic Books.

Stjernsward, J., et al. 1986. Quality of life in cancer patients: Goals and objectives. In *Assessment of quality of life and cancer treatment*, edited by V. Ventafridda et al., 1 – 8. Amsterdam: Excerpta Medica.

Stone, D. 1984. *The disabled state*. Philadelphia: Temple University Press.

Strauss, A., et al. 1985. *Social organization of medical work*. Chicago: University of Chicago Press.

Taussig, M. 1980. *The devil and commodity fetishism in South America*. Chapel Hill: University of North Carolina Press.

———. 1986. Reification and the consciousness of the patient. *Social Science and*

Medicine 14B:3 – 13.

Thurston, A. F. 1987. *Enemies of the people: The ordeals of the intellectuals in China's great cultural revolution*. New York: Alfred A. Knopf.

Tiger, L. 1980. *Optimism: A biology of hope*. New York: Alfred A. Knopf.

Tseng, W. S., and J. Hsu. 1969. Chinese culture, personality formation and mental illness. *International Journal of Social Psychiatry* 16:5 – 14.

Tseng, W. S., and D. Wu., eds. 1985. *Chinese culture and mental health*. New York: Academic Press.

Turner, B. 1985. *The body and society*. Oxford: Basil Blackwell.

Turner, J. A., and C. R. Chapman. 1982. Psychological interventions for chronic pain: A critical review, parts 1 and 2. *Pain* 12:1 – 21, 23 – 26.

Turner, V. 1967. *The forest of symbols*. Ithaca, N.Y.: Cornell University Press.

Unschuld, P. 1985. *Medicine in China: A history of ideas*. Berkeley: University of California Press.

Veatch, R. M. 1977. *Case studies in medical ethics*. Cambridge, Mass.: Harvard University Press.

Wagner, R. 1986. *Symbols that stand for themselves*. Chicago: University of Chicago Press.

Warner, W. L. [1937] 1958. *A black civilization: A social study of an Australian tribe*, revised edition. New York: Harper and Brothers.

Watson, J. L. 1988a. Funeral specialists in Cantonese society: Pollution, performance and social hierarchy. In *Death ritual in late imperial and modern China*, edited by J. L. Watson and E. Rausch. Berkeley: University of California Press.

———. 1988b. The structure of Chinese funerary rites: Elementary forms. In *Death ritual in late imperial and modern China*, edited by J. L. Watson and E. Rausch. Berkeley: University of California Press.

Waxler, N. 1977. Is mental illness cured in traditional societies? *Culture, Medicine and Psychiatry* 1:233 – 53.

———. 1981. Learning to be a leper. In *Social contexts of health, illness and patient care*, edited by E. Michler et al., 169 – 94. Cambridge: Cambridge University Press.

Weisman, A. D., and T. P. Hackett. 1961. Predilection to death. *Psychosomatic Medicine* 23(3):232 – 56.

Williams, G. H., and P. Wood. 1986. Common sense beliefs about illness. *Lancet*, Dec. 20 – 27, 1435 – 37.

Witherspoon, G. 1975. The central concepts of Navajo world view. In *Linguistics and anthropology: In honor of C. F. Voegelin*, edited by D. Kinkade et al.,

701 – 20. Lisse, Belgium: Peter de Ridder.

Wolf, M. 1972. *Women and the family in rural Taiwan*. Stanford, Calif.: Stanford University Press.

Zborowski, M. 1969. *People in pain*. San Francisco: Jossey-Bass.

Zerubavel, E. 1981. *Patterns of time in hospital life*. Chicago: University of Chicago Press.

Zola, I. K. 1966. Culture and symptoms: An analysis of patients' presenting complaints. *American Sociological Review* 3:615 – 30.

———. 1982. *Missing pieces: A chronicle of living with a disability*. Philadelphia: Temple University Press.

옮긴이

이애리

한국외국어대학교를 졸업했으며 교육 출판사에서 영어 교재를 만들었고 글밥 아카데미 수료 후 현재 바른번역 회원으로 활동 중이다. 옮긴 책으로는 『실은 나도 철학이 알고 싶었어』, 『공감은 어떻게 기업의 매출이 되는가』, 『나는 좀 단순해질 필요가 있다』 등 이 있다.

우리의 아픔엔 서사가 있다

1판 1쇄 찍음   2022년 8월 20일
1판 1쇄 펴냄   2022년 8월 30일

지은이   아서 클라인먼
옮긴이   이애리
펴낸이   권선희
펴낸곳   사이
출판등록 제313-2004-00205호
주소 03938 서울시 마포구 월드컵로 36길 14 516호
전화 02-3143-3770
팩스 02-3143-3774
이메일 saibook@naver.com

ⓒ 사이, 2022, Printed in Seoul, Korea

ISBN 978-89-93178-57-9 03180

값 24,000원